다양성의 시대, 환대를 말하다

이론, 제도, 실천

한양대학교 평화연구소(Hanyang Peace Institute)는 '소극적 평화'를 넘어서 '적극적 평화'에 대한 통합적이고 유기적인 연구를 통해 우리 사회에 보다 실질적이고 적실성 있는 대안을 제시하고자 설립되었다. 2010년부터 한국연구재단이 발주한 '한국사회과학연구지원(SSK. Social Science Korea)' 1 · 2 · 3단계 연구사업을 진행하고 있으며, 전문학술지 『문화와 정치』를 발간하고 있다.

다양성의 시대, 환대를 말하다
이론, 제도, 실천

2018년 6월 25일 초판 발행

엮은이 최진우 │ 펴낸이 안종만 │ 펴낸곳 ㈜박영사 │ 등록 1959. 3. 11. 제300-1959-1호(倫)
주소 서울특별시 종로구 새문안로3길 36, 1601
전화 (02) 733-6771 │ 팩스 (02) 736-4818
홈페이지 www.pybook.co.kr │ 이메일 pys@pybook.co.kr

편집 이승현
기획/마케팅 송병민
표지디자인 김연서
제작 우인도 · 고철민

ISBN 979-11-303-0536-3 (93300)

이 도서의 국립중앙도서관 출판예정도서목록(CIP)은 서지정보유통지원시스템 홈페이지(http://seoji.nl.go.kr)와 국가자료공동목록시스템(http://www.nl.go.kr/kolisnet)에서 이용하실 수 있습니다.
(CIP제어번호 : CIP2018019460)

정 가   25,000원

한양대 평화연구소 〈문화정치〉 연구총서

다양성의 시대, 환대를 말하다

이론, 제도, 실천

최진우 엮음

박영사

이 논문 또는 저서는 2016년 대한민국 교육부와 한국연구재단의
지원을 받아 수행된 연구임(NRF-2016S1A3A2923970).

|서문|

타자他者와의 조우가 급증하고 있다. 이민, 난민, 탈북민, 여행객, 사업가, 파견 근로자, 유학생 등등 다양한 모습으로 우리와 대면하는 이방인의 수가 세계화의 물결을 따라 날로 많아지고 있다. 우리는 이들 타자를 어떻게 대하고 있는가? 어떻게 대해야 하는가?

비단 외국인만이 타자인 것은 아니다. 우리 안의 타자 또한 늘고 있다. 사회적 다양성이 커짐에 따라 정체성의 분화가 진행되고 있기 때문이다. 사고방식, 생활양식, 종교, 윤리관, 정치적 성향, 취미, 취향을 달리 하는 사람들이 늘어나고 있는 것이다.

다양성의 시대, 우리는 타자를 어떻게 대하고 있는가? 타자를 대하는 방식에는 여러 가지가 있다. 배제, 차별, 동화, 관용, 인정, 환대가 그것이다. 우리는 때로 낯선 것에 대한 두려움으로 타자를 경원하고 배척(exclusion)한다. 때로는 (근거가 있든 없든) 어떤 이유에서건 자신(의 집단)에 대한 우월감에서 타자를 무시하고 차별(discrimination)하며 동등한 지위를 허락하지 않는 경우도 있다. 설령 타자를 배척하거나 차별하지 않고 동등한 지위를 인정하더라도 어디까지나 타자가 원래의 정체성을 버리고 주류집단의 정체성을 받아들이는 것을 전제로 하는 동화(assimilation)를 요구할 때도 있다. 한 걸음 더 나아가 타자의 물리적 존재를 수용하고 원래의 정체성을 유지하는 것도 용인해주는 관용(tolerance)의 태도를 보이는 경우도 있다. 하지만 관용은 어디까지나 주체의 시혜에 근거하고 있어 주체의 마음에 따라 언제나 철회될 수 있다는 점에서 관용의 대상은 그 지위가 지극히 불안정하다. 인정(recognition)은 이보다는 더 나아간다. 인정은 타자의 정체성을 정당한 것으로 판단할 뿐 아니라 타자의 존재를 긍정적으로 받아들이기도 하는 태도다. 그러나 인정의 태도는 주체와 타자의 물리적 공존의 현실을 받아들이는 데 그친다. 타자와의 상호작용과 상호이해의 노력에는 적극적이지 않다. 타자의 정체성을 받아들여 나의 정체성을 변화시킬 수도 있다는 태도는 아닌 것이다. 오늘날 다문화주의가 여기에 해당된다. 한편 환대(hospitality)는 타자의 정체성을 있는 그대로 인정할 뿐 아니라 타자와의 조우를 통해 주체의 정체성이 변화할 수 있는 가능성을 열어놓는 태도를 일컫는다. 타자를 적극적으로 받아들임으로써 주체의 변용, 이를 통한 자아의 고양을 지향하는 것이 바로 환대의 태도이자 실천이다. 과연 환대가 가능한가? 또한 환대는 타자에 대한 인식과 태도, 그리고 구체적 행위의 실천 원리로 바람직한 것인가?

본 연구총서의 저자들은 지난 약 2년 동안 한양대 평화연구소가 주최했던 다양한 세미나와 학술회의 등의 장을 통해서 환대의 이론적, 실천적 그리고 제도적 측면에 대하여 논하면서 환대가 우리 시대에 던져 주는 의미에 대하여 각자의 고민과 성찰을 제시하고 있다. 저자들은 정치사상, 국제

정치, 문화연구, 문화인류학, 사회학 등 다양한 학문분과적 배경을 지닌 연구자들로 구성되어 있으며, 각자의 시각으로 환대의 개념, 이론, 실천, 제도를 바라보고 있다.

먼저 〈1부 환대와 공생의 이론과 사상〉에서는 환대 개념의 이론적, 사상적 측면에 대하여 살펴보고 있다. 최진우의 연구는 타자와의 조우가 급중하고 있는 유럽, 북미 지역을 중심으로 한 국제정치의 맥락에서 환대의 문제를 고찰하고 있다. 이 연구총서의 도입부(introduction) 성격을 갖는 이 글은 환대와 같은 난해한 철학적 개념에 대한 이론적 고찰을 통해서 환대 개념이 어떻게 국제정치 및 문화정치의 맥락에서 논의될 수 있는지에 대하여 살펴보고 있다. 이를 위해서 저자는 국제정치의 맥락에서 지금까지 타자를 대하는 방식을 배제, 차별, 동화, 관용, 인정으로 나누어 각각 살펴보고 이러한 방식들이 자크 데리다의 환대와는 어떠한 점에서 구분되는지 그리고 각각의 한계는 무엇인지에 대한 설명을 제시하고 있다. 저자는 데리다가 주창한 '무조건적 환대'의 이론적, 윤리적 유의미성에도 불구하고 "환대의 실천은 전폭적이면서도 신중하고도 사려 깊게"(29) 진행될 필요가 있음을 주장한다. 또한 저자는 환대가 현실적으로 조건적일 수밖에 없음을 인정하면서도 대신에 자기중심적 조건의 벽을 끊임없이 허물어 나가는 노력의 중요성을 강조하고 있다.

홍태영의 연구는 앞서 최진우의 연구에서 다루어졌던 최근 유럽을 중심으로 한 국제정치적 맥락을 보다 구체적으로 다루고 있다. 그에 따르면 최근 유럽의 국제정치 정세의 특징은 신자유주의와 극우민족주의가 아이러니하게 함께 득세하면서 그동안 근대 국민국가를 통해서 성취되어온 민주주의의 성과를 잠식하고 있다는 점에 있다. 여기서 최근 극우민족주의는 과거와는 달리 "문화적 요소에 대한 강조"를 통해서 "문화를 인종주의화"하는 "문화적 인종주의"(50)의 모습을 띠고 있다는 것이 저자의 판단이다. 극우민족주의의 대안으로서 저자는 민족적 민주주의의 틀을 넘어서는 새로운 공동체의 계기에 주목할 필요성에 대하여 강조한다. 여기서 저자는 타자, 이방인에 대한 윤리적 언어보다는 정치적 언어로의 전환, 혹은 그 결합을 시도하고자 했던 자크 랑시에르의 기획을 따르고 있는 것으로 보인다(61). 즉 이방인이 더 이상 "이방인이 아닌 공동체의 구성원으로서 사회적인 것의 문제의 해결의 주체로서 존재하게 되고 그것을 해결하려는 노력과 작동이 새로운 공동체의 구성과 결합되는"(65) 방식, 즉 '사회적인 것'에 대한 해결책을 찾아가는 과정 안에 새로운 공동체의 계기가 존재한다고 본다.

이상원의 연구는 본 연구총서에 실린 글들 중에서 어쩌면 환대 개념에 대한 이론적 연구의 가장 전형을 보여주는 연구라고 할 수 있다. 저자는 주로 데리다의 〈환대에 관하여〉에 대한 철저한 텍스트 독해를 통해서 데리다의 환대에 대한 사유 방식의 의미에 대하여 풍부하게 토론하고 있다. 저자가 보기에 데리다의 환대 개념은 고전 철학, 특히 소크라테스의 사유에서 나타났던 단지 특정한 법 규범을 넘어 존재하는 "인간 존재의 정치적 긴장성"(74) 혹은 "존재와 법의 긴장"(93~94)에 대한 이해를 통해서 보다 풍부하고 심오하게 드러나고 이해될 수 있다. 이러한 이해는 단지 고전철학에 나타났던 인간 존재에 대한 이해가 여전히 유효함을 확인하는 것만이 아니라 오늘날 새로운 온라인 네트워크 기술의 발전에 따라서 사적 영역을 침범하는 익명의 기술적 힘과 위협에 대한 개인들의 반작용, 혹은 "기술적 도구와 시장 논리"(97)에 대한 반응으로서 전통적인 공적 규제에 대한 요청에 호소하는 현대 기술 사회의 역설을 이해하는 데 있어서도 유용한 것으로 받아들여지고 있다.

김현경의 연구는 현대 사회에서 소수자의 권리와 존재에 대한 논의에 있어서 환대가 지닐 수 있는 의미에 대한 연구의 우회로로서 정체성의 정치와 인정 개념에 천착하고 있다. 특히 소수자 정체성을 둘러싼 문화정치의 작동 방식을 이해함에 있어서 인정 개념을 둘러싼 낸시 프레이저와 악셀 호네트의 논쟁을 살펴보고 있다. 저자가 보기에 소수자의 존재에 대한 인정과 그들의 몫에 대한 인정은 서로 독립되어 있는 것이 아니라 논리적으로 연결되어 있는 것으로 볼 수 있다고 주장한다(129). 저자는 최근 미국 대선 과정에서 불거진 정체성 정치, 혹은 소수자 정치에 있어서 정체성에 기반을 둔 정치 전략의 유효성과 유용성에 대한 논란에도 불구하고 여전히 차이를 말하는 것의 중요성을 강조하고 있다.

다음으로 〈2부 환대와 공생의 현실〉의 연구들은 환대 개념 및 환대에 대한 이론적 논의들을 실제 문화정치 현실, 보다 구체적으로는 태극기 참가자들, 탈북자들, 그리고 저학력 빈곤 여성과 같은 우리 사회의 소수자를 둘러싸고 벌어지고 있는 문화정치 현실을 통해서 비추어 보고 있다. 먼저, 환대의 윤리 혹은 의무에 대한 논의가 환대의 권리에 대한 논의로 전환될 필요성을 강조한다는 점에서 김성경의 연구는 홍태영의 대안적 공동체에 대한 논의방식과 그 궤를 같이하고 있다. 김성경은 최근 촛불 혁명과 태극기 집회, 남한 내 탈북자들에 대한 타자화 문제 등 한국 사회의 문화 갈등과 문화정치의 현장에 대한 관찰과 성찰을 통해서 환대의 논의가 한국 사회에서의 문화갈등과 분열의 문제에 가질 수 있는 가능성과 한계에 대하여 논하고 있다. 이 과정에서 저자는 환대에 대한 일반적인 논의가 가질 수 있는 문제점들을 지적하면서 환대의 논의가 "시혜적 차원의 환대를 넘어 '권리'로 전환"(165)되기 위해서는 정치의 영역으로 확대될 필요가 있음을 강조한다. 이는 환대의 윤리를 강조하면서 주체와 타자 사이의 메울 수 없는 간극을 당연시하거나 더욱 극명하게 하는 것이 아니라 "환대를 경유하여 연대의 관계"(165)로 나아갈 필요성과도 연관된다. 다시 말해서 사회 속에서 함께 공존하고 환대하고 소통하며 연대하기 위함을 인식하는, 즉 사회적인 것의 문제에 대한 해결을 통해서 이루어져야 함이 강조되고 있다.

채석진의 연구는 한국사회의 약자인 저학력 빈곤 여성들의 일상생활에서의 미디어 사용의 맥락에 대한 문화기술지적 연구와 특히 이들 여성들과의 심층 인터뷰 과정에 대한 방법론적 성찰의 형식을 통해서 환대 및 타자의 윤리학의 유용성을 검토하고 있다. 채석진은 데리다의 환대와 레비나스의 타자의 윤리학을 현대 미디어 문화정치의 맥락에 적용시킨 로저 실버스톤의 미디어 윤리학에 천착하고 더 나아가 실버스톤의 '적절한 거리' 개념이 이들 사회적 약자들의 미디어 사용의 배경 및 일상적 맥락에 대한 현상학적 이해와 해결에 있어서 어떠한 의미를 가질 수 있는지를 고찰하고 있다. 여기서 저자의 우리 사회에서의 약자의 일상, 미디어 사용 및 취약한 삶의 조건에 대한 고찰은 신자유주의적 자본주의의 확산에 따라 심화되고 있는 우리 사회 약자들의 삶의 취약성과 밀접하게 연관되어 있다.

모춘흥·김수철의 연구도 남한 자본주의 사회에서 우리 사회의 또 다른 약자인 탈북민들의 취약한 삶에 주목한다는 점에서 채석진의 연구와 유사하다. 하지만 저자들은 일상생활에서의 미디어 사용이 아닌 미디어 재현의 맥락, 보다 구체적으로는 두 편의 독립영화에서 재현된 탈북민들의 삶의 모습을 악셀 호네트의 인정 투쟁이라는 틀에서 바라보고 있다. 이는 저자들이 주장하듯이 남한 사회에서의 탈북자들의 적응 문제를 그들 자신의 문제가 아닌 타자와의 상호작용이라는 시각에서, 즉 탈북자의 정체성의 문제를 남한 사회가 탈북자들에게 대하여 지니는 관계라는 시각에서 바라보고자 함이다. 저자들은 두 편의 영화가 공통적으로 보여주고 있듯이 탈북자에 대한 차별의 기제는 탈북자들에게 종종 요구되는 다양한 남한 사회의 정치, 문화적 규칙 및 규범의 준수라는 조건을 통해서 작동할 수 있음을 밝히고 있다.

마지막으로 〈3부 환대와 공생의 정책〉은 환대와 공생이 다양한 사회문화 정책의 맥락에서 가질 수 있는 유용성과 함의에 대하여 살펴보고 있다. 먼저, 이민 정책에 있어서 환대 개념의 이론적 의미와 그 적용 가능성에 대하여 살펴보고 있는 이병하의 연구는 먼저 이민 정책을 둘러싼 대외환경 변화로서 세계화의 영향으로 인한 국제인권 규범의 영향력 확대와 이민정책의 중장기적 방향 설정의 필요성 증대를 지적한다. 여기서 데리다의 환대 개념, 특히 무조건적 환대와 조건적 환대의 관계에 대한 논의는 "무조건적 환대에 가깝게 다가가는 조건적 환대를 모색"(284)하는 데 있어서 새로운 정치적 공동체에 대한 상상력을 제공해 주는 것처럼 보인다. 보다 구체적으로 저자는 도시적 맥락에서의 이민정책 및 도시 간 네트워크 구축을 통한 국제 이주의 다양한 문제점을 해결, 관리할 수 있는 도시 거버넌스의 구축 등을 그러한 예시로서 주목하고 있다.

김수철의 연구는 도시 공간 이론에 대한 고찰을 통해서 타자와의 공생 및 환대 문제를 다룬다는 점에서 이병하 연구가 끝나는 지점에서 시작하고 있는 연구라고 볼 수 있다. 도시공간 이론과 도시의 역사는 저자가 설명하고 있듯이 타자와의 마주침을 어떻게 다루고 조직화할 것인가의 문제가 주요 관심 대상이었다는 점에서 초국가 이주 시대에 타자화의 방식을 점검하고 또한 새로운 대안적 공동체를 위한 상상력을 자극하는 유용한 기회를 제공한다. 특히 저자는 초국가 이주 시대에 타자와의 문제를 공생이라는 개념을 통해서 접근했던 폴 길로이, 안토니오 네그리와 마이클 하트의 도시공간 이론, 그리고 리차드 세넷 등의 최근 도시 공간 이론에 대한 풍부한 토론을 통해서 "타자, 차이와의 대면을 통해 형성되는 타자와의 관계가 어떻게 도시 공간 이론에서 이론화"(337)되고 있는지를 밝히고 있다. 결론에서 이 연구에서 논의되었던 도시 공간 이론이 한국 사회에 주는 함의에 대한 토론을 제공하면서 '도시에의 권리'를 둘러싼 도시정치 문제, 정체성의 정치, 다문화주의와 같은 기존의 쟁점들에 접속하고 있다. 또한 저자는 도시 공간 연구와 기존의 다문화, 이주에 대한 연구들이 문화지리학, 정치지리학적 연구를 통해서 통합적으로 이루어질 필요성을 강조하면서 이 연구를 마무리하고 있다.

도종윤의 연구는 국제정치학 분야에서 환대 개념의 적용 가능성과 한계에 대하여 논의하고 있다. 저자는 조선왕조실록에서부터 소포클레스의 '오이디푸스'에 이르기까지 동서양의 매우 다양한 역사적 문헌들에 나타나고 있는 이방인에 대한 다양한 개념화 방식을 흥미롭게 살펴보고 있다. 또한 이들 이방인에 대한 환대의 상이한 개념화를 칸트, 레비나스, 데리다의 논의를 통해서 점검한다. 저자는 이를 통해서 국제정치학이 타자의 문제를 다루는 데 있어서 여전히 칸트가 말했던 정치적 도덕률의 관점에서 벗어나지 못하고 있음을 지적한다. 이에 대한 대안으로서 저자는 윤리적 존재론이나 일방적인 실천 행위를 강조하기보다는 이 연구총서의 일부 저자들처럼 현실적 해결 방안을 제시하고자 한다. 여기서 저자가 주목하는 것은 탈식민주의 이론에서 논의된 타자와의 관계에 있어서의 양가성, 혼종성에 대한 인정, 그리고 '말 걸기 전략'과 같은 현실적이고 전략적인 선택들이다. 이 연구의 무척 흥미로운 점 중의 하나는 수많은 국제정치의 맥락에서 역사적으로 나타났던 이방인에 대한 개념화 방식을 살펴보는 데 있어서 사용되고 있는 문헌들의 다양성이다.

본 한양대 평화연구소 〈문화정치〉 연구총서의 저자들이 각기 다양한 학문분과적 배경에 가지고 있음에 따라서 상이한 접근법과 문제의식을 가지고 있음에도 불구하고 공통적으로 합의하고 있는 한 가지 사항이 있다면 그것은 아마도 오늘날 환대의 모순성, 다시 말해서 환대 행위와 태도의 위험성과 동시에 불가피성, 혹은 그 가능성과 동시에 불가능성을 인식하는 것의 중요성에 대한 것일 것이다. 즉 환대야말로 오늘날과 같이 세계화로 인해 이방인, 타자와의 조우가 일상화되어 버린 위기의 시대에 타자와의 조우를 어떻게 할 것인가의 물음에 대한 해결책을 구하는 데 있어서 가장 곤혹스럽지만 또한 핵심적으로 다루어야 할 연구 주제이자 고민의 대상이라는 점이다. 이 연구총서의 챕터들은 바로 이러한 성찰과 고민의 값진 결과물이다. 아무쪼록 본 연구총서가 위기의 시대 타자와의 평화적 공생을 다루는 다양한 인문사회과학 연구들에 자그마한 기여가 될 수 있기를 바란다.

2018년 6월
저자 일동

제3부 환대와 공생의 정책

제1부

환대와 공생의
이론과 사상

제 1 장

환대의 윤리와 평화

최진우(한양대학교 정치외교학과)

1. 서론

다문화주의, 탈민족주의, 지역통합의 심화 등으로 특징지어지던 포용과 화해, 협력과 통합의 시대가 인종주의의 재등장, 이민자 거부, 반지역통합 정서의 팽배로 요약되는 배제와 차별, 갈등과 분열의 시대로 바뀌어가고 있다. 타자와의 조우는 늘어 가는데, 타자에 대한 적대와 거부, 배척과 억압의 사례가 빠르게 늘어나는 추세다. 보편적 인권과 자유, 평등, 법치를 핵심가치로 삼고 있는 선진민주주의 국가에서도 이민자와 소수자에 대한 언어적, 물리적 공격 행위가 백주대로에서 일어나고 있다. 인간으로서의 존엄성을 인정받지 못한 채 '벌거벗은 생명'의 상태로 내버려져 불안과 고통의 나날을 보내야 하는 '이방인'의 수가 급속히 증가하고 있다.[1]

그 누구도 예상하지 못했던 브렉시트Brexit의 현실화는 글로벌 사회의 구성 패러다임이 거대한 변화의 단계에 돌입하고 있음을 알리는 신호탄이 되고 있다. 이어 미국 대선에서 워싱턴 정가의 아웃사이더 도날드 트럼프

* 이 글은 2016년 정부(교육부)의 재원으로 한국연구재단의 지원을 받아 수행된 연구임(NRF-2016S1A3A2923970).

1 아감벤(1998) 참조.

Donald Trump가 당선되면서 미국 국내정치뿐만 아니라 국제정치, 국제경제, 글로벌 문화에 지각변동을 불러일으킬 것으로 예상된다. 트럼프의 당선은 민족주의의 시대가 회귀하고 있음을 보여주는 징표이자 전 세계적 차원에서 민족주의를 확산시키는 기폭제로 작용하고 있다.[2] 1789년 프랑스 혁명을 계기로 본격 점화된 민족주의의 돌풍은 국가 간의 극심한 경쟁과 갈등을 촉발해 20세기 전반 두 차례의 세계대전의 원인이 됐다. 제 2차 세계대전이 끝나면서 대전쟁의 참화를 겪은 선진 각국의 시민과 정치지도자들은 민족주의 이데올로기의 위험성을 극복하는 것을 평화의 전제로 인식했다. 국가마다 정도의 차이는 있을지언정 적어도 서유럽에서는 민족주의는 과거의 유물로 간주됐던 것이다.

그러나 세계 각지에서 민족주의의 소용돌이가 다시 시작되고 있다. 브렉시트는 '영국성'(Britishness)를 훼손하는 것으로 여겨지는 이민과 유럽 통합에 대한 반대의 목소리였다. 트럼프의 당선은 무슬림 입국 제한과 멕시코 국경 장벽 건설을 공언한 지극히 배타적인 미국중심주의적 캠페인의 결과였다. 러시아의 푸틴 대통령은 러시아 민족의 이름으로 크림반도를 합병하고 우크라이나 분리주의 세력을 지원하고 있다. 일본의 아베 수상은 아베노믹스의 물적 기반 위에서 일본의 '보통국가화'를 거세게 추진하는 중이다. 중국의 시진 핑 주석은 '대국굴기'를 추구하면서 중화민족주의의 열기를 정치적으로 십분 활용하고 있으며, 이로 인한 주변국들과의 갈등적 상황이 반복적으로 연출되고 있다.

---

2 영국의 시사주간지 《The Economist》는 트럼프 당선 후 두 번째 호의 표제를 '신민족주의'(the new nationalism)로 정함으로써 지구촌 곳곳에서 다시 민족주의 시대가 열리고 있음을 알리고 있다. *The Economist,* November, 2016, pp. 19~26.

유럽에서의 사정도 심각하기 이를 데 없다. 다수의 국가에서 배타적 민족주의를 표방하는 극우정당의 약진이 목격되고 있다. 영국에서는 민족주의적 극우파인 영국독립당(UKIP: UK Independence Party)이 브렉시트를 주도했다. 프랑스에서는 극우정당 국민전선(Front National)이 약진에 약진을 거듭해 2017년 대선에서는 마린 르펜^{Marine Le Pen} 후보가 1차 투표를 통과해 두 명의 후보가 맞붙는 결선투표에 진출하는 성과를 올렸다. 비록 2017년 대선에서는 신생정당인 전진당(En Marche)의 엠마뉘엘 마크롱^{Emmanuel Macron} 후보에게 65.8% 대 34.2%의 득표율로 패배했지만, 극우 국민전선의 지지 기반이 꾸준히 확대되고 있어 향후 프랑스 정치에 있어 주요 행위자로 자리매김할 것으로 예상되며 상황에 따라 대선에서 승리가 머지않아 현실화될 지도 모른다는 관측까지 나온다. 이태리에서는 2016년 12월 4일 마리오 렌치 수상의 개헌안이 극우 포퓰리스트 정당들의 저항으로 국민투표에서 좌초돼 이태리 정국이 안개 속에 휩싸이게 됐으며 다음 총선에서 유럽통합을 반대하는 정치세력이 집권할 가능성이 어느 때보다 높아지고 있다. 오스트리아에서는 2016년 12월 사상 최초로 극우파 대통령이 선출될 것으로 점쳐졌으나 열세를 뒤집고 중도좌파 대통령이 당선돼 극우 열풍을 일단 잠재웠지만, 2018년 총선에서는 극우 자유당의 집권가능성이 매우 높은 것으로 예견되고 있다. 헝가리와 폴란드는 이미 극우정당의 집권 후 민주주의 가치가 심각하게 훼손되고 있으며 이민에 대한 강한 반발을 보이고 있다. 네덜란드, 스위스, 노르웨이, 스웨덴 등 전통적으로 친이민, 친유럽적 성향을 보이고 있던 나라들에서도 이민 혐오의 목소리와 반 유럽 정서가 팽배하고 있다.

민족주의가 고개를 들면서 나타나는 가장 두드러진 현상은 외국인에 대한 혐오, 특히 이민자에 대한 반감이 노골적으로 표면화되고 있다는 점이다. 브렉시트 가결 후, 그리고 트럼프 당선 확정 후 영국과 미국 사회에서는 이민자와 유색인종에 대한 공개적인 비난과 공격의 사례가 급증한 바 있다. 이민자에 대한 반감의 근저에는 일자리 경쟁, 복지 혜택 축소, 문화적 이질감 등의 문제가 있다. 여기에 9·11 이후 종교적 정체성과 문화적 정체성이 안보화安保化되는 현상을 보이면서 이민자에 대한 반감은 더욱 증폭되고 있고, 유럽에서는 중동과 아프리카 정세의 불안정으로 인해 유럽으로 유입되는 난민의 수가 폭발적으로 늘어나면서 반 이민 정서가 빠른 속도로 확대되고 있다. 민족주의의 망령을 가장 먼저 떨쳐낸 곳, 다문화주의가 가장 앞서 꽃을 피운 곳, 지역통합의 모델이 되었던 유럽에서조차 혐오와 적대의 언어로 무장한 극우세력이 등장해 다문화주의의 실패를 선언하고 유럽통합의 시계를 거꾸로 돌리려고 하고 있다. 타자에 대한 관용과 타자성에 대한 인정에 기반을 둔 다문화주의는 왜 실패하고 있는가? 다시 암울해지고 있는 이 시대, 우리는 타자를 어떻게 구원할 것인가?

2. 타자, 타자성, 타자화

초대받지 않은 손님, 불쑥 나타난 이방인, 갑작스레 '나'(또는 '우리')의 공간으로 들어온 타자他者를 우리는 어떻게 대하고 있는가? 그리고 어떻게 대해야 하는가? 정해진 법이나 규칙이 있는가? 아니면 윤리적 요청을 따라야 하는가? 그러한 법과 규칙, 그리고 윤리관은 어떤 것인가? 이것들은 언제 누구에 의해 어떻게 형성되었는가? 그리고 어떻게 변해가고 있는가?

세계화가 진행되면서 전 세계적으로 타자로서의 이방인과의 조우가 급증하고 있다. 이방인은 여러 가지 모습으로 '우리' 앞에 나타난다. 관광객으로, 유학생으로, 사업을 하러, 일자리를 찾아, 결혼을 위해, 정치적 신념이나 종교 또는 인종적 이유 등으로 인한 박해를 벗어나기 위한 망명객으로, 재난과 전쟁의 현장에서 피신하기 위해 난민으로, 그리고 그 어떤 경우든 '타자'로서 우리를 방문한다. 그 방문은 일시적인 경우도 있으나, 영구적일 수도 있고, 정해져 있지 않을 수도 있다. 타자는 호기심과 매력의 대상이 될 수도 있고, 두려움과 배척의 대상이 될 수도 있으며, 무시와 천대의 대상이 되기도 한다.[3]

그런데 타자는 누구인가? 타자는 영원히 타자일 수밖에 없는가? 바로 우리가 타자가 될 가능성은 없는가? 타자의 입장에서 보면 우리가 타자라는 점에서 우리가 타자가 될 가능성은 얼마든지 있다. 아울러 대한민국의 국민으로서의 정체성을 가진 사람들은 '우리'의 범주에 속하는 사람이지만, 즉 대한민국 국민으로서의 '성원권'을 갖는 사람이지만, 때로는 무언가를 이유로 우리 중에 누군가를 '타자화'시키는 경우도 있지 않은가? 이념, 종교, 출신 지역, 학연, 성적 취향 등등의 이유로 우리는 끊임없이 타자를 타자화하고 있으며, 어느 순간, 어느 공간에서는 바로 우리가 누군가에 의해 타자화의 대상이 되기도 한다. 이른바 '왕따'로 불리는 누군가를 따돌리는 행동의 근저에는 타자화의 심리가 작동하고 있다.

여기에서 타자는 대체로 지적으로나 문화적으로 열등한 존재 또는 도덕적으로 위협적인 존재로 규정된다. 즉 타자에게는 '우리'와 단순히 '다른'

---

3 "이방인은 안정적인 주체에게 때로는 자극과 매혹으로, 때로는 당혹과 위협으로 표상돼 왔다"는 지적이 바로 이런 의미일 것이다. 김애령(2015: 183).

존재가 아니라 우리보다 열등하거나 뭔가 잘못된 인간관과 세계관을 가진 존재라는 속성이 부여되며, 이것이 곧 타자성을 구성하게 된다. 타자화란 타자에게 타자성을 일방적으로 부여하고 이에 근거해 타자를 대하는 것, 즉 다름을 다름으로써만 대하는 것이 아니라 그릇됨이나 열등함으로 규정하면서 배척과 배제의 대상 또는 억압과 교정의 대상으로 간주하는 일체의 사유 활동 및 행동을 일컫는다.[4] 과연 그런 타자화는 어떻게 극복이 될 수 있는가? 지금까지 타자화의 문제에 대한 대응 방식에는 어떤 것이 있는가? 기존의 대응 방식은 얼마나 효과적이었으며, 어떤 한계를 갖고 있는가? 그 한계는 어떻게 극복될 수 있는가?

사실 타자성은 절대적인 것이기도 하지만, 한편으로는 상대적인 것이기도 하다. 타자는 우리가 아니라는 점에서 절대적이지만, 타자라고 해서 다 같은 것은 아니기 때문에 상대적이기도 하다. 타자는 우리에 의해 범주화되기도 하고 차등화 되기도 한다. 우리의 (대체로 단순하고 자의적인) 범주화와 차등화에 따라 타자는 차별화된 대우를 받는다. 우리의 구성원과 다른 대우를 받는 것은 물론이요, 타자들끼리도 다른 대우를 받는다. 한국 사회에서 백인과 유색인종에 대한 인식과 태도에 차이가 나는 것이 바로 타자에 대한 차별적 대우의 예다. '우리'의 일원과 다른 대접을 받는 것, 그리고 타자들 사이에서도 서로 다른 대우를 받는 것은 과연 타당한 일인가? 법적으로 정당하며 윤리적으로 합당한 것인가? 범주화와 차등화는 어

---

4 서구 문화는 지금까지 줄곧 타자를 '악마화' 해왔다고 한다. "서구의 사유는 일찍이 선(the Good)을 자아 정체성 및 통일성의 개념과 등치시켰으며, 악의 경험을 우리 밖의 이질적 존재와 연결시켰다. 거의 언제나 타자성은 영혼의 순수한 단일성을 오염시키는 이질화와 밀접한 관계가 있는 것으로 여겨져 왔다"(커니, 2004: 106)는 것이다. 김희정(2008: 31)에서 재인용.

떤 기준에 근거하는가? 범주화와 차등화를 포함해 우리가 타자를 대하는 시각, 타자를 응대하는 제도적 또는 사회적 방식은 정당한가? 타자의 문제에 접근하는 인식적 및 실천적 패러다임은 어떻게 현실 속에서 구현되는가? 현실과의 긴장관계는 없는가? 타자의 반발을 불러일으키지는 않는가? 그 패러다임에 대해 '우리' 사이에서는 이견과 반대는 없는가? 있다면 어떻게 해결되고 있으며, 어떻게 해결되는 것이 맞는가?

이 글에서는 타자화는 멈추어져야 하며, 타자성에 대한 부정적 인식은 중화돼야 하고, 그렇게 하기 위해 타자를 바라보는 시선과 타자를 대하는 우리의 태도는 기본적으로 환대여야 함을 주장한다. 환대란 일상적인 의미에서는 이방인(타자)에 대한 다정하고 관대한 수용을 뜻하는 것으로 이방인의 삶의 방식에 대해 수용적이고(receptive) 개방적인 마음가짐을 가지고(open−minded) 이방인을 따뜻하고(warm), 친밀하고(friendly), 포용적(generous)으로 맞이하는 것을 말한다(Brown, 2010: 309). 환대는 이방인의 권리일 수도 있고, '우리'의 의무일 수도 있으며, 세계시민의 윤리일 수도 있다.

사실 어찌 보면 인간의 역사는 타자성으로부터의 해방의 역사였다. 과거 노예는 시민의 범주에 들지 못하는 별개의 존재였다. 시민의 영역에 들어올 수 없는, 시민과는 '다른' 존재였던 것이다. 인간의 범주에 들지 못하는 열등한 존재로서의 노예는 시민에게 있어 '타자'였다. 노예 해방은 바로 노예의 타자성이 소멸된 사건이었다. 신분제도도 마찬가지다. 천민과 평민이 신분의 족쇄로부터 자유로워지고 만인이 평등해짐으로써 신분이란 이름의 타자화를 벗어났던 것이다. 그럼에도 불구하고 지금도 타자화는 계속되고 있다.

타자화는 필연적으로 배제, 차별, 억압을 수반하고 이에 대한 반작용으로 저항을 유발하며, 이로 인한 갈등은 격렬한 물리적 충돌을 야기하기도 한다. 반란이 일어나기도 하고 내전이 전개되기도 하며 국가 간 전쟁으로 이어지기도 한다. 이에 따라 대규모 학살이 자행되기도 하고 대량 난민이 발생하기도 한다. 이는 또 다시 누군가의 '타자'를 만들어내게 되고 이로 인한 갈등의 순환이 시작된다. 따라서 진정한 평화를 구현하기 위해서는 타자화를 극복하는 것이 필요하다. 타자화가 지속되는 한 갈등과 충돌은 불가피하기 때문이다.

타자화를 극복하는 하나의 방법은 '자아의 확장'이다. 타자를 자아의 범주로 받아들임으로써 자아의 영역을 확대시키는 것이다. 타자가 가진 타자성을 내가 수용해 자아의 일부로 삼는다는 것이다. 이 과정에서 기존의 자아는 변용을 겪게 된다. 기존의 자아를 구성하던 요소와 새롭게 받아들여지는 요소가 함께 섞여 새로운 자아를 형성하게 되는 것이다. 이것이 타자에 대한 환대다. 환대란 두 팔 벌려 타인을 내 집에 받아들이는 것을 의미하고, 타자를 자아의 일부로 수용하는 것을 뜻한다.

3. 배제, 차별, 동화, 관용, 그리고 인정

지금까지 행해진 타자를 대하는 방식은 크게 다섯 가지로 구분할 수 있다. 배제, 차별, 동화, 관용, 인정이 그것이다. 타자를 대하는 방식은 때때로 과거의 방식으로 회귀하기도 하고 같은 공간 안에서도(예컨대 한 나라 안에서도) 범주를 달리하는 타자 집단들에 대해 각각 다른 방식이 동시적으로 적용되기도 하지만 크게 보면 위의 순서에 따라 조금씩 진화돼 온 것으로 이해할 수 있다.

배제(exclusion)는 그야말로 혈연적 또는 종교적 순혈주의에 입각해 타자를 '우리'의 공간에 발을 붙이지 못하게 하는 것이다. 소극적으로는 이민자 유입을 거부하거나 매우 엄격하게 통제하는 정책을 수행하는 것으로 나타나지만, 적극적으로는 소수자 집단의 추방 또는 학살 등으로 나타날 수 있다. 조선시대 우리나라의 쇄국정책이나 2015년 유럽 난민 위기 당시 헝가리 등의 국가들이 난민 유입을 막기 위해 장벽을 설치한 것 등이 소극적 배제 정책이다. 1990년대 발칸 반도에서 구 유고슬라비아 해체 과정 중 일어났던 보스니아 내전 당시 자행된 인종청소는 적극적 배제정책에 해당하며, 르완다 내전과 수단 내전에서 나타났던 강제이주 또한 그 예가 될 것이다. 나치 독일이 독일민족의 '생존공간'(lebensraum)을 넓히려는 침략전쟁을 수행하면서 유럽 전역의 점령지에 거주하던 유대인을 소멸시키고자 했던 인류사 최악의 전쟁 범죄인 홀로코스트 또한 이러한 발상에서 비롯한다.

차별(discrimination)은 다양한 형태로 이루어진다. 법적, 제도적 권한에 대한 접근을 명시적으로 제한하는 경우도 있으며, 사회적 차별을 방치하거나 조장하는 행위 등이 여기에 포함된다. 미국에서 노예해방 이전은 물론이요 1964년 민권운동에 의해 참정권을 인정받기 전까지 흑인에게 행해졌던 다양한 제한 조치가 여기에 해당되며, 과거 남아프리카 공화국의 아파르트헤이트Apartheid 또한 하나의 극명한 예라고 할 수 있다. 아울러 민주주의 가치가 확고하게 뿌리를 내린 구미 각국에서조차 근로현장에서 이른바 '동일 근로, 동일 보수'의 원칙이 지켜지지 않은 채 남녀 간 임금 격차가 존재하고 있는 것 또한 사회적 차별 현상이 아직도 지속되고 있음을 보여주는 사례이며. 우리나라에서 한때 화교들의 재산권을 제한했던 것도 차별의 제도화의 한 예라 하겠다.

동화(assimilation)는 소수자 집단으로 하여금 주류집단의 관습과 제도, 문화와 정체성 모두를 수용할 때 배제와 차별의 대상에서 벗어날 수 있도록 하는 조치다. 단 하나의 정체성만 인정되며,[5] 이 정체성을 수용할 때는 사회의 일원이 되지만 그렇지 않을 경우 법의 보호와 제반 시민적 권리의 행사가 제한된다. 대부분의 국가들의 이민자를 대하는 태도가 여기에 해당된다. 높은 수준의 언어구사능력이 시민권 또는 영주권 취득의 조건이 되거나 주류 사회의 문화적 정체성, 가치관, 관습의 수용 여부가 사회의 일원으로 인정받음에 있어 중요한 기준이 되는 경우 이러한 정책 또는 사회적 분위기는 동화의 패러다임에 해당된다. 우리나라의 이른바 "다문화 정책"은 외국인 노동자나 결혼이주여성에게 한국의 예법과 문화를 교육시키고 수용을 강요하고 있다는 점에서 실상 전형적인 동화정책이라 할

---

5 최근 독일의 마이지에르(Thomas de Maiziere) 내무장관은 일간지 빌트(Bild)에 기고한 칼럼에서 독일적인 것이 무엇인지를 자문하면서 독일어, 독일 헌법에 더해 독일의 표본적 문화(Leitkultur: guiding national culture)를 중요한 요소로 들고 있다. 마이지에르 장관은 독일문화를 짧게 설명하는 가운데 "우리는 악수를 하고, 부르카를 입지 않고, 성실한 근로윤리를 갖고 있고, 교육과 예술의 가치를 높이 평가하고, 나토(NATO), 유럽, 그리고 서방의 일원"이라고 밝히면서 이러한 특징이 바로 현재의 독일 문화를 구성하고 있으며 앞으로도 지향해야 할 바라고 주장하고 있다. 이에 대해 독일에서는 표본적 문화를 정형화 하는 것, 그리고 이것을 강요하는 것은 독일적 가치에 부합하는 일이 아니며 앞으로 나아가야 할 방향도 아니라는 반론이 거세게 일어나고 있다. *New York Times*, May 10, 2017 참조. 마이지에르 장관의 발언은 '동화'의 관점을 드러내고 있는 예라고 할 수 있다.

수 있다. 사실 사람들이 기존의 삶의 양식과 사고방식을 전면적으로 바꾸는 것이 어렵다는 점에서 동화는 소수자들의 인격과 인간성을 부정하거나 억압하는 기제다. '로마에 가면 로마법을 따르라'(When in Rome, do as the Romans do)는 속담은 한편으로는 방문자가 타국을 방문할 때 그 나라의 법과 관습을 존중하는 것이 좋다는 현실적 조언이기도 하지만, 한편으로는 방문자 자신의 고유의 정체성을 버릴 것을 촉구하고 있다는 점에서 동화의 원칙을 합리화하고 있는 것으로 해석할 수도 있다.

관용(tolerance 또는 toleration)은 동화정책에 비해서는 타자에 대해 관대하다. '우리'의 공간 안에서 타자가 자신의 고유 정체성을 유지하면서 존재할 수 있도록 허용한다는 점에서 그러하다. 그러나 관용은 언제라도 베푸는 자에 의해 철회될 수 있다. 관용은 힘의 비대칭성의 기반 위에서 이루어지며 시혜자의 자의적 처분에 의존하게 된다는 점에서 매우 불안정하기 때문에 타자의 인격과 인간성에 대한 위협이 잠재된 상태다. 관용의 윤리는 철저하게 주체중심적 윤리이다.

자크 데리다Jacques Derrida는 다음과 같이 관용의 한계를 지적한다.

관용은 자비의 한 형태입니다. … 관용은 늘 '최강자의 논거' 편에 있습니다. … 관용은 주권의 대리 보충적 흔적이죠. 주권은 오만하게 내려다보면서 타자에게 이렇게 말하죠. 네가 살아가게 내버려 두마, 넌 참을 수 없을 정도는 아니야. 내 집에 네 자리를 마련해두마. 그러나 이게 내 집이라는 건 잊지 마. … 관용은 바로 이와 같은 주권의 선한 얼굴입니다. … 프랑스에 '관용의 문턱'(threshold of tolerance)이라는 말이 있습니다. 한 국가 공동체에게 더 이상의 외국인이나 이민 노동자 등등을 환영해 달라고 하는 것이 예의에서 벗어나게 되는 한계를 그렇게 부르죠. … [관용의 문턱이란] 곧 사람들은 이방인, 타자, 외래 물체를 어떤 지점까지는 받아들인다는 것, 즉 아주 제한적인 조건 하에서 받아들인다는 것이죠(데리다, 2004: 232~233).[6]

데리다는 강자의 자비가 제공하는 관용으로 이방인의 권리를 마련해 줄수는 있지만, 그 자체가 이방인과의 평화로운 공존의 원리가 될 수는 없다고 본다. 그 이유는 관용의 정도, 즉 '관용의 한계성' 설정이 권력을 가진자의 '자의성'에 의존할 수밖에 없고, 관용에 기대는 소수자, 이방인 집단은 불평등한 수혜적 관계를 감수해야 하기 때문이다.

위르겐 하버마스Jürgen Habermas 또한 관용의 문제점을 비판한다.

관용의 행위는 자비로운 행위나 '은혜 베풀기'와 같은 요소를 지니고 있습니다. 다수당은 소수당이 '통상적인 것'에서 일정 정도 벗어나는 것을 허용하지만, 이것은 관용의 대상이 되고 있는 소수파가 '관용의 한계선'을 넘어서지 않는다는 조건 하에서입니다. 이러한 권위주의적인 '허용의 관점'에 대해 비판이가해지기도 하는데 이러한 비판은 타당하다고 볼 수 있습니다. 왜냐하면 여전히 '수용될 수 있는' 것과 그렇지 않은 것을 구분해주는 관용의 한계선은, 명백하게 기존의 권위에 의해서 자의적으로 설정됐기 때문입니다(하버마스, 2004:

---

6 이 인용문은 지오반나 보라도리, 『테러시대의 철학: 하버마스, 데리다와의 대화』, 손철성 외 옮김(서울: 문학과 지성사, 2004)에 포함돼 있다. 이 책의 원전은 Giovanna Boradori, *Philosophy in a Time of Terror: Dialogues with Jürgen Habermas and Jacques Derrida*(Chicago: University of Chicago Press, 2003) 이다. 이 책은 미국 뉴욕주(州) 바사 대학(Vassar College)의 철학 교수 지오반나 보라도리가 9·11 테러 사건 이후 이에 대한 철학적 이해를 위해 당대 최고의 철학 거장인 위르겐 하버마스와 자크 데리다를 잇달아 인터뷰한 내용을 영어로 정리한 책이다. 이 글에서는 한국어 번역본을 기준으로 주석을 달았으나 내용 확인을 위해 영어 원본을 동시에 참조했음을 밝힌다.

86~87).

한편 인정(recognition)은 나의 공간 속에 나오는 정체성을 달리 하는 타자가 자신의 고유한 정체성을 가지고 존재할 권리가 있다는 것을 인정한다. 관용은 타자의 정체성을 내심 못 견뎌 하면서도 내색을 하지 않고 인내하는 것이지만, 인정은 타자의 정체성을 정당한 것으로 판단할 뿐 아니라 타자의 존재에 대한 "긍정적 평가와 반응"을 나타내기도 한다(문성훈, 2011: 412). 다만 인정은 상대에 대한 인정일 뿐 타자의 정체성을 내 안으로 수용하겠다는 것은 아니다. 타자의 정체성과 나의 정체성이 하나의 공간에 공존해도 괜찮다는 태도이긴 하지만 엄연히 타자의 정체성과 나의 정체성은 별개의 것이고, 서로 섞이는 것을 원하지 않는다. 소수 집단이 자신의 정체성을 지키면서 나와 같은 공간에서 살아가는 것에 대해서는 아무런 문제가 없지만 내가 나의 정체성을 변화시킬 이유를 찾지 않는다.

이는 이질적 정체성을 가진 집단의 공존 상태로 이어질 수 있는데, 다문화주의가 바로 여기에 해당된다. 다문화주의는 문화적 정체성을 달리하는 집단들이 각각 자신들의 정체성을 유지하고 실천하며 한 사회 내에서 공존하는 것을 일컫는다. 각 집단이 자신들의 문화적 권리를 향유하며 또 이러한 문화적 권리는 법적으로 보호를 받는다. 때로는 소수 집단의 정체성과 문화적 권리를 보호하기 위해 적극적 시정조치(affirmative action)와 같은 역차별적 제도를 만들어내기도 한다.[7]

---

7 그러나 다문화주의는 문화의 다양성을 인정하면서 또한 문화의 섞임을 지향하지는 않는다. 이런 의미에서 다문화주의는 어쩌면 "일종의 문화적 분리주의"를 의미하는 것인지도 모른다. 김희정(2013: 30).

이와 같이 다문화주의의 근간이 되는 인정은 종종 투쟁을 통해 획득된다. 인정을 받는다는 것은 저절로 이루어지는 것이 아니기 때문이다. 인정을 받기 위해서는 나와 타자 사이의 상호작용이 있어야 한다. 나를 나로써 제대로 인정받기 위해서는 내가 생각하는 나와 상대방이 생각하는 내가 일치돼야 한다. 만약 상대방이 나의 정체성을 잘못 알고 있으면서 나를 인정하는 것은 사실 진정한 나를 인정하는 것이 아니다. 따라서 나는 상대방으로 하여금 진정한 나를 알게 하기 위한 노력을 경주해야 하며 이것이 바로 인정을 위한 투쟁이 된다.

호네트Axel Honneth에 따르면 이러한 인정의 투쟁 과정은 나와 상대방이 서로를 인정받기 위해 상호작용하는 과정이며, 이 과정을 통해 나와 상대방은 더욱 고양된 자아를 형성하면서 공존과 화해에 이를 수 있게 된다고 한다(문성훈, 2011: 413; 호네트, 2011). 그런데 여기서 문제는 나와 상대방이 인정투쟁을 통해 상호간의 인정에 도달한다 하더라도, 그리고 그 과정에서 상대에 대한 이해가 심화되고 보다 고양된 자아의 형성이 가능하다 하더라도, 어디까지나 자아의 고유성은 철저하게 유지된다는 점이다. 즉 상대방의 존재를 인정한다 하더라도 나와는 철저하게 분리된 존재로서 인정되는 것이다. 이와 같이 나와 분리된 존재로서의 타자와 나의 관계에서는 언제라도 인정의 철회가 가능하다.

따라서 인정에 기반을 둔 공존은 긴장된 평화, 불안한 평화, 일시적 평화를 가능하게 할 수는 있으나 항구적인 평화를 가져다주지 않는다. 언제라도 인정의 철회가 가능하고, 이에 따라 타자성의 복원이 이루어질 수 있기 때문이다. 타자성의 복원은 곧 인정의 철회를 의미하고, 인정의 철회는 타자와의 공존상태가 타자에 대한 배제와 차별의 상태로 전환되는 계기가 되며, 따라서 억압과 반항의 악순환으로 이어질 개연성을 배태하게 된다. 국내적으로는 위태로운 공존상태에 있던 주류집단과 소수집단의 충돌이 재연될 수 있으며, 국제적으로는 국가들 간의 타자화 과정이 다시 작동되면서 긴장이 심화되고 갈등이 증폭되는 상황이 전개될 수 있다. 중세 기독교도와 이교도 간의 관계가 바로 그러했다. 중세의 기독교적 평화관념에 따르면 "기독교도와 이교도 간에는 기껏해야 일종의 '공존협정(concordia)'만이 가능할 뿐"이었다고 한다(얀센, 2010: 37; 도종윤, 2016: 77에서 재인용). 이는 곧 양자가 서로의 존재를 인정하는 가운데 공존상태를 유지하기는 했으나, 이는 위태로운 평화를 유지하는 관계를 뛰어넘지 못했다. 공존의 기반은 인정이었으며, 인정만으로는 안정적인 평화의 구현이 어려웠던 것이다. 오늘날의 다문화주의가 바로 그러한 상황에 처해 있다. 다문화주의 거버넌스 하에서는 다양한 문화집단들이 서로의 존재를 인정해 주면서 거시적 공간의 차원(예컨대 국가)에서 공존하고 있지만 미시적 공간의 차원(예컨대 마을)에서는 서로 분리돼 있고 서로에 대한 수용에는 지극히 소극적이다. 하물며 관용과 동화는 더 말할 나위도 없다. 인정, 관용, 동화는 모두 주체중심적 윤리관에 입각하고 있으며, 이는 모두 주체의 주관적 판단에 따라 철회 가능한 것이기 때문에 기본적으로 평화의 착근을 위한 실천 윤리로는 한계를 가질 수밖에 없는 것이다.

4. 환대의 윤리를 향하여

인정에 기반을 둔 다문화주의의 한계를 극복하기 위해 타자를 대하는 우리의 태도는 환대여야 한다. 환대란 두 팔 벌려 타인을 내 집의 식구로 받아들이는 것을 의미하고, 타자를 자아의 일부로 수용하는 것을 뜻한다. 환대는 타자를 대함에 있어 '자아의 확장'을 시도하는 태도다. 타자를 자아의 범주로 받아들임으로써 자아의 영역을 확대시키는 것이다. 타자가 가진 타자성을 내가 수용해 자아의 일부로 삼는다는 것이다. 이 과정에서 기존의 자아는 변용을 겪게 된다. 기존의 자아를 구성하던 요소와 새롭게 받아들여지는 요소가 함께 섞여 새로운 자아를 형성하게 되는 것이다. 이를 통해 우리와 타자는 '공생의 관계'에 진입한다. 공생의 관계에서는 자아와 타자의 구별이 희석되며, 자아의 확장을 통해 더욱 고양된 자아가 형성된다.

환대의 개념은 멀리 그리스 스토어 학파에까지 거슬러 올라가며(최병두, 2012: 17), 후기 스콜라 철학, 자연법 사상, 계몽주의 철학으로 이어지는 서양 철학의 전통 속에서 많은 철학자들이 환대의 보편적 법칙(universal laws of hospitality)을 옹호해 왔고, 16세기에는 스페인의 신부 바르톨로메 데 라스 카사스Bartolome de las Casas가 환대의 자연법을 근거로 남아메리카 원주민의 인권을 침해하는 스페인 제국주의자의 만행을 고발하고 있다(Brown, 2010: 308~309). 근대에 들어 환대의 개념을 다시 거론함으로써 철학적 개념으로서의 환대에 대한 논의를 촉발시킨 것은 임마누엘 칸트Immanuel Kant다.

칸트는 〈영구평화론〉에서 국제평화를 위한 세 개의 확정조항(definitive article) 중 세 번째 조항에서 "세계시민권은 보편적 환대의 조건들에 국한돼야 한다"고 밝히고 있다.[8] 여기에서 '환대'란 "이방인이 타국에 갔을 때

---

8 이 조항의 독일어 원문은 "Das Weltbügerrecht soll auf Bedingungen der

적대적인 처우를 받지 않을 권리"를 뜻한다. 이방인을 맞이하는 국가는 "추방이 이방인을 죽음에 이르게 하지 않는다는 전제 하에 그 땅에 받아들이지 않을" 수도 있다. 그러나 "이방인이 평화롭게 공간을 차지해 머무른다면 그에 대해 적대적으로 대하지 말아야" 한다. 그렇다고 해서 이방인이 영주권을 요구할 수 있는 것은 아니다. 이방인에게 일정 기간의 거주자가 될 수 있는 권리를 주기 위해서는 "별도의 우호 협약"이 있어야 한다. 모든 사람에게 부여되는 권리는 일시적인 체류의 권리이며 교제의 권리일 따름이다. 이러한 권리가 부여되는 것은 모든 사람은 "지구의 표면을 공동으로 소유"하고 있기 때문이다. 이 지표면에서는 사람들은 무한정 새로운 땅으로 흩어져 살 수는 없는 노릇이므로 모두가 어느 지점에서는 타인의 존재를 용인해야 한다. 원래 그 누구도 지표면의 특정 부분에 대해 타인에 우선하는 권리를 가질 수는 없기 때문이다.

칸트에게 있어 이방인은 한편으로는 '지구의 표면을 공동으로 소유'하고 있는 세계시민의 일원이지만 타국에 대해서는 일시적 방문과 교제의 권리를 가질 따름이며 방문 기간 동안 "적대적으로 취급받지 않을 권리"를 가진 존재다. 이러한 권리가 세계시민권이라는 점에서 세계시민권은 한 국가의 시민권에 비해 상당히 제한적이다. 즉 어디를 가나 평화적으로 처신하는 한 일시적 방문자로서 환대받을 권리(적대적으로 취급받지 않을

---

allgemeinen Hospitalität eingeschränkt sein"이며 영문으로는 "Cosmopolitan Right shall be limited to Conditions of Universal Hospitality"로 번역된다 (Derrida, 2000: 3). 영원한 평화를 위한 다른 두 개의 확정 조항은 다음과 같다. 제1 확정 조항은 "모든 국가의 헌정체제(civil constitution)는 공화정(republican)이어야 한다"는 것이며, 제2 확정 조항은 "국제법(the law of nations)은 자유로운 국가들(free states)의 연방제(confederation)에 기초해야 한다"는 것이다.

권리)만을 향유할 뿐이다.

칸트에게 있어 특징적인 것은 환대가 하나의 '권리'로 간주되고 있다는 것이다(Benhabib, 2004: 26). 인간은 누구나 세계시민으로서 외국을 방문할 때 '환대받을 권리'가 있으며, 이는 뒤집어 말하면 인간은 누구나 자기 땅에 들어온 외국인을 '환대할 의무'가 있다는 것이다. 이러한 권리와 의무는 세계시민법에서 생성되고, 세계시민법의 필요성과 정당성은 모든 인간은 이성적 존재이며, 또한 지구표면을 공유하고 있다는 사실에 기인한다.

한편 칸트는 영구평화를 위한 조건으로 세세시민법의 필요성을 강조하면서 세계시민법의 적용성이 보편적 환대의 조건에 국한돼야 한다고 했던 말은 방문자의 입장에서는 일시적 체류의 기간 동안에 한해 환대받을 권리가 있지만 일방적으로 타국의 영토를 점유하고 스스로 그 곳에서 영속적으로 거주하겠다는 결정을 내릴 권리는 갖고 있지 않다는 것을 의미한다. 더욱이 외국인이 영속적으로 체류하기 위해서는 '별도의 우호조약'이 필요하다고도 한다. 이는 18세기 유럽의 제국주의가 아프리카, 아시아, 남미로 진출하면서 폭력적으로 원주민을 학살하고 재산을 빼앗고 땅을 차지하는 것에 대한 준열한 비판인 것으로 생각된다. 원주민은 이방인을 환대해줄 의무가 있지만 그것은 일시적인 체류 기간에 한한 것이고 그들의 삶의 터전을 내줄 의무까지는 없다는 것을 밝힘으로써 제국주의적 침탈이 인간의 이성에 반하고 세계시민법에 어긋나며 국제평화를 해치는 일임을 지적하고 있는 것이다.

따라서 어찌 보면 칸트는 이방인과 원주민 모두에게 서로를 환대해야 한다는 점을 일깨우고 있다고 할 수 있다. 원주민은 이방인을 배척해서는 안 되고 (왜냐하면 그들은 지표면을 공유하는 세계시민으로써 지구상 어디든 방문할 수 있는 권리를 갖고 있으므로) 이방인은 원주민을 침탈해서는 안 된다 (왜냐하면 이방인의 권리는 일시적인 외국 방문 기간 동안 평화롭게 처신한다는 조건 하에서 환대받을 권리, 즉 적대적으로 취급받지 않을 권리에 국한되며 혹 영구적인 체류를 원할 때는 별도의 우호조약을 체결해야 하므로). 칸트는 이러한 권리와 의무를 지킴으로써 국제평화에 도달할 수 있다고 믿었던 것이다. 즉 환대는 국제평화의 초석인 것이다.

한편 데리다는 칸트의 환대 개념을 '조건부 환대'로 규정하며 관용과 다름없는 것으로 간주한다. 환대의 조건을 주권자가 결정하고 이방인을 환대할 것인지의 여부를 주권자가 일방적으로 정하도록 해 놓았다는 이유에서다.

제한된 관용도 절대적 불관용보다는 낫습니다. 그러나 관용은 여전히 세심하게 따진 환대, 감독하는 환대, 인색한 환대, 자신의 주권에 집착하는 환대에 불과합니다. 가장 좋은 경우라고 해봤자 이를테면 제가 말하는 조건적 환대에 속할 따름이죠. … 우리는 타자가 우리의 규칙을, 삶에 대한 우리의 규범을, 나아가 우리 언어, 우리 문화, 우리의 정치 체계 등등을 준수한다는 조건을 내걸고 환대를 제의합니다. 흔히들 이해하고 실천하는 환대란 바로 이런 거죠. 민족적, 국제적, 나아가 세계시민적 ―칸트가 어느 유명한 글에서 말한 것처럼― 성격을 갖는 관습, 법률, 규약을 발생시키는 것도 바로 이런 환대입니다(데리다, 2004: 233~34).

데리다는 칸트의 '조건적 환대'를 넘어서는 '무조건적 환대'를 주창하고 있다.

하지만 순수한 환대나 무조건적 환대란 그 같은 초대가 아닙니다. 순수하고 무조건적 환대는, 환대 그 자체는, 기대되지도 초대되지도 않은 모든 자에게, 절대적으로 낯선 방문자로 도착한 모든 이에게, 신원을 확인할 수 없고 예견할 수 없는 도래자에게, 사전에 미리 개방돼 있습니다. 이를 초대(invitation)의 환대가 아니라 방문(visitation)의 환대라 부릅시다(데리다, 2002: 234).

데리다의 무조건적 환대의 개념은 거의 신의 인간에 대한 무한한 사랑을 연상시킨다. 어머니의 자식에 대한 조건 없는 사랑에도 비견할 만하다. 타자가 누구인지, 무슨 생각을 하는지, 무슨 행동을 할 것인지 일체 묻지도 말고 따지지도 말고 부조건적으로 환대를 해서 내 집 안으로 들이고 나의 것을 나누어주라는 것이다. 과연 그것이 가능한가?

원래 집이란 원래 "우리에게 편안함과 안정감을 주는 공간"으로서 그 구성원은 "익숙하고 친밀한" 사람들이다. 타자에 대한 환대란 따라서 내집에 "낯설고 편안하지 않은 사람을 들이는 것"으로, 이는 "불편"과 "불안"을 초래하며 심지어는 위험을 수반하기도 한다(김정현, 2015: 333). 무조건적 환대는 주체와 타자와의 관계가 적대적인 관계로 변할 가능성을 내포한다. 타자에 대한 무조건적 환대는 따라서 극도의 위험성이 수반될수 있다. 그러나 바로 이러한 위험성의 내포가 바로 환대의 필수조건이기도 하다. 위험성이 없다는 확신에서의 환대는 이미 조건적 환대이기 때문이며, 불완전한 환대이고, 주체중심적 환대이기 때문이다(손영창, 2012: 105). 사실 무조건적 환대는 철저하게 타자중심적 윤리다. 무조건적 환대는 "타자/타인을 그 자체로서의 충만함으로 받아들이는" 것을 의미하기 때문이다(김희정, 2013: 36) 무조건적 환대는 "타자에 대한 주체의 평가나 파악, 인식, 이해를 뛰어넘는 적극적인 경향"에 해당하는 것이고, 레비나스는 이것이 바로 타자중심적 윤리라고 한다(김애령, 2008: 190).

우리가 다른 나라에서 우리나라를 찾아오는 이방인을 환대함으로써 타자중심적 윤리를 실천해야 하는 이유는 "인간의 인간성에 대한 존중이 … 국경 앞에서 중단되는 상황이 발생"(김정현, 2015: 318)하는 것을 용인할 수 없기 때문에, 또는 용인해서는 안 되기 때문이다. "환대와 세계시민주의(세계시민권) 등의 개념은 이러한 상황의 타개를 위해 노력하는 과정에서 등장한다"(김정현, 2015: 318). 그렇지만 그것이 과연 실천적으로 가능한가?

데리다는 가능하지 않다고 단언한다.

> 확실히 무조건적 환대로 삶을 영위한다는 건 실천적으로 불가능합니다. … 또한 이 순수 환대라는 개념이 어떤 법적 지위나 정치적 지위를 가질 수 없다는 것은 저도 잘 알고 있습니다. 그러나 이 순수하고 무조건적인 환대를, 환대 그 자체를, 최소한 사유해보지도 않는다면, 우리는 환대 일반의 개념을 갖지 못할 것이며 (자신의 의례와 법규, 규범, 국내적 관례나 국제적인 관례로 이루어지는) 조건부 환대의 규준조차 정할 수 없을 겁니다. 이 순수 환대의 사유 … 없이는, 타자에 대한 관념, 타자의 타자성에 대한 관념, 다시 말해, 초대받지 않고도 당신 삶으로 들어오는 그(녀)에 대한 관념을 갖지도 못할 겁니다. … 무조건적 환대는 법적이지도 정치적이지도 않지만, 그럼에도 불구하고 정치적인 것과 법적인 것의 조건입니다 (데리다, 2002: 234~235).

데리다에 의하면 무조건적 환대가 실천적으로는 불가능하다 하더라도 이념적으로는 여전히 유효하다고 한다(김애령, 2008: 192). 무조건적 환대의 이념은 현실 속에서의 환대의 실천이 지향해야 할 바를 우리에게 일깨

위줌으로써 현실비판적 대안으로서의 가치를 가지기 때문이다(Shyrock, 2008: 414). 무조건적 환대의 이념은 끊임없이 현실과 긴장관계를 형성하면서 환대의 실천 수준을 끌어올리게 해 줄 수 있는 것이다.

나아가 환대는 우리를 자유롭게 하고 새로운 존재로 거듭나게 해주며, 또 기쁨을 가져다준다. 우리가 환대하는 이방인은 우리와는 '다른 관점'을 가지고 우리에게 와 '경계인의 경험'에서 비롯되는 우리는 미처 생각하지 못한 '질문'을 던짐으로써 우리 스스로를 '객관적'으로 볼 수 있게 해 준다. "객관적인 인간은 주어진 것에 대한 인식, 이해 및 평가를 미리 결정짓는 그 어떠한 고착된 관념에도 속박당하지 않는다"고 하며, 짐멜은 이처럼 객관성을 유지하는 것을 "자유"라고 부른다(짐멜, 2005: 83; 김애령, 2008: 179에서 재인용).

아울러 타자를 내 안으로 수용하는 것을 의미하는 환대는 곧 우리 자신의 변화를 촉발한다. 우리는 변화를 통해 삶의 새로운 지평을 맞이한다. "환대로 인한 이 변화로 인해 우리는 이전과는 다른 새로운 삶을 창조할 기회를 얻는다"(김정현, 2015: 319). 이러한 변화는 우리에게 기쁨으로 다가올 수 있다. 타자에게 우리를 내어줌으로써 오히려 우리는 새로운 것, 즉 거듭난 삶을 얻는 기쁨을 얻게 되는 것이다(김정현, 2013: 52). 이러한 환대의 최종 단계는 타자를 나 자신처럼(혹은 나 자신으로) 여기게 되는 상태가 될 것이다(김정현, 2015: 334).

5. 결론

그렇지만 현실 속의 정치사회에서는 힘의 관계를 고려했을 때 환대조차
도 한계를 가질 수 있다. 아직까지 세계시민권이 확립돼 있지 않은 상태에
서 기본적으로 힘의 비대칭성이 존재하는 관계에서는 상호 환대 행위의
개시, 환대 행위의 지속성은 결국 힘의 우위에 있는 자의 결단에 의존하는
바가 클 수밖에 없다. 사실 환대의 실천이라는 윤리적 요청에 부응하는 일
은 매 순간 결단을 필요로 한다. 왜냐하면 무조건적 환대는 위험을 수반하
기 때문이다. 성도, 이름도, 성별도, 아무 것도 묻지 않고 내 집 안에 들인
이방인이 나를 죽일 수도, 내 것을 빼앗아 갈 수도 있기 때문이다. 현실 속
에서는 두 팔 벌려 환영한 난민이 테러리스트로 돌변할 수도 있고 소매치
기로 둔갑할 수 있으며 성폭행을 저지를 수도 있다. 그랬을 때, 우리는 어
디까지 이들을 환대할 수 있을까를 끊임없이 고민하게 되고, 일방적으로
환대를 철회하지 않도록 하기 위한 노력을 기울여야 한다. 환대는 지극히
타자중심적 윤리이지만 환대의 실천은 자아의 결단을 요구한다. 힘의 비
대칭성의 관계 속에서는 환대의 철회에 대한 유혹이 클 가능성이 높다.

환대의 실천은 일회성 행위로 끝나서는 안 된다는 점이 특히 지속적인
결단을 요구하게 된다. 특히 사회적 환대, 국가적 환대의 경우 더더욱 그
러하다. 성도, 이름도, 성별도, 종교도, 학력도, 아무 것도 묻지 않고 덜컥
내 집안에 들여놓고 그 다음엔 알아서 살아가라고 한다면, 이는 이방인을
또 다른 황야에 내던져 놓는 것과 다름없는 일일 것이다. 냉장고가 어디에
있는지, 화장실이 어디에 있는지, 주방기구를 어떻게 사용하는지도 모르

는 사람에게 알아서 먹고 알아서 생활하라고 한다면 난감한 일이 아닐 수 없다. 급기야 주인이 차려 놓은 식탁에 달려들 수도 있고 적절치 않은 장소에서 적절치 않은 행동을 할 수밖에 없는 상황이 벌어질 수도 있는 노릇이다.

사회적, 국가적 차원에서의 환대는 일련의 과정이어야 한다. 집안에 들이는 것부터 시작해 그 집을 어떻게 사용하는지를 알려줘야 할 것이고, 그리고 무엇보다도 그 집에서 계속 머물러 살 수 있음을 확신시켜줘야 할 것이다. 불쑥 찾아온 손님은 대체로 삶의 불안정성과 불확실성이 큰 환경에서 살아온 사람일 확률이 높다. 이들에게는 내일을 위한 준비보다는 하루하루의 생존이 급선무다. 이들은 미래의 그림자가 매우 짧은 사람들이다. 환대를 해 주는 집주인에게 대한 태도와 행동 또한 그럴 수 있다. 길게 보고 서로를 환대하는 마음을 키워가기보다는 눈앞의 이익을 위해 집주인의 환대를 이용하려 할 수 있다. 내일이 어떻게 될지, 과연 내일도 계속 환대를 받을 수 있을지에 대한 확신이 없기 때문이다. 지극히 불확실하고 불안정한 환경 속에서 오랜 기간 생존을 위해 발버둥 쳐온 결과다. 때문에 환대를 환대로 돌려주지 못하고 환대를 기만이나 배신으로 갚는 경우가 생길 수 있다. 그랬을 때, 손님에게는 헤어날 수 없는 낙인이 찍혀버리게 된다. 살아온 환경에 의해 어쩔 수 없이 마음속에 자리 잡게 된 생래적인 불안감, 새로운 세상에 대한 어쩔 수 없는 무지, 자그마한 욕심, 순간적인 판단의 실수 등이 결합돼 범죄자로, 낙오자로, 일탈자로 패각추방(ostracize)되고 만다. 이때부터 악순환이 시작될 수 있다. 손님은 집주인의 환대에 적절하게 응답하지 못한 죄로 집밖으로 내쳐지거나 집 어느 한 구석에 격리돼 자유와 평등, 자기실현의 기회 등을 향유할 수 있는 자격을 박탈당한 채 살아가게 되면서 새로운 불안감과 불만감을 품게 되고 자신을 내친 집 주인에 대한 복수를 꿈꿀 수도 있는 노릇이다.

따라서 환대의 실천은 전폭적이면서도 신중하고도 사려 깊게 진행돼야 한다. 나를 찾아온 이방인에게 아무 것도 '묻지도 따지지도 않고' 자리를 내 주는 '무조건적 환대'는 실천적으로 불가능하고, 정책적으로 바람직하지 않을 수 있다. 위험성을 수반할 수 있기 때문이다. 따라서 현실적으로 환대는 '조건적'일 수밖에 없다. 그러나 우리는 끊임없이 그 '조건'의 벽을 낮추려는 노력을 기울여야 한다. 조건의 벽을 쌓아 올리자는 유혹의 목소리는 끊임없이 들려올 것이다. 극우주의자, 포퓰리스트, 인종주의자, 국수주의자들이 그 주인공이다. 그 유혹에 흔들리는 순간 우리는 타자를 대하는 방식에 있어 퇴행의 수순을 밟게 될 것이고 다시 타자화의 함정에 빠지게 될 것이다. 무조건적 환대를 지향으로 삼아 자기중심적인 '조건'을 조금씩 허물어갈 때 우리는 타자화의 굴레를 벗어날 것이고, 평화에 좀 더 가까이 다가갈 수 있을 것이다.

참고문헌

1) 단행본

Benhabib, Seyla. 2004. *The Rights of Others: Aliens, Residents, and Citizens.* Cambridge: Cambridge University Press.

Boradori, Giovanna. 2003. *Philosophy in a Time of Terror: Diologues with Jürgen Habermas and Jacques Derrida.* Chicago: University of Chicago Press.

2) 번역서

데리다, 자크 저. 2004. 「자가-면역, 실제적이고 상징적인 자살」. 지오반나 보라도리 엮음. 『테러 시대의 철학: 하버마스, 데리다와의 대화』. 손철성 외 역. 서울: 문학과 지성사.

아감벤, 지오르죠. 2008. 『호모 사케르: 주권 권력과 벌거벗은 생명』. 박진우 옮김. 서울: 새물결.

얀센, 빌헬름. 2010. 오토 브루너, 베르너 콘체, 라인하르트 코젤렉 엮음. 『코젤렉의 개념사 사전 5: 평화』. 한상희 옮김. 서울: 푸른역사.

짐멜, 게오르그. 2005. 『짐멜의 모더니티 읽기』. 김덕영, 윤미애 옮김. 서울: 새물결.

칸트, 임마누엘. 2013. 『영원한 평화』. 백종현 옮김. 서울: 아카넷.

커니, 리처드. 2004. 『이방인, 신, 괴물: 타자의 개념에 대한 도전적 고찰』. 이지영 옮김. 서울: 개마고원.

하버마스, 위르겐. 2004. 「근본주의와 테러」. 지오반나 보라도리. 『테러 시대의 철학: 하버마스, 데리다와의 대화』. 손철성 외 옮김. 서울: 문학과 지성사.

호네트, 악셀. 2011. 『인정투쟁 : 사회적 갈등의 도덕적 형식론』. 문성훈, 이현재 옮김. 고양: 사월의 책.

3) 논문

김애령. 2008. 「이방인과 환대의 윤리」. 《철학과 현상학 연구》, 39집, 175~205쪽.

김정현. 2013. 「상호성의 윤리와 타자 중심성의 윤리: 리쾨르와 레비나스의 조우, 그리고 문화 간 관계에 대한 그 함축」. 《해석학연구》, 32집, 29~70쪽.

김정현. 2015. 「외국인이라는 문제, 그리고 환대: 폴 리쾨르의 견해를 중심으로」. 《코기토》, 78호, 316~348쪽.

김희정. 2013. 「환대의 윤리: 마르코 툴리오 조르다노의 영화를 중심으로」. 《지중해지역연구》, 15집 3호, 27~46쪽.

문성훈. 2011. 「타자에 대한 책임, 관용, 환대 그리고 인정: 레비나스, 왈쩌, 데리다, 호네트를 중심으로」. 《사회와 철학》, 21집, 391~418쪽.

손영창. 2012. 「데리다의 무조건적 환대와 타자성」. 《프랑스문화연구》, 24집, 97~127쪽.

최병두. 2012. 「이방인의 권리와 환대의 윤리: 칸트와 데리다 사상의 지리학적 함의」. 《문화역사지리》, 24집 3호, 16~36쪽.

Brown, Garrett W. 2010. "The Laws of Hospitality, Asylum Seekers and Cosmopolitan Right: A Kantian Response to Jacques Derrida." *European Journal of Political Theory*, Vol. 9, No. 3, pp. 308~327.

Derrida, Jacques. 2000. "Hospitality." *Angelaki*, Vol. 5, No. 3, pp. 3~18.

Shryock, Andrew. 2008. "Thinking about Hospitality, with Derrida, Kant, and the Balga Bedouin." *Anthropos*, No. 103, pp. 405~421.

4) 비학술지(잡지 및 신문)에 실린 기고문, 논평, 칼럼

Economist. November 2016, pp. 19~26.

Sauerbrey, Anna. 2017.5.10. "'We Are Not Burqa': What Does German Culture Even Mean?" *New York Times*.

5) 학술대회 자료

도종윤. 2016. 「환대 윤리의 국제정치학에의 적용과 한계: 환대와 평화의 접점」. 『문화와 평화: 환대와 적대의 문화정치』, 한양대 평화연구소－제주평화연구원 공동학술회의 자료집(2016.10.28).

제 2 장

민족적 민주주의의 위기 그리고 새로운 공동체의 계기들

홍태영(국방대학교)

1. 들어가는 말[1]

고대 그리스 아테네에서 민주주의라는 통치형태가 존재했던 이후로 오랫동안 서구 역사에서 사라졌던 민주주의라는 말이 다시 등장한 것은 1789년 프랑스혁명과 함께였다. 민주주의라는 말의 등장은 당시 혁명의 봉기와 함께 서서히 전면에 등장하는 민중들 그리고 상퀼로트들을 중심으로 하는 하층 민중들이 직접적으로 정치에 참여하려는 움직임과 함께였으며, 그것은 정확히 고대 아테네의 그것과 동일한 것으로 간주되었다. 따라서 프랑스혁명 당시 구체제의 귀족층이건 새로이 등장하는 자유주의적 엘리트이건 그에 대한 두려움과 우려는 광범위한 것이었다. 1791년 헌법의 초안을 작성했던 제헌의원들이 제한선거권을 통해 하층민중의 정치참여를 제한하려 했던 것은 적어도 '이성'적이지 못한 군중들에 의한 민주주의를 제한하려는 의도였다. 이성을 중시하던 그리고 이성을 갖추었다고 생각했던 자유주의적 엘리트들에게 결코 이성적으로 보이지 않았던 민중 즉 '수'로 표상되었던 민주주의적 세력에 대한 제어는 당연한 것이었다. 그와

* 본고는 2016년도 정부(교육부)의 재원으로 한국연구재단의 지원을 받아 수행된 연구임(NRF‒2016S1A3A2923970).

더불어 근대에서 그리스적 민주주의 즉 콩스탕의 표현에 따른다면, '인민에 의한 주권의 직접적 행사' 혹은 프랑스혁명 시기의 표현을 빌리자면, '도처에 인민들의 실천과 감시가 이루어지는 상태'라는 것은 근대의 분업화된 상업사회에서 불가능하다고 생각하였다. 즉 근대인들은 사적인 영역에서 개인들의 이익을 추구하는 활동에 집중하는 것이 바람직하였고, 정치는 전문가들의 영역으로 간주되었다. 따라서 근대의 상업사회에 적합한 새로운 민주주의 형태를 찾는 것이 필요하였다.

이러한 반민주주의적인 자유주의 엘리트들이 민주주의를 받아들이기까지는 거의 한 세기의 시간이 필요하였다. 19세기의 프랑스의 대표적인 자유주의자 토크빌Alexis de Tocqueville과 영국의 밀John Stuart Mill 역시 민주주의에 대한 거부감은 분명하였다. 토크빌이 민주주의를 수용하였던 것은 그것이 바람직했기 때문이 아니라 불가피했기 때문이었다. 즉 거의 수백 년이래 '조건들의 평등'이라는 민주주의 경향은 지속적으로 그 힘을 키워 왔던 것이고, 그렇기에 필요한 것은 민주주의를 적절하게 통제하여 일탈 — 루이 나폴레옹을 대통령으로 선출하여 전제정으로 이끄는 것과 같은 일탈 — 하지 않도록 하는 것이었다. 프랑스의 기조François Guizot만큼이나 반민주주의적 자유주의자는 아니었지만, 밀 역시 '복수투표제'를 제안할 만큼 엘리트적 자유주의자로서 민주주의에 대해 경계하였다. 19세기 자유주의자들이 공통적으로 신뢰하였던 정치기제는 바로 '대의제'였다. 그것은 기본적으로 대중의 요구를 적절하게 제어하면서 이성적인 결과를 가져올 수 있을 것이라는 기대를 저버리지 않을 장치였다.

프랑스혁명과 함께 다시 등장한 (그리스의) 민주주의는 이제 19세기를 거치면서 새로운 근대적 민주주의를 구성해야 했고, 그 틀은 당연히 국민국가라는 틀 속에서였다. 그리고 민주주의는 그러한 국민국가의 형성에 중심에 있었다. 근대의 정치공동체로 등장한 국민국가는 그 주권자로서 '국민'이라는 실체 혹은 추상화된 실체, 그리고 국가(State)라는 물리적 권력과 제도를 가진 실체의 결합으로서 이해될 수 있으며, 현실적으로 주권의 배타적 행사를 이루어지는 영토라는 지리적 경계를 갖는 것이다. 민주주의는 이미 오래 전에 시작된 국가건설(State−building)의 과정과 18세기에 서서히 등장하였고 프랑스혁명과 함께 본격적으로 등장한 국민과 그 형성과정(nation−building)을 결합시키는 매개였다. 그 결합의 과정에서 민주주의는 민주주의의 주체로서 국민을 형성시켰고, 또한 국가장치와 그 기능을 민주주의적으로 만들고자 하였다. 하지만 동시에 국민국가라는 틀 속에서 진행된 민주주의는 그리스적 민주주의와는 다른 형식과 내용을 가질 수 밖에 없었다. 이것이 민족적 민주주의 형식과 내용으로 드러난다.

19세기 그리고 20세기 동안에 발전되어 왔던 민족적 민주주의는 20세기 말에 이르러 신자유주의적 세계화 속에서 위기를 맞고 있다. 우선은 국민국가라는 틀 즉 정치공동체로서 국민국가의 위기 그리고 그 속에서 실현되었던 민주주의, 즉 민족적 민주주의의 위기가 동시에 진행되고 있다. 따라서 이 글은 민족적 민주주의의 형성과 발전의 계기들을 살펴보면서 그 위기의 형태를 가늠하고 그와 더불어 민주주의의 전환을 위한 계기들에 대해 검토해 보고자 한다.

2. 근대 국민국가와 민족적 민주주의 형성과 발전

그렇다면 민족적 민주주의란 무엇인가? 우선은 '민족적'이라는 수식어가 말하는 바는 근대 국민국가라는 틀이라는 점 그리고 '민족' 혹은 '국민'이라고 지칭되는 민주주의의 주체가 존재한다는 점을 의미한다. 프랑스혁명과 함께 '국민'은 군주를 대신하는 새로운 주권자로 등장하였고, 홉스이래 사회계약론의 정치철학자들이 제시한 자연권을 지닌 합리적인 개인들로 구성된 새로운 공동체의 모습이 구현되기 시작하였다. 우선 국민은 영토적 경계 내에 존재하는 다양한 사람들로 구성되어 있지만, 주권의 담지자로서 내부적 동일성(identity)을 확정할 필요성이 있었다. 예를 들어 19세기 프랑스는 국민적 정체성을 형성하기 위한 기억과 역사를 재구성하기 위한 작업을 진행하였다. 19세기 프랑스 역사가 미슐레는 자신의 다양한 저작을 통해 프랑스인의 공동의 기억만들기 작업을 수행하였다. 미슐레가 '인민'을 역사의 주체로서 설정하고자 했던 것은, 19세기 말 르낭이 말했던 것처럼, 민족을 이루는 한 축으로서 '공통의 역사적 기억'을 만드는 과정이었음을 말하고 있다(Michelet, 1974; Renan, 1993). 또한 다른 한 축으로서 프랑스라는 정치체의 구성원으로서 시민적(civic) 민족의 구성이다. 프랑스 시민권의 발전이 1789년 혁명과 함께 성립된 민권(civil right)과 당시 제한적으로 부여되고 1848년 혁명과 함께 성인남성 모두에게 부여된 정치적 권리(political right) 그리고 19세기말부터 성립되기 시작한 사회적 권리(social right)순으로 이루어졌다면, 무엇보다 그 전제가 되는 것은 국민성원권(nationalité)이었다. 잘 알려졌듯이, 1789년의 '인간과 시민의 권리 선언'은 국민성원권을 전제한 시민권으로서 인간의 권리를 주장한 것이었다. 시민권의 발달은 결국 시민을 국민의 구성원으로서 만들어가는 과정이면서 동시에 민주주의의 차원에서 권리의 확장이기도 하다. 결국 국민이라는 민주주의의 주체의 형성과정은 문화적 혹은 종족적(ethnic) 민족/국민의 구성 — 종족이 가족의 확장이라는 하나의 허구(fiction)를 통한 구성 — 과정이라는 하나의 축과 시민적 그리고 정치적인 국민의 구성과정을 다른 한 축으로 하는 것이었다.

다른 한편으로 단일한 국민의 구성과정은 동시에 단일하지 않는 국민 내부의 문제, 특히 자본주의 발달에 따라 발생하는 계급문제를 해결해야 하는 과제, 특히 추상적인 국민의 구성에 대비되는 구체적인 국민/인민에 대한 인식과 그들에 대한 집합적 표상의 과정을 요구하게 된다. 19세기는 민주주의의 구체화과정이면서 동시에 다른 한편에서 자본주의 발달의 시기였다. 자본주의 발달에 있어서 그 출발점을 이루는 것 중의 하나는 '이중의 의미에서 자유로운 노동자', 즉 중세의 신분적 굴레로부터 자유로우며 동시에 생산수단으로부터 자유로운 즉 생산수단을 결여한 노동자의 탄생이다. 프랑스혁명 초기 1791년 르 샤플리에^{Le Chapelier} 법은 동업조합과 상인조합의 폐지를 통해 자유로운 노동자를 사회 속에 던져주었으며, 빈민들에게 자선을 베풀 경우 굴욕감을 안겨주는 엄격한 빈민구호법을 제정하였다(Castel, 1994). 칼 폴라니가 1834년이 되어서야 비로소 영국은 자본주의 사회가 되었다고 말했던 것은 스핀햄랜드법의 폐지를 염두에 두고서이다(Polanyi, 1991). 즉 교구나 영주에 어디에도 묶이지 않은 자유로운 계약의 주체로서 프롤레타리아트가 탄생한 것이다. 이와 더불어 맑스는 자본과 노동력의 존재, 즉 자본관계의 존재만으로는 불충분하며, 자본주의적 생산이 진행되면서 "교육, 전통, 관습에 의하여 자본주의적 생산양식의 요구를 자연법칙으로 인정하는 노동계급이 발전"할 것을 필요로 한다고 말한다. 그리고 이러한 생산의 자연법칙, 즉 노동자 자신이 자본에 정상적으로 종속되도록 하기 위해 국가권력이 필요하다는 점이 바로 원시적 축적의 본질적 측면임을 강조한다(Marx, 1989: 927). 원시적 축적의 과정이 단지 이중의 의미에서 자유로운 노동자의 탄생만을 의미하는 것이 아니라 지속적으로 자본주의적 과정이 교육, 전통, 관습을 통해 자연스러운 법칙으로 인식되도록 하는 것이 국가권력의 역할이다. 결국 국민국가라는 정치체를 통해 정치, 경제, 사회의 체계가 작동하는 방식이 성립된다. 정치적으로 국민주권을 실현하는 방식으로 민주주의, 경제적으로는 자본주의 그리고 사회적인 것을 해결하기 위한 국가적 노력, 즉 민족주의 - 공화주의적 연대 혹은 사회적 연대 등으로 이름으로 작동하는 통합의 이데올로기 -를 통한 국민적 정체성의 형성과정이 중층적으로 결합된다. 적어도 19세기에 민족주의는 이러한 국민국가의 작동의 중심에 있다.[1] 자본관계의 재생산의 한 축인 노동자의 재생산을 위한 국민적 정체성의 형성을 위

---

1 문헌상 민족주의라는 단어가 등장한 것은 프랑스혁명 전쟁과 함께였다(Godechot, 1971). 프랑스가 절대왕정에서 국민을 주권자로 하는 근대적 국가를 확립하고 그러한 와중에 유럽의 여러 나라들과의 전쟁은 유럽의 지도를 새롭게 바꾸어 놓은 것이다. 물론 이미 영국의 경우 민족적 정체성을 통한 국민 형성의 과정과 국가 형성의 과정이 어느 나라보다도 먼저 18세기 중반부터 진행되었다. 유럽에서 본격적으로 민족주의에 기반한 국민 형성의 과정이 촉발된 것은 프랑스혁명이다. 프랑스혁명 전쟁과 뒤이은 나폴레옹의 정복 전쟁은 국가의 경계에 대한 확정을 넘어서 그 영토적 경계 내에 살아가는 인민들을 국민이라는 이름으로 호명하기 시작하였다. 19세기에 들어서서 유럽의 나라들은 시차를 두고서 민족주의적 동원을 통한 국민국가 건설과 자본주의적 발전의 길을 경쟁적으로 걷기 시작하였다.

한 다양한 노력들, 무엇보다도 민족주의는 '자본주의 정신(spirit of capitalism)'으로서의 역할을 수행한다(Greenfield, 2001). 19세기 전반기 독일의 통일과 국민경제 형성을 요구했던 리스트의 주장은 민족주의와 자본주의의 결합을 전형적으로 보여주는 예이다(List, 1998).

19세기 동안 자본주의의 발달은 국민의 동일화 과정의 굴곡을 가져왔으며, 그것은 '사회적인 것'의 등장을 의미하는 것이었다. '사회적인 것'을 위한 해결의 과정은 개인의 문제로 환원되지 않는 사회에 대한 인식, 사회의 표상으로서 국가의 역할 등을 새롭게 정립하는 과정이었고, 동시에 그것은 노동자계급의 국민으로의 포섭과정이기도 하다. 산업재해, 실업 등의 사회문제에 대한 공동체적 차원에서 대응과 보호 그리고 연금에 대한 대책이 1차 대전 이후 전쟁미망인과 고아들에 대한 국가적 대응이라는 차원에서 애국주의적 및 민족주의적 틀을 통한 문제의 해결, 즉 사회적 국민국가(social nation-state)의 확립이었다. 뒤르카임의 연대 개념에서 출발하여 프랑스 제3공화국에서 공화주의적 연대로 집중되는 이 해결책은 노동자계급을 철저하게 국민의 일원으로 호명하는 과정이었다. 사회적 권리의 부여는 노동자계급의 시민화과정이며, 애국주의적 시민으로의 호명이기도 하였다. 홉스봄의 표현에 따르면 국민적 정체성이 계급적 정체성을 압도해 나가는 과정이라고 볼 수도 있으며, 콜리(Colley, 1986)를 따라 국민적 정체성과 노동자 정체성은 동전의 양면이라고도 할 수 있다.

민주주의의 주체로서 국민의 형성 그리고 그러한 추상적 —정치(철학)적— 국민을 구성하는 구체적인 —혹은 사회(학)적— 인민의 표상(representation) 과정이 민주주의 구체적인 내용과 형식을 구성하였다. 그리고 19세기말 서서히 대의제 민주주의의 중심적 기제로서 등장한 정당은 그러한 민주주의의 과정과 내용의 구성에 결정적인 역할을 수행하였다. 19세기말 20세기 초 유럽의 많은 나라들에서 보통선거권 혹은 그에 버금가는 광범위한 선거권에 기반한 대중민주주의 시대로의 진입과 더불어 그러한 대중에 대한 통제 메카니즘이자 대중들의 욕구 분출의 통로로 등장한 것이 정당이었다. 다양한 정치세력들을 결집시키는 장치이자 동시에 의회민주주의의 기반이 되기 시작한 정당들은 대중들의 의사와 욕구를 분출시키고 전달하는 장치였으며 동시에 여론의 형성자 역할을 수행하였다. 20세기 초반 극단적인 좌우 세력을 제외한다면, 공화국 및 공화주의에 대한 신뢰 속에서 프랑스의 정당들은 대의제 민주주의의 중심적 장치였다. 하지만 동시에 정당들에 의한 대의제 민주주의는 아이러니하게도 주권의 문제를 실종시켰다. 국민이라는 단일한 실체에 대한 불확실성, 칼 슈미트가 비판하였듯이, 자유주의적 법치국가에서 주권적 실체가 실종되는 상황이 만들어지긴 했지만, 20세기 초반 프랑스의 자유주의적 공화국에서 그것은 민주주의가 실현되는 방식이었다. 분명한 것은 이 시기 민주주의는 '민족적 민주주의'였으며, 프랑스의 보편주의적 공화주의는 민족주의의 또 다른 이름, 즉 '민족적' 공화주의였다는 점이다. 그것은 노동자계급의 정체성 형성과 경쟁적이었던 국민적 정체성을 강화하는 방식이었고 그것을 통해 국제주의적 혁명의 길을 선택했던 러시아와는 다른 길을 모색한 유럽 사회주의/사회민주주의의 길 ― 즉 애국적/민족(주의)적 사회주의의 길 ― 이기도 하였다.

국민국가라는 정치공동체의 틀을 통해 발전되는 유럽적 근대는 세 가지 축, 정치적인 것을 구현하는 틀로서 민족적 민주주의, 경제적인 것으로서 자본주의와 국민경제, 사회적인 것의 해결방식으로서 사회적 국민국가 혹은 복지국가 등의 특성을 갖는다(Dirik, 2005; Taylor, 2010; 가라타니 고진, 2009). 이러한 것들의 중심에 국민국가가 있고, 그것을 구성하는 민주적 시민들의 집합체로서 정체성을 지닌 국민이 존재한다. 이 지점에서 민족주의는 국민적 정체성을 형성시키는 이데올로기이자 장치로서 존재해 왔다. 장치라는 의미는 국민을 구성하는 시민들의 권리의 문제와 관련된다는 것이다. 결국 국민을 주권자로 하는 국가는 민주주의적 국가 형성의 길로 접어들게 된다.

3. 신자유주의의 등장과 민족적 민주주의 위기

신자유주의의 등장이 가져온 가장 뚜렷한 효과는 복지국가에 대한 문제 제기와 더불어 그에 대한 지속적인 개혁이다. 복지국가의 위기와 개혁은 단지 복지혜택의 축소라는 차원의 문제가 아니라 복지국가를 통해 해결되어 오던 '사회적인 것'에 대한 새로운 접근과 전환을 가져오기 시작했다는 점에서 근대적 국민국가 틀 속에서 이루어져 온 민주주의에 대한 위기이자 전환의 요구였다. 신자유주의 그리고 그와는 불편해 보이는 동거를 하고 있는 극우민족주의의 득세가 보여주듯이, 근대 민주주의 주체로서 국민, 대의제민주주의 그리고 통합의 중심에 있던 국가권력의 위상 등에 대한 새로운 사고의 전환을 요구하고 있다.

1) 신자유주의의 등장과 국민국가의 후퇴

1970년대 초반 브레튼우드 체제의 붕괴 이후 서서히 나타난 복지국가의 위기는 '사회적 국민국가'의 위기, 즉 국민국가라는 틀을 통해 형성된 민족적 민주주의 및 국민경제의 위기이다. 따라서 그것들을 결합시켜 왔던 민족주의의 새로운 위상변화를 의미한다. 하지만 위기의 시작은 이미 1968년의 혁명, 유럽적 근대에 대한 근본적인 문제제기와 맞물려 있다.[2] 그리고 구체적인 현실적 차원에서 1970년대 초반의 오일쇼크, 브레튼우드 체제의 붕괴 등은 세계자본주의의 위기를 말하는 것이었고, 그것은 고스란히 복지국가의 위기로 이어졌다. 완전고용이 목표이자 전제였던 사회적 국민국가는 실업과 고령화 사회의 출현으로 결국 장기적인 위기 국면에 들어서기 시작하였고, 그것은 1970년대 말부터 서서히 신자유주의의 출현을 가져오게 하였다.

신자유주의적 세계화는 분명 자본주의의 새로운 변형태이다. 더 이상 국민국가를 필요로 하지 않는 듯한 자본주의의 모습이다. 19세기 자본주의가 등장하는 시점에서 국가는 자본의 축적, 노동력의 생산과 재생산이라는 중요한 과제를 담당하는 주체이자 틀로서 존재하였다. 하지만 동시에 당시 자본은 국민국가라는 경계를 스스로 넘나들 수 있는 존재이기도

---

2 푸코가 언급했듯이 그 스스로 1968년의 혁명에 영향을 끼치기도 했지만 자신 역시 그로부터 많은 영감을 받았던 것이다. 근대에 대한 근본적인 문제제기라는 차원, 즉 근대적 이성과 합리적인 개인에서 출발한 정치체 및 국민경제, 그것들의 구체적인 실현태인 국민국가에 대한 문제제기였다. 이처럼 유럽적 근대에 대한 근본적인 문제제기는 그것을 해결책을 찾는 과정에서도 근본적인 사고의 전환을 요구하게 된다. 이 문제는 이 글의 4.에서 다루고자 한다.

하였다. 자본은 그 출발에서부터 국가의 경계에 대해 스스로를 얽매지는 않았다. 그럼에도 불구하고 자본은 국가와 결합하는 방식으로 자본주의를 발전시켰다. 하지만 1970년대에 들어서면서부터 시작된 복지국가 위기와 케인즈주의의 실패 그리고 서서히 시작된 신자유주의로의 전환과 세계화는 19세기 말에 완성된 사회적 국민국가의 위기이자 해체의 과정을 말하는 것이었다.

브레튼우드 체제가 금융의 국제적 이동을 억압함으로써 국민국가에게 국민경제의 발전을 위한 조건을 제공했다면, 그 체제의 붕괴이후 국제통화기금과 세계은행과 같은 세계적 관리기구는 신자유주의적 정책개혁을 통해 금융의 자유로운 이동을 강화함으로써 국민적 경제발전의 제도적 조건을 해체시켰다. 물론 거시경제관리라는 국가의 역할은 사라지지 않지만, 뚜렷한 변화가 발생한다. 케인즈주의 시대에 국가의 역할이 산업적 성장과 고용을 목표로 하는 재정정책을 중심으로 조직되었다면, 이제 정책의 중심은 화폐정책으로 이동한다(박상현, 2012: 285~286). 정부의 역할은 기업에게 더 낮은 비용으로 자본을 제공할 수 있는 자유로운 금융시장의 작동환경을 만드는 것으로 인식되었고, 그러기 위해 금융시장의 신뢰를 강화하고 화폐 가치를 보호하기 위해 인플레이션을 억제하는 정책을 추진하고 증권시장을 부양하기 위해 이자율을 지속적으로 인하하였다. 인플레이션을 억제하기 위해서는 일정한 규모의 산업예비군의 존재를 필수적인 것으로 보았고, 그에 따라 높은 실업률을 자연스러운 것으로 간주하였다(박상현, 2012: 297). 케인즈주의를 통한 완전고용을 목표로 하는 국민경제의 틀은 이제 신자유주주의 혹은 통화주의를 통해 인플레이션의 조절과 산업예비군 즉 비정규직의 양산을 통한 자본과 노동력의 자유로운 이동을 추구하게 된다.

이러한 신자유주의적 경제정책에 맞추어 사회정책 역시 신자유주의적 변환을 겪게 된다. 케인즈주의 시대 사회정책이 완전고용을 목표로 했다면, 신자유주의 시대 사회정책은 금융적 팽창과 노동시장의 신축성이라는 목표를 보완하는 경향이 있다(박상현, 2012: 298~299).[3] 19세기말부터 시작된 '사회적인 것'의 조절 즉 국가와 사회적 연대를 통한 사회문제의 해결은 더 이상 지속될 수 없다. 오히려 '사회적인 것'의 존재에 대한 부정, 다시 개인적인 것의 절대화가 이루어지고 사회문제는 개별화된다. '사회적인 것'에 대한 인식과 연대를 통한 해결은 '사회적 책임성'에 대한 인정이며, 공동체의 이름으로 사회문제를 해결하고자 하는 노력이었으며, 사회적 국민국가 즉 복지국가의 형성이었다. 신자유주의의 등장과 함께 복지국가에 대한 비판은 사회적인 것에 대한 해결의 방식을 다시 개인으로 환원시키는 것이다. 사회적 책임성이 아닌 개인의 책임성에 대한 강조를 통한 복지국가의 개혁이다. 노동력의 탈상품화지수를 낮추는 방식으로 가능한 한 개인들을 노동시장에 빠르게 편입/재편입시키고자 하는 방향으로 개혁이 진행되었다. 이른바 일하는 복지(workfare)가 그것이다.[4]

---

3 이 부분에서 상당한 수준의 복지국가 수준을 달성한 유럽과 그렇지 못한 미국은 분명 차별성이 있다. 미국의 경우 주식시장의 호황과 함께 '보험의 원리'에 기초했던 연금제도에는 '투자의 원리'가 도입되기 시작하였고, '구호의 원리'에 기초하였던 빈곤감축 프로그램은 신축적인 노동시장에서 빈민의 '고용가능성'을 향상시키는 프로그램으로 전환되었다(박상현, 2012: 299). 유럽의 경우 복지국가의 개혁을 통해 '생산적 복지' 내지는 '제3의 길' 등을 통해 기존의 방어적 복지와는 다른 형태의 복지, 즉 일하게 하는 복지, 즉 노동시장에 가능한 빨리 재투입할 수 있도록 자극하는 복지로의 전환이 발생하고 있다(김수행 외, 2008).

4 자기계발에 대한 강조, 스펙과 열정에 대한 강조는 그러한 모습을 보여주는 한국사

신자유주의의 강세는 곧 사회적 국민국가의 후퇴를 의미한다. 이러한 후퇴는 그동안 국민국가라는 공동체 형태를 통해 진행되어 왔던 다양한 통합과 연대 그리고 민주주의의 후퇴이기도 하다. 사회적 국민국가를 통해 해결되어 왔던 '사회적인 것'의 문제가 신자유주의적 방식의 해결의 형태를 취하면서 사회적 국민국가의 해체를 통한 시민권의 위기를 불러오고 있으며, 이러한 시민권의 위기는 곧 동시에 노동자계급의 해체 혹은 그 정체성의 위기를 동반하고 있다. 노동자들의 파업은 계급투쟁의 차원에서 접근하기보다는 철저하게 개별화된 집단이기주의의 차원에서 이해된다. 전 세계적 수준에서 노동자운동의 쇠퇴, 비정규직의 양산, 그리고 이주노동자를 포함한 다양한 방식의 프레카리아트의 등장은 이것을 말해주고 있다.[5] 이러한 가운데서도 이주노동자들의 유입을 통한 산업예비군의 확장이 지속되고 있으며, 그들에 대한 새로운 방식의 분할지배가 지속적으로 이루어지고 있다.

미국이나 영국의 신자유주의보다는 느린 방식이지만 유럽연합 역시 장기적 흐름 속에서 신자유주의적 경향을 지속하였고, 과거 국민국가 시기

회의 단면이다(서동진, 2009). 68년 5월 혁명에서 등장했던 삶, 환경, 욕망, 새로운 에너지와 사상 등은 '저항했던 그 체제에 의해 세심하게 이윤으로 전환'되었다 (L. Boltanski et E. Chiapello, 1999: 150). 1980년대 등장한 새로운 경영방식의 많은 것들은 이미 68혁명으로부터 온 것이었다.

5 노동자계급 혹은 프롤레타리아트가 사회적인 것의 문제해결의 중심에 있었던 사회는 복지국가 시기의 안정적 사회이며, 또한 노동조합을 통한 사회협약이 가능했던 사회였다. 하지만 프레카리아트 사회란 그 시기를 넘어 신자유주의가 원하는 노동유연성 즉 고용과 소득, 노동시장 등이 보장되지 않으며, 노동조합과 같은 대표조직을 통해서도 말할 수 없는 프레카리아트가 급속히 증가하는 사회이다(Standing, 2014; 이진경, 2011).

의 민주주의적 성과는 유럽 통합의 진행 속에서 사라지는 경우가 발생하였다. 국민국가라는 방어막이 사라지지만 그것을 대신할 유럽연합이라는 틀은 새로운 길을 가고 있는 것이다. 유럽적 근대의 위기와 해체, 재구성 혹은 재구조화 속에서 주권권력의 새로운 존재방식, 신자유주의적 세계화, 무엇보다도 유럽적 근대의 중심항이었던 국민국가가 후퇴하면서 민족주의는 새롭게 구성된다. '국민적/민족적'이라는 말을 통해 구성되었던 근대성의 산물들이 위기를 겪고 있는 것이다. 국민경제는 신자유주의적 세계화 속에서 그 틀이 붕괴되기 시작하였고, 민족적 민주주의 역시 위기이다.

2) 국민국가의 민족주의에서 '민족 없는 민족주의'[6]

최근 프랑스에서 국민전선의 마린 르펜Marine Le Pen은 강력한 대통령 후보로 등장하고 있다. 국민전선은 과거의 인종주의적 구호, 파시즘적 경향 그리고 민주주의에 대한 부정 등의 이미지를 탈피하고, 반유럽연합(EU) 및 프랑스 국가를 중심으로 하는 국가주의적, 민족주의적 경향을 강화하면서 이미지 변신을 꾀하고 있으며 일정한 효과를 얻고 있다. 극우파의 소위 '탈악마화 전략'은 과거 장—마리 르펜Jean-Mari Le Pen의 구시대적 이미지를 벗어나 딸 마린 르펜을 통해 새로운 이미지 변화에 성공하고 있는 것이다 (오창룡 외, 2016). 특히 마린 르펜은 프랑스 공화주의의 핵심에 해당한다

---

6 이 절의 내용은 졸고 홍태영, 2017a, 「국민국가의 민족주의에서 '민족' 없는 민족주의로」, 《다문화사회연구》, 10권 1호에서 자세히 다루었고, 따라서 그에 많이 의존하고 있다.

고 할 수 있는 라이시테[7] 이념을 극우적 방식으로 전유하면서 반이민자 정서가 확대되고 있는 프랑스의 현 상황에서 세력을 확장하고 있다. 현재 공화파 대통령 후보로 선출된 프랑수아 피용F. Fillon의 경우도 분명히 자신의 반이슬람주의를 내세우고 있을 정도로 프랑스의 정치지형이 우경화되어 있다. 1980~90년대만 하더라도 관용을 내세우면서 무슬림에 대한 포용정책을 내세웠지만, 2000년대 들어서 프랑스 공화주의는 좌우를 막론하고 강경한 원칙이 되면서 이방인들에게 장벽으로 작용하고 있다. 이미 학교와 같은 공공장소에서 종교적 표식의 복장에 대한 금지가 입법화 되었고, 이후 모스크 건설, 무슬림의 거리기도집회 등을 비난하고, 할랄 급식이 공교육 정신과 맞지 않는다고 비판하는 정서가 확산되고 있다. 이러한 반이슬람주의의 확산은 70년대부터 시작된 복지국가 위기와도 맞물려 있다. 이민자들이 상대적으로 빈곤층을 이루면서 복지예산의 소비층이 되고 있다고 보여지면서 반이민정서는 더욱 증폭되어 왔다. 노동시장에서 열악한 위치와 지속적으로 제기되는 고용불안정성은 국민전선의 반이민 구호에 호응하도록 만들고 있다. 거기에 복지국가의 위기와 유럽연합의 진행 속에서 부각된 국가주권에 대한 위협은 반유럽 정서의 부각과 '프랑스인' 중심의 복지라는 국가주의적 혹은 민족주의적 정서를 자극하도록 하였다.

---

7 라이시테(laïcité) 이념은 1789년 프랑스 혁명에서부터 시작되어 제3공화국에서 정착된 프랑스 공화주의의 핵심이념이다. 라이시테는 단순히 세속화라는 번역어로 포섭되지 않는 프랑스 정치문화를 반영한 개념으로 정치와 종교의 분리를 넘어서 종교가 공적인 영역에서 어떠한 영향력을 행사해서는 안 된다는 원칙으로 제시되었다. 이 이념은 프랑스 혁명 이후 반혁명 세력에 의해 끊임없이 프랑스혁명의 원칙을 부정하고 정치, 교육 등 공적 영역에 개입하려는 가톨릭에 대항하여 제3공화국의 공화주의자들에 의해 확립된 이념이다(홍태영, 2011).

배타적 국민 개념과 국가주권에 대한 강조 속에서 프랑스를 비롯한 유럽 사회의 전반적인 우경화 — 특히 중도세력의 우경화 — 는 새로운 정치 지형을 만들어내고 있다.

유럽에서 극우민족주의의 득세는 신자유주의의 강화, 유럽통합의 가속 그리고 개별 국가에서 구체적으로 전후 활황 속에서 유입된 외국인노동자들의 2~3세대의 등장과 정체성의 위기, 실업율의 증가, 복지국가의 위기에 따른 재정악화, 유럽통합에 따른 국민국가의 위상 약화 등의 배경 속에서 나타났다. 특히 중동지역으로부터 유입되는 이슬람교도들 — 최근의 시리아난민들까지 — 의 증가가 주요한 요인으로 제시된다. 국민국가의 약화에 따른 위기감 속에서 등장한 극우민족주의이지만 이들의 민족주의는 20세기 전반기에 보여졌던 극우민족주의와는 서서히 구별되는 양상을 띠고 있다. 1980년대 극우민족주의가 생물학적 인종주의와 유사하게 20세기 전반기의 극우민족주의 성향을 띠고 있었다면, 서서히 극우민족주의는 문화적 양상에 초점을 맞추면서 '문화적 인종주의'로 변모하기 시작하였다. 문화적 인종주의는 특정한 방식의 경계짓기 형태이다. 문화적 지표에 따라 차별이 이루어지고 혹은 인정이 이루어지는 방식이다. 생물학적 지표보다는 문화적 지표를 통한 '구별짓기(distinction)'이다. 생물학적 인종주의라는 거부감을 벗어버리기 위해 문화적 요소에 대한 강조를 통해, 결국은 특정한 문화를 인종주의화하는 방식을 통해 특정한 성향의 집단을 배제하려는 것이다. 예를 들어 문명화된 프랑스적 혹은 유럽적 가치에 대항하여 북아프리카인들의 가치는 '더럽고, 비위생적이고 범죄적인 것'들과 연관지어 설명된다. 인종주의 언어가 계급화되고, 젠더화된 방식으로 이루어지고 있다. 국민전선(Front National)에 의해 만들어지는 북아프리카 아랍남성의 이미지는 남자다움, 북아프리카 여성의 경우 다산의 이미지를 부여함으로써 비문명화된 동물의 세계를 연상하도록 형성되고 있다. 식민주의의 언어로 만들어진 상상의 타자이다. 또한 국민전선이 동원하는 인종주의적 언어는 계급의 언어와 연관되어 북아프리카 이민자들은 새로운 빈곤계층을 형성하고 있는 것으로 묘사된다(Evans, 1996: 49~54). 또한 이슬람교도들과 테러리즘 집단의 동일시, 그 반작용으로 서구문명과 이슬람문명의 적대적 경향에 대한 강조 등이 유추된다. 문화적 인종주의는 이러한 이슬람에 대한 사회적 표상의 오류를 만들어내는 데 일조하고 있다.

극우민족주의의 이러한 세력화와 강세는 앞서 말한 1980년대 이후 변화된 경제상황 및 자본주의적 발전 양식의 변화와 연관된다. 신자유주의의 강화에 따른 자본과 노동력의 자유로운 이동의 증가가 뚜렷해졌다. 자본주의 역사가 보여주듯이 세계자본주의가 '저임금노동력'의 재생산 혹은 확보를 통해 작동되어 왔다는 점을 감안한다면, 현재의 세계적 수준에서 노동력의 이동은 불가피하며 자본주의의 작동을 위해 필요한 부분이다. 하지만 동시에 노동력의 자유로운 이동과 함께 필요로 하는 것은 그러한 노동력을 통제할 수 있는 장치이다. 따라서 노동력의 이동은 제한될 수 없고 모두가 자유로운 이동과 거주를 보장받는 세계적 수준의 공동체가 아니라 경계를 통한 구별짓기와 차별을 동반한 적절한 조절이 동시에 진행된다.

난민법을 통해 국민국가의 경계를 강화하는 듯 하지만, 이것은 특정한 요건 혹은 상황, 혹은 특정한 사람들을 겨냥한 경계의 강화이지 경향적으로 국민국가의 경계를 강화한다고 볼 수는 없다. 독일이나 영국, 프랑스도 역시 일정한 수준의 전문 인력을 외국에서 수입해야 할 필요성이 있으며,

또한 저임금 하층 노동력 역시 일정한 수입이 필요하며, 그에 맞추어 차별적인 대응을 하고 있다(최진우, 2015: 215~216). 이것들을 조절하는 수준에서 자국으로의 외국인의 유입을 조절하고 동시에 그들에 대한 통제를 강화하는 방식의 외국인 정책을 펴고자 하는 것이다. 이 상황에서 극우 민족주의는 적절한 명분이 된다. 신자유주의적 세계화 속에서 완전고용을 목표로 했던 케인지안적 사회적 국민국가는 후퇴하고, 이민노동자들의 유입을 통한 잉여노동력의 공급, 즉 산업예비군의 지속적 확보를 통한 노동의 유연성 확대, 동시에 그들을 관리하기 위한 방편으로 사회적 배제의 정치전략, 즉 극우민족주의를 통한 국민/비국민 혹은 시민/비시민의 구분전략이 등장한다. 마치 이것은 19세기 영국에서 사용된 두 개의 국민 전략이다. 결국 신자유주의적 자본주의에서 작동하는 '인종과 계급의 변증법' 속에서 가장 고통받는 사람은 유색인종 노동계급이다(McNally, 2011: 208). 금융의 세계화 속에서 '삶의 가장 기초적인 사회적 조건들의 금융화, 민영화'를 통한 일상의 금융화가 진행되면서 유색인종 노동자들, 결국은 '신용자격이 가장 없는 이들'이 가장 고통받는 사람이 되고 있는 것이다(안정옥, 2013a; McNally, 2011).[8]

극우민족주의자들에 의해 철저하게 배제의 대상으로 지목된 그들은 통합불가능한 자들이며, 그들은 "신자유주의적 통치에서의 경쟁의 전면화

---

8 안정옥(2013a)은 서브프라임모기지 확대가 저소득층과 유색인종이 주로 사는 도시 지역 공동체의 주거조건의 개선이라는 아래로부터의 요구를 제도화하고 현실화하는 갈등적 과정을 거치면서 이차대전 이후 대중화된 미국식 삶에 편입되고자 하는 소수인종과 저소득층의 열망을 반영한 것이었다고 본다. 물론 미국의 구체적인 예이긴 하지만, '사회적인 것'의 구성으로부터 배제되고 있는 유럽의 이민노동자들의 역시 이러한 문제에 노출될 수밖에 없다.

가 산출하는, 경쟁으로부터 배제된 자들이며, 나아가 전 지구화된 세계에 '잉여'로서 존재하는 이민노동자나 위험한 외국인"이다(사토 요시유키, 2014: 114). 극우민족주의는 이러한 배제와 포섭의 메카니즘을 작동시키는 중요한 포퓰리즘적 이데올로기이다. 외국인은 사회의 안전을 위협할 수 있는 잠재적인 범죄자이며 위험한 사람, 위험한 계급인 것이다. 극우민족주의에서 주권권력의 강화를 요구한다는 점은 마치 예외상태의 상시화를 통한 권력 권능의 강화이지만, 그것은 지속적으로 호모사케르의 발명을 통하는 방식이다. "벌거벗은 생명"으로서 호모사케르는 주권권력이 법적, 정치적 질서 속에 포섭하면서 동시에 배제시키는 존재로서 설정된다(Agamben, 2008). 위험한 계급으로 간주되는 이주노동자들은 주권권력이 행하는 '안전의 정치'의 대상으로 확정된다. 예외상태/비상상황을 만들어내는 위험한 계급으로서 이주노동자들은 주권적 권력을 강화할 수 있는 조건으로 작용한다. 국가는 개인의 생명을 보호하기 위해 외부의 위협을 차단하고 나아가 개인의 삶을 관리하는 '생명관리권력(bio-pouvoir)'으로서 자신의 위상을 정립하였다(Foucault, 2004). 그러한 국가권력은 현대의 테러리즘의 시대에 국민의 '안전'을 위한 정치를 위해 새로운 위협들을 계속 찾아내고 그들을 관리하고 있는 것이다. 계급을 넘어서 계급의 바깥에 존재하는 이들로 이루어진 한 계급, 즉 '최하층'에 대한 이미지가 만들어지고 심지어 그들은 '사회의 적'으로 간주되기까지 한다(Bauman, 2010: 133~152). 신자유주의 시대 위험한 계급은 바로 이주노동자인 것이다. 그리고 극우민족주의는 그들을 계속 구별해내고 있는 것이다.

현재 유럽의 극우민족주의적 흐름들은 이방인에 대한 배타성, 유럽연합의 강화에 대한 거부와 국민국가 틀의 강화, 동시에 문화적 정체성 강화, 기존에 이미 시민권을 획득한 이들에 대해서도 역시 배타성을 보이고 있다. 현재의 극우민족주의는 민족에 대해 새로운 상징, 가치 등을 중심으로 새롭게 재구성하고자 하는 것이고, 민족에 대한 새로운 호명이다. 하지만 현재 민족의 구성, 혹은 네이션의 구성과정에서 극우민족주의자들이 제시하는 기준은 종교, 문화, 등과 관련하여 적극적인 방식으로 민족적 특성을 구성해내는 것이 아니라 소극적(negative) 방식을 통한 민족의 재구성이다. 즉 이러저러한 것은 민족의 특성이 될 수 없으며, 그렇기 때문에 민족의 구성원이 아니다. 이러한 민족의 구성은 현재적 맥락 속에서 정치적이고 사회적인 민족의 재구성이다. 어쩌면 그들에게 '민족'은 존재하지 않는 일종의 망령일 뿐이다. 그들에게 중요한 것은 '민족'으로부터 배제해야 할 것들이 무엇인가의 문제일 뿐이다.

이와 함께 정부 차원에서도 다문화주의의 실패를 선언하면서 기존의 공동체를 강화하는 방향의 통합주의를 선택하고 있다. 프랑스의 경우 '민족적' 공화주의에 대한 강조는 어느 때보다도 더 강하게 제기되고 있다. 이슬람에 대한 경계, 히잡을 둘러싼 논쟁에서도 보이듯이 특정 종교와 문화에 대한 경계는 우파만이 아니라 좌파에서도 공화주의라는 이름으로 같이 하고 있다. 하지만 이것을 국민국가의 강화로 볼 수 없다. 사회적인 것과 관련하여 국가는 자신의 역할을 버리기 시작하였고, 공화주의의 강화 역시 경계의 강화이지 내부적 연대의 강화는 아니다. 반면에 그 과정에서 국가는 민족주의적 경계, 즉 배제의 논리로서 민족에 대한 경계만을 강화하고 있다. 결국 민족에 의해 민족주의가 발현되는 것이 아니라 민족주의에 의해 민족이 구성되듯이, 21세기에 민족주의는 과거와는 다른 모습의 민족을 호명하고 있는 것이다. 즉 현재의 민족주의에 의해 호명되는 민족은

19세기 동안 사회적인 것의 해결과정을 거치면서 그리고 민주주의적 발전의 과정을 거치면서 연대와 통합을 통해 형성된 민족/국민이 아니며, 신자유주의적 세계화가 만들어내는 증가하는 이주민을 포섭하고 배제하는 기준으로 작동할 뿐이다. 결국 현재의 극우민족주의 세력이 주장하는 민족주의적 구호는 국민국가의 동원과 통합 이데올로기가 아닌 경계 내에 진입한 사람들을 포섭하고 배제하는 기준을 제시하는 차별 및 구별의 이데올로기로써 작동하는 것이다. 민족주의의 강화가 민족적 민주주의, 즉 국민국가 시기의 민주주의의 위기에 대한 우려와 그것의 복원 나아가 발전을 위한다기보다는 새로운 방식의 민족의 재구성 혹은 호명을 통한 민주주의의 후퇴를 가져오고 있다. 현재 민족주의의 출현방식은 반드시 민족주의가 국민국가와 반드시 결합하지는 않고 있으며 국민국가와 민족주의 사이의 탈구가 발생하고 있는 것이다.[9] 현재의 극우 민족주의는 자신의 방식대로 민족의 경계를 짓기 위한 상징과 가치의 조작을 통해 민족주의를 불러일으키고 그것을 통해 민족을 새롭게 재구성하고 있는 것이다.

---

9 그렇다면 국민국가와 탈구된 민족주의가 '고유한 의미에서 민족주의인가?'라는 질문이 제기될 수 있다. 분명 국민국가와 민족주의의 결합이라는 현상은 19세기에 발생하여 20세기 전반기에 정점에 이르는 특수한 현상이다. 예를 들어 아랍에서 민족주의는 종교적 분파와 결합하여 발전하는 모습을 띤다. 시아파 민족주의, 수니파 민족주의가 그것들이다. 아프리카에서 민족주의는 종족에 기반한 민족주의이며, 유고연방이 해체된 뒤 다양한 형태로 등장하는 민족주의 역시 종교, 언어, 문자 등과 결합하는 방식의 민족주의이다. 시니피앙과 시니피에의 탈구이다.

4. 민족적 민주주의를 넘어서

근대적 삶의 형태를 구성하였던 구조적 요소들의 균열, 즉 정치적으로 국민국가와 민족적 민주주의의 위기, 경제적으로 국민경제의 틀을 벗어난 세계자본주의 전환, 사회적으로 사회적 국민국가라는 요소들의 한계 혹은 그것들의 쇠퇴가 분명하다. 결국 근대성을 이루는 정치, 경제, 사회의 요소들의 전환과 새로운 절합(articulation)이 필요하며, 그것을 위한 새로운 계기들이 등장하고 있다. 새로운 전환과 제諸 요소들의 절합은 근대성의 역사적 성과로서 민주주의의 새로운 확장이라는 기준을 가질 수 있다.[10] 포스트모던 시대에 근대적 민주주의의 한계를 극복하고 확장하기 위해 혹은 새로운 공동체의 계기를 구성하려 할 때 고려해야 할 다양한 지점들이 존재하며, 이 글에서는 주요하다고 판단되는 세 가지 지점에 대해 언급하도록 하겠다.

첫 번째는 '사회적인 것'의 문제이다. 신자유주의의 강화에 따라 사회적 국민국가가 후퇴했다는 사실은 '사회적인 것'에 대해 19세기 말에 제시되었던 해결책, 즉 케인즈주의와 사회입법을 통한 시민권의 확장 등에 기반한 복지국가적 해결의 붕괴를 의미하지만, 그것으로의 회귀가 아닌 새로운 출구를 필요로 한다.[11] 그것은 앞서 언급했듯이, 자본주의, 민족주의의

---

10 근대의 기본적인 토대였던 진보에 대한 역사철학적 전망과 과제가 사회주의의 붕괴와 함께 사라졌다 하더라도, 민주주의 및 그것의 확장에 대한 규범적, 윤리적 접근의 필요성과 가능성은 존재한다.

11 서동진은 "케인즈주의가 성공할 수 있었던 것은 미국에서 법인자본주의와 같은 새로운 축적체제가 존재하고 두 차례의 세계전쟁을 거치면서 세계 유동성이 미국으

국민국가와의 탈구와도 연관된다. 유럽의 예 그리고 세계화가 진행되는 세계 곳곳에서도 보이듯이 인민의 위계적 분할, 국민적 경계를 가로지르는 이주노동자의 흐름, 그에 따라 국민/민족 단위를 초과하거나 혹은 이하의 하위 공동체의 형성과 그 가능성들을 포착할 필요성이 있다. 즉 결국 '사회적인 것'의 해결책을 찾는 방식이 국민국가적 수준에 한정되지 않아야 함을 의미한다.

이미 신자유주의에 의해 새롭게 전환된 세계경제질서 속에서 19세기적인 해결방식 즉 케인즈주의 혹은 사회적 국민국가를 통한 사회적인 것의 해결방식은 불가능하다. 또한 폴라니에 의해 제시되었던 사회적 경제의 부활 역시 의미없는 작업이다. 폴라니는 19세기 사회사를 통해 형성된 이중운동, 즉 자기조절적 시장 — 상업계급의 지지와 경제적 자유주의를 바탕으로 자유방임과 자유무역을 수단으로 이용 — 과 사회의 자기보호 원리 — 생산조직뿐만 아니라 인간과 자연의 보존을 목표로 하면서 노동자계급과 지주계급의 지지를 바탕으로 보호입법 등의 사회적 입법을 수단으로 사용 — 의 이중적 작용으로 이해하려 하였다(Polanyi, 1991: 168). 19세기 말의 사회적, 국가적 보호주의는 자기조절적 시장의 내재적 위험에 대한 반작용으로 이해될 수 있으며, 사회의 자기보호운동의 형태를 취하는 집단주의, 즉 공중보건, 공장법, 사회보험, 공공서비스 등에 관한 사회입법은 '반자유주의 입법'을 통해 사회문제를 해결하려는 시도로 해석된다(Polanyi, 1991: 180, 188). 19세기 동안 사회적인 것에 대한 답변을 찾는

로 집중되었기 때문이다." 하지만 새로운 축적체제가 부재한 상황에서 케인즈주의와 같은 개혁전망이나 폴라니가 제시하는 사회경제 통념에 의지하는 것은 불가능하다고 주장한다(서동진, 2012: 116).

작업은 정치경제학에 대한 비판으로부터 시작되었다. 첫째가 맑스에 의한 정치경제학 비판과 그에 기반한 사회주의의 추구였고, 다른 하나는 뒤르카임의 사회학을 통한 정치경제학 비판과 사회적 연대와 사회적 국민국가의 구성이었다. 이 두 개의 시도 모두가 20세기 말 그 유효성을 상실하였다.[12] 단지 신자유주의의 강세 때문만이 아니라, 신자유주의 이후 세계경제질서의 새로운 변화 때문이다.

1980년대 이후 강세를 보이는 신자유주의는 2008년 서브프라임 사태 이후 주춤하는 모습을 보이고 있으며, 아직은 고유한 축적체제를 찾지 못하는 부유상태이다. 그러한 여파 속에서 유럽통합은 그에 대응하는 하나의 시도이며, 정치사회적으로 국민국가 시기의 민주주의는 지속적으로 상대화되고 있다. 1970년대 이후 대량실업, 1980년대 반노조주의 및 노조의 급속한 약화, 구조조정의 상시화, 중산층까지 확대된 신빈곤의 등장과 불안전 노동의 확산은 사회적 배제를 내적으로 구조화하였다(안정옥, 2013: 196).[13] 삶의 가장 기초적인 조건들 — 주택, 연금 등 — 의 금융화, 민영화 추세가 세계적인 것이 되었다. 결국 이러한 신자유주의적 세계화는 근대의 '사회적인 것'에 대한 해결책을 무화시키고 있으며, 현재의 민주주의의 과제는 그러한 '사회적인 것'에 대한 새로운 해결책을 찾는 것이다. 따라

---

12 결국 맑스와 뒤르카임의 '사회적인 것'에 대한 답변의 탐구가 국민국가라는 경계 내에서 실험되었지만 그 한계를 맞이하면서 20세기 두 가지 실험 — 복지국가와 사회주의 — 이 한계를 드러냈고, 그것은 현재 '사회적인 것'에 대한 답변을 국민국가를 넘어선 세계적 수준에서 찾아야 함을 의미한다. 맑스와 뒤르카임의 문제설정에 대해서는 홍태영(2017b) 참조.

13 신자유주의 이후 사회적인 것의 해체 과정은 곧 사회문제의 개인화 과정이다. 즉 사회적 위험의 개인화이며, 삶의 조건들의 개인화이다. 노동조합마저도 계급투쟁의 장치라기보다는 집단적 이기주의, 개인적 이익의 총합적 표현으로 간주된다.

서 여전히 신자유주의에 대한 비판, 즉 '사회적인 것'의 해결책을 찾기 위한 신자유주의적 정치경제학에 대한 비판의 과제가 요구된다. 그리고 '사회적인 것'의 해결방식은 기존 민족적 민주주의에서 성취한 민주주의를 어떻게 보존하고 나아가 확장할 것인가의 문제를 해결하는 방향 속에서 찾아져야 한다. 현재의 민족적 민주주의의 위기를 극복하면서 동시에 새롭게 갱신할 수 있는 계기들을 찾아야 한다는 것이다.

결국 두 번째 문제로 이동한다. '사회적인 것'의 문제의 해결책을 찾는 과제는 새로운 민주주의의 새로운 주체에 대한 사유를 요구한다. 근대의 정치적 주체로서 등장하였던 시민 — 이성을 갖춘 시민 — 과 노동자계급, 즉 프롤레타리아트라는 보편적 계급은 더 이상 유효하지 않거나 적어도 한계를 지닌 개념이다. 19세기 자본주의 발전 속에서 노동자계급은 전국적인 노동조합 조직과 노동자 정당이라는 조직을 통해 결집되는 단일한 주체 — 맑스주의에 의해서는 역사적인 보편적 주체로서 국가의 입장에서는 대화와 협상의 단일한 상대자로서 — 로서 설정되었고, 그러한 결과물 중의 하나가 사회적 국민국가였다. 하지만 복지국가의 위기 그리고 이후의 신자유주의적 세계화와 통화정책은 완전고용을 목표로 추구하는 것이 아니라 광범위한 산업예비군, 최근의 비정규직 양산을 통한 자본과 노동의 자유로운 이동을 추구한다. 따라서 전통적인 노동자계급의 해체와 그에 따른 노동운동의 쇠퇴, 이주노동자를 비롯한 다양한 프레카리아트의 등장이 그 특징적 현상으로 나타난다. 이러한 프레카리아트의 등장이 '사회적인 것'의 새로운 구성을 가져온다. 기존의 노동조합을 통해서 대표될 수 없는 다양한 노동자들, 이주노동자들, 특히 불법적인 이주노동자들의 경우 기본적인 노동권의 보장조차 이루어지지 않은 상황, 성원권의 부재에 따라 시민으로 인정되지 않기 때문에 어떠한 권리도 보장받지 못하는 이들 등 다양한 잠재적 주체들이 등장하고 있다. 이들이 주체로서 등장할 수 있는 계기는 무엇인가? 프레카리아트라는 예에서 보이듯이 전통적인 행위주체와는 다른 방식의 다양한 주체들의 가능성/잠재성이 존재한다. 급격하게 증가하는 이주노동자들 — 합법적이든 불법적이든 — 은 기존 사회 속에서 어떠한 위상을 가질 수 있는 것인가?

다문화주의의 주요한 담론 중의 하나였던 '관용'은 많은 이들에 의해 그 한계가 지적되었다. 관용 담론이 가지고 있는 유럽중심주의적, 자문화중심주의적 전제에 대한 비판 — 웬디 브라운(2010) — 혹은 그것이 전제하는 가부장적 전제 — 하버마스 — 등의 비판은 그 개념이 갖는 뚜렷한 한계를 지적한 것이다. 그리고 이후 제시되는 주요한 개념이 '환대'이다. 칸트에서 시작된 '환대' 개념은 이미 헬레니즘 시대 '어디서 왔느냐'는 질문에 '나는 세계시민이다'라고 응답한 디오게네스의 대답 그리고 루소와 볼테르 사이의 긴장인 애국주의와 세계시민주의 사이의 긴장의 연장선상에 있다. 칸트는 난민을 포함한 이방인 갖는 환대의 권리를 말하지만, 그것은 '영주의 권리'가 아닌 일시적으로 체류할 수 있는 '방문의 권리'이다(Kant, 1992). 칸트는 '지구표면에 대한 공통의 권리'를 인정하면서 세계시민적 권리의 가능성을 제시했지만, 동시에 주권적 권력이라는 전제를 부인하지 않았던 것이다. 그리고 무엇보다도 칸트의 환대의 경우 이방인을 맞이하는 주체의 판단을 전제하는 것이며, 이방인은 여전히 객체로서 존재한다. 이러한 '환대'는 분명 '관용'의 연장선상, 즉 주체의 관용에 의거한다는 점에서 '조건적'인 것이다. 결국 데리다는 이념적 지향으로서 '무조건적' 환대는 '타자중심적'이며, '초대에 의한 환대'가 아닌 '방문에 의한 환대'임을 강조한다. "순수하고 무조건적인 환대는, 환대 그 자체는, 기대되지도 초대되지도 않는 모든 자에게, 절대적으로 낯선 방문자로서 도착한 모든 자에게, 신원을 확인할 수 없고 예견할 수 없는 도착자에게, 사전에 미리 개방되어" 있어야 한다고 말한다(Borradori, 2004: 234). 이러한 무조건적이고 절대적인 환대의 경우 환대의 주체이지만 동시에 타자가 주체로서 전화되면서 공존해야 하는 문제, 공존의 원칙을 필요로 한다. 이방인을 윤리적으로 판단하지 않고 또한 객체로서 용인하는 것을 넘어서 상호주체로서 공존할 수 있는 원칙이 필요한 것이다.[14] 결국은 윤리적 언어가 아닌 정치적 언어로의 전환이 필요하며, 그것은 '타자에 대한 무한한 존중'이 민주주의적 주체와 실천 그리고 틀과 결합해야 함을 의미한다(Rancière, 2013).

결국 주류사회에서 이방인을 어떻게 수용 ─ 관용 혹은 환대 ─ 할 것인가를 넘어서, 어떻게 이주자들이 자신의 공간을 만들 수 있을 것인가에 대한 사유가 이루어져야 한다. 그리고 기존 사회에서는 그들에 대해 어떠한 장치를 통해 그들이 공존의 주체가 될 수 있는지를 논의되어야 한다. 그런

14 데리다는 무조건적 환대가 타자에 대한 실체적 태도라기보다는 조건적 환대의 제한성을 드러나게 하는 규제적 역할을 하며, 역으로 무조건적 환대는 조건적 환대로 전환되어야 현실성을 갖는다고 말한다. 즉 무조건적 환대가 실효성을 갖기 위해서는 구체적인 조건 하에서 향상되는 조건적 환대이어야 하며, 조건적 환대는 무조건적 환대에 의해 인도되고 고취될 때 환대로서 정당성을 갖는다는 것이다(문성훈, 2011: 409). 그러한 의미에서 데리다의 경우 주체와 객체의 전도/전위를 통한 윤리적 공동체를 추구한다고 볼 수 있다. 하지만 다른 한편으로 데리다는 법/권리에 대한 거리두기, 즉 법이 갖는 폭력적 성격에 대해 우려하면서 윤리적인 문제로만 풀어가려 한다는 것을 알 수 있다(Derrida, 2004). 그러한 의미에서 우리는 데리다의 문제의식을 확장하기 위한 '권리의 정치'를 사유해 볼 수 있다. 레비나스의 타자의 윤리와 그에 대한 데리다의 비판 그리고 그것의 '권리의 정치'로의 문제설정의 확장에 대해서는 홍태영(2018) 참조.

의미에서 환대의 윤리를 넘어서 공존을 위한 권리들에 대한 사유가 진행되어야 한다. 이방인, 타자는 환대나 관용의 대상 즉 객체화되어 존재하는 것이 아니라 그리고 윤리적 공동체를 넘어서[15] 권리의 주체로서 또한 민주주의적 주체로서 다양한 행위자들을 고려할 수 있어야 한다. 물론 데리다가 우려하는 것처럼 법이 갖는 폭력적 성격, 법의 내재적 속성을 한편으로 이해할 수 있지만, 권리의 정치로서 인권의 정치를 제기하는 경우, 즉 보편적 무기로서 권리를 제기하는 경우, 그것은 법에 대한 권리의 선차성, 권력에 대한 권리의 우선성을 염두에 두고 있다(Lefort, 2015; 홍태영, 2016). 결국은 이주하는 사람들이 스스로 권리의 주체가 되는 방식을 추구해야 한다.

르포르의 지적처럼 권리의 내용은 선험적으로 주어지거나 자연권적 접근을 통해 구성되는 것이 아니라 사회적 관계의 산물이다. 따라서 새로운 사회적 관계 속에서 그리고 그러한 관계를 구성하는 새로운 주체들의 권리가 요구되고 구성되는 것이다. 그러한 권리의 정치를 통해 권력이 구성되는 것이지 권력에 의해 권리가 구성되는 것이 아니다. 이와 대비되어 아렌트가 말하는 "권리들을 가질 수 있는 권리"는 결국 국민국가의 성원권의 문제이다. 국민국가 시대에 인간의 권리는 결국 국가권력의 인정을 받을 때 즉 성원권을 획득할 때 실현될 수 있다는 점에서 시민의 권리로서만 존재할 수 있었다. 1789년 프랑스 혁명 당시 '인간과 시민의 권리 선언' 역

---

15 이 지점에서 그들이 사유하는 공동체 - 블랑쇼의 '말할 수 없는 공동체' 혹은 장 —
뤽 낭시의 '무위의 공동체' 등 — 는 맑스가 상상했던 공산주의와 같은 위상을 가질
수 있을 것이다. 마치 맑스가 『공산당선언』에서 '낮에는 낚시를 하고 저녁에는 비
평을 하는 사회'라고 묘사했듯이 그러할 수 있다. 그것은 최대강령의 문제이다. 먼
미래의 '도래할 민주주의', '도래할 공동체'이다.

시 결국은 시민의 권리에 대한 선언이었던 것이다. 하지만 르포르, 발리바르 등이 제기하는 '인권의 정치'는 결국 권력에 우선하는 권리의 요구이자 인정이다. 그리고 그러한 권리를 통해 '사회적인 것'을 구성/형태짓는 '정치적인 것'에 대한 사유가 가능하다.

권리의 정치를 통해 세 번째 문제인 정치공동체의 문제로 넘어간다. 즉 권리의 정치를 통해 구성되는 정치적 공간은 어떠한 것인가, 우리는 어떠한 공동체를 상상해야 하는가의 문제이다. 국민국가를 넘어서는 그리고 다양한 주체들이 정착하면서 동시에 이주하는 하지만 그들의 권리는 그들의 주장을 통해 실현될 수 있는 공동체를 상상해 볼 수 있다. 국민국가 단위를 횡단하고 혹은 그것을 넘는 수준의 공동체 혹은 민족 하위 수준에서의 공동체 — trans/sub national — 의 가능성들이다. 이러한 공동체는 어떻게 구성될 것인가? 다양한 주체들이 공존하려면 어떠한 장치와 노력이 필요한가?

국민국가 시기의 전형적인 갈등 중의 하나는 공화주의와 민주주의의 갈등, 공동체주의와 자유주의의 갈등이었다. 또한 환대의 권리와 관련하여서도 세계시민주의와 공화주의의 갈등이 존재한다. 장-뤽 낭시나 블랑쇼Maurice Blanchot가 '무위의 공동체' 등의 개념을 통해 제시하는 것은 공동체의 단일성이 가져올 수 있는 전체주의화에 대한 두려움이다(Nancy, 2010). 레비나스의 절대적 환대는 기존의 공동체가 어떠한 진입의 장벽을 만들어서는 안 된다는 확고한 주장이다. 이들이 보기에 조건적 환대는 '동일화의 폭력'이며, 그것은 결국 전체주의화를 가져올 것이라는 우려가 있다. 반면에 공화주의자는 공동체 구성원의 공동체에 대한 책무의 중요성을 강조한다. 공동체는 공동체의 이름으로 혹은 공동선의 강조를 통해 구성원들에게 구성원 혹은 시민으로서의 덕목을 강조한다. 공화주의자의 입장에서 절대적 환대는 존재할 수 없는 개념이다. 기존 사회의 주인의 입장에서 새로운 진입자에게 대한 판단을 행할 것이며, 그들의 진입여부를 판단하고자 할 것이다. 공동체는 단순한 메트로 — 원하는 곳에서 타고 내릴 수 있는 — 가 아니다라는 프랑스 공화주의자의 주장은 그것을 말한다.

결국 최근의 이주의 정치경제학을 고려한다면, 우리는 우리의 삶으로부터 제기되는 권리의 정치와 그것의 실현공간을 구상할 수밖에 없다. 푸코가 거대한 권력의 망에 대항하는 저항의 지점이자 주체를 찾는 곳은 바로 "영원성의 형태인 인간이 아니라 특이성의 담지자이자 가능성으로 가득찬 삶"이었다는 점을 들뢰즈는 상기시켰다(Deleuze, 1995: 139). 결국 삶의 실현되는 공간으로부터 권리의 정치가 출발하는 것이다. 따라서 권리의 정치의 출발점은 국민국가 시기의 국적이 아니라 이제 '거주에 기반한 권리'가 되어야 한다. 예를 들어 지구화 속에서 세계의 대도시들은 세계경제의 중심지가 되었고, 자본과 노동의 집중지가 되면서 생산, 소비, 교환 활동의 중심지가 되었다. 글로벌 시티는 다중 언어, 다중 문화, 다중 국적이 교차하는 공간이며, 초국가적 공간이 되어가고 있다. 글로벌 시티는 뉴욕, 시카고, 상파울루, 서울 등과 같이 특정한 장소를 지칭하기도 하지만 동시에 "국경을 가로지르는 전략적 사이트 및 네트워크의 기능"을 말한다(Sassen, 2001). 글로벌 시티는 민족주의가 영토성을 벗어나 초국민주의를 구성할 수 있는 장소로서 역할을 할 수 있으며, "초국민적 정치적 주체"를 구성할 수 있는 공간을 제공할 수 있을 것이다(Balibar, 2001: 255~256). '도시에 대한 권리'(Lefebvre, 1996: Harvey, 2008; 강현수, 2009)는 국민국가 시기의 국적에 기반한 시민권을 극복할 수 있는 거주에 기반한 권리가 될 수 있을 것이다. 도시권을 주장하는 것은 곧 도시의 정치에 참여하는 권리이며, 도시를 만들어가는 권리이다. 도시는 살아가는 이들의 삶의 공간이자 그들의 공동체가 된다.

이 지점에서 우리는 다시 첫 번째, 즉 '사회적인 것'의 문제를 어떻게 해결할 것인가의 문제로 돌아갈 필요가 있다. 결국 이방인은 이방인이 아닌 공동체의 구성원으로서 사회적인 것의 문제의 해결의 주체로서 존재하게 되고 그것을 해결하려는 노력과 작동이 새로운 공동체의 구성과 결합된다. 권리의 주체들의 권리에 대한 주장과 요구를 통해 주체화과정을 거치게 되며 또한 그 과정을 통해 공동체의 문제, '사회적인 것'에 대한 해결책을 찾아가는 일종의 원환이 구성된다. 이 세 가지 계기는 결국 현재의 국민국가의 위기, '민족적' 민주주의 위기를 돌파할 수 있는 새로운 공동체의 계기가 될 것이다.[16]

---

16 물론 현재의 위기를 극복하기 위한 새로운 돌파구를 찾는 작업은 다양한 각도에서 진행된다. 리처드 세넷은 구조적 불평등과 새로운 노동형태가 협력을 약화시키고 있으며, 여전히 존재하는 사회문제에 대해 관용을 넘어선 공동체적 연대, 사회적 협력, 존중, 보살핌, 참여 등 전통적인 국민국가의 연대와는 다른 방식의 '협력'을 제안한다(Sennett, 2004: 2013). 다소간 불명확해 보이지만 일종의 공동체주의적 방식의 협력이라 짐작할 수 있다. 카스텔 역시 '사회적 응집과 노동자 대의의 주요한 원천'으로 작용할 수 있는 노동운동의 능력이 상실되었다고 본다(Castells, 2008). 그는 계급에 기반하지 않는 정체성운동이야말로 정보시대의 잠재적 주체들이라고 본다. 낸시 프레이저와 악셀 호네트 사이에서 전개된 '분배냐 인정이냐'에 대한 토론 역시 이러한 연장선상에서 이해될 수 있다(N. Fraser & A. Honneth, 2014). 분배를 인정의 표현으로 보는 악셀 호네트의 입장에 대해 환원될 수 없는 독립적인 문제로 보는 낸시 프레이저의 입장이 대비된다. 낸시 프레이저는 불평등과 무시라는 두 가지 문제가 교차 시정의 가능성을 제시한다.

5. 글을 맺으며

극우세력이 세련화된 동원방식을 취하고 신자유주의의 강세 속에서 국민국가라는 방어막이 취약성을 보이면서 극우민족주의 세력의 확장이 진행되고 있다. 신자유주의적 세계화 속에서 기존 사회적 국민국가, 즉 복지국가가 만들어준 보호막이 서서히 걷히면서 경쟁 속에 개인들만이 남아있게 된 상황에서 민족주의는 그나마 자신들의 보호막이 되어 줄 수 있으리라는 기대를 주면서 세력을 확장하고 있다. 그런데 민족주의는 보호막의 확장이 아니라 보호막이 줄어들고 있는 상황에서 누군가를 밖으로 밀어내면서 자신의 자리를 보존하도록 만드는 논리이다. 위험사회, 분노사회 등 현대 사회를 묘사하는 다양한 개념들은 나름 의미를 지닌 말들이다. 분명 현 시점은 극우적 폐쇄성과 배제의 논리가 잘 먹히는 상황이고 누군가에게 비난과 불만의 화살을 돌리도록 만드는 사회이다. 그렇지 않으면 그것이 언제 자신에게 향하게 될지 모르는 두려움 때문이다.

유럽적 근대(성)의 내용으로서 주권권력, 국민경제, (대의제) 민주주의, 사회적인 것의 작동과 국민국가적 해결 등은 서서히 위기 혹은 해체를 경험한다. 국민경제의 틀은 이미 세계화된 경제에 편입되어 작동하며, 대의제민주주의의 위기에 따른 다양한 거버넌스가 발생하고 있고, 아래로부터의 대중운동은 세계화와 민주주의에 대한 새로운 대안을 찾고자 작동하고 있다. 또한 사회적인 것의 해결방식은 '사회적인 것'의 해체를 통한 개인으로의 회귀 혹은 최근 신자유주의적 자기계발의 주체의 구성을 통해 이루어지려 하고 있다. 근대적 해결방식이 아닌 새로움을 추구하고 있지만 그것이 합의된 결과를 낳거나 새로운 돌파구가 되고 있는 것 같지는 않다. 신자유주의 시대, 지속적인 이주노동자의 증가 등으로 인해 '사회적인 것'의 문제는 국민국가 시대와는 상이한 모습으로 등장하고 있다. 사회적 국민국가의 위기와 해체는 사회적인 것의 문제를 해결하는 방식에 있어서 민족적 민주주의를 통한 해결의 한계를 의미하는 것이며, 민족적 경계를 넘어서는 새로운 방식의 접근과 해결책이 요구된다. 즉 민족적 경계를 넘어서는 방향에서 '사회적인 것'의 문제를 해결하려는 시도가 필요하다. 왜냐하면 신자유주의적 세계화와 함께 '사회적인 것'의 문제 역시 국민적 경계를 넘어서 확장되고 있기 때문이다.

현 시점에서 민주주의의 과제는 국민국가로의 회귀 혹은 그것을 강화를 통한 민주주의의 복원이라기보다는 국민국가의 경계를 가로지르는 다양한 흐름과 같이 하는 민주주의의 새로운 동학들을 찾아내고 그것들을 통해 새로운 민주주의를 구성해내는 것이 필요하다. 결국 국민국가 시기의 민주주의의 해체의 위협 속에서 민주주의를 확장시키는 방식은 국민국가로의 복귀를 통하기 보다는 국민국가라는 틀을 벗어나는 민주주의 구성이며, 그것은 현재 민주주의를 위협하는 신자유주의에 대항하는 민주주의의 구축이다. 특히 민주주의적 주체의 구성과 관련하여 기존 국민국가의 민주주의에서 국적에 기반한 시민 주체를 설정하였다면, 이제 이제는 거주에 기반한 시민권, 자유롭게 이동하는 시민을 주체로 설정하는 민주주의가 필요하다.

참고문헌

1) 단행본

김수행 · 정병기 · 홍태영. 2008. 『제3의 길과 신자유주의』. 서울: 서울대 출판부.

박성현. 2012. 『신자유주의와 현대자본주의 국가의 변화』. 서울: 백산서당.

서동진. 2009. 『자유의 의지 자기 계발의 의지』. 서울: 돌베개.

이진경. 2011. 『불온한 것들의 존재론』. 서울: 휴머니스트.

홍태영. 2008. 『국민국가의 정치학』. 서울: 후마니타스.

_____. 2011. 『정체성의 정치학』. 서울: 서강대출판부.

Balibar, E. 2001. *Nous, citoyens d'Europe? Les frontières, l'Etat, le peuple.* Paris: La découverte.

Boltanski, Luc et Chiapello, Eve, 1999. *Le nouvel esprit du capitalism.* Paris: Gallimard.

Castel, R. 1995. *La métamorphose de la question sociale.* Paris: Fayard.

Colley, L. 1994. *Britons. Forging the Nation* 1707～1837. New Haven and London: Yale University Press.

Foucault, M. 2004. *Naissance de la biopolitique.* Cours de Collège de France, 1978－1979. Paris: Gallimard－Seuil.

Greenfield, Liah. 2001. *The spirit of capitalism. Cambridge*: Harvard University Press.

Michelet, Jules. 1974. *Le peuple.* Paris: GF－Flammarion.

Renan, Ernest. 1992. *Qu－est ce qu'une nation?.* Paris: puf.

Sassen, S. 2001. *The Global city.* Princeton: Princeton University Press.

2) 번역서

고진, 가라타니. 2009. 『네이션과 미학』. 조영일 옮김. 서울: 도서출판b.

기조, 프랑수와. 2014. 『유럽문명의 역사』. 임승휘 옮김. 서울: 아카넷.

낭시, 장 뤽. 2010. 『무위의 공동체』. 박준상 옮김. 서울: 인간사랑.

데리다, 자크. 2004. 『법의 힘』. 진태원 옮김. 서울: 문학과 지성사.

들뢰즈, 질. 1995. 『들뢰즈의 푸코』. 권영숙 외 옮김. 서울: 새길.

딜릭, 아리프. 2005. 『포스트모더니티의 역사들』. 황동연 옮김. 서울: 창비.

랑시에르, 자크. 2013. 『아듀 데리다』. 최용미 옮김. 서울: 인간사랑.

르포르, 클로드. 2015. 『19-20세기 정치적인 것에 대한 시론』. 홍태영 옮김. 서울: 그린비.

바우만, 지그문트. 2010. 『새로운 빈곤』. 이수영 옮김. 서울: 천지인.

보라도리, 지오반나. 2004. 『테러시대의 철학 - 하버마스와 데리다의 대화』. 손철성 외 옮김. 서울: 문학과 지성사.

브라운, 웬디. 『관용』. 이승철 옮김. 2010. 서울: 갈무리.

막스, 칼. 『자본론 I』. 김수행 옮김. 1989. 서울: 비봉출판사.

맥넬리, 데이비드. 2011. 『글로벌 슬럼프』. 강수돌 외 옮김. 서울: 그린비.

세넷, 리처드. 2004. 『불평등 사회의 인간존중』. 유강은 옮김. 서울: 문예출판사.

_____. 2013. 『투게더』. 김병화 옮김. 서울: 현암사.

스미스, 앤서니 D. 2016. 『족류상징주의와 민족주의』. 김인중 옮김. 서울: 아카넷.

스탠딩, 가이. 2014. 『프레카리아트- 새로운 위험한 계급』. 김태호 옮김. 서울: 박종철 출판사.

아감벤, 조르조. 2008. 『호모 사케르』. 박진우 옮김. 서울: 새물결.

요시유키, 사토. 2014. 『신자유주의와 권력』. 김상운 역. 서울: 후마니타스.

카스텔, 마누엘. 2008. 『정체성 권력』. 정병순 옮김. 서울: 한울.

틸리, 찰스. 1994. 『국민국가의 형성과 계보』. 이향순 옮김. 서울: 학문과 사상사.

테일러, 찰스. 2010. 『근대의 사회적 상상』. 이상길 옮김. 서울: 이음.

프레이저, 낸시 외. 2014. 『분배냐, 인정이냐?』. 김원식 외 옮김. 서울: 사월의 책.

폴리니, 칼. 1991. 『거대한 변환』. 박현수 옮김. 서울: 민음사.

Lefebvre, H. 1996. *Writings on cities*. translated by E. Kofman and E. Lebas. Cambridge, Mass: Blackwell.

List. F. 1998. *Système nationale d'économie politique*. traduit par H. Richelot, préface d'E. Todd, Paris: Gallimard.

3) 논문

강현수. 2009. 「'도시에 대한 권리' 개념 및 관련 실천 운동의 흐름」. 《공간과 사회》, 32호.

문성훈. 2011. 「타자에 대한 책임, 관용, 환대 그리고 인정 - 레비나스, 왈쩌, 데리다, 호네트를 중심으로」. 《사회와 철학》 21호.

서동진. 2012.「포스트 사회과학: 사회적인 것이 과학, 그 이후?」.《민족문화연구》, 57호.

안정옥. 2013a.「위기 이후의 신자유주의, 불안/전의 일상화와 사회적인 것의 귀환?」. 《아세아연구》, 56권 1호.

_____. 2013b.「장기 20세기로의 전환과 사회적인 것의 부상」.《아세아 연구》, 56권 3호.

오창룡, 이재승. 2016.「프랑스 국민전선의 라이시테(laïcité) 이념 수용」.《유럽연구》, 34권 1호.

최진우. 2015.「유럽 다문화사회의 위기와 유럽통합」. 최진우 엮음.『민족주의와 문화정치』. 서울: 한울.

홍태영. 2012.「프랑스 공화주의의 전환: 애국심에서 민족주의로」.《사회과학연구》, 20권 1호.

_____. 2016.「민주주의와 인간권리의 정치: 클로드 르포르의 민주주의 구성과 확장」. 《민족문화연구》, 70호.

_____. 2017a.「국민국가의 민족주의에서 '민족'없는 민족주의로」.《다문화사회연구》, 10권 1호.

_____. 2017b.「'사회적인 것'의 부침과 민주주의의 동요」.《아세아연구》, 60권 2호.

_____. 2018.「타자의 윤리와 환대 그리고 권리의 정치」.《국제지역연구》, 27권 1호.

Colly. L. 1986. "Whose Nation? Class and National Consciousness in Britain 1750～1830." *Past & Present*, No. 113.

Evans. M. 1996. "Languages of racism within contemporary Europe." in B. Jenkins and S. A. Sofos. (eds.). *Nation and identity in contemporary Europe*. London: Routeledge.

Godechot. J. 1971. "Nation, patrie, nationalisme et patriotisme en France au XVIIIe siècle." *Annales Historique de la Révolution Française*, Vol. 43.

Harvey, D. 2008. "The right to the city." *New Left Review*, No. 53.

Roy, O. 2007. "Préface." in J. Laurence and J. Vaisse(eds.). *Intégrer l'slam. La France et ses musulmans: enjeux et réussites*. Paris: Odile Jacob.

Wallerstein, Immanuel. 1995. "Response: Declining States, Declining Rights?" *International Labor and Working—Class History*, No. 47.

제 3 장

환대의 정치적 긴장성 :

데리다의 고대정치철학적 해석과 사유를 중심으로*

이상원(한양대학교)

1. 서론: 환대와 인간 존재에 대한 질문

본고[1]는 데리다^{Jacques Derrida}의 환대 개념을 그의 고전 해석을 기반으로 재검토함으로써 그것에 내재한 인간 존재의 문제를 이해하려는 시도이다. 특히 본고에서 펼치는 주장은 데리다의 환대 개념은 무조건적 열림과 조건적 제약의 정치적 긴장성 속에서 이해되어야 하며 이것은 그의 고대정치철학적 사유를 통해 드러난다는 것이다. 데리다의 환대에 관한 기존 해석들은 주로 데리다의 철학이 내포하고 있는 무조건적 환대의 가능성과 미래적 기획에 초점을 맞추는 경우가 많다(김애령, 2008; 김진, 2011; 김광기, 2012; 최병두, 2012; Baker, 2009). 그러나 데리다의 환대에 대한 사유는 단지 대안 제시를 위한 준비단계로 혹은 전통적 개념의 해체를 통한 기준 제시라고 단정 짓기에는 너무 복잡한 역설과 모순적 논의로 가득 차 있다. 이러한 면에서 데리다의 사유에 드러나는 역설(aporia)의 철학적 의미를 우선 깊게 이해할 필요가 있다. 그러나 이에 주목한 해석들도 데리다 환대

* 「데리다의 환대 개념의 정치적 긴장성: 고대정치철학적 해석과 사유를 중심으로」. 《한국정치학회보》, 제51집 제4호, 2017. 9, 5~23쪽.

1 본고는 2016년 정부(교육부)의 재원으로 한국연구재단의 지원을 받아 수행된 연구임(NRF-2016S1A3A2923970).

개념을 실천 불가능성에 대한 사유 혹은 은유적 문제제기로만 이해하여 그것의 정치적 함의를 온전히 보여주지 못하는 경우가 많다(이은정, 2009; 문성훈, 2011; 김현경, 2015; 정채연, 2015; Ungureanu, 2013).

따라서 본 연구는 데리다 철학의 전반을 규정하는 것을 시도하기보다 그의 환대 개념에 내재한 정치적 사유의 방식을 면밀히 이해하고 그 기반을 주의 깊게 되짚어 보고자 한다. 이를 위해 데리다가 환대 개념(hospitality)을 논하는 텍스트인 『환대에 관하여(Of Hospitality, 이하 OH)』(Derrida, 2000) 중 "이방인의 질문(Foreigner Question)"에 초점을 맞춘다. 이 텍스트는 환대를 접근하는 데 있어 이방인의 존재성에 대한 근본적 질문제기를 시도한다. 특히 플라톤 대화록에 드러난 고대철학적 질문들을 바탕으로 소포클레스의 오이디푸스 희곡에 대한 신선한 해석을 제공한다. 본 연구는 이 부분을 엄밀하게 분석하며 그가 고전을 읽는 방식과 그에 비롯한 사유의 흐름을 이해하고자 한다. 이를 통해 데리다의 환대 개념이 고대철학에 대한 그만의 이해와 이것의 정치적 차원을 읽는 방식과 밀접히 관련됨을 보일 것이다. 나아가 본고는 데리다가 환대 개념을 통해 드러내는 것은 무조건적 열린 해방의 기획 혹은 불가능성과 모순에 대한 은유라기보다 그 이면의 인간 존재의 정치적 긴장성임을 주장한다.[2] 환대의 열린 가능성은 인간의 정치적 존재성이 지닌 법체제와 주인성에 대한 지향성과 지속적으로 충돌한다.

---

2 본고에서는 "정치적 긴장성"에 대한 기술적 정의를 제시하지 않는다. 본고가 정치적 긴장성에 대한 성찰을 통해 의도하는 바는 환대가 내재하고 있는 인간의 존재성의 문제가 특정한 논리적 정의나 규범적 범주로 환원되기 어렵다는 것이다. 다만 본고에서 이 용어가 지칭하는 바를 간략히 설명하자면, 인간의 공존을 위한 법규범과 그것의 성립과 해체를 둘러싸고 다양한 타자들이 정치체를 통해 서로 역동적으로 관계 맺는 어떤 포괄적 현상이라는 점이다.

본론의 첫 장에서는 환대에 대한 데리다의 근본적 접근이 문제에 대한 답의 추구가 아니라 문제에 대한 질문의 의미를 추적한다는 데 초점을 맞추고자 한다. 데리다는 플라톤의 『소피스트(Sophist)』가 보여주는 "아닌 것 혹은 다른 것"(non-being)에 대한 사유가 바로 이방인(xenos)에 의해 이끌어져가고 있음을 지적하며 이 맥락에서 질문하기의 의미를 분석한다. 두 번째 장에서는 플라톤의 『소크라테스의 변명(Apology of Socrates)』을 통해 법정 앞에 선 소크라테스의 이방인성을 주목하는 데리다의 해석을 이해하고자 한다. 여기서는 이방인과 환대의 문제가 단지 국내 혹은 국외 자간의 법적 구별 문제가 아니라 인간이 내재한 정치적 존재성의 문제란 점을 주목하고자 한다. 세 번째 장에서는 이러한 플라톤적 해석을 바탕으로 데리다가 소포클레스의 『콜로누스의 오이디푸스』에 드러난 이방인성과 환대의 문제를 어떻게 풀어나가는지를 보여주고자 한다. 여기서는 특히 인간의 주인됨의 욕구가 도시(polis) 속에서 펼쳐질 때 드러나는 경계선적 존재성에 주목한다. 네 번째 장에서는 현대적 기술공간에서 변이 되는 환대의 문제를 통해 데리다에게 고대적 이방인성의 문제가 여전히 다른 형태로 지속되고 있음을 보여주고자 한다. 마지막으로 결론에서는 앞선 논의의 연장선상에서 칸트의 절대적 윤리준칙과의 비교를 통해 왜 환대의 윤리는 정치적 긴장성 속에 있는지에 대해 정리한다.

2. 문제로서의 환대: 이방인에 대해 묻는다는 것의 의미

데리다의 환대에 대한 질문의 시작은 "이방인에 관한 질문"이 아닌 이

방인에 대해 질문하는 행위의 의미에 관한 것이다(OH, 3). 이방인의 문제
는 애초에 그 질문을 던지는 주체와 질문 받는 대상의 양방향적 관계성을
내포한다. 이방인에 대한 질문행위는 항상 특정한 타자의 이질적 존재방
식을 전제하고 있다(김애령, 2008: 178). 이는 동시에 상대의 존재를 이방
인으로 규정짓는 나의 존재에 대한 질문을 야기한다. 이방인으로 구분되
고 질문당하는 어떤 존재는 나 혹은 우리와 다르지만 이 세상 속에서 공존
한다. 그들은 절대 다른 세상 속으로 완벽히 배제될 수 없다. 이 연결성과
간극의 이중적 상황은 바로 이방인과 환대에 관한 질문하기에 내포된 상
호성을 드러낸다. 즉 환대의 문제를 인식하는 출발점은 이방인과 나의 존
재가 결코 피할 수 없는 쌍방향의 "질문 속에 있다는 것"(being-in-
question)이다(OH, 3). 우리는 일상적 삶에서 매일같이 나와 다른 존재인
타자들을 향해 질문을 던지고 있으며 우리 자신도 이들로부터 끊임없이
질문을 받고 있다. 데리다의 환대에 대한 사유는 이 역설적 상황의 존재
자체에 대한 성찰에서 출발한다. 나와 마주보고 있는 타자의 모습은 결코
특정한 말이나 논리로 다 규정될 수 없는 존재성의 드러남인 것이다
(Levinas, 1969: 194).[3] 그리고 데리다의 존재성에 대한 접근은 이러한 철
학적 질문의 원류로서 그리스적 상황에 대한 이해에 기반을 둔다.

---

3 레비나스(Levinas, 1969)의 타자성(the Other)에 대한 통찰은 데리다에게 많은 영
 향을 미쳤다. 데리다의 레비나스 해석에 대한 주요 텍스트로는 Derrida(1978) 참
 조. 여기서 데리다는 전통적 형이상학의 동일성을 극복하려는 레비나스의 시도를
 따라가면서도, 그럼에도 불구하고 피할 수 없는 그만의 형이상학적 전제와 특히 폭
 력성에 대한 철학적 함의들에 유보적인 태도를 취한다. 본고는 데리다의 사유에 있
 어서 타자성의 고전적 기반을 이해하는 것이 주목적이기에, 레비나스와의 차이점에
 주목하기보다 연관성에 초점을 맞추어 인용함을 밝힌다.

데리다는 플라톤의 많은 대화록이 소크라테스나 다른 아테네인이 아닌 익명의 이방인(xenos)이 등장하여 질문을 던지는 데서 시작함을 지적한다.[4] 그중에서 특히 그가 우선적으로 주목하는 텍스트는 부정적이고 차별화되는 현상을 지칭하는 "비존재의 존재"(being of non-being)를 다루는 대화록 『소피스트』이다. 이 작품 속 대화의 주도자 이방인은 출신지(Elea)에서 지배적 담론인 파르메니데스 학파의 순수 존재론에 질문을 던진다(237a f.).[5] 파르메니데스에 따르면 진정으로 존재하는 것은 오직 참된 순수한 존재일 뿐 비존재는 없다. 비존재는 허상일 뿐이다. 그러나 거짓된 허구 혹은 왜곡된 변화의 가능성은 과연 존재하지 않는가? 데리다에 따르면 『소피스트』의 내용은 단지 존재에 대한 이론적 논쟁이 아니다. 이 대화록의 의미는 대화가 벌어지는 실재 맥락, 즉 엘레아 출신인 익명의 이방인 스스로가 아테네라는 타지에서 자신이 속한 전통적 도그마의 권위에 의문을 던지는 상황의 의미에서 찾아야 한다. '비존재의 존재성'에 대한 질문과 논쟁은 아테네라는 낯선 곳에서 소크라테스를 비롯한 대화자들의 환대를 바탕으로 시작되고 있는 것이다(216a).

이러한 상황이 내포하는 것은 나 혹은 우리가 익숙지 '않은' 무언가의 존재에 대한 '질문을 던지는 것' 자체의 문제성이다. 친숙한 존재방식을 규정하는 관습적 권위를 의문시하는 것은 바로 낯선 존재를 받아들일 준비로서 "환대의 힘"에 대한 질문이기도 하다(OH, 5). 대화가 진행되면서 이방인은 익숙한 파르메니데스의 원칙을 벗어나 "참이 존재하지 않는" 배

---

4 이방인이 논의의 주도자로 등장하는 대표적 대화록으로는 『소피스트(*Sophist*)』, 『정치가(*Statesman*)』, 『법률(*Laws*)』 등을 들 수 있다.

5 플라톤 대화록의 인용은 일반적으로 통용되는 스테파누스 번호(Stephanus pagination)를 따른다.

제된 가능성에 대해 문제제기를 한다(236e f.). 여기서 데리다는 권위적 담론의 힘을 거부하는 철학적 질문하기의 성격을 본다. 이것은 바로 "두려운 질문"이다(OH, 7; 242b). 이방인은 "비존재의 존재"를 묻는다는 것이 바로 자신이 속한 엘레아의 규범과 파르메니데스 이론의 가부장적 지배력을 부인하고 있다는 사실에 대해 조심스러워 한다(241d f.). 이 두려움과 조심스러움은 자신에게 익숙한 견해를 부인하며 낯선 곳에서 이방인들과 타자성의 존재를 묻는 복잡한 대화의 상황에 기인한다. 데리다에게 이 플라톤적 대화맥락은 단지 논리의 문제를 넘어선 존재성에 대한 문제제기를 의미한다. 어떠한 지배적 원칙에 대해 따져 묻는다는 것은 단지 이론적 논쟁을 넘어서 자신의 존재방식을 규정짓던 기존 권위에 대항하는 적대적 행위이다(OH, 7; 243a). 기존 담론의 도그마에 맞서 질문하는 이방인의 열린 존재성은 바로 인간이란 존재가 관습적 틀을 넘어서 이와 "싸울 수 있는"(dimacheteon) 힘을 가지고 있음을 의미한다(241d). 인간에게 그 주요 수단은 말(logos)로서, 이를 통해 우리는 논리적 분석능력을 동원하여 존재의 다양한 가능성과 한계에 의문을 던질 수 있다. 데리다가 여기서 강조하는 것은 인간이 말을 통해 기존 의견이나 담론에 대해 질문하는 행위는 단순히 평화로운 것이 아니라 일종의 전투와도 같은 역동적 상호작용이라는 점이다.

이방인의 질문을 둘러싼 대화적 상황에 대한 논의를 통해 데리다는 환대의 문제는 바로 존재에 대한 질문이라는 점을 부각시킨다. 지배적 도그마에 대해 반박하기를 주저하고 머뭇거리는 『소피스트』속 이방인의 모습을 통해 데리다는 철학적 논의 이전에 이미 그의 존재를 규정하고 있는 관습적 관계 규정의 힘을 본다. 자신의 존재방식을 조건 짓던 도시의 관습적 견해에서 벗어난 이방인은 과연 "아닌 것 혹은 다른 것"이 존재한다는 것은 무엇인지에 대해 비로소 근원적 질문을 던지게 된다. 그러나 그는 여전히 권위적 담론체계에 의해 그 스스로가 미친 사람으로 인식될 것을 두려워한다(OH, 9; 242a). 데리다는 여기서 이방인을 일탈자로 규정짓고 일탈의 광기를 배제시키는 관습적 규범체제의 억압적 단면을 본다. 이방인의 문제는 비존재에 대한 논리적 분석 이전에 이미 질문하는 행위 자체로부터 두려움을 느끼고 있는 그의 존재 상황을 통해 드러난다. 이방인의 두려움은 그의 존재가 이미 익숙한 영역을 벗어난 채 기존의 가부장적 견해에 의해 질문되고 있음을 의미한다. 그는 자신이 속했던 전통적 환대의 영역과 낯선 도시 속의 환대 그 양자 사이에서 존재의 근원적 불안을 느낀다. 데리다는 여기서 가부장적 권위가 항상 내부자의 질문행위를 억압하고 그것의 경계를 넘어선 존재를 일탈자로 다룰 준비가 되어 있음을 확인한다(OH, 11).

『소피스트』의 주요 내용은 참된 지혜추구가 '아닌', 사적 이득과 명성을 위해 지식을 사고파는 '비존재'로서의 소피스트의 존재방식에 대한 질문들로 이루어진다. 데리다의 통찰에 의하면 그 질문의 시작은 바로 이방인이 질문을 던진다는 상황 자체에서 비롯된다. 플라톤은 여기서 소크라테스나 아테네인이 아닌 이름을 알 수 없는 엘레아 출신의 이방인을 대화의 주도적 인물로서 등장시킨다. 그리고 『소피스트』의 바로 후속편인 『정치가(Statesman)』에서 플라톤은 바로 비존재에 대한 토론을 넘어서 정치적 기술(political art)을 통한 존재들의 "엮음"(weaving)에 대한 가능성을 질문한다(305e f.). 이러한 맥락을 통해 플라톤은 이방인을 둘러싼 질문들이 가리키는 바는 결국 인간 존재의 가장 깊숙한 곳에 자리한 정치적 존재

성의 문제임을 드러낸다. 특히 데리다는 『정치가』의 시작 또한 대화의 주
도자인 엘레아의 이방인을 소개한 테오도루스에게 감사하는 소크라테스의
환대적 언급임에 주목한다(OH, 13). 그러나 이러한 소크라테스의 감사는
단지 평화적 토론을 지향하는 것이 아니다. 『테아이테토스(Theaetetus)』,
『소피스트』, 그리고 『정치가』의 3부작 작품들은 이방인이 연루된 존재와
비존재에 관한 대항적 의견들 간 투쟁의 기록이다.[6] 플라톤의 세 연작은
앎이 아닌 다른 의견들의 존재(Theaetetus), 비존재의 존재(Sophist)에 대
한 질문을 거쳐 정치적 기술을 통한 존재들의 엮음(Statesman)의 문제에
도달한다. 이방인의 질문은 곧 정치적 존재로서 충돌하는 인간에 대한 열
린 앎과 공생의 추구이고 이는 결국 환대의 문제를 이해하기 위한 출발인
것이다.

3. 소크라테스: 인간 존재의 이방인성

데리다에 의하면 소크라테스의 존재방식은 이방인의 특성을 띠고 있다.
위에서 언급한 3부작 중 『테아이테토스』에는 이방인이 주 대화자로 등장
하지 않는다. 그러나 이 대화록은 메가라지방 학파 사람들이 도시의 경계
인 항구에서 타 도시인인 소크라테스를 회고하면서 시작된다. 또한 본문
에서 소크라테스는 산파술적 질문을 통해 낯선 대화상대자의 영혼이 스스
로 진리를 산출할 수 있도록 유도하는 존재라는 점을 강조한다(149a f.).

---

6 플라톤의 3부작에 대한 설명으로는 베니데티(Seth Benardete)의 "Introduction"
  (Plato, 2006: xi~xx) 참조.

플라톤의 대화록 전반에 걸쳐 드러나는 소크라테스의 모습은 끊임없는 질문을 통해 상대방을 생소한 질문의 경계로 내몬다. 그는 항상 다양한 대화적 상황 속에서 일상적 의견 혹은 담론의 경계를 넘어 존재의 열린 가능성을 모색하는 모습을 보여준다. 동시에 소크라테스는 이해하기 쉬운 답과 대안을 주기는커녕 타인의 관습적 믿음을 흔들고 불편하게 하는 성가신 존재로 비춰지기도 한다. 이런 점에서 데리다는 플라톤 대화록 속의 소크라테스가 사실상 이방인의 역할을 보여준다고 해석한다(OH, 13).

특히 『소크라테스의 변명(Apology of Socrates)』의 시작 부분은 이러한 소크라테스의 이방인적 특성이 가장 극명하게 드러나는 부분 중 하나이다. 법정에선 소크라테스는 그가 전문적 법정용어들 앞에선 이방인에 불과하다고 선언한다(17d). 그는 평생을 일상 속 언어를 통해 철학적 질문을 던지며 살아왔다. 비록 아테네인이며 모국어를 하는 자유 시민으로 법정에 섰지만 그의 존재를 규정해온 삶의 방식은 고소, 변호, 재청과 같은 기술적 법규범의 논리와 거리가 있었다. 데리다는 법률적 언어체계와 그 강제 앞에서 서툰 소크라테스의 모습은 이방인의 모습과 다를 바 없다고 지적한다(OH, 15). 자신이 나고 자라온 도시의 삶의 방식과 언어에 길들여진 이방인은 다른 도시의 법체계 앞에서 자신을 능히 방어 할 수 있는 능력이 부족하다. 특히 데리다가 이 부분에서 주목하는 점은 특정 도시(polis)의 법체제가 가진 환대와의 긴장성이다. 특정 정치공동체의 삶의 방식을 반영한 도시의 법은 이방인을 맞아들이는 데 필요한 권리와 의무를 규정한다. 법체제와 환대의 열린 가능성은 분리될 수 없지만 결코 동일시 될 수 없는 관계이다. 특정 도시는 망명자와 피난처에 대한 설치 및 규율을 통해 환대의 조건을 설정해야만 한다. 한편 도시의 권위적 규범에 대항하고 젊은이들을 타락시켰다고 배제당할 위기에 처한 소크라테스는 법률적 언어와 논리를 통해 자신에 대한 환대를 요청해야만 한다. 그러나 아테네의 법체계는 소크라테스의 존재를 수용하지 못하고 배타적 언어로 도시의 법적 경계를 일탈한 죄를 묻는다.

데리다에게 이 소크라테스적 경험은 바로 법체제하의 폭력(강제성)이 가시화되는 지점이자 환대의 본질적 문제가 드러나는 순간이다(Derrida, 1992: 13). 환대는 단지 특정 국가의 시민이라는 외적 자격조건과 그것을 둘러싼 내/외국인 구분이라는 법률 적용 논란에 그치는 문제가 아니다(김현경, 2015: 229). 이는 소크라테스의 존재가 맞닥뜨린 상황에서 보이는 것처럼 바로 인간의 존재방식에 내재한 법적 경계 짓기의 모순성이다. 이것은 서로가 익숙지 않은 삶의 방식과 언어로 살아가며 충돌하는 우리 일상 속 열림과 닫힘의 공존이다. 즉 환대의 문제는 인간의 열린 존재방식의 다양성 그리고 그 속에 벌어지는 지속적 갈등을 필연적으로 규율해야 하는 법제체 간의 긴장성에 대한 이야기인 것이다. 그래서 데리다는 소크라테스적 상황을 통해 과연 모든 종류의 일탈자 혹은 이방인에게 특정 방식의 삶과 언어를 이해하도록 강요할 수 있는지를 우리에게 되묻는다(OH, 15).

환대의 가능성과 한계는 법체제가 존재하고 그것에 속한 내부자와 외부자가 구분되어질 때 비로소 그 문제성을 가시적으로 드러낸다. 만약 이방인들이 다른 삶의 방식을 마찰 없이 공유할 수 있다면 환대라는 문제는 더 이상 제기되지 않는다. 데리다에 의하면 환대의 모호한 가능성은 인간 존재의 필연적 역설에 기반한다. 자신이 살아온 존재의 방식 자체가 부인당하고 배제되는 상황 속에서 소크라테스는 과연 무엇을 할 수 있는가? 여기서 그가 할 수 있는 일은 오직 법정이라는 낯선 경계선에 처한 외부인임을 인정하고 익숙지 않은 사법적 논리와 언어로 자신을 정당화하고 방어하는 일뿐이다. 자신이 살아온 도시로부터 배척당하게 된 소크라테스는 역설적 환대를 요청한다. 즉 도시가 자신을 아테네인이 아닌 차라리 진짜 외국인 처럼 대해주길 원하는 것이다(OH, 17; Apology, 17d). 소크라테스가 도시의 모국어를 구사하는 이상 그가 처한 무력한 이방인의 상황은 쉽게 드러나지 않는다. 그가 광장에서 익숙하게 쓰던 철학적 삶의 언어는 법률적 판결자들의 언어방식과 일치하기 어렵다. 여기서 데리다는 소크라테스가 도시의 배타적 경계에서 낯섦과 비능숙함을 토로하며 환대를 요청하는 무력한 이방인의 모습을 본다(Apology, 17c).

데리다는 사실상 외국인보다 더 부정적인 상황에 처한 소크라테스를 통해 환대의 근본적 문제를 드러낸다. 열린 도시인 아테네에서 이방인과 여타 외국인은 법정에 출두하고 의사를 표시하는 데 있어 도움 받을 권리들을 부여받았다. 그러나 자신을 차라리 외국인으로 대해달라는 소크라테스의 언급은 그가 형식적인 이방인의 권리보다 더 못한 실질적 배제 상황에 노출되었음을 보여준다(OH, 19). 법률적 외국인에게 베풀어지는 관용적인 자세마저 내국인인 소크라테스에게는 허용되지 않는다. 즉 형식적(법적) 내부자이지만 도시의 법규범적 체제를 다룰 기술을 결여한 소크라테스의 실질적 무능력함은 아무런 관용의 대상이 되지 못하는 것이다. 여기서 데리다는 그리스적 개념의 이방인(xenos)이 이미 담지하고 있는 법적 규율의 성격을 지적한다. 즉 그리스적 도시 공동체하에서 이방인은 완전한 타자인 야만적 존재(barbarian)와 구별되는 존재이다(OH, 21; Sophist, 218a). 즉 이방인은 무조건 적대하여야 할 외부인이 아니라 공유할 수 있는 언어와 삶의 방식을 가지고 동맹조약으로 연결될 수 있는 관계이다. 이

법적 상호협약의 가능성은 단지 일시적인 것이 아니라 후손에게도 계승되어 타 집단들 간 공존의 방식을 지속적으로 유지하는 역할을 한다. 즉 국제체제하의 환대의 법규범은 이방인들을 상호적으로 분리시키는 동시에 연결 짓는다.

이러한 고대적 상황에 대한 재조명을 통해 데리다는 근대적 권리와 의무를 규정하는 윤리체계나 국적법 등의 관점으로 환대를 이해하는 것에 한계가 있음을 지적한다. 환대는 단지 법과 권리에 종속된 개념이 아니라 이 법과 권리를 요청하고 지속케 하는 인간의 공존방식이 드러내는 현상이다. 고대적 이방인의 개념이 담지한 관습적 성격은 환대가 난지 국제적 협약이나 개인적 권리의 논리가 아니라 인간의 자연적 집단성에 연결되어 있다는 사실을 보여준다. 법규범 혹은 윤리체계는 이를 구성하는 다양한 삶의 방식 차이 속에서도 당사자들이 공유 가능한 언어와 논리로 서로 소통할 수 있어야 존립 가능하다(Derrida, 1992: 21). 즉 상호간 법적 책임이 성립하기 위해서는 각 도시들이 특정의 언어 및 규범공동체를 형성하여 이방인들끼리 서로 소통 가능한 이름들로 불릴 수 있어야 한다(OH, 23). 이렇게 "이름"으로 표상되는 규범적 삶의 방식은 인간의 순수한 존재성과 법적 책임성이 결합되는 상황을 의미한다. 데리다는 이러한 법적 정체성이 결코 개인적인 것이 아니라는 점을 지적한다. 즉 오늘날 보편적 윤리체계로 표방되는 근대적 개인권 및 법치의 논리는 법규범의 성립에 있어 근원적 기반인 자연적 집단성 및 관습체계의 특별한 경계 지음의 문제를 파악하지 못한다(OH, 23). 특정 정치체가 이방인에게 부여하는 환대의 윤리는 이들의 법률체계를 공유할 능력이 있는 또 다른 정치체의 일원에게만 사실상 제공된다. 타 집단의 언어로 표현된 이방인들의 이름 및 국적이 번역 등을 통해 소통 가능할 때 비로소 그들을 맞아들일 법적 조건이 형성되는 것이다.

여기서 데리다는 환대의 법규범화가 내재한 근본적 한계성을 지적한다. 환대를 규정하는 규범체계는 각 집단의 소통 가능한 언어 및 삶의 방식에 기반하고 있다. 이는 동시에 열린 환대의 가능성에 한계를 부여하고 제약하는 효과를 지닌다. 법규범 속 권리와 의무로 표현된 환대는 이름이 없거나 법적 책임을 물을 정체성이 결여된 익명의 방문자에게는 제공될 여지가 없다. 고대적 관점에서 특정 정치공동체에 들어온 소통 불가능한 익명의 낯선 방문자는 외국인 혹은 이방인(xenos)이 아니라 '야만인'(barbaros)으로 표현된다. 그러나 데리다에게 이러한 야만인성은 절대적인 것이 아니라 특정 집단들 간의 법체제 바깥에 위치한 존재에게 부과된 억압적 이름 혹은 논리(logos)일 뿐이다. 이러한 경계 바깥의 외부인과 낯선자들은 사실상 내가 어찌할 수 없는 "절대적 타자"이다(Levinas, 1969: 39).[7] 관습적 의미의 이방인을 넘어선 절대적 타자의 특징은 그들에게 이름 및 법적 정체성이 요청될 수 없다는 것이다. 그들은 일상적 언어 및 논리로 규정될 수 없는 존재들의 표상이다. 이러한 관점에서 특정 법규범체제를 초월한 순수 타자들을 포용할 수 있는 가능성은 "절대적 혹은 무조건적 환대"로

---

7 레비나스에게 있어서 이러한 절대적 타자성은 결코 자아의 영역과 유리된 채 성립되는 것이 아니다. 타자의 필연적 존재성에 대한 이해는 자아가 단순한 표상(representation)을 넘어서 삶을 있는 그대로 욕망하고 향유(enjoyment)하는 데서 드러난다. 즉 타자(the Other)는 육체에서 비롯된 다양한 욕망을 추구하는 각 개별자들의 존재를 가능케 하고 자아의 동일성 너머에 있는, 결코 지배될 수 없는 무한한 어떤 것이다(Levinas, 1969: 148~149). 데리다는 이를 비판적으로 수용하면서 보다 구체적인 의미에서 타자성과 법규범의 현실적 관계에 내포된 존재의 모순성을 부각시킨다.

표현된다(OH, 25). 데리다에게 이 무차별적 환대의 가능성은 각 집단의 관습적 의미에서의 환대를 벗어난 인간 존재의 열림을 의미한다. 즉 일상적 환대에 내재한 권리나 협약이라는 외피를 벗겨보면 특정한 조건적 환대를 초월한 무조건적 타자의 수용가능성이 드러나는 것이다.

그러나 데리다의 분석이 지향하는 바는 문제의 해결방안으로서의 무조건적 환대가 아니다. 여기서 우리가 환기해야 할 것은 환대라는 현상이 인간 존재의 이중성, 즉 절대적 타자의 순수존재성과 법체제하 상대적 규정성을 동시에 내포하고 있다는 것이다(이은정, 2009: 111). 이방인의 존재는 각 도시집단의 고유성과 개인의 삶을 쉽게 떼어놓을 수 없는 인간의 정치적 존재방식에 기인한다. 데리다가 여기서 드러내는 것은 환대의 무조건성이 법규범의 조건 지음으로 표출되는 상황 혹은 그 반대의 방향이 내포한 정치적 긴장성이다. 법적 권리와 의무의 원칙들은 아무리 보편적 인간애를 표방하고 있더라도 특정 언어와 삶의 방식에 기초한 집단적 규정성을 빗겨 갈 수 없다. 동시에 인간의 존재성은 법과 권리라는 이름으로 절대 단순히 축약되거나 환원될 수 없는 열린 다양성을 지닌다. 데리다의 환대에 대한 사유는 이렇게 법일반에 내재한 왜곡과 모순성에 초점을 맞춘다(Derrida, 1992: 13). 이에 따라 우리는 일상적 환대방식을 규정짓는 법적 사유에 기대지 않고 절대적 환대 가능성에 대한 열린 사유를 할 수 있다(OH, 25).[8] 윤리적 개념과 준칙마저도 넘어선 인간의 인간에 대한 순수존재로서의 관계 맺음, 즉 정체불명의 무연고의 타자를 맞이할 준비를 할 수

---

8 본문에서 "무조건적 환대"란 용어는 맥락에 따라 "절대적 환대"로, "조건적 환대"는 "상대적 환대"로 치환되어 쓰일 수 있음을 밝혀둔다. 즉 본고에서 이 용어들 사이에 특별한 개념적 차이는 없다.

있게 되는 것이다.

한편 타자들 간 순수한 관계 맺음을 강조한다고 해서 데리다가 인간 존재의 법적 가능성에 대해 단순히 비방하거나 반대하는 것은 아니다(문성훈, 2011: 409). 환대의 조건성과 무조건성 사이의 긴장성은 "마치 정의가 법과 분리될 수 없지만 아직 그렇게 가깝지 않은 것"과 같은 문제적 관계 속에 있기 때문이다(OH, 28; Derrida, 1992: 12). 앞서 데리다는 소크라테스적 상황을 언급하면서 이미 그리스적 전통에서 이방인들은 각자가 속한 도시들 간 협약에 기초한 법적 권리를 가지고 있음을 지적한 바 있다. 이러한 그리스적 전통은 하나의 세계시민주의적 관념으로 확장되어 칸트의 근대적 사유로 계승된다. 특히 칸트의 『영구평화론』은 이방인을 보편적 인간성을 담지한 법적 주체임을 전제한다(Kant, 1996: 334~335). 여기서 데리다가 제기하는 질문은 칸트적 조건에 대한 일방적 비판이 아니라 윤리체계의 보편성 추구 이면에 감추어진 존재의 문제이다. 바로 법정의 소크라테스와 같이 법과 권리라는 개념이 포섭할 수 없는 타자성의 통찰이다(OH, 28). 이 문제에 대한 데리다적 사유는 답을 내리지 않고 지속적으로 우리에게 묻는다. 환대는 과연 "이름을 제거한" 낯선 자, 즉 법규범적 대상이 되기 이전의 이방인에게 무차별적으로 주어질 수 없는 것인가? 무엇이 환대를 위한 법체제와 윤리규범자체를 가능하게 하는가?

데리다에게 이 문제에 대한 이론적 해결은 결코 쉽지 않은 것이다. 그의 사유 속에서 절대적 타자에 대한 질문은 논리 이전에 정치적 존재로서의 인간이 지속적으로 맞닥뜨려야 할 문제이기 때문이다. 실천적 관점에서 이 문제는 다른 삶의 방식을 가진 다양한 공동체들이 상호 소통하고 충돌하는 과정에서 제기될 수밖에 없는 상호책임규정(xenia)의 필연성으로 드러날 수 있다(OH, 29). 그러나 우리는 이러한 논의 이면에 흐르는 데리다의 환대 개념이 지닌 역설(aporia)의 정치적 긴장성을 보아야 한다. 데리다에게 환대의 문제는 바로 소크라테스의 이방인적 경험이 드러내는 인간 존재의 자연적 모순성에 기초한다. 이 존재의 역설은 환대에 대한 해답을 구하는 것이 아니라 우리는 왜 환대를 묻는가라는 그 질문의 가능성과 한계에 대한 사유 속에서 비로소 이해될 수 있다. 평생을 광장에서 인간의 참된 존재방식에 대해 철학적 질문을 던지던 소크라테스는 정치공동체의 일원으로서 선 법정에서 강제적으로 질문을 당하는 상황에 처한다. 도시는 왜 그런 소크라테스에게 낯선 법적 질문을 낯선 언어로 제기할 수밖에 없었는가? 소크라테스를 정치공동체의 일원으로서 수용해오던 특정 도시의 법은 그것이 규정하는 경계선을 이탈하는 자에게 강제적 질문을 던질 수밖에 없다. 인간은 과연 이러한 법의 경계짓기를 피해 환대와 공생의 방식을 구성해낼 수 있는가?

데리다는 이 대목에서 플라톤의 또 다른 대화록 『크리톤(Crito)』 속 의인화된 '법(Laws)'과 소크라테스 간의 대화에 주목한다. 법은 그것이 보장하는 질서를 벗어난 듯 보이는 소크라테스에게 질문을 던지고 적절한 답을 듣길 원한다. 도시의 법적 경계선에 처한 소크라테스의 이방인적 상황이 함의하는 흥미로운 점은 바로 법(nomos)을 의인화한 대상이 바로 소크라테스 자신이라는 것이다(OH, 33). 플라톤은 소크라테스로 하여금 법의 탈을 쓰고 그 입장에서 얘기하도록 드라마적 상황을 구성한다(50a ff.). 여기서 소크라테스라는 인간은 자신의 존재 방식을 규정짓는 법이라는 또다른 인격(persona)과의 대화를 시도한다. 소크라테스에 의해 의인화된 법은 과연 소크라테스라는 한 인간이 법의 존재성 자체를 부정하고 파괴시킬 힘이 있는지에 대해 묻는다. 만약 어떠한 타자성도 용납하는 무조건적 환대를 추구하는 개인들에 의해 법이 무력하게 파기될 수 있다면 그들의 공존을 가능케 하는 공동체 자체가 존재할 수 있을 것인가? 무조건적 환대라는 미명하에 이를 제약하는 법들을 부정해도 된다면 우리는 일상적 환대의 가능성 자체를 물을 수 있을 것인가? 여기서 법의 존재성은 단순한 권리와 의무의 인위적 관습체계가 아니라 인간의 삶 자체를 가능케 하는 존재의 필연적 요청이다. 법은 소크라테스에게 결혼 제도를 통해 그의 아버지와 어머니가 공식적 배우자가 되고 부모의 자격을 얻었으며 여타 법 제도를 통해 차후 시민이 될 아이의 양육과 교육이 보장되었음을 환기시킨다(50d; 51d). 법적 의무와 권리는 인간의 열린 존재성을 제약한다. 그러나 법은 특정 공동체의 시민들을 자신의 테두리 내에서 보호하며 다양한 혜택을 제공한다. 데리다는 여기서 법이 소크라테스에게 비록 편향된 질문을 던지고 있음에도 불구하고 왜 소크라테스는 이를 수용하고 형벌을 회피하지 않는지를 묻는다(OH, 35). 체제 내 잠재적 이방인이 되어버린 소크라테스는 바로 그 경계에 직면해 자신을 제약한 법이 동시에 자신의 삶의 필연적 지반이라는 역설적 경험을 하게 된 것이다.

4. 오이디푸스: 이방인과 주인의 모호한 관계

이러한 소크라테스적 상황에 대한 통찰을 바탕으로 데리다는 소포클레스의 비극 『콜로누스의 오이디푸스(Oedipus at Colonus, 이하 OC)』에 담긴 환대와 이방인의 의미에 대해 보다 확장된 논의를 전개한다. 법정에 선 소크라테스는 마침내 자신을 이방인으로 만든 법의 모순적 결정을 수용하는 길을 택한다. 데리다의 관점에서 소크라테스가 맞닥뜨린 환대와 법체제와의 문제적 관계는 오이디푸스적 상황을 통해 다른 방식으로 변주된다. 오이디푸스는 자신이 의도치 않게 저지른 부친살해와 근친상간이라는 죄를 자신의 눈을 뽑아 버림으로써 스스로 단죄한다. 그리고 자신의 도시인 테베를 떠나 딸인 안티고네와 함께 이웃도시 아테네의 변방 콜로누스의 경계에 도달한다. 데리다는 여기서 낯선 도시의 거주민들을 또 다른 이방인으로 칭하는 오이디푸스를 통해 이방인의 존재가 상호성 속에 규정되고 있음을 포착한다(OH, 35; OC, line 33). 법과 법 혹은 도시와 도시의 경계는 일상적으로 규정되던 존재성이 열린 관계로 드러나는 모호한 공간이다. 하나의 법체제와 또 다른 법체제가 교차하는 속에서 인간들의 정체성도 교차되며 시민들은 이방인과 이방인으로서 조우한다(김광기, 2012: 152). 이 양쪽으로 열린 경계와 가능성 속에서 인간 존재의 내재적 이방인성이 표출된다. 그리고 이 열린 타자성은 단순한 무조건적 환대의 대상으로서가 아니라 손님일 수도 적일 수도 있는 정치적 존재로서의 민낯을 드러낸다.

스스로의 눈을 뽑은 채 낯선 도시의 경계에 도달한 오이디푸스는 자신이 있는 장소에 대한 이름조차 알 수 없는 무력한 존재이다. 그리고 그를 도와줄 존재는 가족인 딸 안티고네뿐이다. 자신의 존재가 처한 새로운 장소를 규정할 수 없는 이 이방인의 상황을 데리다는 "절대적 도달의 상황"으로 칭한다(OH, 35). 이 절대적 도달의 상황은 특정 법규범의 구속에서 벗어나 모호한 상황에 놓인 이방인의 모습을 극명하게 드러낸다. 이는 익숙한 법과 새로운 법 사이에 놓여진 인간 존재의 정치적 긴장성에 대한 묘사이기도 하다. 인간 오이디푸스는 이러한 절대적 도달의 상황에 안주한 채 무조건적 환대를 요청할 수 없다. 우선 그는 자신의 존재를 규정하고 있는 이 낯선 장소의 정체를 파악해야만 한다. 환대의 가능성을 추구하기 위해선 일단 새로운 경계 안으로 들어와 현재 자신의 존재를 조건 짓는 것들의 이름과 그곳의 주인을 알아야 하는 것이다. 그래서 오이디푸스는 새로운 낯섦 속에 무조건적으로 파고 들어가기보다 일단 멈춤을 택한다. 그리고 안티고네에게 여기가 "누구의 도시"임을 묻는다(line 2).

경계 속에서 혼돈하던 이방인 오이디푸스는 자신의 존재를 일방적으로 낯선 곳에 투사시키기보다 그곳의 타자를 받아들일 준비를 한다. 안티고네에게서 한 남자가 다가오는 것을 들은 오이디푸스는 이 존재를 자신과 같은 이방인(xenos)으로 칭한다. 그러나 이 이방인이라는 호칭은 오이디푸스가 익명의 낯선 자를 상호 동등한 관계에서 바라보고 있다는 것을 의미한다. 그는 또 이 낯선 자를 행운의 메신저로 이해한다(line 35). 절대적 도달의 상황에서 이방인이 이방인에게 기대하는 것은 동등성에 기반한 열린 환대의 가능성이다. 법정의 소크라테스와 달리 법의 경계를 완전히 벗어난 이방인 오이디푸스에게 낯선 도시 속 이방인의 등장은 무조건적 환대의 대상인 것이다. 그러나 이러한 절대적 환대의 표출은 또 다른 법규범성의 드러남과 함께 오이디푸스의 존재를 조건 짓는다(OH, 37). 낯선자는 오이디푸스에게 우선 그가 쉬고 있던 특정 자리에서 일어나라고 명한다. 그곳은 그 도시의 구성원들이 숭배하는 여신들이 거하는 신성한 장소였던 것이다(line 39). 오이디푸스의 절대적 도달과 기대는 새로운 도시의 권위에 대한 환기를 통해 환대의 이중성을 경험하게 된다. 절대적 환대의 가능성은 여기서 새로운 법체제의 경계 지음 속으로 회귀한다.

특히 데리다는 이 비극에서 주요 역할을 담당하는 코러스를 통해 이방인성과 환대의 문제가 본격적으로 부각된다고 본다. 코러스는 오이디푸스가 스스로를 단죄한 뒤 낯선 도시로 흘러들어 온 이유, 그가 숨기고자 한 비참한 비밀을 알고자 한다(line 209). 이 코러스는 이방인의 정체를 알고자 하는 도시라는 존재의 울림이자 그 속에서 벗어날 수 없는 인간의 숙명적 고통의 반향이다. 자신이 속했던 도시의 법을 위반하고 인간으로서 씻을 수 없는 죄를 저지른 오이디푸스는 낯선 도시가 반드시 파악해야 하는 비밀을 지닌 이방인이다. 여기서 데리다는 코러스의 물음에 대한 오이디푸스의 반응을 주목한다. 코러스의 취조하는 듯한 물음에 대해 오이디푸스는 마침내 자신의 죄를 고백하면서 그 궁극적 원인을 자신이 떠나온 테베라는 도시에서 찾는다(line 525). 오이디푸스의 고백은 그동안 자신의 흥망성쇠를 규정지어 온 테베라는 도시(polis)의 존재 자체에 대한 원망이다. 여기서 데리다는 인간 존재를 특정한 방식으로 형성하고 조건 짓는 맥락인 도시의 존재성을 인간의 "정치적 무의식"으로 표현한다(OH, 39). 오이디푸스가 왕이 되어 의도치 않은 죄를 저지르게 된 모든 배경에는 테베라는 도시가 있다. 이 특정 정치공동체는 오이디푸스가 의식하든 못하든, 그를 환대하고 영웅으로 만들었지만 동시에 그를 범죄로 내몰고 마침내 그를 자신의 품에서 배제시킨 것이다. 법정에 선 소크라테스처럼, 오이디푸스의 뛰어난 힘과 지혜도 결국 정치적 존재성이 담지한 모순을 제거하지 못한 채 또 다른 낯선 벽을 마주한다. 여기서 데리다는 오이디푸스가 표출하는 이방인성 속에서 환대의 열림과 닫힘의 이중성을 본다. 이방인 오이디푸스는 자신을 규정짓던 도시를 원망하고 회피하지만, 또 다른 도시에 의해 질문되고 파악되며 조건 지어지는 역설적 상황을 경험하게 되는 것이다.

우리는 이러한 드라마적 맥락에 대한 데리다의 해석을 통해 오이디푸스의 고통스러운 경험이 지닌 정치적 긴장성을 이해할 수 있다. 코러스는 오이디푸스에게 그가 테베에서 저지른 일들을 털어놓을 것을 지속적으로 요구한다. 이것은 새로운 도시가 그를 맞아들이기 위한 조건, 즉 그의 정체에 대한 필연적 파악의 과정이다. 그러나 오이디푸스는 코러스에게 환대를 요청하며 그가 겪은 고통을 환기시키지 말라고 부탁한다. 동시에 자신의 비극적 몰락은 도시라는 정치적 맥락 속에서 의도치 않게 일어났음을 주장한다(OH, 41). 오이디푸스를 이방인으로 만든 것은 바로 그를 내치고 다시 받아들여 주인으로 만든 테베라는 도시와 그 과정에서 살아남기 위한 그의 노력이었다. 의도치 않게 저지른 부친 살해와 자신의 모친과의 결혼을 통한 두 딸의 탄생은 테베라는 도시에서 비롯된 사악한 운명을 벗어나고자 한 필연적 행위의 과정이었던 것이다. 그러나 데리다에게 코러스의 강제적 물음과 오이디푸스의 고통스러운 변명은 결코 환대의 가능성에 대한 부정만을 의미하지 않는다. 데리다는 이러한 비참한 상황 속에서 여전히 존재하는 무조건적 환대의 가능성을 낯선 도시의 왕 테세우스의 등장을 통해 본다(OH, 43). 테세우스는 오이디푸스라는 이방인의 처지를 몰아세우고 추방하기보다 동정을 느끼며 그 자신도 도시의 지배자이기 이전에 이방인으로 자라났음을 상기한다(line 560 f.).

이렇게 새로운 도시가 오이디푸스를 조건 짓는 상반되는 양상(코러스와 테세우스)의 공존을 통해 우리는 데리다가 제기한 소크라테스적 질문을 다시 환기하게 된다. 도대체 누가 이방인인가? 무엇이 우리를 혹은 그들을 이방인으로 만드는가? 이것은 단지 법체제만의 논리로 환원될 수 있는 문제가 아니다. 이는 환대에 관한 법규범 이면에 상존하는 존재와 법의 긴장성을 통해 이해되어야 한다. 그리고 그것은 바로 인간의 이방인성에 대한 고찰에서 시작되어야 한다. 데리다는 라틴어 "hostis"라는 단어는 "주인 혹은 적"의 두 가지 이중적 의미를 내포함을 강조한다(OH, 43). 자신들의 존재를 가능케 한 도시의 법규범에 의해 이방인으로 내몰린 소크라테스와 오이디푸스는 각기의 방식으로 열린 환대를 요청하지만 이 과정에서 낯선 법체제의 물음에 힘들게 답변할 수밖에 없다. 이러한 환대의 문제는 단지 국가와 개인의 대립이나 국가 간 갈등으로 쉽게 환원되거나 정의될 수 없다. 여기서 데리다는 가족, 시민사회, 국가를 일관되게 엮는 논리 체계로서의 객관적 윤리담론의 한계를 지적힌다(OH, 45). 법적 체제하 권리와 의무가 환대의 가능성을 다 드러낼 수 없듯이 이론적 윤리체계도 환대에 내재한 일상적 존재의 모순성을 온전히 담아내지 못한다. 그러므로 고대적 맥락에서 제기된 소크라테스적 질문은 현대에도 여전히 지속된다. 이 것은 절대적 환대와 상대적 환대의 이중적 요청 사이에 위치한 인간 존재의 정치적 긴장성이다. 도시가 지닌 다양성은 낯선 타자들에 열려있지만 도시의 질서는 종종 이들을 배제대상이나 일탈자로 규정해야만 한다 (Baker, 2009: 119~120). 데리다는 법정의 소크라테스와 도시경계선의 오이디푸스를 통해 인간이 내재한 이방인성의 모순을 보며 이것이 곧 환대의 이중적 모습임을 드러낸다.

5. 고전적 문제의 지속: 현대기술사회에 있어서 이방인과 환대

이러한 고대적 사유와 통찰을 바탕으로 데리다는 현대적 맥락의 문제에 대한 분석을 시도한다. 여기서 우리는 데리다가 주창한 소위 "해체"라는 접근법의 의미를 포착해낼 수 있다(Derrida, 1992: 7). 앞서 본 고전적 재해석을 통해 데리다는 현대까지 전승되어 온 타자성의 근원적 문제들을 다시 들추어낸다(OH, 45). 이방인과 환대에 관한 데리다의 고전적 통찰은 현대의 기술발전과 연관된 수많은 사회적 변종의 징후들 속에서도 지속되는 정치적 질문 속에서 파악되어야 한다. 특히 그는 사적인 삶을 규제하던 근대국가의 경계가 현대 정보통신 기술의 발달에 따라 변화하고 있는 현상의 이면에 주목한다. 이메일과 인터넷 등을 통한 기술적 소통수단의 발달은 그동안 개인의 삶에 한정되어 있던 내밀한 문제들을 광범위하게 유통시키고 확산시켰다. 예를 들어 국가가 기존 규제대상에 없었던 신종 포르노그래피 웹사이트와 같이 낯선 이들 간의 비도덕적 소통 기제들을 단속하게 된 현상을 들 수 있다. 오늘날 환대에 관한 고찰이 새로운 국면을 맞게 된 것이다(OH, 47). 데리다의 해체적 접근은 이러한 변화들을 새롭게 규정하려는 시도라기보다 변화하는 현상에 내재한 문제성의 드러냄으로 이해되어야 한다.

데리다가 현대의 환대 문제에서 주목하는 것은 사적 영역과 공적 영역 사이의 전통적 경계의 흐트러짐이다. 기존에 가부장적 권위와 국가 법체제의 규제를 받던 사인私人 간 의사소통이 이메일이나 웹사이트 등의 기술적 네트워크를 통해 무제약적으로 이루어지고 있다. 이 현상은 이방인 간 열린 관계방식의 확대와 동시에 이 변화를 규율하기 위한 새로운 법체제에 대한 요구증가를 의미한다. 오늘날 신종 전자통신수단에 대한 정부의 통제권한이슈는 주요한 정치적 문제로 등장하였다. 데리다는 국가 안보상 기밀유지 등 기존 법체제가 주로 내세우던 권한영역은 복잡한 기술변화를 대응하기에 역부족임을 지적한다. 인터넷을 통한 공공영역과 비공공영역간 경계의 변이 현상은 주인의 이방인에 대한 통제를 어렵게 하고 있는 것이다(OH, 49). 이 현대적 변화는 사적 이방인들 간의 무규제적이고 무차별적 소통을 통해 절대적 환대의 가능성을 실현시킬 수 있을까?

데리다는 현대의 기술적 소통의 현상을 단순히 전통적 국가권위 혹은 가부장적 통제로부터의 해방이라고 해석하지 않는다. 우리는 앞서 열린 환대의 요청이 법체제를 통한 제약과 맞물리는 환대 윤리의 이중성을 살펴 본 바 있다. 기술의 발달은 기존의 법제도 및 관습의 영역을 벗어나 이방인에 대한 무조건적 환대를 가능케 하는 것처럼 보이기도 한다. 하지만 문제는 새로운 이방인들이 무차별적으로 사적 영역으로 깊숙이 들어오는 데서 발생한다. 기술적 소통의 흐름을 탄 익명의 낯선 존재들은 스팸메일, 광고메세지 등의 다양한 모습으로 우리의 일상적 삶을 마구잡이로 파고들어온다. 데리다는 기술적 존재방식의 열림성 이면에 나의 내밀한 사적 존재방식, 즉 집(home)의 의미마저도 침범당함을 지적한다.[9] 기술을 매개로 한 이방인 간 상호침투는 국경같이 기존의 물리적 경계에서 벌어지던 환대의 조건들이 변이되고 있음을 의미한다(OH, 51). 데리다가 특히 주목하는 현상은 바로 원격 도청의 문제이다. 기술시장의 발전으로 누구나 원하면 도청 기구를 구입해 타인의 영역 안으로 접근하는 것이 매우 용이해진 것이다. 이렇듯 공적 규제를 피해 개인의 삶 깊숙이 이방인의 무차별한 접근이 가능해져 버린 상황이 대두했다. 고대도시의 소크라테스는 법체제에 의해 자신이 지속해온 사적 삶의 방식이 규제당하고 이방인이 되어버리는 경험을 한다. 현대도시에서는 개인의 내밀한 정체성이 열린 네트워크 속

---

9 타자성이 발현되는 자아의 근원적 기반으로서 "집"(home)과 "소유"(possession)의 의미에 대해서는 Levinas(1969: 156~162) 참조.

이방인들에 의해 위협당하고 새로운 법적 규율을 요청하는 역설적 상황이 발생하고 있는 것이다.

새로운 기술발전의 위협에 처한 사적 개인은 새로운 법체제의 고안을 통한 권리 보호를 자신의 도시에 요청할 수밖에 없다. 소크라테스와 오이디푸스가 맞닥뜨렸던 정치적 긴장성의 문제는 이렇게 사적 영역이 침해되면서 새로운 국면으로 표출된다. 기술적 도구와 시장논리를 통한 이방인의 무제약적 접근 가능성은 사적 주인성을 침범당한 개인들의 반작용을 야기한다(OH, 53). 내 스스로가 환대의 조건을 규정 짓던 주인의 공간인 '내 집'이 무조건적으로 위협받고 있는 상황에서 인간 존재는 기존에 탈피하고자 했던 전통적 환대의 조건들에 역설적으로 다시 호소하게 된다. 현대인들은 이름 붙이기 힘든 이 낯선 변화, 정체를 파악하기 힘든 익명의 기술적 힘과 위협에 공적 규제의 방식으로 대항한다. 이처럼 데리다가 현대적 현상에서 주목하는 것은 인간 존재가 나 자신만의 영역(home)에서 주인이 되고자 하는 필연적 욕구이다. 이것은 또한 내게 소중한 것들에 대한 환대를 가능케 하던 조건들에 대한 향수이다. 타자와 나는 결코 완벽한 하나가 될 수 없으므로 각자가 쉴 최소한의 영역이 필요하며, 이방인에 대한 절대적 환대도 적어도 내 집에서만큼은 스스로 주인임을 유지할 때 비로소 시작 가능하다(Levinas, 1969: 152). 우리가 낯선 지역에서 조건 없는 환대를 받고자 하는 만큼 인간의 내밀한 자아는 나만의 공간에서만큼은 주인이 되기를 원한다. 이렇게 주인으로서 타자를 나의 영역에 들여놓거나 그렇게 할 수 있는 위치에 서고 싶은 것이 인간의 정치적 존재성의 모습이다. 즉 정치적 존재로서 인간은 스스로가 누릴 수 있는 "환대의 힘"을 유지하려는 지향성을 지니고 있다(OH, 53).

현대적 맥락에 대한 분석을 통해 데리다는 고대철학적 사유에서 드러나는 정치적 존재성의 문제가 여전히 지속됨을 보여준다. 나 자신에 대한 주인성은 타자와의 공존을 위한 필수적 기반이며 이는 법체제와 윤리준칙을 요청하는 기반이 된다. 그리스 전통에서 보이는 이방인의 규정과 상호간 관습적 협약은 단지 법적 논리라기보다 모든 존재에게 사실상 열려 있으면서도 낯선 존재가 두려워 거리를 두는 인간의 이중적 본성을 반영한다. 즉 데리다의 분석을 통해 우리는 법의 강제성과 질곡을 벗어나고자 하면서도 이를 다른 한편에서는 끊임없이 요구하는 환대의 모순성과 마주친다. 데리다는 여기서 쉽게 가치 판단을 내리기보다 우리에게 문제를 있는 그대로 이해할 수 있는 시선을 가질 것을 요청한다. 우리는 무조건적 환대와 법체제 간의 갈등을 제거하거나 회피하기보다 이들의 문제적 접합과 갈등, 즉 긴장성에 주목해야 하는 것이다. 여기서 법의 힘은 인간의 열린 순수존재성을 특정한 테두리 속에 규정짓는 한계 지음에 기반하고 있다. 인간은 무한성 속에서만 살아갈 수 없다. 무조건적 환대 가능성의 표출과 이것의 법규범적 조건 지음이라는 반복적 경험은 인간의 정치적 삶을 역동적으로 구성한다(정채연, 2015: 40).

고대철학에서 보이는 환대의 자연적 긴장성은 현대적 맥락에서는 기술적 이방인의 사적 공간의 침해에 대한 정치적 반발로 드러난다. 무조건적 환대를 가능케 하는 것처럼 보이는 사이버 공간의 익명성은 전례 없는 형태의 부정의를 양산하고 이를 제약하는 조건적 환대를 정의로 요청한다. 이렇듯 현대의 기술적 환대는 정의와 부정의의 이중성을 출발점부터 담지하고 있는 것이다. 익명의 낯선 기술적 존재는 도시로부터 질문 받고 고통스러워하면서도 환대를 요청하던 오이디푸스의 인간성을 결여하고 있다.

법정에서 강제로 이방인 취급을 받던 소크라테스와 달리 법정을 벗어난 기술성은 일견 자유로워 보인다. 그러나 자의적 기술성은 환대받기보다 그 무조건성과 불확실성 속에서 다시금 법의 영역으로 소환된다. 데리다는 여기서 고대적 통찰이 보여주는 환대와 법적 강제의 지속적 결합을 본다(Derrida, 1992: 14). 환대의 가능성은 법적 권리를 벗어나고자 하면서도 이에 끊임없이 포섭된다. 오늘날 공권력의 기술시장 개입은 억압의 부작용도 초래하는 한편, 사적 영역을 보호하며 정보의 지속적 소통을 가능하게 한다. 인간의 다양성 보호는 그들의 다름을 지켜주는 공적 영역의 권리와 의무체계를 통해서 실현된다(OH, 55). 따라서 이방인을 대하기 위한 정치적 존재의 환대 양식은 고대의 집단적 협약(xenia)의 맥락이든 현대의 온라인 네트워크의 맥락이든 시초부터 법적 제약과 왜곡의 가능성에 노출되어 있다. 이것은 종종 배제적이고 억압적임에도 불구하고 사라질 수 없는 정치적 존재의 필연적 긴장성에서 비롯된다.

환대 가능성과 권위적 규율의 공존은 소크라테스와 법의 대화가 함의하듯이 정치적 존재성의 자연적 발현이다. 오늘날 기술력의 전파는 특정 개인이 더 이상 통제할 수 없을 만큼 사적 사회관계망의 일상적 지배를 확장시키고 있다. 데리다에 의하면 현대 기술적 삶에 내재한 이 "고통스러운 모순"은 정보의 열린 공개와 관련 부문의 경찰력 증대라는 이중적 현상을 통해 구체적으로 이해될 수 있다(OH, 57). 도시는 새로운 이방인의 무차별적 접근방식에 적응하기 위해 정보통신 기술 영역에 대한 새로운 법률체제를 정비해야만 하는 것이다. 특히 데리다는 여기서 열린 환대의 기술적 가능성에 기생하는 불법 전자 상거래, 사인 간 도청, 개인연락정보유출 등 이방인의 "기생성"(parasitism)의 문제를 지적한다(OH, 59). 그러나 과도한 법적 규율은 개인들 간 열린 소통을 제한하며 또 다른 반발을 불러일으킨다. 타자에 대한 무조건적 환대의 표출은 조건적 환대를 야기하며, 법적 규제는 또다시 열린 환대와 해방의 기획을 추동한다. 여기서 우리는 칸트가 제시한 방문권(Besuchsrecht)과 같은 환대의 조건들의 문제와 다시금 마주한다(Kant, 1996: 329). 이방인 간 기술적 소통의 문제를 넘어서 오늘날 중대하고 있는 난민 및 이주민과 같은 타자들에 대해 우리는 어떠한 태도를 취해야 하는가(김진, 2011: 81)? 데리다의 통찰은 이 열린 교류의 시대에 환대의 가능성은 과연 어떠한 방식으로 구현되어야 할 것인지를 묻는다. 일상 속에서 우리는 어떻게 환영할 손님과 기생적 존재를 구별할 수 있을 것인가? 여기서 우리는 어떠한 법의 역할을 요청할 수 있는가? 무엇보다, 이러한 질문하기 자체의 한계와 의미는 무엇인가?

6. 결론: 환대 윤리의 정치적 긴장성

데리다에 의하면 이러한 인간 존재의 정치적 문제성이 가리키는 바는 결국 환대의 '윤리'란 근원적으로 피할 수 없는 문제이자 모순적 개념이라는 것이다. 이것은 무조건적 환대가 불가능하다는 단언이 아니라, 오히려 특정한 논리로 제시되고 규정될 때 그 가능성이 왜곡됨을 의미한다. 즉 환대가 그 어떠한 형태로든 법규범화되면 본래 환대에 담겨있는 익명의 타자에 대한 열린 포용의 가능성이 제약되게 된다. 데리다는 이러한 윤리적 체계화의 역설을 칸트의 사유를 빌어 제기한다.[10] 칸트에 따르면 타인 앞

---

10 칸트의 근대적 사유는 고대적 문제의 지속성을 직접적으로 다루고 있지 않지만, 합

에서 거짓 없이 진실을 말해야만 하는 것은 절대적 정언명령이다(Kant, 1996: 57, 72, 80). 칸트의 정언명령은 진실성이 담고 있는 절대성을 일정한 형태로 윤리 법칙화 시킨다. 주지할 것은 이러한 칸트적 사유의 이면에는 수단이 아닌 목적으로서의 인간성에 대한 무조건적 존중이 담겨있다는 것이다. 그러나 데리다는 타인을 절대적으로 공경하고 그 앞에서 진실해야 한다는 사실이 하나의 윤리적 준칙으로 법규범화 될 때 발생하는 존재성의 왜곡을 지적한다. 과연 우리는 나의 소중한 존재를 죽이려는 의도를 가지고 있는 이방인들을 환대하고 그 소재를 알려줄 만큼 솔직할 수 있는가(OH, 67)? 칸트의 윤리법칙은 모든 법규범성이 가지고 있는 어떠한 제약적 강제성(Gewalt)의 이면을 드러낸다(Derrida, 1992: 6). 칸트적 정언명령은 진실의 절대적 의무부과를 통해 타자에 대한 공경이라는 무조건적환대의 방식을 지향한다. 그러나 모든 존재를 환대하기 위한 진실성의 보편적 준칙은 인간 존재가 내밀하게 지키고 싶은 영역을 배제시킨다. 진실성의 무조건적 강요는 때론 내가 주인 되어 스스로를 지킬 힘, 즉 '나 자신에 대한 환대의 권리'를 버리도록 조건 짓는다. 타인을 속이지 않을 환대의 명령은 역설적으로 자아의 내밀한 집 안에 무차별적 경찰력을 배치시키고 있는 것이다(OH, 69).

데리다의 칸트 비판은 조건적 환대와의 단순한 대조를 통해 무조건적

리성의 전지구적 보편화와 그것의 실현과정이 담지한 모순적 한계성을 그 자신의 도덕 체계 속에 내포하고 있다. 즉 칸트적 기획은 보편적 이성추구를 통한 열린 공존의 가능성과 특정 국가 및 도덕 규범체계의 필연적 조건 지음 사이의 긴장을 피해갈 수 없다(최병두, 2012: 23). 이러한 의미에서 본고는 결론에서 고대와 현대의 사유체계를 잇는 칸트의 근대적 도덕 체계 안에 반영된 환대의 고전적 긴장성에 주목하는 데리다의 통찰을 되짚어보고자 한다.

열린 환대의 가능성을 대안으로 제시하고자 하는 것이 아니다. 오히려 데리다의 통찰은 무조건적 환대와 조건적 환대의 필연적 연결고리를 보여준다. 이는 칸트적 사유 자체의 오류성을 지적하기 위해서라기보다 칸트의 절대적 규범성이 담아내지 못하는 존재의 모순성을 드러내고자 하는 것이다. 법적 정당성과 도덕적 체계는 항상 그 영역에서 배제되는 여타 존재들의 저항을 야기한다(Levinas, 1969: 47). 이 타자성의 문제는 인간의 깊은 내면, 도시의 법정, 국제법적 영역, 혹은 기술 네트워크를 막론하고 다양한 방식으로 그 모호한 모습을 드러낸다(Derrida, 1982: 26). 이것은 인간 존재가 필연적으로 가진 정치적 긴장성의 발현이다. 그러므로 데리다는 칸트의 세계시민주의적 기획 속에도 여전히 이 문제가 제거되지 않고 있음을 본다(OH, 71; Kant, 1996: 328~329). 즉 보편적 합리성에 기반한 무조건적 인간존중이라는 그의 법칙적 사유는 근대공화국 법체제의 강조와 함께 열린 환대의 가능성을 스스로 제약하고 있다는 것이다. 법정에 선 소크라테스에서부터 현대의 전자도청문제에 이르기까지 데리다가 추적하는 것은 무조건적 환대의 윤리가 아니라 환대의 필연적 가능성과 한계의 상황이다. 과연 우리는 삶의 익숙한 영역에서 언제든 배제될 수 있는 일상 속의 자아를 어떻게 이해하고 있는가? 법정 앞에 선 소크라테스가 사실상의 이방인이었듯이 정치공동체속의 우리는 언제나 환대와 법체제의 모순적 관계에 노출되어 있다.

윤리와 법의 체계는 일상의 삶을 보호하지만 그 이면의 존재의 깊은 물음을 다 담아내지 못한다. 그러므로 데리다는 결코 무조건적 환대의 가능성을 부정하지 않으나 이를 단순한 해답으로 제시하지도 않는다. 오이디푸스는 타 도시의 경계에서 이방인으로서 숨기고 싶은 진실을 고통스럽게 마주한 후에야 테세우스의 환대를 받는다. 여기서 이방인 오이디푸스에게 테세우스가 행한 것은 법의 적용이 아닌 그 처지에 대한 공감과 동정이었다. 한편 소크라테스는 자신의 도시를 떠나 실제 이방인이 되길 추구하기보다 자신을 이방인의 경계로 내몬 국법의 처벌을 달게 받는다. 현대의 기술발전은 이방인 간 교류를 무한정 확장시켰지만, 동시에 개인의 삶을 무제약적으로 침범하고 있다. 그러므로 칸트에게 이방인은 무한한 존중의 대상으로서 "하나의 인간"인 동시에 "법적 대상"이다(OH, 71). 데리다는 이 사이에서 회의주의의 길이 아닌, 인간이 짊어져야 하는 정치적 긴장성의 숙명을 본다(Ungureanu, 2013: 734). 더 나아가 우리는 타자들 간의 공생과 환대를 적절하게 이끌어야만 하는 정치적 예술(political art)의 가능성을 본다. 환대가 법과 충돌할 수밖에 없게 될 때 우리는 어떻게 최선의 열린 존재성을 지향할 수 있는가? 손님을 맞이하는 법적 경계는 그 고정된 형태 속에 그대로 안주할 수도, 그렇다고 무조건 제거할 수 있는 대상도 아니다. 자 이제 질문은 다시 반복된다. 우리는 이방인을 왜, 어떻게 묻고 있는가? 법정에 선 소크라테스가 우리에게 던지는 질문은 무엇인가? 데리다의 통찰은 이방인의 존재가 함부로 불법적 야만인으로 규정되고 절대적 외부로 배제될 수 없음을 보여준다. 이방인은 법정의 소크라테스처럼 도시에 의해 질문당하는 나의 낯선 내면일 수 있고, 동시에 내가 무심코 지나치는 이 도시 속 수많은 사람들의 얼굴일 수도 있기 때문이다.

참고문헌

1) 단행본

김현경. 2015. 『사람, 장소, 환대』. 서울: 문학과지성사.

Derrida, Jacques. 2000. *Of Hospitality*. translated by Rachel Bowlby. Stanford: Stanford University Press.

_____. 1982. "Différance." *Margins of Philosophy*. translated by Alan Bass. Chicago: University of Chicago Press.

Kant, Immanuel. 1996. *Practical Philosophy*. translated by Mary Gregor. Cambridge: Cambridge University Press.

Levinas, Emmanuel. 1969. *Totality and Infinity*. translated by Alphonso Lingis. Pittsburgh: Duquesne University Press.

Plato. 1998. *Four Texts on Socrates: Plato's Euthyphro, Apology, and Crito and Aristophanes' Clouds*. translated by Thomas West and Grace West. Ithaca: Cornell University Press.

_____. 2006. *The Being of the Beautiful: Plato's Theaetetus, Sophist, and Statesman*. translated by Seth Benardete. Chicago: University of Chicago Press.

2) 논문

김광기. 2012. 「관용과 환대 그리고 이방인 — 하버마스와 데리다를 중심으로」.《현상과 인식》, 118호, 141~170쪽.

김애령. 2008. 「이방인과 환대의 윤리」.《철학과 현상학 연구》, 39집, 175~205쪽.

김진. 2011. 「데리다의 환대의 철학과 정치신학」.《철학연구》, 95권, 59~93쪽.

문성훈. 2011. 「타자에 대한 책임, 관용, 환대 그리고 인정: 레비나스, 왈쩌, 데리다, 호네트를 중심으로」.《사회와 철학》, 21호, 391~418쪽.

이은정. 2009. 「데리다의 시적 환대 — 환대의 생성적 아포리아」.《인문과학》, 44권, 91~121쪽.

정채연. 2015. 「데리다의 세계주의 구상과 무조건적 환대의 생성적 가능성」.《법철학연구》, 18권 2호, 7~42쪽.

최병두. 2012. 「이방인의 권리와 환대의 윤리: 칸트와 데리다 사상의 지리학적 함의」.

《문화역사지리》, 24권 3호, 16~36쪽.

Baker, Gideon. 2009. "Cosmopolitanism as Hospitality: Revisiting Identity and Difference in Cosmopolitanism." *Alternatives*, Vol. 34, No. 2, pp. 107~128.

Derrida, Jacques. 1978. "Violence and Metaphysics: An Essay on the Thought of Emmanuel Levinas." *Writing and Difference*. translated by Alan Bass. Chicago: University of Chicago Press.

_____. 1992. "Force of Law: 'The Mystical Foundations of Authority.'" in Drucilla Cornell, Michel Rosenfeld, and David Carlson(eds.). *Deconstruction and the Possibility of Justice*. New York: Routledge.

Sophocles. 1951. "Oedipus at Colonus." *Sophocles Vol. 1*. translated by F. Storr. Cambridge: Harvard University Press.

Ungureanu, Camil. 2013. "Derrida's Tense Bow." *European Legacy—Toward New Paradigms*, Vol. 18, No. 6, pp. 727~739.

제 4 장

정체성 정치를 넘어서

김현경(독립연구자)

1. 들어가며

2016년 11월 미국 대선 직후, 버니 샌더스는 보스턴의 버클리 퍼포먼스 센터에서 열린 북토크에서 민주당의 과제는 '정체성 정치를 넘어서 나아가는 것'이라고 말했다.[1] 이 발언은 민주당 지지자들 사이에서 커다란 논란을 일으켰고, 곧 수많은 논평의 대상이 되었다.

페미니스트 활동가인 린다 번햄은 '정체성 정치'가 '정치적 올바름'이나 '리버럴 엘리트'와 마찬가지로 자유주의적이고 좌파적인 정치의 정당성을 훼손하려는 의도를 담고 있는 용어라고 주장하였다. 게다가 그녀가

---

1 문제의 발언은 샌더스가 청중 가운데 레베카라는 여성에게서 받은 질문에 답하는 과정에서 나온 것이다. 그녀가 미국 역사상 두 번째로 라틴계 상원의원이 되고 싶다는 포부를 밝히면서 조언을 해 달라고 하자 샌더스는 이렇게 말했다. "'나는 라틴계 여성이다, 그러니 나를 찍어라'라고 말하는 것으로는 충분치 않습니다. 우리에게 필요한 것은 월스트리트와 보험업계, 제약업계와 화석에너지 업계에 맞설 배짱이 있는 여성입니다. 앞으로 여러분은 민주당 안에서 '정체성 정치'를 넘어서 나아갈지 여부를 두고 싸움이 벌어지는 것을 보게 될 것입니다(One of the struggles that you're going to be seeing in the Democratic Party is whether we go beyond 'identity politics')." 이와 관련된 동영상은 다음을 참조, Youtube, "버니 샌더스 '여성이니까 찍어주세요'라는 말은 충분하지 않습니다." https://www. youtube.com/watch?v=n7a_DdmiFUA(검색일: 2017.11.18).

보기에 '정체성 정치'에 빠져 있는 사람은 샌더스 자신이다. 그는 미국의 국가주의 담론에 핵심적인 역할을 해온 '백인 정체성'에 호소하고 있다 (The Guardian, 2017.2.10).

슬라보예 지젝은 샌더스가 정체성 정치를 거부하는 게 아니라 "오히려 계급과 인종과 젠더를 연결함으로써 정체성 정치를 추구한다."고 옹호하였다. 하지만 그는 다음과 같은 언급을 통해 정체성 정치에 대한 자신의 불편한 감정을 드러내었다. "선거가 있기 몇 달 전만 해도 미국과 캐나다의 거대 미디어들 1면 기사는 LGBTQ＋, 그러니까 성적 소수자 이야기였다. 마치 우리 사회의 핵심 문제가 화장실 차별 극복, 아니면 '그'(he)나 '그녀'(she)가 아닌 다른 호칭('they', 'ze' 등)을 고민하는 이들에게 적절한 삼인칭 단수 대명사를 제공하는 것이라는 듯(한겨레, 2017.1.19.)."

사실 샌더스의 발언이 그토록 파장이 컸던 것은 언론의 선정적인 보도 때문이기도 하지만 — 샌더스는 정체성 정치를 '차버리라'(ditch)거나 '그만두라'(stop)고 한 적이 없었지만 많은 언론이 그런 단어를 사용하여 제목을 붙였다(New Republic, 2017.11.22.) —, 그보다는 그 말이 대선 패배의 책임을 정체성 정치에 돌리는 것처럼 들렸기 때문이다. 더 정확히 말하면, 샌더스가 그 말을 하기 전에 이미 많은 사람들이 마음속으로 정체성 정치와 대선 패배를 연관짓고 있었기 때문이다. 물론 그런 연관짓기가 부당하다고 생각하는 사람들 역시 많았다. 즉 사람들은 이 문제에 대해 논쟁할 준비가 되어 있었다.

샌더스의 발언이 있기 이틀 전에 정치학자 마크 릴라는《뉴욕 타임즈》기고문(The New York Times, 2017.11.18)에서 "최근의 대통령 선거 캠페인과 그 끔찍한 결과가 주는 교훈은 정체성 자유주의의 시대에 종지부를 찍어야 한다는 것"이라고 주장하였다. 그가 보기에 힐러리 클린턴처럼 흑인, 라티노, LBGT, 여성을 매번 따로 호명하는 것은 좋은 전략이 아니다. 왜냐하면 그렇게 하면 여기 속하지 않은 사람들 — 특히 백인 노동자와 독실한 기독교인 — 이 소외감을 느낄 것이기 때문이다. 복음주의 기독교인의 80%와 대학졸업장이 없는 백인 3분의 2가 트럼프에게 투표했다는 사실이 그 증거이다. 릴라는 또 미국 교육과 언론이 다양성에 집착한 결과, 자기가 속한 집단 바깥의 문제에는 무관심한 자기도취적 자유주의자 세대가 생겨났다고 비판하였다. "우리 아이들은 아주 어릴 때부터 자기의 정체성에 대해 이야기하도록 교육받는다. 심지어 정체성이 생기기 전부터 말이다. 그래서 대학에 갈 무렵에는 다양성 담론이 정치 담론의 전부인 줄 안다. 그들은 계급이나 전쟁이나 경제나 공공선에 대해서는 충격적일 정도로 할 이야기가 없다(The New York Times, 2017.11.18)."

힐러리 클린턴 선거 캠프가 '백인 노동자의 소외감'을 충분히 고려하지 않는다는 지적은 마이클 무어도 한 적이 있다. 그는 일찌감치 트럼프의 승리를 예언하면서 그 이유 중 하나로 '러스트 벨트 브렉시트', 즉 쇠락한 중서부 공업지대 유권자들의 표가 보호주의적이고 인종차별적인 정책을 내세우는 후보에게 쏠릴 가능성을 꼽았다(Huffpost, 2016.7.23).

정체성 정치는 기득권에 대항하는 소수자들(minorities)의 투쟁으로 이해되어 왔다. 그 소수자들은 문화적으로 주변인일 뿐 아니라 경제적으로도 약자인 경우가 대부분이다(모든 동성애자가 드라마의 주인공들처럼 잘생기고 부유하고 문화자본이 풍부한 것은 아니다). 그런데 어째서 정체성 정치는 곧 경제문제에 대한 무관심이자 노동계급에 대한 무시라는 등식이 생겨난 것일까?

우리가 알아야 하는 것은 선거전략으로서 정체성 정치가 공격받기 전에 이미 이론적인 수준에서 오래 전부터 이 개념에 대해 많은 문제제기가 있었다는 사실이다. 또 이 개념을 해체하거나 더 커다란 테마 — 인정투쟁 — 속에 통합하려는 시도 역시 있었다. 정체성 정치가 받고 있는 비난은 이론적 전환이 너무 늦어졌기 때문에 치르게 된 댓가일 수도 있다. 정체성 정치를 넘어서야 한다는 말이 소수자들의 권리를 위한 싸움이 더 이상 중요하지 않다는 말은 아닐 것이다. 그 말은 단지 그 싸움을 성공적으로 이끌려면 새로운 관점, 새로운 구호, 그리고 새로운 연대의 깃발이 필요하다는 뜻이다. 이 글의 목표는 이러한 전환에 필요한 이론적 자원을 모색하는 데 있다.

이하의 논의는 세 부분으로 이루어져 있다. 우선 나는 정체성 정치란 무엇이고 그 한계는 무엇인지 간략하게 살펴볼 것이다. 이어서 정체성 정치를 넘어서려는 이론적 시도로서 '인정' 개념의 재해석을 『분배냐 인정이냐』에 실린 낸시 프레이저와 악셀 호네트의 논쟁을 중심으로 살펴볼 것이다. 마지막으로 나는 정체성 정치를 넘어서는 것이 실천적으로 무엇을 의미하는지 질문할 것이다.

2. 정체성 정치와 그 한계에 대한 비판

1) '정체성 정치'(identity politics)란 무엇인가?

스탠포드 철학사전에 따르면, '정체성 정치'란 어떤 집단에 속해 있다는 이유만으로 부당하게 취급되는 사람들이 자기들의 공통된 경험을 기반으로 정치적 행동에 나서는 것을 가리킨다.[2] 제2물결 페미니즘, 흑인 시민권 운동, 게이-레즈비언 운동, 원주민 권리 운동 등이 여기에 속한다. 하지만 '정체성 정치'가 정치 담론에서 사용될 때는 이런 운동들 중에서도 문화적 투쟁에 집중하며 '차이'를 강조하는 좀더 좁은 흐름을 가리키는 경향이 있다. 컴바히강 집단(Combahee river collective)이 1977년 발표한 "흑인 페미니스트 성명"의 다음 구절은 정체성 정치를 설명할 때 빠지지 않고 인용된다.

> 어렸을 때 우리는 우리가 남자 아이들과 다르고 다르게 취급된다는 것을 깨달았다. 예를 들어 우리는 얌전히 있으라는 말을 자주 들었는데 이것은 '여자답게' 행동하라는 뜻이자, 백인들 눈에 띄지 않게 하라는 뜻이었다. 의식화를 통해, 삶을 공유하면서, 우리는 우리의 경험의 공통성을 깨닫기 시작했다. 또한 깨달음을 나누고 키우면서 우리의 삶을 바꾸고 억압에 종지부를 찍을 정치를 건설하기 시작했다.[3]

이 구절은 흑인 여성의 정체성이 이중의 차이 — 백인이 아니라는 것과

---

2 Stanford Encyclopedia of Philosophy, "Identity Politics," https://plato. stanford. edu/entries/identity-politics/#LibeIdenPoli(검색일: 2017.11.18).

3 Combahee River Collective, "A Black Feminist Statement," in Gloria T. Hull, Patricia Bell Scott, and Barbara Smith (eds.), *All the Women are White, All the Blacks are Men, But Some of Us Are Brave: Black Women's Studies* (New York: Feminist Press, 1982), pp. 14~15, Stanford Encyclopedia of Philosophy에서 재인용. 번역은 김현경. 컴바히강 집단(Combahee river collective)은 1974년 보스턴에서 결성된 유색인 페미니스트 그룹이다.

남자가 아니라는 것— 에 의해 규정됨을 보여준다. 사람들은 '흑인'이라는 말을 들었을 때 보통 흑인 남자를 떠올린다. 그리고 '여성'이라는 말을 들었을 때는 보통 백인 여자를 떠올린다. 흑인 여성의 존재는 이중으로 지워져 있는데, 이러한 '재현'에서의 불공평함을 바로잡는 것은 정체성 정치의 주요 목표 중 하나이다. 또한 이 구절은 정체성 정치에서 의식화(consciousness-raising)의 중요성을 보여준다. 의식화는 억눌린 자들을 일깨우고 목소리를 내게 하는 과정이다. 정체성 정치는 의식화를 통해 공통의 경험을 확인하고 이를 기반으로 새로운 집단적 정체성을 형성하려 한다.

　정체성 정치는 인류의 진보라는 (백인 남성이 주인공인) '커다란 이야기'에 맞서서 그 이야기가 담지 못하는 소수자들의 경험을 전달하려 하기 때문에 종종 포스트모더니즘과 연결된다. 그러나 정체성 정치에 영감을 준 사상가들이 모두 포스트모더니스트로 분류될 수 있는 것은 아니다. 예를 들면 찰스 테일러와 윌 킴리카가 그렇다. 다문화주의 이론가로 잘 알려진 킴리카는 소수민족이나 이주자에게 정치적 권리를 인정하는 데 만족하지 말고 그들의 고유한 문화에 대한 존중을 포함할 수 있도록 시민권 개념을 확장해야 한다고 주장한다. "전형적인 정상적 시민모델의 개념은 장애가 없고 이성애자인 백인 남성의 특성에 기초하고 있었다. 이러한 정상성 모델에서 이탈하는 사람은 누구라도 배제, 주변화, 침묵화 또는 동화의 대상이 되었다. 그래서 유색인 집단은 종종 서구민주주의로의 진입이 거부되었고, 설사 허용되었다 하더라도, 시민이 되기 위해서는 그들에게로의 동화가 기대되었다. 따라서 토착민(indigenous people)들은 자신의 고립된 보호구역으로 단절해 숨어 버리거나, 아니면 자신들의 전통적 삶의 양식을 포기해야만 했다 […] 이들은 좀 더 포용적인 시민의 개념을 요구하고 나선다. 이 포용적 시민 개념은 이들의 정체성을 (비난하기보다는) 인정하고, 이들의 차이를 (배제하기보다는) 수용한다(킴리카, 2002)." 한편 테일러는 『다문화주의』에서 '차이의 인정'에 대한 요구를 루소와 헤르더로 거슬러 올라가면서 철학적으로 정당화한다. 그의 주장을 요약하자면 이러하다. 근대는 명예에서 존엄으로 이행을 가져오는 한편, 모든 사람이 자신만의 고유한 방법으로 인간이 된다는 생각을 확산시킨다(이 생각의 저자는 헤르더이다). 지금까지의 시민권 운동은 전자(즉 모든 사람이 똑같이 존엄하다는 생각)에 기초하여 동등한 권리의 획득에 초점을 맞추었다. 반면 최근의 정체성 운동은 근대성의 또 다른 측면인 후자를 부각시키고 있다(Taylor, 1994). 이 책 덕택에 '인정의 정치'는 정체성 정치의 동의어가 되었다.

2) 한계와 비판

정체성 정치에 대한 몇 가지 중요한 비판을 열거하자면 다음과 같다.

(1) 도덕적 상대주의에 대한 비판. 진보적 사회운동의 의제 확장을 위해 이 단어에 의지하는 사람들의 기대와 달리, 정체성 정치는 억압받는 소수자들의 인정투쟁에 한정되지 않는다. 이론적으로 어떤 집단이나 자기들의 차이를 내세우고 인정을 요구할 수 있다. 근본주의 이슬람교도들이든, 종말론을 믿는 기독교도들이든 말이다(마크 릴라는 "미국 최초의 정체성 운동은 KKK단이었다."고 냉소적으로 지적한다). 차이와 타자의 수사학만으로는 이러한 다양한 경향들 앞에서 어떤 도덕적 판단도 할 수 없다.

(2) 연대의 불가능성 또는 제한성에 대한 비판. 소수자 정체성을 내세우

는 집단은 그 집단 내부의 또 다른 소수자들 — 자기들의 고유한 경험이 충분히 재현되고 있지 않다고, 또는 그들의 특수한 처지가 충분히 고려되고 있지 않다고 믿는 사람들 — 에 의해 언제라도 분열될 수 있다. 정체성 정치는 주체들을 계속해서 재범주화한다. 전에 게이, 레즈비언, 바이섹슈얼, 트랜스젠더 정도로 분류되었던 성소수자 집단은 새로운 범주와 다양한 하위범주들이 계속 생겨나면서 엄청나게 세분화되었다.[4] 그에 따라 성소수자들은 공동의 목표를 만들어내는 데 한층 어려움을 겪게 되었다. 백인 시스젠더 게이와 흑인 트랜스젠더 남성은 서로 연대할 수도 있겠지만, 혐오하고 반목할 수도 있다. 한편 같은 길을 걷는다고 여겨졌던 여성운동과 성소수자 운동 사이의 대립과 갈등 역시 심화되고 있다.

(3) 정체성 정치는 본질주의로 회귀하는 경향이 있다. 정체성을 긍정적으로 정의하려면 거기에 어떤 내용을, 고정적인 특질을 부여해야 하기 때문이다. 그러나 본질에 대해 이야기하는 순간 그 정체성은 그것이 호명하는 사람들에게 억압으로 작용할 수 있다. 예를 들어 '돌보는 능력'이 여성의 본질이라고 주장한다면, 돌보는 일에 관심이 없는 여성은 자신의 정체성에 의문을 느낄 것이다.

(4) 정체성 정치가 반드시 정체성의 토대로 어떤 본질(흑인다움, 여성다움)을 가정하는 것은 아니다. 본질주의를 피하기 위해 많은 사람들이 정체성의 토대로서 억눌린 자들의 공통된 경험을 강조한다. 그러나 이러한 강

---

4 페이스북은 성별 선택란에 '여성'과 '남성' 외에 '맞춤'(custom)이라는 선택지를 두어서 '무성', '양성', '남성에서 여성으로 전환(MTF)', '여성에서 남성으로 전환(FTM)' 등 58개의 표현 중 하나를 고를 수 있게 하고 있다. 자세한 내용은 다음을 참조. "Here's a List of 58 Gender Options for Facebook Users," *ABC News*, February 13, 2014.

조는 다시 정체성 정치가 주체들을 피해자로만 형상화한다는 비판을 낳는 다(Dean, 1996).

(5) 정신분석의 잘못된 사용에 대한 비판. 주디스 버틀러는 정신분석의 목적은 내담자에게 자기에 대해 일관된 이야기를 할 수 있게 하는 것이라 는 통념을 비판하면서, 자기 이야기를 시작하는 '나'는 오직 인정할 만한 라이프 내레이션의 규범들을 따라서만 이야기를 들려줄 수 있다고 지적한 다. "그렇다면 이렇게 말할 수 있다. '나'가 그런 규범들을 통해서 자신을 서술하겠다고 동의하는 정도에 맞춰 그것은 어떤 하나의 외면성을 통해 자신의 내레이션을 순회하기로 동의하고, 따라서 비개인적 본성을 갖는 발화의 양태를 통해서 이야기 도중에 방향을 상실하기로 동의한 것이다 (버틀러, 2013)." 버틀러는 외상적 조건에 의해 파편화된 경험들을 연결하 는 일의 중요성을 인정한다. 하지만 "너무 많은 연결은 편집증적 고립의 극단적인 형태를 낳을 수 있다(버틀러, 2013)."

(6) 마지막으로 정체성 정치는 재현의 층위에 집중하며 구조적 문제를 간과한다는 비판이 있다. 낸시 프레이저는 정체성 정치가 "경제적 평등을 증진하기보다는 문화적 차이를 안정화하는 데 주력"하며, 이 점에서 사회 적 평등주의의 모든 기억을 억압하려는 "신자유주의 세력과 너무나 잘 맞 아떨어진다"고 신랄하게 비난한다(프레이저, 2017).

3. '인정'의 재해석

프레이저와 호네트의 논쟁을 담은 『분배냐 인정이냐?』는 제목과 달리 분배와 인정 중 어느 쪽이 더 중요한지 따지는 책이 아니다. 두 저자는 모두 분배와 인정이 똑같이 중요하다고 믿는다. 쟁점은 오히려 '인정'이라는 단어를 어떻게 이해하느냐이다. 그들은 정체성 정치가 '차이의 인정'을 요구하면서 잘못된 방향으로 나가고 있다는 데 의견을 같이 한다(프레이저 외, 2014). 그리고 '인정' 개념을 새롭게 전유하여 이 상황을 바로잡으려 한다는 점에서도 방향이 같다. 하지만 그 전유의 방식은 크게 다르다. 프레이저는 '인정'을 정체성을 괄호 안에 넣은 상태에서 이루어지는 '참여적 동등성에 대한 인정'으로 이해하며, '분배'와 함께 비판적 사회이론의 규범적 토대로 삼으려 한다. 인정을 이렇게 이해할 때 정체성 정치의 형태로 전개되었던 소수자들의 문화적 시민권 투쟁은 사회운동의 더 커다란 흐름 속에 통합될 것이다. 호네트는 '인정'에 이보다 더 큰 의미를 부여한다. 인정은 단지 사회적 이슈를 요약하는 단어가 아니라 인간의 조건을 설명하는 열쇠어이다. 사회적인 삶은 다양한 형식의 인정투쟁으로 이루어져 있고, 이를 통해 우리는 각자의 정체성을 확립한다. 사회적 고통의 핵심에는 불인정(무시와 모욕)의 경험이 있다. 그러므로 호네트는 인정이라는 단일한 토대 위에서 비판이론을 재구성하려 한다.

아래에서는 프레이저와 호네트의 인정 개념을 간단하게 설명하고 각각에 내포된 이론적 난점을 짚어보려고 한다.

1) 프레이저의 난점 — 신분을 어떻게 정의할 것인가?

프레이저는 사회운동의 중심 의제가 '평등한 분배'에서 '차이의 인정'으로 옮겨갔다는 인식에서 출발한다. 이런 상황은 두 가지 점에서 우려할 만하다. 우선 분배 이슈가 여전히 중요한데도 인정 이슈에 밀려 주변화되고 있다. 둘째로 '차이의 인정'은 억압받는 소수자들의 해방운동뿐 아니라 근본주의적인 공동체 운동의 슬로건으로 사용될 수 있다.

이에 프레이저는 다음과 같은 방법으로 이 사태를 해결하려 한다. 우선 '인정'을 '차이의 인정' 즉 집단의 정체성에 대한 인정이 아니라, 정체성을 괄호에 넣은 인정, 상대방의 자리 자체에 대한 인정으로 재해석한다. 이렇게 이해된 인정 요구는 동등한 참여의 요구와 같아진다. 다음으로 '인정'과 '분배'에 동등한 중요성을 부여하는 이원론적 정의이론을 만든다.

프레이저에 따르면 '인정'을 사회적 신분과 관련된 문제로 생각하는 것 ─ 인정의 '신분 모델' ─ 의 장점은 다음과 같다. 첫째, 자기실현이나 좋은 삶에 대한 특정한 관점을 강요하지 않는다. 따라서 가치관의 다양성을 인정하는 현대사회에 적합하다. 둘째, 무시를 자아존중감의 훼손 같은 주관적인 기준이 아니라 사회적 성원권의 훼손이라는 객관적인 기준에 따라 정의할 수 있다. 셋째, 존경(estime)과 존중(respect)을 구별하고, 인정을 후자와 관련된 문제로 국한시킬 수 있다(사회적으로 존경받지 못한다는 사실이 어떤 사람에게는 굴욕감을 줄 수 있다. 하지만 그 때문에 우리에게 그를 존경할 의무가 생겨나는 것은 아니다). 넷째, 인정 요구와 분배 요구를 통합할 수 있다. 경제적인 박탈은 그 자체로 스티그마를 초래하기 때문이다.

이러한 설명을 통해서 분명해지는 것은 프레이저가 신분을 사회적 위계에서의 위치가 아니라 성원권과 관련짓고 있다는 사실이다. 신분은 성차별과 인종차별을 포함하여, 문화적인 불의(무시, 조롱, 왜곡된 이미지의 재생산 등)와 관련된 문제들을 다루기 위한 범주이다. "월 스트리트에서 택시를 잡을 수 없는 흑인 은행가"가 좋은 예이다. 그가 겪고 있는 불의는 경제적인 것이 아니라 문화적인 것이다. 그는 은행가라는 유리한 계급적 위치에도 불구하고 신분차별을 겪는다. 그에게 필요한 해결책은 분배가 아니라 인정이다(프레이저 외, 2014: 67).

하지만 '신분'과 '인정'을 이런 의미로만 사용해도 좋을까? 프레이저가 간과하는 것은 자본주의적 현대사회가 경제적 부를 시장을 통해 직접 분배할 뿐 아니라, 다양한 공식적, 비공식적 인정 메커니즘을 통해 자격, 위신, 명예, 명성을 분배하며, 이를 통해 이차적으로 경제적 부를 분배한다는 사실이다. 이런 인정 메커니즘 중에서 가장 중요한 것은 학교이다. 명문대 졸업장은 일종의 직위와 같아서, 개인을 평생 따라다니면서 그의 '신분'을 알려준다. 전문직 자격시험, 콩쿠르, 유명 출판사의 신인상, 대형기획사의 오디션 등도 각각 관련된 장(이라고 사회학자 부르디외가 명명한, 고유한 규칙에 따라 인정투쟁이 벌어지는 공간)으로 들어가는 관문 역할을 하면서, 학교만큼은 아니지만 개인의 신분을, 즉 그가 교제할 수 있는 사람들의 수준과 받을 수 있는 대접의 수준을, 그가 사회적으로 요구할 수 있는 존경의 크기와 자기 자신에게 허용해도 좋은 자부심의 크기를 결정한다.

현대사회의 이런 특징을 설명하기 위해 많은 사회학자들은 주로 베버를 참조하면서, 사회계층을 연구함에 있어서 소득과 자산을 기준으로 측정되는 계급과 별개로, 위신이나 명성 같은 '상징자본'의 크기로 측정되는 사회적 지위를 고려해야 한다고 말한다. 말하자면 계급과 지위라는 이중의 척도가 있는 셈인데, 여기서 개인이 점유하는 위치는 두 척도를 각각 가로축과 세로축으로 삼는 좌표평면 위에 배치했을 때 가장 잘 눈에 들어온다. 사회적 지위가 높은 사람은 높은 소득을 올리면서 자산을 축적하는 경향이 있고, 역으로 경제적으로 상층에 속하는 사람은 그에 상응하는 신분적

표지들을 손에 넣으려는 경향이 있다. 이러한 경향이 얼마나 강하게 나타나느냐에 따라 위치들의 분포는 폭이 좁거나 넓은(원에 가까운) 우상향의 타원을 그릴 것이다([그림 1]).

[그림 1] 계급과 신분

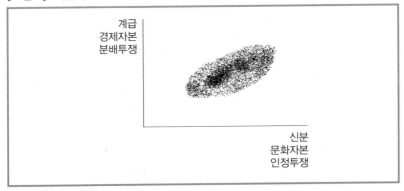

[그림 2] 프레이저의 투쟁공간

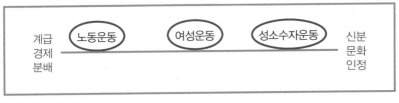

호네트에게 이 좌표는 그가 인정투쟁의 세 번째 영역으로서 고려하는 '업적'을 둘러싼 투쟁의 영역을 표현한다(나머지 두 영역은 '사랑'과 '권리'이다). 이 공간 안에서 인정투쟁과 분배투쟁은 분명하게 구별되지 않는다. 예를 들어 정규직으로의 전환을 요구하는 비정규직의 투쟁은 인정투쟁이면서 분배투쟁이다. 기간제 교사는 업적평가방식을 바꿈으로써(가령 임용고시 통과 여부보다는 학생들의 수업 만족도가 더 중요하다고 주장하면서) 자신이 하는 일의 가치를 인정받고, 나아가 정교사와 동등한 '자격'을 인정받으려 한다. 그러므로 이것은 인정투쟁이다. 하지만 정교사 자격이 희소한 상징자본이고 이 자본을 손에 넣음과 동시에 일정한 크기의 경제자본이 약속되는 만큼, 그것은 분배투쟁이기도 하다. 호네트의 관점에서 이야기 해본다면, 정의에 대한 담론은 각자의 정당한 몫에 대한 담론이다. 따라서 그것은 언제나 분배 담론이면서 동시에 인정 담론이다. 분배되는 것이 물질적인지 빗물질적인지 — 상징자본인지 경제자본인지 — 는 중요하지 않다. 상징자본이 특정한 조건에서 경제자본으로 '태환'될 수 있음을 감안한 다면 더욱 그렇게 말할 수 있다.

그런데 프레이저에게는 이런 투쟁의 공간 자체가 존재하지 않는다(따라서 그 공간과 관련된 문제들도 삭제된다). 프레이저 역시 경제/문화, 계급/신분, 분배/인정의 이분법을 사용하는 것은 사실이다. 하지만 그렇게 해서 만들어진 공간의 성격은 전혀 다르다. 프레이저는 다양한 사회운동들을 그 의제가 둘 중 어느 쪽에 가까운가에 따라 인정과 분배를 양끝으로 하는 스펙트럼 위에 배치한 바 있다([그림 2]). 그에 따르면 성소수자 운동은 전형적인 인정투쟁이고, 전통적인 노동운동은 전형적인 분배투쟁이다. 여성운동은 분배투쟁의 성격과 인정투쟁의 성격을 모두 갖기 때문에 스펙트럼의 가운데 온다. 그럼 비정규직의 투쟁은 이 스펙트럼의 어디쯤에 배치해야 하는가? 비정규직의 투쟁 역시 분배투쟁이면서 인정투쟁이다. 하지만 그렇다고 비정규직의 투쟁과 여성운동을 나란히 둘 수는 없다. 둘의 성격이 전혀 다르기 때문이다.

혼란의 원천은 바로 status라는 단어이다. 사회계층론에서 이 단어는 보통 '지위'로 번역되며 성, 연령, 결혼 유무, 소득수준 등, 한 사람의 사회적 위치를 표시할 수 있는 모든 것을 가리킨다. 하지만 거스와 밀즈가 베버의

"Klassen, Stände, und Parteien"를 "Class, Status, and Party"로 번역한 이래, status는 베버적인 의미의 '신분'을 가리키는 단어로도 사용된다. 프레이저는 이 단어를 베버적인 의미로 사용하겠다고 말한 후에 여성이나 성소수자 같이 사회적 성원권이 불완전한 집단들 전체를 포괄할 수 있도록 의미를 확장한다. 그런데 베버적인 의미의 신분은 존중보다는 오히려 존경과 관련된 개념이며, 차별(discrimination)보다는 차별화(distinction)를 설명하는 데 더욱 유용한 개념이다.[5] 프레이저는 신분을 전자와 관련해서만 사용하려 한다. 하지만 차별화 역시 중요하다. 차별화는 상징폭력의 수단이기 때문이다. 물론 프레이저는 차별화가 동등한 참여를 가로막는 한 그것은 신분의 문제이고 자신의 관심사라고 말할 것이다. 문제는 경제와 문화라는 두 극과 하나의 평면으로 이루어진 프레이저의 사회공간에는 그런 투쟁이 들어설 자리가 없다는 점이다. 맨해튼의 최상류층 주거지에 이사온 여자가 이웃 여자들에게 따돌림 당할 때 그녀의 굴욕은 경제적 불의에 속하는 것일까 아니면 문화적 불의에 속하는 것일까? 만일 후자라면 이는 그녀가 처한 상황이 성소수자나 인종적 소수자가 처한 상황과 본질적으로 동일하다는 의미일까?

호네트의 모델에는 이런 문제가 없다. 호네트는 인정투쟁의 공간을 여러 층으로—'업적'의 영역과 '권리'의 영역, 존경을 위한 투쟁의 장과 존중을 위한 투쟁의 장으로— 분할하기 때문이다. 호네트는 인정영역의 이러한 분화를 "전근대적 명예 개념이 두 가지 대립적 복합물로 분열된 결

---

5 "계급, 신분, 정당"에서 베버가 논의하는 신분집단의 완벽한 예는 웬즈데이 마틴, 『파크 애비뉴의 영장류』, 신선해 옮김(파주: 사회평론, 2016)에 묘사된 뉴욕의 최상류층이다.

과"로 설명한다. "한편으로 위계적으로 보장된 명예의 부분이 민주화되면서 이제는 모든 사회 구성원이 권리 인격체로서 자신의 존엄성과 자율성을 동등하게 존중받게 되었다면, 이에 반하여 그 다른 부분은 말하자면 '업적화'됨으로써 모든 사회구성원은 동시에 '노동시민'으로서 자신의 성과에 따라 사회적 가치부여를 향유하게 되었다"는 것이다(프레이저 외, 2014: 216~217). 프레이저 역시 존중과 존경을 구별하지만, 그녀는 자신이 생각하는 신분차별과 무관하다는 이유로 후자를 논의 대상에서 제외한다. 그 결과 우리는 차별화라는, '업적'과 '권리'의 영역을 가로지르며 펼쳐지는 지극히 흥미로운 사회학석 현상을 온전히 다룰 기회를 놓치게 된다.

2) 호네트의 난점 ― 인간에 대한 선험적 가정이 필요한가?

호네트는 노동운동에서 신사회운동으로의 이행이라는 프레이저의 출발점 자체가 잘못되었다면서, 그녀가 미국의 경험을 지나치게 일반화하고 있다고 지적한다. 유럽에서는 정체성 정치가 미국만큼 중요하지 않다. 무엇보다 이러한 단선적인 연대기는 사회운동의 역사에서 실제로 중요했던 부분들을 도려내고 원하는 부분만 남겼을 때 가능한 것이다. 호네트는 칼훈을 인용한다. "정체성 정치가 새로운 현상이라는 생각은 분명히 틀린 것이다. 여성운동은 적어도 200년의 뿌리를 갖고 있다. 공동체를 건설하는 것은 1960년대뿐 아니라 1800년대 초기에도 중요했다. 19세기 유럽 민족주의는 인정 정치의 사례가 아니라는 것인가? 노예 해방을 위한 아프리카 출신 미국인들의 투쟁은 무엇인가? 반식민지 투쟁은 무엇인가?(프레이저 외, 2014: 190)" 게다가 노동운동 자체도 노동계급의 가치관과 생활방식을 사회적으로 인정받으려는 목표를 포함하고 있었다.

호네트가 보기에 프레이저가 이렇게 무리한 도식을 만드는 이유는 비판적 사회이론의 규범적 토대를 사회운동의 의제들 속에서 찾아야 한다는 잘못된 관념 때문이다. 이것은 마르크스주의 이론이 초기부터 항상 반복적으로 저질렀던 오류이기도 하다. 마르크스주의는 가장 중요한 사회적 불만들이 프롤레타리아에 의해 제기되고 또 해결될 것이라는 역사철학적 가정을 가지고 있었다. 하지만 마르크스주의자들은 사회적 불만의 규범적 원천, 즉 그러한 불만을 통해 드러나는, 주체들이 사회에 대해 품고 있는 도덕적 기대에 주목하지 않았는데, 왜냐하면 그들은 프롤레타리아를 도덕적 주체가 아닌, 특정한 이익관심에 따라 행동하는 목적합리적 주체로 표상하고 싶어했기 때문이다. 다시 말하면 (하버마스와 그람시를 제외하면) 비판적 지식인들이 벗어나지 못했던 반규범주의적 경향이 원인이었다. 역사의 주체로서의 프롤레타리아에게 걸었던 기대가 무산되자, 이제 비판적 지식인들은 그렇다면 누가 주체가 되어야 하는지, 현시점에서 무엇이 가장 중요한 의제인지 다급하게 묻고 있다. 그러나 사회운동의 의제들은 매스컴을 통해 걸러진 것이기 때문에, 그러한 접근은 "광범위하게 펼쳐진 사회적 불만과 고통 전체를 정치적 공공영역에서 공식적으로 인정된 작은 단면으로 축소(프레이저 외, 2014: 192)"하는 결과를 가져온다. 그러므로 "지배권력과의 의도치 않은 결탁"을 피하려면, 비판적 사회이론은 자신을 정당화하는 경험적 준거점을 미처 의제화되지 않은 '세계의 비참'(la misère du monde)에서(Bourdieu, 1993 참조) 찾아야 한다.

그러나 이렇게 과제를 설정한 후에 호네트는 사회적 불만의 경험적 탐구로 나아가는 대신, 곧장 인정이라는 주제로 넘어가서, 인정 개념이야말로 "사회적 불의 경험 전체를 범주적으로 해석하는데 적절한 수단"이라고 선언한다. 나아가 "모든 사회적 현실에 항상 상호인정의 형태들이 제도화되어 있으며, 이것이 결여되거나 비대칭을 이룰 때 '인정투쟁'이 일어난다(프레이저 외, 2014: 205)"고 주장한다.

호네트에 의하면 부르주아 자본주의 사회는 역사적으로 세 개의 인정영역을 발전시켰다 — 사랑, 권리, 업적— . 부르주아 자본주의 사회의 구성원들은 그에 따라 세 가지 다른 태도로 자기 자신과 관계하는 법을 익히게 된다.

> 상호적 애정과 보호를 포괄하는 친밀성 관계에서는 주체들이 자기 자신을 각기 고유한 개인으로 이해하려 한다. 또한 상호 동등권리(그리고 의무) 부여 모형에 따라 전개되는 권리관계에서는 주체들이 자기 자신을 다른 모든 사회구성원과 마찬가지로 동등한 자율성이 부여된 권리 인격체로 이해하는 데 익숙해진다. 그리고 끝으로 일면적으로 해석된 업적 원칙의 지배 아래 직업적 지위를 둘러싼 경쟁이 일어나는 사회관계에서는 주체들이 원칙적으로 자기 자신을 사회적으로 가치 있는 능력과 재능의 주체로 이해할 수 있게 된다(프레이저 외, 2014: 219).

인정영역의 분화는 이처럼 주체들의 자기이해 혹은 정체성 형성과 연결되어 있다. 그 이유는 인정에 대한 호네트의 논의 전체가 '좋은 삶이란 무엇인가?'라는 질문 위에 세워져 있기 때문이다. 호네트가 생각하는 좋은 삶이란 인정에 대한 본연의 욕구 — 자아실현의 욕구 — 를 완전히 충족할 수 있는 삶이며, 정의로운 사회는 모든 개인에게 그러한 가능성을 보장해주는 사회이다. 정의의 요구는 이렇게 해서 인정의 요구로 환원된다. 분배는 언제나 인정을 경유해서 일어나며 인정의 표현이거나 인정을 가능하게 하는 물질적 조건일 뿐이므로[6] '인정이냐 분배냐'라는 질문은 잘못된 것이다.

하지만 모든 인간이 가지고 있다고 가정되는 욕구와 역사발전을 연결시키는 이런 방식은 호네트가 일종의 철학적 인간학을 — 프레이저의 표현을 빌면 '준선험적 도덕심리학'을 — 구상하고 있다는 인상을 준다. 이런 비판을 의식하면서 호네트는 "주관적 인정기대가 단순히 인간학적으로 이해된 인격이론으로부터 도출되어서는 안된다. 오히려 인간의 상호주관적 본성의 특성을 사후추론적으로 추측할 수 있게 하는 열쇠는 고도로 발전된 개개의 인정영역의 분화 정도(프레이저 외, 2014: 213)"라고 말한다. 즉 자신은 '인간'에 대한 선험적 가정에서 출발하여 사회와 역사에 대한 명제들을 연역하는 게 아니라, 그 반대로 인정영역의 역사적 분화에 대한 경험적 고찰에서 출발하여 거기서부터 인간의 상호주관적 본성을 추론한다는 것이다. 이런 해명은 그리 만족스럽지 않다. 우리는 여전히 호네트가 사회 안에서 발견된 것을 추상적 인간의 본성 안에 새겨넣기 위해 인간 본성의 표현이라고 여겨지는 것만을 사회 안에서 경험적으로 발견할 수 있다는 것을 안다.

게다가 호네트는 욕구와 사회제도를 연결시키기 때문에, 자연스럽게

---

[6] 호네트는 "사회구성원들이 권리를 통해 보장받은 자율성을 실제로 발휘할 수 있기 위해서는 이들에게 소득과 무관하게 최소한의 경제적 자원을 사용할 수 있게 보장해야 한다"고 말한다. 이와 관련된 내용은 다음을 참조. 낸시 프레이저·악셀 호네트, 김원식·문성훈 옮김, 『분배냐 인정이냐?』(고양: 사월의책, 2014), p. 31, 187~189. 이러한 생각은 사회권의 도입을 정당화한다. 권리의 영역이 사회권으로 확장됨에 따라 권리의 인정은 분배를 포함하게 된다.

말리노프스키 류의 기능주의로 기울어진다.[7] 예를 들면 그는 부르주아 자본주의 사회에서의 결혼을 "남자와 여자가 각각 욕구 본성 속에서 서로에게 사랑을 표하는 특수한 상호주관성 형태의 제도적 표현(프레이저 외, 2014: 214)"으로 이해한다. 프레이저가 비판했듯이 이것은 부르주아적 결혼의 착취적, 이데올로기적 성격을 은폐하는 것이다(프레이저 외, 2014: 326).

호네트가 인정투쟁의 영역을 셋으로 나눈 것은 적절해 보인다. 하지만 그 영역들이 모두 규범적 규제의 대상인지, 그리고 그 규범의 언어는 동일해야 하는지 의문이 생긴다. 특히 논쟁의 여지가 있어 보이는 것은 '사랑'의 영역이다. 내가 사랑받지 못하는 것은 나에게 불행이고 고통이지만, 거기에 어떤 불의가 있다고 할 수 있을까? 호네트는 불의와 고통을 동일시하는 게 아닌가? 삶 속에는 없앨 수 없는 고통, 그저 직면해야 하는 고통도 있다(사랑하는 이의 상실 같은). 인간적인 고통을 모두 제거해야 할 악으로 간주할 때 우리는 어떤 종류의 전체주의로 나아가게 되지 않을까?

4. 나가며: 차이에 대해 말하지 말아야 할까?

호네트와 프레이저는 때로는 상대방의 논지를 왜곡하면서 격렬하게 서로를 비판하지만 —『분배냐 인정이냐』의 네 번째이자 마지막 글에서 이

---

7 말리노프스키의 기능주의는 인간의 욕구들을 분류하고 각각의 욕구에 사회제도를 대응시키는 것으로 이루어진다. 제도의 존재는 욕구를 해결하는 '기능'에 의해 설명된다. 말하자면 제도는 욕구의 문화적 해결책이다.

논쟁이 남긴 상처가 느껴진다 ─ 핵심적인 부분에서는 의견을 같이 한다. 정의가 정당한 몫에 대한 인정뿐 아니라 존재에 대한 인정과 관련되어 있다는 생각이 그렇다. 프레이저는 분배─인정 개념쌍으로 이를 지시하고, 호네트는 인정이라는 단일한 틀로 그것을 바라본다. 즉 한 명은 '관점적 이원론'을 택하고 다른 한 명은 일원론을 고수한다. 그들은 또 존경과 존중을 구별하고 우리가 노력해서 얻어야 하는 것과 노력 없이 사회구성원의 정당한 권리로서 갖게 되는 것을 구별한다. 그들은 이러한 구별이 부르주아 자본주의 사회의 발전과 더불어 역사적으로 확립되었다는 데에도 동의한다. 마지막으로 그들은 존재에 대한 인정과 몫에 대한 인정이 서로 독립되어 있는 게 아니라 논리적으로 연결되어 있다는 사실을 강조한다. '사회권'의 개념은 후자를 (적어도 부분적으로) 전자에서 파생되는 권리로 이해하는 것을 가능하게 한다.

남은 문제는 인정개념의 이러한 재해석이 '문화적 불의'와 싸워야 하는 소수자들에게 실제로 어떤 지침을 줄 수 있느냐이다. 인정을 '동등성의 인정'으로 이해하자는 것은 차이에 대해 더 이상 말하지 말자는 뜻일까? 가령 내가 미국인이고 흑인이라면, 나는 나를 흑인이기보다는 미국인으로, 아니 그보다는 한 명의 인간으로 생각하고, 다른 사람들에게도 그렇게 생각해 달라고 요구해야 하는 것일까? 하지만 현실적으로 그것은 쉽지 않다. 나 자신은 흑인이라는 사실이 중요하지 않다고 믿을 수 있다. 그러나 다른 사람들 ─ 흑인이 아닌 사람들, 또는 사회 전체 ─ 은 그렇게 생각하지 않는다. 그들은 겉으로는 내 말에 동의하면서 속으로 생각한다 ─그래도 우리가 정말 같을 수는 없다고. 소수자들이 차이에 대해 이야기하는 이유는 차별의 시선이 이미 외부에 존재하기 때문이다. 그들이 내세우는 정체성을 만든 것은 그들 자신이 아니다.

『왜 흑인 아이들은 학교 식당에서 자기들끼리 앉을까?』의 저자 비벌리 다니엘 테이텀(Tatum, 2003: 52~74)은 자기 아들이 어떻게 흑인 정체성을 형성하게 되었는지 설명한다. 열 살 때 그 아이는 자기의 가장 중요한 특징은 '또래보다 키가 크다는 것'이라고 생각했다. 만나는 어른들마다 나이를 물어보고는 "어쩌면 그렇게 크니?"하고 감탄했기 때문이다. 그러나 좀 더 나이를 먹자 그의 주관적 정체성을 구성하는 요소 중에서 키는 뒤로 밀려나고 인종이 맨앞을 차지하게 되었다. 늦은 시간 거리를 걸을 때 그는 주위의 백인들이 가방을 몸쪽으로 끌어당기면서 종종걸음치는 것을 본다. 길가의 자동차에서 찰칵 하고 문 잠기는 소리를 듣는다. 수퍼마켓에서 물건을 고르고 있으면 점원이 자기 근처에 와서 어슬렁거린다. 다른 아이들에게는 일어나지 않는 이런 일들은 그가 흑인이기 때문에 겪어야 하는 것이다. 어렸을 때는 백인 아이들과 스스럼없이 어울려 놀던 흑인 아이들이 중학교에 올라가면서 자기들끼리 모이는 것은 이런 과정을 거치면서다. 자라면서 그들은 자기들이 어떤 사람인지 알려주는 다양한 말을 듣는다. 키가 크구나, 책을 좋아하는구나, 축구를 잘하는구나…. 청소년이 되면 외부에서 오는 정체성 메시지 중에서 인종에 관한 부분이 강화된다.

일단 소수자 정체성을 내면화하면, 그 다음에는 이 정체성에 달라붙은 부정적인 이미지들과 싸워야 한다. 차이를 부인하는 것은 이 싸움에 도움이 되지 않는다. 게다가 그것은 이미 주류 언론이 하고 있는 일이다. 텔레비전에 나오는 유명인사들은 입을 모아 말한다. "피부색은 중요하지 않습니다." 실제로는 그렇지 않다는 걸 알면서 말이다.

흑인 청소년의 정체성 형성에 대한 테이텀의 논의 중 가장 흥미로운 것은 흑백통합 학교의 역설이다. 오늘날 흑인 청소년의 이미지는 춤 잘 추고 운동 잘하는(그리고 싸움 잘하고 욕 잘하는) 뒷골목 아이들의 이미지로 고정되어 있다. 흑인 청소년들 자신도 이런 이미지를 받아들인다. 공부 잘 하는 것은 백인의 역할이라고 그들은 생각한다. 그래서 열심히 공부하는 흑인 친구가 있으면 "백인 흉내를 낸다"고 비난하면서 따돌린다. 그들은 시민권 운동 이전 흑인 중고등학교와 흑인 대학교에 다녔던 학생들이 백인 못지않게 열심히 공부했다는 사실을 모르고 있다. 흑백통합 교육은 이 점에서 아이러니한 결과를 가져왔다. 흑백통합 학교에서 흑인 학생들은 보통 '열등생 트랙'을 타게 된다. 처음에는 잘 따라가던 아이들도 교사로부터 더 적은 주목과 더 적은 격려를 받으면서 조만간 그리로 내려간다. 흑백통합 학교에서 리더나 대표 역할을 하는 것은 거의 언제나 백인학생이고, 흑인학생에게는 좀처럼 차례가 돌아오지 않는다. 학년이 올라가면서 흑인학생들의 머릿속에는 '모범생＝백인'이라는 도식이 굳어진다. 이것은 흑인 학생들이 공부에 흥미를 잃게 하고, 학업의 중도 포기 같은, 자신에게 불리한 결정을 쉽게 내리도록 만드는 요인이다. 나는 테이텀의 이런 지적이 평등이 목표일 때도 왜 여전히 차이를 말하는 것이 필요한가에 대한 탁월한 논거가 될 수 있다고 생각한다.

참고문헌

1) 단행본

Bourdieu, Pierre. 1993. *La Misère du monde*. Paris: Seuil.

Dean, Jodi. 1996. *Solidarity of Strangers: Feminism after Identity Politics*. California: University of California Press.

Tatum, Beverly Daniel. 2003. *Why Are All the Black Kids Sitting Together in the Cafeteria?*. New York: Basic Books.

Taylor, Charles. 1994. *Multiculturalisme*. Paris: Aubier.

2) 번역서

마틴, 웬즈데이. 2016. 『파크 애비뉴의 영장류』. 신선해 옮김. 파주: 사회평론.

버틀러, 주디스. 2013. 『윤리적 폭력 비판 — 자기자신을 설명하기』. 양효실 옮김. 서울: 인간사랑.

킴리카, 윌. 2002. 『현대정치철학의 이해』. 장동진·장휘·우정열·백성욱 옮김. 서울: 동명사.

프레이저, 낸시·악셀 호네트. 2014. 『분배냐 인정이냐?』. 김원식·문성훈 옮김. 고양: 사월의 책.

_____. 2017. 『전진하는 페미니즘』. 임옥희 옮김. 파주: 돌베개.

3) 논문

Combahee River Collective. 1982. "A Black Feminist Statement." in Gloria T. Hull, Patricia Bell Scott, and Barbara Smith(eds.). *All the Women are White, All the Blacks are Men, But Some of Us Are Brave: Black Women's Studies*. New York: Feminist Press.

4) 비학술지(잡지 및 신문)에 실린 기고문, 논평, 칼럼

지제크, 슬라보이. 2017.1.19. "[슬라보이 지제크 칼럼] 무엇을 할 것인가 — 트럼프 대통령 시대를 맞아."《한겨레》.

Burnham, Linda. 2017.2.10. "Liberals, Don't Fall into the Right's 'Identity Politics' Trap." *The Guardian*.

Goldman, Russell. 2014.2.13. "Here's a List of 58 Gender Options for Facebook Users." *ABC News*.

Lilla, Mark. 2017.11.18. "The End of Identity Liberalism." *The New York Times*.

Vyse, Graham. 2017.11.18. "What Bernie Sanders Meant to Say About Identity Politics." *New Republic*.

5) 웹 자료

Moore, Michael. 2016.7.23. "5 Reasons Why Trump Will Win." *Huffpost*.

Stanford Encyclopedia of Philosophy. "Identity Politics." https://plato.stanford.edu/entries/identity−politics/#LibeIdenPoli(검색일: 2017.11.18).

Youtube. "버니 샌더스 '여성이니까 찍어주세요'라는 말은 충분하지 않습니다." https://www.youtube.com/watch?v=n7a_DdmiFUA(검색일: 2017.11.18).

제2부

환대와 공생의
현실

제 5 장

분단의 마음과 환대의 윤리:

'태극기'집회 참가자와 탈북자를 중심으로

김성경(북한대학원대학교)

1. 지체된 시간성과 '태극기'

'친박집회'에 참가한 상당수의 '태극기'[1]들은 박근혜 지지자, 기독교 보수주의자, 극우주의자, "아버지 박정희에 대한 향수에 젖어있는 노인" 등으로 묘사되곤 한다.[2] 실제로 '태극기' 집회에 참가하는 대부분은 상대적

---

[1] 일명 '태극기 집회'로 알려진 탄핵 반대 집회를 주최하는 단체의 공식명칭은 〈대통령 탄핵 기각 국민저항 총궐기 운동본부〉인데, 2016년 12월 9일에 국회에서 박근혜대통령 탄핵이 가결됨에 따라서 박사모, 대한민국어버이연합, 재향군인회, 대한민국 엄마 부대 등의 단체가 모여 결성된 단체이다. '태극기' 집회는 2016년 11월부터 보수 단체의 산발적인 시위로 시작되었다가, 2017년이 되면서 좀 더 큰 규모로 반대 집회가 열리게 되고 점점 더 가열되는 양상이 전개되었다. 탄핵 결정을 앞두고 보수의 세력 규합이 정점에 다다른 것은 3월 1일 집회였다. 특히 3·1절 기념 '태극기' 집회에는 상당수의 대형교회에서 집단적 동원이 이루어진 것으로 알려져 있다. 한편, 이 날은 '태극기'와 '촛불'이 광화문 광장을 횡적으로 공간을 양분하는 진풍경이 연출되기도 하였다. 대형교회와 '태극기' 집회의 연관성과 역사적 맥락에 대해서는 다음을 참조할 것. 김진호, "극우개신교 세력 중심, 서북청년단 부활 주장: 서북청년단을 통해 본 한국 극우주의 역사,"《시사저널》, 2017년 3월 11일.

[2] 자세한 내용은 "Protests Erupt in South Korea After President Park Geun-hye is ousted," *The New York Times*, March 10, 2017 을 참조.

으로 나이가 많은 장년층과 노인층이고, 이들은 "종북좌파 척결", "공산당 척결", "북한 지령을 받은 특검", "십이만 종북 세력 척결", "국가 전복 반란행위" 등의 구호를 외치며 박근혜 전 대통령을 옹호한다. 이들의 마음속에서는 박정희 대통령의 딸이 잘못하면 뭘 얼마나 잘못했겠냐는 근거 없는 믿음과 과거에 대한 향수가 뒤섞여 있기도 하고, 박근혜 전 대통령은 반공, 친미, 반북이며, 대통령 탄핵은 반미, 친북, 공산주의 도식으로 단순화하여 이해하고 있다. 사실 한국전쟁과 산업화시기를 거쳐 온 그들의 인생 경로에 가장 큰 두려움은 바로 공산주의, 즉 '북한'으로 표상되는 세력의 위협이다. 한국사회가 이만큼 살게 된 것은 다 공산주의를 몰아내고, 자신들이 모든 것을 국가를 위해 희생하며 열심히 일해 왔기 때문이라고 생각한다. 이들이 '태극기'라는 표상을 적극적으로 사용하는 것은 이들 스스로 자신들을 어떻게 정의하는지 짐작케 한다. '태극기', 즉 대한민국의 공식 국기를 전면화함으로써 '국가'를 내화된 주체로 자신을 의미화하고, 자신들이 거리에 나온 이유는 바로 위기에 처한 '국가'를 구하기 위해서라고 주장한다.[3]

문제는 그들이 지키고자 한 '국가'가 더 이상 존재하지 않는다는 사실이다. 물론 분단체제가 계속되고 있는 현재 상황에서 '반공'이나 '반북' 등의 논리가 완전히 사라졌다고 보기는 어렵겠지만, 일상생활은 이미 경제적인

---

3 '태극기'를 선동하는 정치 세력과 '태극기'들을 구별해야 하는 이유가 바로 여기에 있다. 선동하는 세력은 자신들의 정치적 입지 혹은 경제적 이득을 위해서 활동하지만, 집회에 참석하는 대부분의 '태극기'들은 위기에 처한 '국가'가 염려되어 자발적으로 광장으로 나온 이들이다. 게다가 광장에 나오지 않은 상당수의 노인층은 '태극기'의 정서를 공유하면서 현 정세를 불안하게 받아들이고 있다. 이런 이유에서 '태극기'에 대한 좀 더 심도 있는 사회학적 분석이 요구된다.

것이 국가와 사회를 압도하고 있기 때문이다. 촛불혁명의 근원적 감성은 바로 정당하지 않은 방식의 부와 권력의 세습의 문제였다는 것이 이를 잘 대변해준다. 예컨대 박근혜 대통령의 탄핵의 시작은 이화여대 사태로 알려진 정유라의 입시 부정과 부당 학점 수여 등의 문제였는데, 시민들이 분노한 것은 바로 신자유주의적인 개인들은 아무리 노력해도 얻기 힘든 것을 누군가는 권력을 이용해서 너무나도 쉽게 얻는다는 것을 오롯이 확인하였기 때문이다. 즉, '신자유주의적 주체'(서동진, 2009)가 되어버린 대다수 시민이 각자의 위치에서의 불공정성과 부정의에 대한 분노를 표출한 것이 바로 촛불이라면, '태극기'로 대변되는 세력은 '신자유주의적 주체' 조차 되지 못한 채 여전히 '반공' 이데올로기를 신봉하면서 '반북'을 외치고 있는 것이다.

경쟁의 논리가 최고의 선이 되어버린 현 사회에서 밀려난 '태극기' 즉, 대다수의 노인 계층은 사회 정의 등에는 관심이 없다. 왜냐면 경제적 정의, 사회적 평등 등은 모두 '현재'의 언어이면서, 사회에서 배제된 자들에게는 해당되지 않는 가치일 뿐이기 때문이다. 이런 맥락에서 '촛불'은 경쟁과 경제적인 것이 압도한 현 상황에 지친 이들이었다면, '태극기'들은 신자유주의라는 게임에 초대조차 받지 못한 이들일 수 있다. 산업화와 반공 시대에 표류하는 그들은 국가에 충성하며 '빨갱이'에 대응하여 일사분란하게 움직일 때만이 현실의 문제를 타개할 수 있다고 믿는다.

문제는 반공과 국가의 가치가 최우선하던 시대가 유동성과 효율성의 시대로 전환되었다는 사실이다. 바우만에 따르면 '액체근대'라고 명명되는 현 시대의 특성은 모든 것을 불안정하고 불확실하게 만들어버렸고, 사람들은 불안감을 상시적으로 느끼면서 살아가게 되었다(바우만, 2009). 이 과정에서 특히 생산할 수 없는 이들은 '잉여(wasted lives)'로 구분되어 버려져도 되는 것으로 정의되기 시작하였고, "직업, 계획, 지향점, 자기 삶을 틀어쥐고 있다는 자신감을 잃어버렸을 뿐만 아니라 노동자로서의 존엄, 자존심, 자기가 쓸모 있는 사람이며 자신만의 사회적 위치를 갖고 있다는 느낌을 박탈"당하게 되었다(바우만, 2008: 34~35). 한국사회에서의 대표적 '잉여'인 노인층이 바로 자신감을 잃어버리면서 동시에 사회적 위치를 찾지 못한 자인데, 이들 대응 전략의 대표적인 방식이 바로 잃어버린 '확실성'을 되찾는 것이다. 즉 과거의 가치관을 이상화하는 시도나 전형적인 공동체를 극단적으로 추구하는 행태가 나타나는 것이 바로 이런 맥락이다. 극우주의의 등장이 사실 현 사회의 '잉여'들의 반란과 연관성이 있다는 것을 생각해봤을 때, 생물학적인 연령으로 인해 더 이상 생산할 수 없다는 이유와 과거의 경험이 상존한다는 이유로 사회에서 배제당한 노인층이 '태극기'를 들고 반공, 반북, 친미를 외치는 것은 자신들의 잃어버린 자리를 찾기 위한 일종의 "인정투쟁"으로 이해할 수 있다. '태극기' 집회에 나오는 노인들의 구술사 작업을 해오고 있는 최현숙에 따르면 그들은 사회에서 잊혀 버린 자신의 존재를 "아우성치러 [광장에/집회에]나온다." "탄핵을 핑계 삼아 모여, 다 밀려난 자신들의 문화와 가치와 체득과 기억과 해석을 끄집고 뒤섞어 아우성친다."[4] 이들이 '태극기'를 몸에 두르고,

---

4 최현숙, 「모든 밀려난 존재들의 악다구니는 아름답다」, 《문학동네》, 통권 90호 (2016년 봄), 469쪽; '태극기'들의 소외감은 탄핵정국이 계속되면서 극에 달하게 된다. '국가'가 흔들린다고 느낀 그들의 불안감은 시간이 가면서 점차 과열되기 시작하였고, 급기야 혐오와 적대의 언어로 '촛불' 시민들을 비난하기도 하였다. '태극기' 집회의 극렬 시위대들의 불안과 혐오의 감정은 단순히 마음속에서 머무는 것이 아니라 폭력적인 행동을 추동하였고, 실제로 탄핵 인용 당일에 경찰과의 물리적인

극렬하게 저항하는 것은 이들이 잃어버린 안정감을 극복하기 위한 것이며, 자신들의 과거의 기억과 경험을 소환하여 사회에서 인정받고자 하는 처절한 투쟁이다.

근대성은 시간의 진보進步를 배태할 수밖에 없고, 근대적 인간은 변화하는 시간에 자신의 정체성을 '유연'하게 정박해야만 한다. 문제는 시간의 변화 그 자체가 아니라 사람들의 시간 경험의 차이가 극대화되었다는 데 있다. 예컨대 시간의 변화를 인식하면서 동시에 그 변화가 과거와 연속적으로 이루어지고 있다고 느끼는 이들이 있는가 하면, '태극기'로 대표되는 세력을 비롯해 상당수 시민들은 빠르게 변화하는 현실로 인해 심한 단절감과 좌절감을 토로하기도 한다(세넷, 2002: 62). 더 심각한 것은 경제적 가치가 모든 것을 압도해버린 현 사회에서 시간의 속도를 따라가지 못하는

충돌까지도 빚어졌다. 그렇다면 3개월 넘게 광장에서 계속되어온 정치적 공방의 마침표를 찍는 그날의 풍경을 잠깐 살펴보자. 2017년 3월 10일 헌법재판소의 발표가 예정되어 있었고, 탄핵 기각을 굳게 믿고 있던 '태극기'들은 삼삼오오 안국역으로 모여들었다. 확신에 찬 그들은 기뻐보였고, 주최 측에서도 큰 이동식 스피커 3~4개와 대형 스크린을 곳곳에 설치하고 축제를 준비하고 있었다. 하지만 결과는 박근혜 전 대통령의 탄핵 인용이었고, 그 순간 태극기 집회에 모인 많은 수의 사람들은 말을 잃어버린 채 망연자실하였다. 하지만 곧 여기저기서 폭력적인 구호가 난무하고, 곳곳에서 물리적 싸움과 충돌이 벌어졌다. '태극기'끼리 서로 "좌파 촛불"이냐고 몰아세우며 멱살잡이를 하고, 점심시간의 틈에 집회를 구경나온 회사원을 대상으로 무차별 폭언이 이어졌다. "지금 웃음이 나와. 나라가 이 꼴이 됐는데. 웃음이 나오냐고." 악다구니 치는 할머니도 있었고, 안국역에서는 젊은 시민들에게 '태극기' 무리들의 폭언과 호통이 쏟아졌다. "아이구. 저것들이 뭘 알아. 전쟁이 나야 해. 전쟁이 나서 공산당한테 나라가 먹혀봐야 한다고 … 아이구…" 태극기를 온 몸에 휘감고 전쟁을 걱정하며, 비장한 모습으로 "반공"을 외치는 그들은 다른 시민들과는 다른 시간에 살고 있는 듯 했다(김성경의 필드노트 중 일부. 2017년 3월 10일).

이들을 배려해주는 시스템이 존재하지 않는다는 사실이다. 오히려 미시적이고 일상적인 공간에서 이들을 '낡은 것'으로 배제하는 시선이 작동하고 있으며, 이는 이들을 더더욱 위축시키게 된다.

이제 한국사회에서 중요한 것은 살아남는 것이며, 진정한 자아를 찾아야만 하는 도덕적 고통에서 벗어나 일상에 충실한 속물이 되는 것이다. 김홍중의 언어로 "속물과 동물들의 세계, 몰렴沒廉 혹은 무치無恥의 에토스에 의해 지배되는 세계"이다(김홍중, 2009: 66). 동물과 속물들은 자신들의 생존에만 골몰한다. 이들은 자유라는 이름으로 프랭클린 다이어리를 쓰면서 각자의 시간을 계획하고, 자신의 몸을 디자인 하면서 자기계발에 골몰하는 주체가 되어버렸다(서동진, 2009). 신자유주의의 통치성이 각 개인을 '자기계발하는 주체'로 호명하는 지금, 국가와 반공에 온 몸을 불살랐던 무리들은 자신들의 삶의 역사성과 현재의 요구 사이에 기나긴 간극을 발견할 수밖에 없다.

이런 맥락에서 이들은 생존의 게임에 초대받지 못한 자이다. '생존'을 놓고 경쟁하는 것은 어쩌면 생산하는 경제적 주체들에게만 가능한 것일 수도 있다. 생산의 능력을 잃어버린 자들에게는 속물이 되는 것도 동물로 살아남는 것도 남의 얘기일 수 있다. 즉 철저하게 유폐된 자들은 그만큼 자신이 생존했던 시대(생산의 주체였던 시기)나 화석이 되어 박탈되어버린 자신들만의 도덕적 가치를 움켜쥐고 있기 쉽다. '태극기'들이 '종북 척결'을 외치며, 태극기와 성조기를 흔드는 것이 강변해주듯이 말이다. 그만큼 '태극기'는 생존의 게임 또한 모두에게 공평하게 열려있는 것이 아님을 설명해줄 뿐만 아니라, '현재'의 사회에서 도태된 자들이 어떻게 '과거'에서 살고 있는 지 보여준다.

문제는 다양한 '장치'가 '과거'에 살고 있는 이들을 마치 '현재'에 살고 있는 것처럼 믿게 만든다는 사실이다. 한국사회의 무의식에 잠재해 있는 분단이데올로기는 중요한 사회적 사건의 국면마다 부상하여, 현실이 되곤 했다. 노동조합의 파업이 결국 북한에 이득이 되는 것이라는 논리부터 시작해서, 박근혜 전 대통령의 국정농단에 반기를 들었던 대부분의 시민들이 '종북'이 되는 것이 바로 이런 맥락이다. 흥미롭게도 헌법재판소의 통합진보당 해산 사건은 법질서, 즉 현재를 운용하는 성문헌법 위에 "이면裏面 헌법이 존재"한다는 사실을 인정했다는 측면에서 의미심장하다. 통합진보당의 해산을 합헌으로 해석한 헌법재판소의 판결문은 "북한이라는 반국가 단체와 대치하고 있는 대한민국의 특수한 상황을 고려"하여야 함을 명시하고 있으며, 이는 헌법 또한 '분단' 상황에 따라 운용되어야 함을 인정한 것이라고 하겠다. 이는 사실상 "빨갱이로 몰린 자에게는 권리가 인정되지 않는다는 일종의 관습헌법이 작동"하고 있음을 헌법 최고 기관이 명문화한 것과 다름 아니다(백낙청, 2017: 31). 매 순간 마다 거론되는 '빨갱이', '종북' 등의 표식은 사실상 존재하지 않는 것을 존재하게 하며, 과거를 현재로 소환하는 힘으로 작동한다.[5]

---

5 최근의 태극기 집회를 중심으로 확산되는 메시지의 면면을 보면 '빨갱이'와 '종북'의 코드가 깊게 자리 잡혀 있는 것을 확인할 수 있다. "…근데 이게 뭡니까? 아무리 그래도 그렇지~! 촛불집회 비위 맞춘답시고 '사회주의가 답이다', '김정은 만세', '양심수 이석기를 석방하라', '연방제 실현하여 평화통일 이룩하자', '주한미군철수', '국정원해체', '국보법폐지' 외치며 대통령용 단두대를 세운 앞에서 대통령 형상의 머릴 잘라 철없는 애기들에게 공 차게 하는 그런 자리에 앉아 '잘한다 잘한다' 박수 치십니까? 소위 대선주자 라는 분들이? 소위 대선 출마자란 분들이 그러시면 안되죠~! 뭐라 했던가요? 탄핵인용 안되면 혁명밖에 없다고요? 대통령이 되면 혈맹 미국보다 북한 먼저 찾아가 김정은에게 알현하겠다고요? 미군을 몰아내고 자주

2. 탈북자의 장소

'과거'를 '현재'로 소환하는 '장치'로 최근 가장 적극적으로 작동하는 것은 바로 북한에서 한국으로 이주해온 탈북자이다. 이들은 단순히 국경을 넘어 온 이주자에서 더 나아가 냉전과 분단을 가로질러 이동해 온 이들이다. '탈'북자라는 존재 자체가 바로 '반북'의 상징이며, 반공 이데올로기의 존재를 정당화한다. 한국 사회에서 자신의 자리를 조금이라도 찾기 위해 고군분투하는 이들에게 주어진 장소가 '과거'이건 설혹 자신의 고향을 철저하게 부정해야 하는 '반북'이건 망설일 여유가 별로 없다. 자신들의 존재를 인정해주는 곳이라면, 어떻게든 정착해야만 이 경쟁적인 사회에서 살아남을 수 있기 때문이다.

탈북자에게 '북한'이라는 표식은 떼어낼 수 없는 낙인이고, 이는 자신들 스스로 다양한 정체성을 재구성하는 것을 어렵게 한다. '국가'와 '분단'에 철저하게 포박되어 있는 북한출신자들은 이 때문에 남한에 살면서도 '북한'과 살 수 밖에 없고, 이곳에서 그나마 살아남으려면 '북한'이라는 표식을 적극적으로 활용하는 것이다(김성경, 2014: 37~70). 일예로 최근 한국으로 이주해 온 주영 북한대사관 공사인 태영호는[6] '반북'으로 살면서 '한

통일 낮은 연방제 이루겠다고요? 그리고 사드배치는 다음정권에 맡기라고요? 중국은 이미 더 강력한 사드를 배치해서 우리를 손바닥처럼 들여다보는데도 우린 방어용으로 사드배치 하는 걸 왜 못하게 하는데요? 당신들은 도대체 어느 나라 인간들인가요?" (카카오톡에 전파되고 있는 극우단체의 메시지)

6 지난 12월 27일에 공식 기자회견을 시작으로 연일 북한 정권에 대한 날선 비판을

국'에서 자신의 자리를 만든 존재이다. '자유'를 찾아 한국으로 이주한 그는 마치 여전히 '북한'에 살고 있는 것과 같이, 일상 내내 '북한'과 관련된 일을 하면서 보낸다. "통일된 대한민국"[7]을 만들기 위해서 한국으로 온 그는 가능한 모든 대외활동에 참여하려고 노력한다. 그래서 북한 정권의 참혹함을 알리고, 하루라도 빨리 북한 체제가 붕괴되는데 모든 노력을 기울인다.

하지만 북한에 대해서 목소리를 높일수록 그가 그토록 원하던 '자유'를 누릴 공간은 제한될 수밖에 없다. 그는 자녀들에게 "오늘 이 순간(탈북한 순간) 내가 너희의 사슬을 끊어주니 자유롭게 살라"고 말하기는 했지만, '북한'의 고위급으로 한국에 온 이상 여느 '시민'처럼 평범하고 자유롭게 사는 것은 사실상 불가능하다. 게다가 김정남 살해 사건 이후에 그의 안전 문제에 대한 우려가 깊어지면서, 그는 어디를 가던 신변의 위협을 느낄 수밖에 없다. 하지만 그는 자신의 안전을 걱정하는 사람들에게 "통일은 개인이나 집단의 희생이 없이는 안 되"는데 "이 한 몸 통일의 재단에 바쳤"다며 결의를 다진다.[8] 국가를 위해서 자신의 목숨 정도는 희생될 수 있다는 논리인데, 한국까지 와서도 국가를 위해서 자신을 희생한다는 각오는 참으로 아이러니 하다. 왜냐면 '자유'를 찾아 사선을 넘은 그의 삶은 역설적이게도 '국가'가 전부가 되어 버렸기 때문이다.

사실 지금까지 '북한'과 '반북'을 표상하다가 잊혀져 간 북한 출신자는

쏟아내고 있는 고위급 탈북자이다.

7 2016년 12월 27일에 통일부에서 열린 태영호 전 주영 북한공사의 공식 기자회견의 마지막은 "통일된 대한민국 만세" 삼창을 하는 것으로 막을 내렸다. 이는 과거 권위주의 정부 시절에 탈북자들의 기자회견을 마지막을 연상시키기에 충분했다.

8 태영호 기자회견 전문을 참조. "태영호 전 공사 기자회견 전문," 《조선일보》, 2016년 12월 27일.

셀 수 없이 많다. 귀순용사 시대에 공식 기자회견을 하면서 북한의 참상을 고발해 온 이들 중 대부분은 정착의 어려움을 겪으며 고통스러운 삶을 이어가고 있다. 이주한 이후 몇 년은 북한 관련 안보 강의나 언론 활동을 등을 통해서 어느 정도 생활을 유지할 수 있었지만, 그것도 몇 년 지나고 나면 새로 온 이들에게 자리를 빼앗기기 쉽다. 더 이상 찾아주지 않는 탈북자가 할 수 있는 일이란 여느 이주노동자와 같이 가장 밑바닥 '노동'이다. 북한보다도 더 빡빡한 노동자 삶에 자신이 없는 이들은 어떻게든 자신의 위치를 활용해서 남한 사회가 듣고 싶은 이야기를 해주면서 살아남아야 한다. 즉, 자신의 효용가치를 높이기 위해서는 조금이라도 더 자극적이면서도 북한에 대한 부정적인 표현과 경험 등을 쏟아내야만 한다.[9] 즉, 듣고 싶은 이야기가 정해져 있는 한국사회에서 탈북자가 살아남을 수 있는 방법은 듣고 싶은 이야기를 조금이라도 더 그럴 듯하게, 조금이라도 더 효율적으로 전달하는 것이다.[10]

게다가 지난 10여 년간의 남북 관계는 최악의 상황으로 치달았다. 북한과 남한의 화합은 차치하고, 서로간의 대화나 교류가 중단된 지 이미 오래다. 이런 맥락에서 탈북자는 더더욱 북한의 참혹함을 알리는 중요한 소재이면서 동시에 한국 내 분단을 강화시키는 기제로 활용된다. 작년 지방선

---

9 『14호 수용소의 탈출』로 유명한 신동혁씨가 점차 자신의 증언의 수위를 높여가다가, 결국 증언의 대부분이 '사실'이 아니라는 것이 밝혀지면서 더 이상 말할 자리를 얻지 못한 것은 의미심장하다(하든, 2013).

10 탈북자 출신인 NK 워치의 안명철 대표는 탈북자의 이러한 증언 패턴을 두고 "사람들이 쇼킹한 이야기만 바라니 탈북자들은 거기에 맞춰 이야기 하게"된다고 설명한다. 또 다른 전문가는 사람의 관심을 끌어서 살아남으려고 하는 "일종의 생존방식"이라고 해석하기도 한다(중앙일보, 2015년 1월 31일).

거를 앞두고 일어난 북한 여성종업원의 집단 탈북에서 보여주듯이, 정치적 목적을 위해서 '탈북자'는 이용되고 있다. 게다가 최근에는 더 많은 탈북을 유도하기 위해서 탈북자에게 제공하는 보로금報勞金[11]을 상향하는 방안이 입법 예고된 상태이다. 마치 과거 탈북자/탈남자를 두고 남북이 이념 대결을 펼쳤던 것처럼, 더 많은 탈북자를 유도하여 한국사회내의 냉전과 반공을 강화하려는 시도를 한다. 최근 통일부에서 입법예고한 북한이탈주민 보호 및 정착지원에 관한 법률 시행령의 개정안에 따르면 '가치 있는 정보'를 제공한 북한이탈주민에게 제공되는 보로금을 현행 최대 2억 5000만원에서 10억 원으로 상향 조정하였다.[12] 정부는 물가 등을 감안하여 인상한 것일 뿐이라고 주장하지만, 북한 출신자들이 제공하는 정보의 '가치' 혹은 북한 체제에 미치는 정치적 '타격'에 따라 차등으로 보로금을 지급한다는 발상 자체가 과거 남북 대결 시기의 논리에서 한 치도 벗어나지 않았음을 드러낸다.

이렇듯 냉전과 분단의 구조는 북한출신자의 운신의 폭을 제한한다. 성공적으로 정착하기 위해서는 재빨리 이러한 구조에 맞게, 한국사회가 요

---

11 보로금(報勞金)의 사전적 뜻은 "잃은 물건을 주워 얻은 사람이 물건을 찾아주고 잃은 사람에게 청구할 수 있는 대가"이다. 즉 북한에 대한 정보는 '남한'이 잃은 무엇이 되고, 탈북자는 그 잃어버린 것을 찾아준 사람이기 때문에 특정한 대가를 청구할 자격이 주어진다는 뜻이다. 이 용어의 개념은 남한이 북한을 어떻게 의미화하고 있는지 나타낸다.

12 또한 군함이나 전투폭격기를 몰고 탈북한 경우는 1억 5000만 원에서 10억 원, 전차, 유도무기 및 그 밖의 비행기는 5000만 원에서 3억 원, 포, 관총, 소총 등 무기류는 1000만 원에서 5000만 원으로 오르고, 탈북자가 소지한 현금 등 재화는 지금처럼 시가 상당액을 모두 지급한다. 자세한 내용은 법제처 웹사이트, 통일부공고 제2017-10호 참조.

구하는 탈북자의 상에 걸맞게 행동해야 한다. 언론에서 힘겹게 얻은 자리에서, 통일강사라는 이름으로 북한을 소개하는 자리에서, '탈북자' 몫으로 그나마 주어진 몇몇 괜찮은 직장에서, 그리고 북한출신자의 이름으로 살아야하는 일상의 순간순간에서 이들은 '다른' 북한 이야기를 하는 것도, '국가'가 아닌 자신들의 이야기를 하는 것도 허락되지 않는다. 어쩌면 이들이 태극기 집회의 선두에 서서 "탄핵과 촛불은 김정은 정권이 바라는 것"이고, "종북 좌파 세력이 한국을 북한에 바치려고 한다는 것"과 같다는 메시지를 끊임없이 재생산 한 것은 바로 한국사회가 이들에게 허용된 자리가 그곳이었기 때문이다. "살기 좋은 나라에서 뭐가 불만인데(탈북자 김재승 연설, 2017.2.11.)", "공산당의 특기를 따라하는 민중혁명 노란 뱃지의 횡포와 광장의 폭동(탈북자 백요셉 연설, 2017.2.25.)", "노병들이 지켜준 자유대한민국을 청년들이 말아먹고 있는 현 시국(탈북자 이순실 인터뷰, 2016.12.31.)" 등 촛불정국에 대한 날선 비판을 한다. "자유 대한민국"이라는 "내 나라"에 "충성, 복종"하여야 하고, 국가에 반대하거나 비판하는 자는 바로 "공산당", "종북" 등의 프레임으로 설명된다. 자유롭고, 정의로운 국가를 위해서는 시민의 정당한 권리가 우선시되어야 하는 것인데, 탈북자에게 자유와 정의는 분단의 맥락 내에서 충성과 복종으로 의미의 변화를 거친다. 흥미롭게도 '촛불'과 '태극기'는 동일하게 자유가 보장되는 국가를 요구하고 있는데, 같은 기표가 '촛불'에게는 자유는 공정하고, 정의로운 사회에서 비롯된다는 기의와 연결되어 있다면 '태극기'에게는 반공과 반북을 철저히 관철시킬 때 자유로운 국가가 유지된다는 믿음을 내포하고 있다.

탈북자의 극우적이고 반공적인 행동을 분단 이데올로기의 또 다른 희생

양으로 해석하는 것은 행위주체성의 맥락에서 이들의 행동의 의미를 지나치게 분단구조내로 환원하고 있다는 비판이 가능해 보인다. 이런 맥락에서 최근 탈북자에 관한 몇몇의 논의는 분단 이데올로기에 포섭되지 않는 다양한 정체성의 구성 양상을 주목하기도 한다. 예컨대 탈북자는 국가나 이념으로 수렴되지 않는 새로운 시민으로서의 인정투쟁에 뛰어들기도 하고, 때로는 남과 북의 경계를 넘어 초국적 주체로서의 또 다른 가능성을 수행하기도 한다(이희영, 2010: 207~241; 김성경, 2013: 221~253; 강진웅, 2011: 191~227). 하지만 여기서 간과하지 말아야 할 것은 국가 밖의 정체성이나 전복성을 띤 행위주체성 또한 분단과 냉전의 이데올로기의 주체화와 깊은 관계성을 지닌다는 사실이다. 예컨대 권명아는 파시즘과 국가 그리고 여성의 문제를 다루면서, 식민시기의 여성 정체성은 단순히 특정한 여성성의 문제로만 살펴볼 것이 아니라 파시즘이 어떻게 주체에 파고들어 특정한 주체를 구성해내는지의 맥락을 함께 읽어내야 한다고 주장한 바 있다. 즉 제국 아래의 여성이 어떻게 제국에 동의하며, 황국 식민의 정체성을 내면화하는지를 살펴봄으로써 단순히 식민의 피해자 혹은 조력자와 같은 이항 대립적 단순화에서 한걸음 나아갈 수 있다는 것이다(권명아, 2005: 71~114). 이러한 문제의식을 탈북자의 논의로 적극적으로 확장할 경우 탈북자는 단순히 남한 사회의 냉전 이데올로기의 또 다른 희생양이라고 일반화하는 것도 그렇다고 그 반대편에 서서 새로운 정체성을 운운하며 과도하게 그들의 행위주체성을 평가하는 것도 경계해야 할 것이다. 극우주의적 목소리를 높이는 탈북자들은 그들이 어떤 맥락과 무슨 이유에서 분단과 냉전을 자신들의 새로운 주체로 '내면화'했는지, 그리고 어떠한 기제가 이러한 주체화 과정에 적극 결합하였는지 총체적으로 살필 때 탈북자에게 제한된 자리만 허용한 한국사회의 구조 내에서의 이들의 투쟁과 동의의 작동 양상이 포착될 것이다. 또한 국가와 이데올로기를 넘어서는 주체화를 시도하는 탈북자 또한 그들의 행위주체성을 단순히 칭송하기 보다는 이들의 능동성 이면에서 은밀하게 작동하는 분단 이데올로기의 의도와 맥락을 함께 고려하여 분석할 필요가 있다.

분단 이데올로기는 사회구조로서 '외재하는 힘(external forces)'으로 탈북자에게 작동하기도 하지만, 그것보다도 훨씬 더 내밀하고 미시적으로 그들의 마음속의 '내재하는 구조(embedded structure)'로 작동하고 있음을 기억해야 한다(Bourdieu, 1984). 게다가 분단은 시공간의 구조에 깊게 접합되어 탈북자를 한국사회에서 가장 취약한 '이주자'로 구별해낸다. 탈북자들은 공간을 가로질러 도착한 정착지에서 자신들의 장소를 만들고자 하지만, 그 장소는 '분단적'이며 '퇴행적'인 곳이다. 장소가 사람이 사는 공간이며, 시간성을 배태한 구조라는 것을 감안할 때, 장소는 자아가 타자와 만나며 세계와 조우하는 곳이며 동시에 자아의 주체화 과정에서 "공간성과 시간성, 주관성과 객관성, 자아와 타자"를 구성하는 구조이다(말파스, 2014: 210~211). 모국을 떠나 정착국으로 이주한 이주자들은 이런 맥락에서 장소를 잃어버린 자로 개념화된다. 왜냐면 단순히 공간을 떠난 것이 아니라, 공간이 배태한 시간, 타자와의 관계성, 세계에서 뿌리 뽑힌 것이고, 이는 이주자의 정체성의 근간을 흔들어버리는 것이다. 새롭게 정착한 공간에서 이들은 다시금 자신들의 장소를 만들고 정체성을 구성해야만 한다. 이는 이주자가 타자와의 관계를 만들어간다는 것을 의미하며, 공간에 내재되어 있는 과거의 기억과 미래의 가능성을 내재화하는 것이며, 객관적 시공간에 주관적 의미를 만들어가는 것을 의미한다. 탈북자가 타자와의 관계를 통해 자신의 정체성을 새롭게 구성하면서, 장소를 만들어가는 과정은 이 때문에 분단의 과거와 현재를 마주하는 것이 되며 동시에 탈분단의 미래를 상상하는 것이다. 하지만 '과거'에 포박되어 있는 그들의 장소에서 분단을 극복하고, 각자의 삶의 맥락에서 시간의 연속성을 복원하면서, 탈분단의 미래를 꿈꾸는 것은 쉽지 않다. 이 때문에 탈북자들은 한국사회에서 장소를 만들지 못하고, 사회의 구성원으로 충분히 환대받지 못한 채 부유하게 되는 것이다.

3. 분단의 마음

한국사회에는 수많은 분단(들)이 존재해왔다. 젠더, 세대, 지역, 계급 등의 영역에서 각 집단 간의 차이는 갈등과 대립의 기제가 되어 왔다. 세월호와 촛불정국을 지나 우리가 꿈꾸는 '다른' 사회는 아마도 지금과 같은 갈등과 대립이 완화되어 적절하게 조정되는 것을 의미하는 것이다.[13] 물론 거창하게 사회 통합 등을 내세울 수도 있겠지만 그 과정에서 반드시 기억해야 할 것은 '통합'은 가치 지향으로 존재할 수는 있지만, 현실에서의 목표치나 특정 사회 형태로 환원될 수는 없다는 사실이다. 특히 국민국가의 등장 이후에 국가 내의 집단, 개인, 공동체 등을 공통의 무엇으로 묶어내는 일은 점점 더 중요해졌지만, 그것은 언제나 실제적 수준이 아닌 이데

---

13 사회통합은 갈등 조정이나 갈등 전환이라고 정의되기도 한다. 갈등이 존재하지 않는 진정한 의미의 통합(統合)은 어떠한 공동체에서도 사실은 가능하지 않기 때문이다. 이 때문에 사회통합은 그 사회가 얼마나 갈등 조정 능력이 있는지의 여부 혹은 극단적 갈등을 타협 가능한 갈등으로 전환하는 능력이라고 설명하기도 한다.

올로기적 장치를 통해 "상상의 공동체"를 구성하는 것에 머물러 있었다(Anderson, 1991). 즉 국민국가는 역사, 민족, 언어를 상징체계, 교육, 활자매체(미디어) 등을 통해 구성원들에게 공유하게 함으로써, '국가'를 중심으로 한 정체성을 강조해왔다. 특히 한국과 같이 식민지와 전쟁을 겪은 후탄생한 신생독립국의 경우에는 영토 내부의 결속을 위해서 국가를 중심으로 한 사회통합의 다양한 기제가 활발하게 작동한 것이 사실이다. 하지만글로벌라이제이션의 영향으로 국민국가라는 틀이 희미해졌고, 국민이라는 공고한 정체성에 균열이 만들어지기도 했다. 뿐만 아니라 국민이라는집단 내의 다양한 행위지가 부상하면서, 이들과 조화롭게 살아가기 위한방안이 반드시 '국민 정체성'의 회복이나 국가의 강조일 필요는 없다는 논의가 확장되고 있다(Ong, 1999; Sassen, 2006).

'태극기'와 탈북자 논의를 통해 확인된 것처럼 현재 한국사회의 첨예한갈등과 대립은 바로 한국인이라는 국가 정체성이 배태하고 있는 '분단'과'반공'에서 기인한다. 반공이 아닌 '자유'를 상상할 수 없는 '태극기'는 정의롭고 공정한 '자유'가 더 중요한 대다수 시민들과 화해하기 어렵고, '반북'으로 자신의 정체성을 구성한 '탈북자'는 민족을 넘어선 다문화 공동체를 운운하는 '대한민국'이 낯설기만 하다. 게다가 분단의 갈등과 대립은단순히 이성적 수준에만 머무는 것이 아니라 감정, 정동, 감성을 어우르며분단의 마음을 구성한다는 측면에서 문제적이다. 게다가 역사성을 지닌분단의 마음은 설혹 정치적으로 분단 체제가 극복된다고 하더라도 사회구성원의 심원에 남아 계속적인 분단과 대립을 재생산해낼 확률이 높다.

마음은 이성을 포함한 감정, 정서, 의지, 감각 등의 총체이면서, 공유하는 집단의 성향과 행위의 근원을 의미한다(김홍중, 2009; 2014: 179~213).

여기서 마음이라는 개념을 주목하는 이유는 분단은 남한사회에서 '이면裏面'에 존재하지만 사실 명문화된 모든 제도, 법, 정치, 시민사회, 사회, 개인의 영역을 압도하면서 작동하고 있기 때문이다. 즉, 이성의 수준에서는 명확하게 포착되지 않지만, 사실 그보다 더 깊은 수준에서 광범위하면서도 미시적으로 분단은 작동되고 있다. 분단의 마음은 한국사회가 국민국가로 등장하면서부터 지금까지 공유된 사회적 마음이며, 사회적 에토스를 의미한다. 분단의 마음은 특정 국면이나 시기에 따라 변형되기도 하고 혹은 약화/강화되기도 하지만 사실상 한국사회가 지난 70여 년간 공유해 온 사회적 정서임에 분명하다. 김홍중이 주장한 것과 같은 진정성의 마음이나 스노비즘 혹은 생존주의 등의 마음은 특정 국면에서 등장한 마음체계이지만, 이것보다 더 깊은 심연에는 분단의 마음이 한국사회 전반에 깊게 자리 잡혀 있다(김홍중, 2009; 2015: 179~212).

분단의 마음은 사실상 장기지속의 사회적 에토스로 분단이라는 정치적 구조에 의해서 (재)생성되지만 동시에 분단을 지속시키고, 강화시키는 사회적 마음이다. 분단의 마음을 주목하는 이유는 바로 분단 극복이 정치적 혹은 경제적 구조의 탈분단에서 완성되는 것이 아닌, 분단의 마음을 어떻게 탈분단의 마음으로 전환할 것인가의 문제로 확장되어야 하기 때문이다. 지금껏 분단 극복의 문제를 '통일'과 같은 정치체제나 경제교류와 같이 구조적인 시각으로 접근했다면, 분단의 마음을 "방법으로서" 활용하여 탈분단과 통합의 논의를 좀 더 풍성하게 하고자 하는 의도이다(요시미, 2014; 김성경, 2016). 1970년대 중반 이후의 사회과학에 등장한 '감정적 전환(emotional turn)'과 비슷한 문제의식에서 구조나 이성의 측면에서만 접근되었던 분단 극복의 문제를 '감정' 혹은 '정동'을 경유하여, 이 영역에서 지금껏 결여되거나 남겨진 것을 논의의 영역으로 복귀시키고자 하는 것이다(바바렛, 2007; 콜린스, 2007; 혹쉴드, 2009; 김홍중, 2013: 7~48).

최근 사회과학에서 감정이나 마음과 같은 비이성적인 것에 대한 관심이 깊어지면서, 감정이나 정동 그 자체에 대한 분석에 집중하는 경향 또한 포착된다. 서동진은 "감정의 유물론"이라는 개념을 제시하면서 최근의 감정만을 우선시하려는 시도들에 대해 문제를 제기한다. 서동진이 주목한 것은 바로 레이몬드 윌리암스의 "감정구조(structure of feeling)"인데, 특정 계급이 공유하는 인식과 감정의 결합체를 가리키는 것으로 감정 연구자들에게 자주 인용되는 개념이다. 서동진은 "감정구조"가 결코 정서와 감정, 마음을 전면화하여 기존의 '실천적 의식(practical consciousness)'에서 탈락한 무엇만을 주목한 것이 아니라고 설명한다. 즉 윌리암스의 '감정구조'는 "사고와 대비되는 정서가 아니라 느껴진 사고이자 사고된 느낌"이라는 것이다(서동진, 2016: 269). 즉 그는 최근 학계에서 감정과 마음을 주목하는 것에 동의하면서도, 사실 감정과 마음이 사회구조보다 혹은 물적 토대보다 중요하다는 의미가 아니라고 주장한다. 오히려 감정과 마음은 의식적 사고와 이성 등과 결합되어 작동하는 것으로 파악할 때 그 개념적 힘이 확인된다. 비슷하게 분단의 마음을 '방법으로서' 활용한다는 것의 의미는 '마음'이 그 무엇보다도 중요한 무엇이나 그 자체로의 실체가 있다는 것이 아니다. 오히려 마음을 방법으로서 경유하게 되면 한국사회에 작용한 분단의 구조, 즉 분열된 사회와 대립과 갈등의 기원에 좀 더 총체적으로 접근할 수 있다는 문제의식에 바탕을 둔다. 분단의 마음을 살피는 것은 분단이 단순히 사회 구조에만 존재하는 것이 아니라, 마음과 착종하여 더 광범위하면서도 동시에 미시적으로 우리를 규율해낸다는 것을 주장하기 위함이다.

분단의 마음은 한국전쟁 이래로 한국사회의 기저에서 수행되어 온 가장 강력하면서도 미시적인 사회적 마음을 의미한다. '종북'이나 '빨갱이'라는 기표가 사회적 통제의 중요한 장치가 될 수 있었던 것은 그만큼 분단의 마음이 한국인이 공유하는 마음체계라는 것을 의미한다. 분단의 마음은 일종의 '사회적 사실(social facts)'로 외재하면서 개인의 행위를 제약하는 행위양식이며 감정구조이다(김홍중, 2009: 44). 북한이라는 '적'을 향한 '적대'와 '혐오'는 단순히 국가 수준에 머무는 것이 아니라, 북한 '사람'에 대한 부정적인 감정 및 감각과 한국 사회 내부의 '북한스러운 것'에 대한 몰이성적인 반감을 만들어냈다. 분단의 마음은 단순히 정치적 분단 혹은 냉전의 내면화라는 문제에서 머무는 것이 아니라 누군가 '적대'한다는 것을 의미한다. 적대의 마음을 한 사회가 공유한다는 것은 그만큼 타자와의 관계 가능성을 거세한다는 측면에서 문제적이다.

주지하듯 주체는 타자와의 관계성을 통해 구성된다. 타자의 입장을 이해하고, 감정이입하며, 공감하려는 시도를 통해 주체의 한계를 경험하기도 하고, 동시에 마침내 주체로 오롯이 존재하게 된다. 타자는 그만큼 고통스러운 존재이면서, 동시에 진정한 주체로 만들어주는 실존적 기회이다(레비나스, 2009; 미드, 2010; 한병철, 2017). 자아가 타자를 통해 자신을 들여다보고, 사회적 주체로 거듭나기 위해서는 타자와의 관계 맺기가 선행되어야 한다. 그리고 주체와 타자의 사회적 관계는 필연적으로 도덕감정, 즉 공감의 의무를 내재화할 수밖에 없다. 인지과학자들은 거울뉴런을 통해 타자의 입장과 경험을 시뮬레이팅하게 되면서, 자신이 상대방이 되는 것 같은 감정이입을 경험하게 된다고 설명한다. 감정이입은 즉 공감과 연민의 감정을 불러일으키는 가장 초보적 단계의 타자와의 조우를 의미한다. 타자를 이해한다는 것은 상대방의 입장에 자신에 놓여 있는 것과 같이 생각해보는 것을 뜻한다(황태연, 2014). 동양철학의 논의로는 상대방의 입장에서 생각한다는 뜻의 '역지사지易地思之'와 해석학의 기본 개념이 되어 온 베버의 '이해(verstehen)'가 비슷한 맥락에서 논의된 개념이다. 베버의 '이해(verstehen)'가 의미하는 것은 '마주 본 상대방의 신발에 내 발을 넣는다'는 의미로 상대방의 입장이 되어 본다는 것을 의미하며, 인식론으로는 해석주의의 문제의식을 담고 있다.

하지만 감정이입이 공감이나 연민으로까지 이행되기 위해서는 타자의 입장에 서보는 것에서 한걸음 더 나아가 타자의 슬픔이나 힘겨움에 공감共感하면서 동감同感의 차원에 이르는 것을 의미한다. 동시에 상대방의 불행에 대해서 슬픔과 분노를 느끼는 것이 바로 연민이라는 감정인데, 인간으로서 타자를 인지하고 관계 맺기의 시작이 바로 연민이라는 도덕감정이라고 하겠다. 연민은 "다른 사람의 불행이나 괴로움에 대해 느끼는 고통스러운 감정"인데, 상대방의 상황에 대한 인식, 판단, 믿음 등을 바탕으로 한다(너스바움, 2015: 587). 이렇듯 주체가 타자와의 조우를 통해 구성된 감정이입, 공감, 연민 등의 도덕감정이 바로 도덕과 윤리의 공동체의 사회를 만들어가는 시작점이 된다.

하지만 앞에서 설명했던 것처럼 분단의 마음이 작동하는 곳에서는 적대와 무시, 경멸과 혐오가 존재한다. 상대방을 타자로 받아들이고 연민의 도덕감정으로 관계를 맺기는커녕, 타자에 대한 감정이입이나 관계 맺기 자체가 왜곡되기 일쑤이다. 어떤 측면에서는 인간으로서 기본적 감정인 도덕감정이 적용될 수 있는 타자의 범위가 분단의 마음을 거쳐 제한된다고 주장할 수 있다. 북한의 식량난이나 수해에 인도적 지원을 하는 것에 대해서 상당수의 한국 시민들이 충분히 공감하지 못하는 것부터 정치적으로 다른 생각을 지닌 이들을 '종북'으로 몰아세우며 인격살인을 자행하는 행위까지 분단의 마음은 이념을 앞세워 구성원의 자리를 박탈하고, 특정한 이들을 '타자'도 되지 못하는, 즉 사람이 아닌 자들로 만들어버린다. 이런 맥락에서 분단의 마음이 왜곡해버린 도덕감정을 회복하는 것은 분단 극복에서 한걸음 더 나아가 분단이 만들어낸 절름발이 주체들이 윤리적 존재가 되느냐의 문제가 된다.

분단의 마음은 북한이라는 적을 설정하여 내부의 동질감을 구성하면서 동시에 그 내부는 타자와의 관계가 절연된 채 적대적인 감정구조를 공유하는 '신자유주의적 주체'들의 경쟁만이 가득하게 되었다. 이는 사회적 도덕의 해체를 가져왔을 뿐만 아니라, 윤리적 주체가 아닌 경제적 개인만이 넘쳐나게 하였다. 결국 윤리적 주체의 회복은 분단의 마음에서 탈분단의 마음으로 전환의 필요조건이면서 동시에 생존주의를 넘어 "진정성"의 시대로의 복귀를 꿈꾸게 하는 시작점이다(cf. 김홍중, 2009). 물론 탈분단 마음의 시작을 윤리적 주체의 등장에서 찾으려는 시도는 모든 것을 도덕과 윤리로 수렴한다는 비판도 가능해 보인다. 분단의 물적 구조가 계속되는 한 탈분단의 마음이 작동하기 어렵다는 현실적 판단도 물론 가능하다. 하지만 앞서 살펴본 것처럼 분단의 마음은 수행성을 지니고 있다는 측면을 감안했을 때 탈분단의 마음이 부재한 진정한 탈분단은 가능하지 않다는 것을 기억할 필요가 있다. 구조적이고 제도적 변화는 물론 계속되어야 하겠지만, 분단을 뛰어넘는 통합과 탈분단의 마음 또한 함께 고민되어야 할 지점임에 분명하다. 분단의 마음이 얼마나 광범위하게 우리의 사회적 삶과 규칙이 되었으며, 분단이 이념에 머물지 않고 사회적 실천을 통해 물질화되었는지 살피면서, 동시에 분단 구조가 어떻게 분단의 마음을 주조하고 있는지, 그리고 윤리의 분단, 도덕의 파편화를 추동하고 있는지 또한 고려해야 한다.[14] 탈분단의 마음을 위한 전략으로 도덕감정의 회복을 주목하는 이유는 지금껏 분단의 구조로 집중되었던 논의의 시각을 확장하기 위함이며 동시에 '지금 여기'에서 적대와 경쟁으로 자취를 감춰 버린 '사회'를 다시금 만들어내야 한다는 절박함에서 기인한다.

4. 환대의 윤리와 연대의 가능성

윤리적 주체가 되는 것은 어떠한 경험일까. 타자를 공감하고 연민하는 것은 어디까지 가능할까. 이미 파편화된 개인이 갑자기 윤리성을 회복하는 것이 가능하기는 할까. 현실을 좀 더 면밀하게 살펴보면, 윤리의 회복이나 타자와의 공감은 사실 말처럼 쉬운 것은 아니다. 어쩌면 윤리라는 것 자체가 이상으로 혹은 가치로 존재할 수는 있지만 현실에서 특정한 형태로 완성되거나 실천되는 데는 언제나 한계가 존재할 수밖에 없다.

여기 문학에서 소개되는 '윤리적 삶'의 어려움을 잠깐 살펴보자. 금희의

---

14 서동진은 뒤르켐의 주장을 인용하면서 "감정의 변증법"이라는 개념을 설명한다. 뒤르켐은 가장 개인적인 행위면서 동시에 감정적인 행동이라고 해석되는 자살이 사실은 사회적인 것이라고 주장하면서, 이 감정의 문제 해결을 동업조합적인 사회주의로 제안했다. 즉 감정의 문제는 사회적, 물적 구조와 직조된 것이다. 즉 분단의 마음으로 촉발된 사회 갈등은 탈분단의 마음으로의 이행과 더불어 탈분단의 사회 구조와 물적 토대와 함께 연동해서 고민해야 한다.

짧은 단편소설 〈옥화〉의 주인공 조선족 '홍'은 교회에 열심히 다니며, 선한 삶을 살려고 노력하는 중산층의 소시민이다. 그런 그녀 앞에 탈북자 '여자'가 다가와 돈을 빌려달라는 요구를 하게 되고, 그녀는 심한 심적 갈등을 겪게 된다. 교회에서도 평판이 그리 좋지 않았던 탈북자 '여자'는 무작정 한국을 간다며 돈을 빌려달라고 했고, 도움을 받는 자의 고마움이나 미안함보다는 당당한 태도로 마치 자신의 몫을 가져간다는 듯이 홍에게 말한다. 탈북자 '여자'는 사실 몇 해 전 홍의 남동생과 살다가 사라진 '옥화'와 빼 닮았다. 선의로 최선을 다해 도와주고, 이해하려고 했지만, 매몰차게 자신의 것만 챙겨서 떠난 '옥화'는 홍의 가족에게 큰 상처로 남아있던 터였다. 물론 주인공 '홍'은 탈북자 '여자'의 삶에 공감하려 노력하고, 연민의 감정을 갖고 실질적인 도움을 주는 것을 선택한다. 하지만 그녀의 마음속에는 이상한 불편함이 존재한다.

"그날밤, 홍은 이미 떠나가버린 여자와의 남은 감정을 끄잡아 안고 또다시 혼자 끙끙거리며 연 며칠 꾸었던 비슷한 꿈속을 헤매고 다녔다. "왜 내가 줘야 하지?" 홍이 묻자 "가졌으니까" 하고 여자가 대답했다. 홍은 자꾸 옥화로 변하려 하는 여자를 붙들고 물었다. "그래서 줬잖아, 근데도 뭐가 불만이야?" 하면 여자는 매번 꿈속에서 볼 때마다 그랬던 것처럼 찢어져 올라간 눈으로 홍을 찌뿌둥하니 내려다보았다. "그 잘난 돈, 개도 안 먹는 돈, 그딴 거 쪼끔 던재준 거 한나도 안고맙다요."

'그딴 거'라니? 어떻게, 어떻게 그렇게 말할 수가······홍은 꿈속에서도 가슴이 답답하여 손으로 박박 내리 쓸어보았다. "내도 한국가서 돈 많이 벌어바라. 내는 너들처럼 안 기래." 홍의 몰골을 보고 피식 웃던 여자는 급기야 킬킬대며 배를 부여잡고 웃어대다가 옥화로 변하고 말았다(금희, 2015: 74~75)."

도대체 얼마나 더 잘해줘야 하는 것인지, 연민의 마음으로 탈북자를 보다가도 뻔뻔한 그들의 행동에 화가 난 홍은, 사실 그들에게 절대적인 연민 혹은 공감을 하지 못하는 자신 때문에 힘겹다. 마음이 불편한 홍은 "이제 시작인가. 왜 나인가. 왜 내가 이런 말을 들어야 하는가" 하며 괴로워한다. 왜 탈북자들이 그녀 앞에 나타나서 도움을 청하는지보다, 탈북자라는 타자를 만나서 왜 자신을 다시금 되돌아 봐야 하는지, 자신이 정말로 "하나님의 뜻을 따르며" 선하게 사는 좋은 사람인지 스스로에게 질문을 던져야만 하는지 힘겨워한다. 홍은 이런 측면에서 실존적 순간에 놓여있는 자이다. 타자를 만나 자신을 되돌아보며, 존재적 질문을 퍼부어대는 사람이다. 윤리적 주체는 모든 것이 정제되어 있고, 사회가 '선한 것'이라고 명령하는 도덕 규범을 기계적으로 행하는 사람이 아니다. 오히려 충분히 도덕적이지 못하고, 깊게 성찰적이지 못하다고 자책하며, 자신에게 끊임없이 질문을 던지는 사람이 바로 지금 한국사회가 요구하는 윤리적 주체이다. 김홍중은 스노비즘에 반대편에서 존재하는 윤리적 삶이 '모럴'의 내면화가 아닌 욕망과 사회적 '모럴' 사이에서 내면의 목소리를 들으면 끊임없이 주저하고 망설이는 것이라고 설명한 바 있다. 그 주저함과 망설임은 무엇에 정주하지 못하는 것을 의미하고, 이곳저곳에 부유하면서 타자와 만나고, 다시금 자신을 성찰하는 삶을 의미한다(김홍중, 2009: 98~99).

인간은 성찰하는 존재이다. 인간이 자신의 부족함을 알 때 바로 타자를 이해할 수 있고, 이러한 이해를 바탕으로 연대를 꿈꿀 수 있다. 영어로 understand(이해하다)는 사실 under(아래에)-stand(서다)라는 뜻을 내포하고 있다. 이 용어가 한국에 전파되었을 때 바로 이해理解라는 한자로 번역되면서 개념이 모호해졌지만, 사실은 타자보다 아래 서는 것이 바로 이해의 온전한 의미가 된다. 이는 단순히 이성과 합리적 계산을 통해 타자에 접근하는 것이 아니라, 주체의 불안정함을 알고 타자에게 조심스럽게 다가가 아래에 서는 것이 바로 understand의 진정한 의미일 수 있다. 이는 주체와 타자는 결코 평등할 수 없으며, 기원적으로 다른 위치에 존재하며 차이를 가질 수밖에 없음을 의미하는 것이기도 하다. 타자는 또한 주체를 일깨워주는 절대적 존재로 "빈자, 이방인, 과부, 고아의 모습을 갖는 동시에 스승의 모습을 가지며, 그것이 나[주체]에게 자유를 수여하고, 나[주체]의 자유를 기초지"운다(타츠루, 2011: 266에서 재인용; 레비나스, 2009 참조). 주체와 타자의 관계 맺기는 근원적으로 양자의 불평등에서 시작되는 것이고, 타자는 그 자체로 '약한' 존재이다. 약한 타자와 관계를 맺는다는 것은 결국 그 '약함'에 대한 공감과 연민을 의미한다. 이는 레비나스의 용어로는 "사랑"으로 "타자를 위해 마음 아파하는 일이며, 타자의 약함에 도움의 손을 내미는 일"을 의미한다(타츠루, 2011: 266에서 재인용).

타자와 관계를 맺고 함께 살아가기 위해서는 주체는 타자를 적대하거나 관계를 거부하는 것이 아니라 환대해야 할 의무를 지니며, 타자는 환대의 권리를 지닌다. 김현경은 환대가 사회의 기본 요건이라고 설명하는데, "환대란 타자에게 자리를 주는 행위, 혹은 사회 안에 있는 그의 자리를 인정하는 행위이다. 자리를 준다/인정한다는 것은 그 자리에 딸린 권리들을 준다/인정한다는 뜻이다. 또는 권리들을 주장한 권리를 인정한다는 것이다. 환대받음에 의해 우리는 사회의 구성원이 되고, 권리에 대한 권리를 갖게 된다고 정의한다(김현경, 2015: 207)." 지금까지 환대에 대한 논의가 국민국가 밖의 이방인과 함께하는 문제에 집중되어 있었던 반면에 김현경은 환대의 의무와 권리는 사회 내의 '장소'를 잃어버린 모든 이들의 문제라고 밝히고 있다. 즉, 환대는 내부자가 외부자를 향한 태도나 의무를 의미하는 것이 아니라, 사회를 만들어가는 문제라는 것이다.

데리다가 주장한 절대적 환대는 신원을 묻지 않는 환대, 보답을 요구하지 않는 환대, 적대적인 상대방을 향한 환대를 의미한다. 데리다는 특히 적대적인 상대방을 환대하는 것은 너무나도 어려운 일이며, 이 때문에 절대적 환대는 가능하지 않다고 설명한다(도이처, 2005: 119). 하지만 김현경은 데리다가 '적대적인 자'를 환대하는 것을 마치 사적 공간 혹은 국가에 대한 지배력을 포기한다는 것과 같다고 가정하는 오류를 범했다고 지적한다. 예컨대 난민들이 우리사회에 들어와 '우리'의 집을 내놓으라고 해도 과연 환대할 수 있겠냐는 질문이 바로 이러한 오류를 내포하고 있다는 것이다. 김현경은 우리라는 범주 내에는 이미 타자들을 포함하고 있고, "환대의 권리는 공간에 대한 권리이자 교제의 권리"라는 것을 기억할 필요가 있다고 주장한다(김현경, 2015: 229). 다시 말해 '적대적인 자'의 환대의 권리는 사회 구성원의 일부가 되어 '사회'에 포함될 권리, 즉 사회적 공간으로서의 사회와 다른 구성원과 동등하게 교제할 권리를 말하는 것이다. 이는 사실 사회의 구성원이지만 (국민국가 내 성원임에도) '사회'에 포함되지 못한 이들(앞서 살펴본 것과 같이 '과거'에 사는 자, '장소'를 잃어버린 자) 또한 절대적 환대의 권리를 지닌 자임이 확인된다.

하지만 여기서 몇 가지 고려해야 할 문제가 있다. 우선 환대받는 이들이 자신들 스스로 환대의 권리를 주장하여, 그 권리를 주체적으로 획득하고 있는지의 문제이다. 예컨대 누군가의 '선의'에 의해서 받아들여진다는 것은 받아들여지지 못하는 것보다는 나을 수 있지만, 여전히 자신의 주체성이라는 측면에서 제한적인 위치에 포박되어 있다. 아렌트가 포로수용소의 난민의 예를 들면서 육체적 안전을 보장받는다고 그들의 권리가 회복되는 것은 아니라고 분석한 것이 이런 맥락이다(아렌트, 2006: 532~534). 환대의 의무에 대한 논의를 넘어서 환대의 권리에 대한 고려가 필요한 이유다. 시혜적 차원의 환대를 넘어 '권리'로 전환되기 위해서는 이 문제는 정치의 영역으로 확장되어야만 한다. 하지만 현 사회의 다양한 장치들이 환대의 문제를 윤리의 영역으로만 제한하여 주체와 타자의 경계를 더욱더 확고하게 한다(진은영, 2014: 292~293). 이런 맥락에서 '사회'는 윤리적 지향을 공유하면서 환대의 권리를 위한 정치적 투쟁을 수반할 때야 비로소 가능해진다는 것을 기억할 필요가 있다.

두 번째로 환대의 윤리는 주체와 타자의 관계성을 주장하면서, 사실상 둘 사이의 메울 수 없는 간극을 강조하는 경향이 있다는 문제점이 있다. 주체와 타자 사이의 명백한 경계는 환대의 윤리를 통해 궁극적으로 해체되어야 하는 것이지만, '환대'를 강조하면 할수록 환대의 대상자의 위치는 명확해져버린다. 이런 측면에서 주체와 타자는 환대를 경유하여 연대의 관계로 나아가야 한다. 진은영의 주장에 따르면 우리 사회의 타자들은 사실 절대적 타자가 아닌 준-타자(quasi-autre)의 모습을 지니고 있는데, 왜냐면 이들의 타자성은 사실 주체의 경험과 상당부분 중첩되어 있기 때문이다(진은영, 2014: 303~304). 예컨대 시간 구조에서 길을 잃고 헤매는 '태극기'들의 가난과 소외의 경험은 촛불의 시민들과 충분히 소통할 수 있는 것이다. 반북의 전도사가 되어버린 '탈북자'들 또한 장소를 잃고 부유하는 대부분의 '우리'와 다르지 않다. 아무리 '다른' 타자라도 서로의 공통 경험과 힘겨움을 소통하며, 연대하는 것이 가능한 이유다. 잊지 말아야 할 것은 윤리적 주체를 고민하는 것도, 타자의 윤리를 뼈아프게 성찰하는 것

도 결국 모두와 어울려 '사회' 속에서 살아가기 위함이다. 결국 함께 살아
간다는 것은 환대하고, 소통하며, 그리고 연대함을 의미한다.

참고문헌

1) 단행본

금희. 2015. 『세상에 없는 나의 집』. 파주: 창비.

김찬호. 2014. 『모멸감: 굴욕과 존엄의 감정사회학』. 서울: 문학과 지성사.

김현경. 2015. 『사람, 장소, 환대』. 서울: 문학과 지성사.

김홍중. 2009. 『마음의 사회학』. 파주: 문학동네.

서동진. 2009. 『자유의 의지 자기계발의 의지: 신자유주의 한국에서 자기 계발하는 주체의 탄생』. 서울: 돌베개.

임홍빈. 2016. 『수치심과 죄책감』. 서울: 바다출판사.

진은영. 2014. 『문학의 아토포스』. 서울: 그린비.

한병철. 2015. 『에로스의 종말』. 서울: 문학과 지성사.

_____. 2017. 『타자의 추방』. 서울: 문학과 지성사.

황태연. 2014. 『감정과 공감의 해석학』. 서울: 청계출판.

Anderson, Benedict. 1991. *Imagined Communities: Reflections on the Origin and Spread of Nationalism*. London: Verso.

Bourdieu, Pierre. 1984. *Distinction: A Social Critique of the Judgement*. Cambridge: Harvard University Press.

Gilroy, Paul. 1987. *There Ain't No Black in the Union Jack: The Cultural Politics of Race and Nation*. London: Hutchinson.

Ong, Aihwa. 1999. *Flexible Citizenship: The Cultural Logics of Transnationality*. London: Routledge.

Sassen, Saskia. 2006. *Territory, Authority, Rights: From Medieval to Global Assemblages*. New Jersey: Princeton University Press.

2) 번역서

너스바움, 마사. 2015. 『혐오와 수치심』. 조계원 옮김. 서울: 민음사.

아렌트, 한나. 2006. 『전체주의의 기원 1』. 이진우 · 박미애 옮김. 파주: 한길사.

요시미, 다케우치. 2004. 『일본과 아시아』. 서광덕 · 백지운 옮김. 서울: 소명출판.

도이처, 페넬로페. 2005. 『How To Read 데리다』. 변성찬 옮김. 파주: 웅진지식하우스.

레비나스, 엠마누엘. 2009. 『시간과 타자』. 강영안 옮김. 서울: 문예출판사.

말파스, 제프. 2014. 『장소와 경험: 철학적 지형학』. 김지혜 옮김. 서울: 에코리브르.

미드, 조지 허버트. 2010. 『정신, 자아, 사회』. 나은영 옮김. 파주: 한길사.

바바렛, 잭. 2007. 『감정의 거시사회학: 감정은 사회를 어떻게 움직이는가』. 박형신·정수남 옮김. 서울: 일신사.

바우만, 지그문트. 2008. 『쓰레기가 되는 삶들: 모더니티와 그 추방자들』. 정일준 옮김. 서울: 새물결.

_____. 2009. 『액체근대』. 이일수 옮김. 서울: 강.

하든, 블레인. 2013. 『14호 수용소의 탈출』. 신동숙 옮김. 서울: 아산정책연구원.

세넷, 리처드. 2002. 『신자유주의와 인간성의 파괴』. 조용 옮김. 서울: 문예출판사.

_____. 2013. 『투게더: 다른 사람과 함께 살아가기』. 김병화 옮김. 서울: 현암사.

콜린스, 랜달. 2007. 『사회적 삶의 에너지』. 진수미 옮김. 파주: 한울.

타츠루, 우치다. 2011. 『레비나스와 사랑의 현상학』. 이수정 옮김. 서울: 갈라파고스.

혹실드, 엘리 러셀. 2009. 『감정노동: 노동은 우리의 감정을 어떻게 상품으로 만드는가』. 이가람 옮김. 서울: 이매진.

3) 논문

강진웅. 2011. 「한국 시민이 된다는 것: 한국의 규율적 가버넌스와 탈북 정착자들의 정체성 분화」. 《한국사회학》, 45집 3호(봄), 191~227쪽.

권명아. 2005. 「식민지 경험과 여성의 정체성: 파시즘 체제하의 문학, 여성, 국가」. 《한국근대문학연구》, 6권 1호, 71~114쪽.

김성경. 2013. 「북한이탈주민의 월경과 북·중 경계지역: '감각'되는 '장소'와 북한이탈주민의 '젠더'화된 장소감각」. 《한국사회학》, 47권 1호, 221~253쪽.

_____. 2014. 「분단체제가 만들어낸 "이방인", 탈북자 탈냉전과 대량탈북시대에 남한 사회에서 "탈북자"라는 위치의 한계와 가능성」. 《북한학연구》, 10권 1호, 37~70쪽.

_____. 2016. 「북한주민의 일상과 방법으로서의 마음」. 《경제와 사회》, 통권 109호, 102~140쪽.

김왕배. 2013. 「도덕감정: 부채의식과 감사, 죄책감의 연대」. 《사회와 이론》, 통권 23호, 135~172쪽.

김홍중. 2013. 「사회적인 것의 합정성을 찾아서: 사회 이론의 감정적 전환」. 《사회와 이론》, 통권 23호, 7~48쪽.

_____. 2014. 「마음의 사회학을 이론화하기: 기초개념들과 설명논리를 중심으로」. 《한

국사회학》, 48권 4호, 179~213쪽.

_____. 2015. 「서바이벌, 생존주의, 그리고 청년 세대: 마음의 사회학의 관점에서」.《한국사회학》, 49집 1호, 179~212쪽.

서동진. 2016. 「마음의 관상학에서 벗어나기: 감정과 체험의 유물론 1」. 편집부 엮음. 『말과 활 11호』. 서울: 일곱번째숲.

양기민. 2014. 「일베는 반－사회적인가?」. 편집부 엮음. 『문화과학 80호』. 서울: 문화과학사.

이희영. 2010. 「새로운 시민의 참여와 인정투쟁: 북한이탈주민의 정체성 구성에 대한 구술사례 연구」.《한국사회학》, 44집 1호, 207~241쪽.

정수영·이영주. 2015. 「사이버 공간에서의 역사의 내전화: '일간베스트저장소'의 5.18 언설을 중심으로」.《한국언론정보학보》, 통권 71호, 116~154쪽.

진은영. 2014. 「우리의 연민은 정오의 그림자처럼 짧고, 우리의 수치심은 자정의 그림자처럼 길다」. 김애란 외. 『눈먼 자들의 국가』. 파주: 문학동네.

천정환. 2006. 「'한국', '빨갱이' 약사」. 이영준 외. 『정치의 디자인, 디자인의 정치』. 서울: 청어람미디어.

_____. 2009. 「해방기 거리의 정치와 표상의 생산」.《상허학보》, 26호, 55~101쪽.

최현숙. 2016. 「모든 밀려난 존재들의 악다구니는 아름답다」.《문학동네》, 통권 90호, 458~477쪽.

Park, E. Robert. 1928. "Human Migration and the Marginal Man." *American Journal of Sociology*, Vol. 33, No. 6.

Simmel, G. 1971. "The Stranger." in Donald N. Levine (ed.). *On Individuality and Social Forms: Selected Writings*. Chicago: Chicago University Press.

4) 비학술지(잡지 및 신문)에 실린 기고문, 논평, 칼럼

김진호. 2017.3.11. 「극우개신교 세력 중심, 서북청년단 부활 주장: 서북청년단을 통해 본 한국 극우주의 역사」.《시사저널》.

백일현. 2015.1.31. "북한 14호 수용소 탈출 불가능 … 신동혁 말 믿지 않았다."《중앙일보》.

태영호. 2016.12.27. "태영호 전 공사 기자회견 전문."《조선일보》.

The New York Times. 2017.3.10. "Protests Erupt in South Korea After President Park Geun－hye is ousted." *The New York Times*.

5) 웹 자료

법제처. 2017. "북한이탈주민의 보호 및 정착지원에 관한 법률 시행령 일부개정령(안) 입법예고." http://www.lawmaking.go.kr/file/download/7005703/1BQK614 LN2 YFP8D59YSZ(검색일: 2017.2.28).

제 6 장

미디어, 일상, 환대:
매개된 타자와 '적절한 거리' 만들기

채석진(서울과학기술대학교)

1. 미디어, 일상, 환대

지난 수십 년 동안 우리는 전 세계적으로 사회적·경제적·정치적 약자에 대한 폭력이 광범위하게 확산되는 것을 목격해왔다. 이를 비판하고 바로 잡고자 하는 시도들 속에서 영미 및 유럽의 인문사회학 분야에서는 윤리적 주체로서의 인간을 복원하려는 '윤리적 전환'이 진행되었다. 이 과정에서 '환대'(hospitality)는 주요한 윤리적 항목이자 개념으로 자리 잡았다. 환대에 대한 논의는 결국 '이방인'(strangers), 즉 타자를 어떻게 대할 것인가에 대한 성찰이다. 어원학적으로 이방인이란 '타지에서 온 자'를 지칭하는 것으로, 인문사회과학 분야에서 이방인은 흔히 다른 문화를 가진 사람들, 즉 국경을 넘어 온 사람들을 지칭하는 용어로 지리적인 이동을 함축하고 있다. 이런 까닭에 환대에 대한 논의들은 국내외적으로 국경이라는 지리적 경계의 밖에서 특정 사회의 안으로 들어온 존재들(무슬림, 이주노동자, 탈북자 등)과 관련된 문제로 논의되는 경향이 강하다. 이 글에서 나는 물리적인 이동 중심의 이방인 개념에서 벗어나, 이방인을 타자와 동일한 용어로 사용함으로써, 환대에 대한 논의를 우리가 일상에서 마주하는 타인에 대한 논의로 확장하고자 한다.

우리의 타자에 대한 인식은 대부분 일상에서 마주하는 미디어 재현에 상당히 의존하고 있고, 이러한 인식은 실제 우리가 일상에서 타자와 접촉하는 방식에 막대한 영향을 준다. 이런 까닭에 인문학 분야에서 진행된 '윤리적 전환'의 일환으로 타자에 대한 폭력을 정당화하는 미디어 재현을 개선할 수 있는 실천적인 이론을 모색하는 작업들도 진행되어 왔다(Silverstone, 1999, 2002, 2003, 2004, 2007; Butler, 2004, 2005; Couldry, 2010, 2012; Borden, 2015). 영국 미디어 학자 로저 실버스톤^{Roger Silverstone}은 미디어 연구 분야에서 이러한 '윤리적 전환'을 이끄는 데 선구적인 역할을 담당했다. 그는 현재 만연하는 매개된 문화가 전 지구적으로 타자에 대한 우리의 인식을 동질화시킴으로써 인간으로서의 지위에 부정적인 영향을 미치고 있다고 보았다. 그는 이를 개선할 수 있는 대안으로, '보고 듣는 행위를 통해 서로의 존재를 상호 인정하는 공간'으로 미디어폴리스^{mediapolis} 구성을 제안하고, 그 공간의 제 일의 덕목으로 '타인의 목소리를 듣고 경청하는 의무'로서의 '환대'를 제시한다(Silverstone, 2007: 136). 이를 통해 실버스톤은 표현의 자유 개념 등의 '말할 권리'를 중심으로 논의되던 미디어 윤리를, '타자의 목소리를 경청할 의무' 중심의 논의로 전환을 꾀한다. 이러한 실버스톤의 논의는 이후 듣기의 윤리(ethics of listening)와 보다 넓게 공적 영역 전반에 관심이 있는 작업들로 통합되어 왔다(일례로, Couldry, 2010, 2012; Bordern, 2015).

실버스톤이 미디어 윤리를 '나의 말할 권리'에서 '타인에 대한 책임'으로 전환하는 데 활용한 이론적 기반은 엠마뉴엘 레비나스^{Emmanuel Levinas}의 타자의 윤리학이다. 실버스톤의 논의는 그가 스스로 '재현적 윤리'(representational ethics)라고 표현하듯, 미디어에서 타자를 재현하는 방식에 초점을 맞추어 미디어 재현과 비인간화 과정 간의 관계에 주목한다. 이는 주디스 버틀러 Judith Butler가 레비나스의 '얼굴' 개념을 적용하여 9·11 사태 이후 이라크 침공과 관련된 미디어 보도 재현이 어떻게 비인간화를 초래하고 있는지에 대해 논의한 것과 유사하다(Butler, 2004). 실버스톤의 논의에서 "매개된 타자"란 미디어의 재현을 통해서만 볼 수 있는 멀리 떨어져 있는 타자를 의미한다. 미디어 연구 맥락에서, 실버스톤은 한편으로는 프랑크푸르트 학파의 미디어 텍스트의 결정론과 자신의 주장을 구분하며 수용자 연구에서 강조하는 청중/이용자/참여자의 능동성을 인정하고, 또 다른 한편으로는 매개 문화의 확산이 보드리야르Jean Baudrillard가 주장하듯 현실 문화를 대체하는 것은 아니라고 강조한다. 하지만 그럼에도 불구하고 실버스톤의 논의는 미디어로 매개된 문화가 현실을 규정하는 인상을 강하게 준다. 이러한 경향성은 실버스톤의 미디어폴리스 개념을 활용한 최근의 연구들이 대중매체 속에서의 타자, 특히 물리적으로 멀리 떨어져 있는, 미디어를 통해 접하게 되는 취약한 타자의 재현 분석에 초점을 맞추고 있는 데에서도 드러난다(예를 들어, Chouliaraki, 2011; Orgad, 2011; Scorr, 2014).

이 글에서 나는 실버스톤의 '매개된 문화/타자' 개념을 미디어 재현 속에서 마주하게 되는 타자만이 아니라 일상에서 우리가 마주하는 낯선 사람들을 포괄하는 의미로 확대하여 논의하고자 한다. 이를 통해 나는 실버스톤의 논의를 우리의 일상 속에 확산되고 있는 매개화(mediatization)[1] 과정의 맥락 속에 적용하고자 한다. (이는 일생동안 미디어의 의미를 대중매체 텍스트가 아니라 일상을 매개하는 매개체로 개념화해 온 실버스톤의 작업들의 연

---

1 매개화 개념의 맥락과 전통 그리고 이를 둘러싼 논쟁은 Couldry and Hepp(2013) 참조.

속선상에서 이루어지는 시도이기도 하다) 실버스톤이 지적하듯 근대는 수많은 테크놀로지가 우리의 일상을 침투해 온 과정이었다. 우리의 일상은 비단 미디어 테크놀로지만이 아니라 수많은 다양한 테크놀로지(자동차, 세탁기, 컨베이어벨트, 신용카드, 현금자동입출금기 등)의 매개로 이루어져 있다. 이러한 매개화는 기술, 노동, 계급, 사회 간의 새로운 관계를 구축하는 과정이자, 이에 따른 새로운 양식의 사회성을 구성되는 과정이기도 하다. 이러한 과정은 일상에서 이루어지는 타자와의 상호작용에서 면대면 접촉의 감소와 매개된 접촉의 가속화를 의미한다. 예를 들면, 자동차의 보급은 우리의 이동성을 증대시켰을 뿐만 아니라 공적 공간 속에서 나만의 사적 공간을 가지게 된 것을 의미하고(예를 들어, Bull, 2000, 2015), 동시에 사람들과의 직접적인 접촉의 감소를 의미한다. 최근의 급격한 자동화의 물결은 이러한 개인화 및 익명화의 속성을 더욱 빠르게 확산하고 있다. 여러 대학에서 시간강사로 일하고 있는 나의 개인적 경험을 예로 들면, 하나의 강의를 의뢰받고 마칠 때까지 대부분 (수강생들을 제외하고) 어떠한 면대면 접촉도 이루어지지 않는다. 보통 전화로 강의 의뢰를 받은 후, 이메일과 학교 전산망을 활용하여 행정적인 절차를 처리한 후, 전산망에서 출석부를 뽑고, 강의실을 확인한 후 수업을 시작한다. 이후 출석 처리, 휴보강 처리, 성적처리 등을 모두 전산망으로 처리하고 마지막으로 강의평가결과까지 전산망으로 확인하면 한 학기 수업이 끝난다. 이처럼 우리의 일상의 구석구석으로 확산되고 있는 자동화는 면대면 의사소통을 기반으로 한 지속적이고 안정적인 상호작용의 기회를 현격히 감소시킨다. 이런 맥락에서, 우리의 일상 자체가 고도로 매개된 문화이고, 이 속에서 우리는 모두 점점 더 서로에게 이방인으로 존재한다.

일상에서의 면대면 상호작용의 감소는 특정 공간에서 공통의 문화를 구성할 수 있는 기회의 감소를 의미한다. 이로 인해 우리는 서로를 인식하고 관계 맺는 데 점점 더 미디어에서 제공하는 정보에 의존하게 된다. 이는 우리가 타인(others) 혹은 이방인(strangers)을 받아들이는 방식에 큰 영향을 미친다. 에드워드 케이시(Edward S. Casey, 2011)는 이방인이 이웃으로 받아들여지는 데 통과해야 하는 두 개의 관문을 이야기하는데, 첫 번째 관문이 국경을 통과하는 것이라면, 두 번째 관문은 역사, 언어 등과 같은 해당 문화 풍습을 익히는 것으로 이는 상당한 기간의 상호작용이 필요하다. 면대면 의사소통의 소멸은 두 번째 관문을 통과하는 데 지대한 영향을 미친다. 이 부분이 실버스톤이 강조한 매개된 경험(mediated experience)과 살아있는 경험(lived experience) 간의 상호의존성으로, 실버스톤은 전자에 대한 과도한 의존이 타자를 동질적인 것으로 획일화하는 서구의 시선을 확산하고 있다고 비판한다. 이는 곧 많은 사람들에게 지속적인 상호작용을 통해서 끊임없이 문화를 (재)구성하는 기회를 박탈당하는 것을 의미한다.

　이 글은 실버스톤이 이러한 매개된 사회에서 환대를 실천할 수 있는 전략으로 제시한 '적절한 거리' 개념을 적용하여, 한국 사회의 사회적, 경제적, 정치적 약자인 저학력 빈곤 여성들을 어떻게 환대할 것인지 성찰하고자 한다. 이를 위해, 이 글은 크게 세 부분으로 구성되어 있다. 먼저, 이론적인 논의로, 먼저 레비나스의 '타자의 윤리학'을 기반으로 실버스톤이 매개된 타자와의 윤리적 관계를 만드는 환대의 실천 전략으로 제시한 '적절한 거리' 개념에 대해 구체적으로 살펴본다. 다음으로, 서울의 한 청년실업센터를 통해 만난 세 명의 저학력 빈곤 여성들이 사회적, 경제적, 정치적 약자로서 일상에서 위협감을 느끼는 '부적절한 거리'들은 무엇인지, 이들의 디지털 미디어 사용은 이러한 경험들과 어떻게 얽혀있는지 살펴본다. 마지막으로, 저학력 빈곤 여성들의 삶에서 어떻게 적절한 거리를 구축할 것인지에 대해서 성찰한다.

2. '적절한 거리': 레비나스를 통한 디지털 미디어 윤리론

영국 미디어 연구자인 실버스톤은 1980년대 중후반 이후 재현 중심의 미디어 연구에서 벗어나 일상에서 어떻게 미디어가 존재하고 있는지에 대한 민속지학적인 미디어 연구 전통을 수립하는데 중추적인 역할을 해왔다 (Silverstone, 1994; Silverstone, Hirsch, and Morley, 1992). 그는 2000년대 들어 미디어 존재론(ontology)에서 의무론(deontology)[2]으로 선회하며 미디어가 어떻게 윤리적으로 존재해야 하는지에 대한 논의로 연구의 초점을 이동하면서, 미디어 윤리학의 개념적인 도구이자 분석 도구로 '적절한 거리' 개념을 제시한다(Silverstone, 1999, 2002, 2003, 2004, 2007).

실버스톤의 '적절한 거리' 개념은 미디어 연구자로서 디지털 미디어를 둘러싸고 형성되어 있는 주류 담론에 대한 비평으로 시작되었다. 2000년대 당시 인터넷을 둘러싸고 형성되어 있었던 (그리고 현재까지도 여전히 막강한 영향력을 행사하고 있는) 주장들은 디지털 미디어(인터넷)가 거리(distance)를 초월함으로써, 기존의 올드미디어(텔레비전이나 전화)에서 부재했던 '진

---

2 아주 거칠게 정의하자면, 존재론이 어떻게 존재하는지에 대한 논의라면 의무론은 어떻게 윤리적으로 존재하는지에 대한 논의라고 말할 수 있다.

정한 상호작용성'을 가능하게 하고 '진짜 근접성'(true proximity)을 만들어 낸다는 것이다. 즉, 인터넷이 자연적인 의사소통 혹은 면대면 의사소통의 권위와 진정성을 생산하고 있고, 이로써 기존의 미디어보다 우월한 윤리성을 보장한다는 것이다(Silverstone, 2003: 16). 실버스톤은 주류 디지털 미디어 담론을 크게 1) '거리란 무엇인가?'와 2) '기술이 윤리적일 수 있는가?'라는 두 가지 질문을 통해 비판한다.

1) 상호 존중과 인정을 위한 윤리적 거리

실버스톤은 거리를 "물질적, 지리적, 혹은 사회적 항목만이 아니라, 이들 간의 상호관계의 산물인 윤리적 항목"으로 정의하며, "거리를 극복하기 위해서는 단지 기술과 공적영역을 만들어내는 것 이상이 필요하다. 이는 근접성을 요구한다"(Silverstone, 2003: 7)고 주장한다.

바우만Zygmunt Bauman은 근대화 과정을 근접성의 상실로 정의한다. 바우만에 의하면, 근대화는 법과 국가가 사회적 삶에서 개인들 간의 친밀하고 책임 있는 활동들을 거부 혹은 제거해나가는 과정으로, 근접성에 포함되는 책임감이 근대성과 근대성의 시녀인 기술에 의해서 부정되어 왔다는 것이다(Bauman, 1993).[3] 바우만은 근접성을 사적 영역의 친밀한 관계와 동일한 의미로 사용하는데, 이는 그가 이전에 존재했다고 가정하는 '공동체'에

---

3 켄 로치 감독의 최신작 〈나 다니엘 브레이크〉(I Daniel Blake)는 이러한 바우만의 주장을 그대로 영상화하고 있다. 켄로치는 특히 실업급여 신청 과정의 전산화가 어떻게 사람들 간의 거리를 멀게 함으로써, 도움이 필요한 자들을 소외/좌절시키고 있는지를 선명하게 드러내고 있다. 즉, 자동화는 '취약한 사람들', 즉 '타자의 현존'을 가림으로써, 우리에게 타자에 대한 책임감에서 멀어지게 한다.

대한 향수를 반영하고 있다. 바우만의 이러한 낭만적인 가정을 비판하며, 실버스톤은 사적 영역에서의 친밀한(가까운) 관계가 곧 인정(recognition)이나 책임감(responsibility)을 보장하지는 않음을 지적한다. "우리는 너무 멀리 떨어져 있을 때만큼이나 너무 가까이 있을 때 쉽게 윤리적으로 맹인이 될 수 있다"(Silverstone, 2003: 7)는 것이다.

이러한 문제의식에서 실버스톤은 레비나스의 근접성 개념을 기반으로 바우만과 차별되는 '적절한 거리'를 개념화 한다. 레비나스는 근접성을 "타자와의 접촉(contact)"으로 정의하는데, "접촉한다는 것은 타인의 다른 것을 없애는 것도, 나 자신을 타인의 속으로 억누르는 섯도 아니다." (Silverstone, 2003: 8에서 재인용) 이러한 근접성 개념은 레비나스가 주체 중심의 근대 철학이 타자를 동일자로 환원시켜버리는 전체성의 폭력을 행사해왔음을 비판하며 이에 대한 대안으로 제시한 '타자의 윤리학'에 기반을 둔 것이다. 레비나스의 타자의 윤리는 타자의 '얼굴'에서 출발한다. "얼굴은 타자가 순수하게 나에게 드러나는 순간이요 존재론적 비대칭성을 드러낼 뿐 아니라 윤리적 언어로 나에게 드러나는 매개이다"(박원빈, 2008: 189). 레비나스는 타자의 얼굴을 환원할 수 없는 타자로 표현하는데, 주체가 타자를 전적으로 이해할 수 없음을 강조함으로써, 타자를 인식론적 대상이 아니라 윤리적 명령으로 나에게 찾아오는 것으로 정의한다. 즉, 레비나스는 우리가 타자를 이해할 수 없음을 강조함으로써 주체의 인식론적 틀 속에 타자를 동일한 것으로 환원시키는 폭력을 지양하려고 했다. 동시에 그는 타자가 드러나는 순간인 타자의 얼굴이 우리에게 윤리적인 명령을 내리고, 우리는 이러한 타자의 윤리적 명령에서 벗어날 수 없으며, 타자에 대한 책임을 통해 온전한 주체의 정체성을 획득하게 된다는 것이다

(Butler, 2004: 131).

실버스톤은 나와 타자 간의 분리와 우리가 타자를 인식할 수 없음을 강조하는 레비나스의 윤리학을 타자에 대한 존중과 책임감을 구축하기 위한 이론적 토대로 활용한다. 이는 자아 중심적 근대철학에 대한 반성으로, "타자에 대한 책임을 다함으로써 형성되는 주체의 정체성"이라는 정의에도 잘 드러나 있듯이, 인간의 상호의존성을 부각시키는 것이다. 즉, 레비나스와 실버스톤의 근대성에 내재되어 있는 폭력성에 대한 비판의 핵심은 근대성이 인간의 상호의존성(관계성)을 부정함과 동시에 독자성(singularity)을 무시하는 이중적인 과정이었다는 성찰로, 레비나스의 '타자의 윤리학'은 인간의 관계성과 독자성을 모두 인정하려는 노력이고, 실버스톤의 '적절한 거리' 개념 또한 이러한 노력의 연장선상에서 이해해야한다.

레비나스와 유사하게, 근대철학이 아리스토텔레스의 윤리학으로 다시 돌아가야 한다고 주장하는, 스코틀랜드 윤리 철학자인 맥킨타이어(MacIntyre, 1999)는 취약성(vulnerability)과 장애(disability)가 인간의 삶 속에 차지하는 중추적인 위치를 인식하는 것이 윤리적 삶을 논하는 데 큰 공헌을 할 수 있다고 주장한다.

우리 인간은 수많은 고통에 취약하고, 우리의 대부분은 때때로 심각한 병으로 고통 받는다. … 질병과 부상, 영양부족, 정신적인 장애 등을 마주할 때, 많은 경우 우리의 생존은 타인에게 빚을 진 것이다. 우리가 보호받고 살아가기 위해서 특정한 타인들에게 의존하는 것은 유아기와 노년기에 가장 명백하게 드러난다. 하지만 … 우리의 삶은 길거나 짧은 기간의 부상, 질병, 혹은 다른 장애로 새겨져 있다(MacIntyre, 1999: 1).

맥킨타이어는 서구 철학이 이러한 인간의 취약성과 고통, 그리고 타인에 대한 의존성을 간과해왔다고 비판한다. 인간을 다른 동물과 구분되는 존재임을 강조하려는 노력 속에서 근대는 끊임없이 인간의 동물성(animality)을 부정해왔고, 이는 인간의 핵심적인 조건인 의존성과 취약성에 대한 성찰을 실패하게 하였다는 것이다. 이러한 의존성의 부정은 '타자'를 동일자로 환원시키는 전체주의적 폭력과 긴밀하게 연결된다.

> 아픈 사람, 다친 사람, 다른 종류의 장애를 가지고 있는 사람들이 윤리 철학책에 등장할 때면, 거의 항상 도덕적 행위자(moral agents)의 자비의 대상이다. 도덕적 행위자들은 마치 항상 이성적이고, 건강하고, 문제가 없는 사람들로 재현된다. 그래서 장애를 생각할 때, 우리는 장애인을 "우리"라기 보다는 "그들"로, 우리 자신이 아닌 별개의 계층으로 인식하도록 초대받는다(MacIntyre, 1999: 2).

인간의 취약성 혹은 의존성의 거부는 근대 담론에서 타자를 형성하는 과정과 아주 긴밀하게 얽혀 있다. 취약함, 고통, 의존성은 근대에서 끊임없이 인간이 제거해야 할 속성으로 규정되어 왔으며, 이러한 주체 구성 과정에서 고통 받는 자, 병자, 장애인, 약자들은 구경거리로 재현되며 타자로 구성되어 왔다(Foucault, 1990, 2008; Hall, 1997).

이러한 타자성은 우리가 일상에서 마주하게 되는 수많은 '그들'에 대한 규정만이 아니라 '우리' 자신에게서도 제거되어야만 하는 특정한 속성에 대한 규정이기도 하다. 따라서 타인의 타자성을 보는 것은 곧 나의 타자성을 보는 것이기도 하다(예를 들면, 죽어가는 사람을 보는 것은 우리가 마주해야 하는 죽음을 대면하는 것으로 종종 공포를 동반한다). 이에 따라 사회적으로 타자로 규정된 사람들의 대항 논리 또한 전반적으로 이러한 타자성을 기반으로 구성되어 오는 경향이 강하다. 예컨대 많은 동성애자들과 페미니스트들은 자신들에게 부여된 타자성을 거부하는 전략을 취함으로써, 자신들이 나약하고 의존적인 존재가 아님을 증명하는 방식으로, 사회에서 정상적인 존재로 인정받으려고 시도해왔다. 이러한 시도들은 결과적으로 근대 주체 형성 과정에서 구성되어 왔던 타자에 대한 규정을 강화하는 결과를 초래했다.

실버스톤은 이러한 근대성에 대한 비판에 미디어를 추가하여, 미디어가 타자를 구성하는 데 있어서 핵심적인 역할을 담당했고, 현재의 전 지구화된 제국주의 상에서 그러한 경향이 더욱 더 심화되고 있다고 비판한다.

> 사회적 행위자들의 세상에 대한 이해는 미디어가 제공하는 의미와 세상에 대한 설명에 광범위하게 의존하고 있다. 이러한 매개는 일상에서 세상이 드러나는 방식에 막대한 영향을 행사한다. 매개되어 드러나는 모습은 우리가 타자, 특히 먼 거리에 있는 타자(distant others) — 미디어 내에서만 우리에게 나타나는 타자 — 와 관계를 정의하고 수행하는 데 틀을 제공하기 때문이다(Silverstone, 2002: 762).

이를 통해, 실버스톤은 주류 담론에서 주장하는 것처럼 미디어 테크놀로지가 매개하고 있는 거리의 소멸, 혹은 시공간 압축이 곧 사람들 간의 거리를 가깝게 하는 것이 아니라, 오히려 더 멀어지게 하고 있음을 역설한다. 즉, 현재의 미디어로 매개된 문화가 서구의 제국주의적인 시선으로 타자를 드러냄으로써 사회적 행위자들 간의 '부적절한 거리'를 형성하고 있다는 것이다. 이를 교정할 수 있는 개념적 도구이자 평가 도구로서, 실버스톤은 미디어가 확산시키는 타자성을 극복할 수 있는 윤리적인 거리로 '적절한 거리'를 개념화한다.

2) 애매성(ambiguity)을 인식하기: 윤리적 주체의 복원

앞에서 서술했듯이, 실버스톤의 '적절한 거리' 개념은 주체 중심으로 타자를 규정하는 근대성에 대한 비판이자 거부로, 우리가 타자를 인식할 수 없음을 전제로 한다. 레비나스에 따르면, 우리는 다만 우리 앞에 드러나는 타자의 얼굴이 요구하는 윤리적 부름에 지유로울 수 없는 존재이고, 이러한 윤리적 부름에 응답하도록 요구받는 순간이 우리가 타자와 적절한 혹은 부적절한 거리를 생성하는 순간이다. 레비나스에게 타자의 얼굴은 살의의 충동과 함께 다가오는데, 이러한 충동을 누르고 살생하지 않는 것이 바로 윤리가 수행되는 순간이다(Butler, 2004).

따라서 적절한 거리란 미리 정해져서 주어지는 어떤 것이 아니라, 우리가 타인과 마주할 때 존재하는 권력의 특성과 비대칭성에 따라 매순간 만들어지고 조정되어야 하는 것이다. 일례로 자동차라는 기술을 매개로 마주하게 되는 타인과의 적절한 거리에 대해서 생각해보자. 흔히 자동차 안전에 대해서 우리가 논의할 때 자동차를 운전하는 사람들의 안전에 국한하여 말하는 경향이 강하다. 영국의 도로교통법을 관할하는 한 고위관리자는 보행자 중심의 영국도로교통법의 근간이 되는 철학을 설명하면서, "자동차 안에 있는 사람과 자동차 밖에 있는 사람 사이에 존재하는 비대칭성을 인지해야 한다"고 강조한다. 그동안 운전자를 위한 많은 안전장치가 개발되어 자동차 안에 있는 사람들은 상대적으로 안전한 반면, 보행자는 신체를 보호할 수 있는 어떠한 수단도 가지고 있지 않다는 것이다. 이러한 비대칭성을 근거로 도심에서 안전에 대한 책임은 자동차 운전자에게 거의 전적으로 부여된다. 도심에서 운전할 때, 운전자는 보행자와 자전거를 타고 있는 사람들이 "위협감을 느끼지 않는" 적절한 거리를 유지해야 한다. 즉, 도로 상에서 자동차를 매개로 마주하는 관계 속에 권력의 비대칭성이 존재함을 인식하고, 그러한 상황에서 약자가 "위협감을 느끼지 않을 수 있는" 거리를 구축해야 하는 책임은 상대적으로 "안전한 위치에 있는" 강자의 책임이다. 그가 설명하는 약자가 "위협감을 느끼지 않을 수 있는" 거리는 실버스톤이 '적절한 거리'라는 비유를 통해서 개념화하고자 하는 바를 잘 드러내준다. 실버스톤은 '적절한 거리를 구성하는 것'을 곧 특수한 국면 국면마다 존재하는 권력의 비대칭성을 인식하는 인간의 윤리적 실천으로 정의한다.

> 적절한 거리는 이러한 애매성(ambiguities)을 민감하게 인식하게 하고 이를 극복할 수 있는 기회를 제공한다. 이는 광범위한 기술적이고 담론적인 매개가 … 우리가 윤리적으로 행위하기 위해 생성하고 유지해야 하는 적절한 거리를 불안정하게 만들고 있음을 인식하는 것이다. 우리는 — 아마도 사례별로 — 적절한 거리가 무엇인지 혹은 어떻게 되어야 하는 것인지를 익숙하거나 새로운 타인의 모습 혹은 재현을 마주할 때마다 결정해야 한다. 또한 어느 경우에도 미리 고정되어 있거나, 단일하거나, 영속적인 것은 존재하지 않음(there is no pris fixe, no singular, and no permanent)을 인식해야 한다. 적절한 거리는 … 당연한 것으로 받아들여지거나 미리 주어지는 것일 수 없다. 적절한 거리는 만들어져야 한다(Silverstone, 2003: 9).

이처럼, 실버스톤의 '적절한 거리' 개념은 타인과의 상호작용 속에서 의존성과 독자성을 동시에 인식하는 윤리적 거리이자, 우리가 마주하는 타인들과의 유동적 관계 속에서 드러나는 내 안의 혹은 상대방의 타자성의 속성에 따라 끊임없이 재구성되(어야 하)는 일시적인 것이다. 이 점에서 '적절한 거리'는 미디어 기술을 인간의 윤리적 삶을 만드는 데 사용하기 위해서 매 순간마다 재정의되고 수행되어야 하는 '환대'를 실천하는 전략이다. 이를 통해 실버스톤은 타인과의 관계 속에서 적절한 거리를 만들 수 있는 거리 기술에 배치하는 윤리적 주체로의 인간의 역할을 강조한다. ─ 이 지점에서 실버스톤은 인간과 대등한 기술의 행위자성을 강조한 라투어(Latuor, 2005)와의 입장 차이를 분명하게 밝힌다.

3) 목소리와 인정

실버스톤의 환대와 적절한 거리 개념은 자아 중심의 근대철학에서 벗어나, 레비나스를 통해 타자 중심의 새로운 형태의 윤리 개념과 잣대를 제공한다. 하지만 그의 논의가 대단히 추상적인 수준에서 머물고 있어서, 실제 어떠한 방식으로 적절한 거리를 구성해내야 하는지에 대해서는 대단히 모호하다.

콜드리Nick Couldry의 '목소리'에 대한 논의는 실버스톤이 제시한 '적절한 거리'를 신자유주의적 사회에서 구성되는 타자들과의 관계 속에서 어떻게 구성 및 실천할 것인지를 좀 더 구체적으로 생각하는 데 유용하다. 실버스톤이 매개된 문화의 확산이 전 지구적으로 타자에 대한 우리의 인식을 동질화시킴으로써 인간으로서의 지위에 부정적인 영향을 미치고 있다고 비판한 상황을 콜드리는 '목소리의 위기'로 표현한다(Couldry, 2010).

> 인간은 자신과 세상에서의 자신의 장소에 대해서 이야기할 수 있다. 사람들을 마치 그런 능력이 없는 존재로 다루는 것은 그들을 인간이 아닌 것처럼 대하는 것이다. … 목소리는 그러한 능력을 가리키는 용어다(Couldry, 2010: 1).

콜드리는 '목소리'(voice)를 '소비자 목소리'나 '정치적 목소리'와는 명확히 구별되는, "자신에 대한 진술", 즉 "자신에 대한 서사를 제공함으로써 자신의 존재를 세상에 새겨놓는 인간의 능력"(Butler, 2005)으로 개념화한다(Couldry, 2010: 1). 콜드리는 신자유주의적 문화 속에서 이러한 목소리들이 소멸되고 있음을 지적하고, 이러한 목소리의 가치를 인정(recognition)하는 과정을 "삶이 단순한 시장 기능으로 환원되는 신자유주의적 문화를 넘어설 수 있는, 사회적 이상으로서의 민주주의를 구성할 수 있는 정치적 과제"로 제안한다. 더 나아가, 악셀 호넷Axel Honneth과 낸시 프레이저Nancy Fraser의 인정 개념을 기반으로(Honnet, 1995, 2004, 2007; Fraser, 2000, 2005, 2007), "목소리를 인정하는 삶을 구성하는 것에 찬성하는 것과 목소리를 부정하거나 저하시키는 사회적, 경제적, 정치적 조직들에 반대하는 실천들"을 목소리의 가치를 인정하는 구체적인 실천 양식으로 제안한다(Couldry, 2010: 2). 콜드리가 주장하는 목소리의 가치를 인정하는 과정은 자기 자신의 현실에 대해서 주장할 수 없는 취약한 조건에 있는 사람들의 목소리를 경청하고 그 가치를 인정할 수 있는 '적절한 거리'를 만들고자 하는 정치적 기획으로 이해할 수 있다.

이러한 정치적 기획의 일환으로, 이 글은 저학력 빈곤 여성들의 '상황적 진술'(Haraway, 1988)을 통해 이들의 목소리를 경청하고자 한다. 이를 통해 그들의 삶 속에서 이들의 목소리의 가치를 저하하고 부정하는 요소들은 무엇인지, 어떻게 이들의 목소리의 가치가 존중받을 수 있는 '적절한 거리'를 만들 수 있을지 성찰해보고자 한다.

3. 세 여성들의 이야기

이제까지 논의했듯이 '적절한 거리'가 우리가 마주하는 다양한 타인(현존 혹은 재현)과의 마주침 속에 존재하는 권력의 비대칭성을 인지하고 그 안에서 윤리적 관계를 구축하기 위해 끊임없이 재정의되고 수행되는 것이라면, 타인의 목소리를 경청하는 것은 이러한 과정의 필수적인 요소다. 특히 연구자와 연구 참여자 간의 관계 속에서, 이는 연구자가 연구 참여자를 알 수 없음을 인정하는 행위이자, 그들에게 자신에 대해서 설명할 수 있는 목소리(Butler, 2005)를 부여함으로써 연구자와 연구대상 간에 존재하는 권력의 비대칭성을 보완하는 행위이기도 하다.

여기에서는 서울의 한 청년실업센터를 통해 만난 세 명의 저학력 빈곤 여성들의 목소리를 '경청'함으로써, 이들이 사회적 약자로서 일상에서 위협감을 느끼는 '부적절한 거리'들은 무엇인지, 이들의 디지털 미디어 사용은 이러한 경험들과 어떻게 얽혀있는지 살펴보고, 이를 통해 저학력 빈곤 여성들의 삶에서 어떻게 적절한 거리를 구축할 것인지에 대해서 성찰해보고자 한다.

이 사례 연구는 서울의 청년실업단체에서 수행한 현장연구 과정에서 만난 세 명의 여성들의 진술을 기반으로 한다. 현장 연구는 다양한 문화기술

지적 연구 방법들을 사용하여 이들의 일상과 디지털 미디어 사용 간의 관계를 탐사하였다.[4] 청년실업단체의 자원봉사자로 활동하며 참여관찰을 진행하였고, 이 단체의 온라인 카페를 활용하여 인터뷰 참가자들을 모집하였다. 세 명의 여성들과 일종의 실업여성들을 위한 자조 모임을 6주간 운영하였는데, 참가자들의 잦은 지각과 불참으로 잘 진행되지 못하였다. 따라서 추가로 3~7차례의 비공식 만남을 통해 개별적인 심층 인터뷰를 진행하며 이 여성들의 일상과 디지털 미디어 사용에 관한 '자기진술' (account of oneself)(Butler, 2005)을 수집하였다.[5]

연구에 참여할 당시 세 명의 여성들은 모두 고등학교를 졸업하고 직장을 구하려고 노력하고 있는 중이었다. 이 글에서 나는 이들의 진술에서 공통적으로 드러나는 '부적합함'(misfit)이라는 정동(affect)에 주목하여,[6] 이들이 일상에서 느끼는 '부적절한 거리'들은 무엇인지, 이러한 정동을 생산하는 요소들은 무엇인지, 그리고 이들이 자신의 삶에서 '적절한 거리'를 구축하려는 시도 속에 이들의 디지털 미디어 사용이 어떻게 끼워져 있는지 살펴본다. 이들의 정동에 주목하는 것은 이들의 목소리를 드러내기 위한 하나의 수단이자, 이들의 삶을 나의 인식의 대상으로 환원하지 않기 위

---

4 사례연구 부분은 저자의 박사논문(Chae, 2016)의 일부분을 대폭 수정하여 재구성한 것이다. 2007년 하반기부터 2008년 상반기에 걸쳐 이루어진 현장 연구 과정에서 30명의 여성들이 연구에 참여했는데, 이 글에서 묘사하는 세 명의 여성들은 서울의 한 청년실업센터를 통해 만난 여성들로, 30명의 여성들 가운데 사회경제적으로 가장 취약한 상태에 있었던 여성들이다. 여기에서 사용되는 이름은 모두 가명이다.

5 이 사례연구에 적용한 연구방법과 방법론에 대한 구체적인 논의와 성찰은 채석진(2016) 참고.

6 이 글에서 정동은 "현재의 삶의 강도들이 몸에 새겨지고 있는 것(the body's active presence to the intensities of the present)"(Berlant, 2008: 846)을 의미한다.

한 시도이다.

1) 적대적 사회에서 가난하게 존재한다는 것

실버스톤이 지적했듯이, 단순히 공적 공간에 접근하는 것이 곧 사람들 간의 거리를 좁히는 것은 아니다. 가드너(Gardner, 1995)는 "우리 사회가 모든 사람들에게 열려 있다고 생각하는 장소와 맥락들"인 공적 공간에서 이루어지는 의사소통의 특성으로 겉모습(apprearance)을 지적한다. 즉, 공적 공간에서 우리는 다른 사람들을 식별하는 데 겉모습에 의존하는 성향이 강하고, 동시에 타인들도 동일한 방식으로 자신들을 평가할 것이라고 인지하고 있다는 것이다(Gardner, 1995: 3). 수백 명의 여성을 대상으로 진행한 공적 공간의 경험에 대한 인터뷰 자료를 근거로, 가드너는 많은 미국 여성들이 공적 공간을 자신들에 대한 잠재적인 폭력이 존재하는 곳으로 인식하고 있음을 보여준다(Gardner, 1989, 1994, 1995). 가드너는 고프만의 '시민적 무관심'(Goffman, 1963)을 응용하여, 공공장소에서 이루어지는 다양한 형태의 괴롭힘(public harassment)을 '야만적인 관심(uncivil attention)'으로 개념화한다(Gardner, 1995: 4). 야만적 관심은 가드너가 여성의 공적 공간의 경험의 특성을 드러내는 데 사용한 것이지만, 다양한 형태의 소외된 사람들의 경험 속에서도 공통적으로 발견되는 것이다. 예컨대 영국 유학시절, 나를 포함한 아시아 출신의 여학생들끼리 거리에서 당한 인종차별적인 경험들을 나누곤 했다(한 대만 친구는 자전거로 통근을 하던 중 전혀 모르는 영국 아이가 던진 감자를 맞기도 했다). 이러한 폭력은 우리의 피부색으로 드러나 있는 단서를 근거로 행해지는 것으로, 미드 〈CSI〉

에서 그리샴이 "숨기고 싶은 치명적 약점이 겉으로 드러나 있는 존재"라고 표현한 늑대 인간처럼, 우리는 종종 피부색 자체가 '이방인'의 증표로 나의 안전을 위협하는 행위를 도발시킬 수 있는 트리거가 될 수 있음을 느끼곤 했다. 이는 우리가 공적 공간에서 접근하고 참여하는 행위를 급격하게 위축시키곤 했다.

서울의 한 청년 실업센터를 통해 만난 세 명의 여성들(나영, 은주, 혜림: 가명)은 한국이라는 공간에서 피부색이 다른 이방인이 아님에도 불구하고, 공적 공간에서 극심한 수준의 "야만적 관심"을 경험하고 있었다.

> (중학교 다닐 때) 굉장히 나쁜 소문이 퍼졌어요. 뭔지 말하기는 너무 챙피하고 … 어쨌든 굉장히 이상한 사람이 되었어요. … 집에만 있었어요. … 집 앞 수퍼에만 한두 번 나간 것을 빼고…. 학교 애들을 만날까봐 무서워서…. (긴 침묵)
>
> (나영, 가명, 24)

> 제가 워낙 체구가 작아서 그런지 초등학교 때부터 애들이 계속 때렸어요. 같은 애들이 근처 중학교로 다 가서 중학교 가서도 그 애들이 계속 때렸죠 …
>
> (은주, 가명, 22)

> 기억은 잘 안 나는데, (유치원 때) 제가 다가가면 애들이 저 피하고 뭘 그리면 (애들이) 다 찢어놓고 만들면 다 부수어놓고 그랬던 게 생각이 나요. 그래서 초등학교 1학년 때부터 말을 안 하게 된 거 같아요. 좋으면 고개를 끄덕이고 싫으면 고개를 가로 젓는 정도로만 …
>
> (혜림, 가명, 21)

이들은 공통적으로 공적 공간을 자신의 현존/가시성만으로 극단적인 수준의 괴롭힘이 발생할 수 있는 잠재력을 가지고 있는 곳으로 인식하고 있었고, 이를 피하기 위한 전략으로 공적 공간에서 자신의 존재를 최대한 지우는 방식을 택했다. 나영은 중학교를 끝으로 학교를 그만두었고, 은주와 혜림은 학교를 자퇴하진 않았지만 사람들과 의사소통을 거의 전면적으로 거부함으로써(은주는 초등학교 2학년 때부터 중3때까지, 혜림은 고등학교 졸업할 때까지 거의 아무하고도 말을 하지 않으며 생활했다), 공적 공간에서 이루어지는 상호작용에서 발생할 수 있는 '야만적 관심'으로 부터 자신들을 보호할 수 있는 거리를 만들어 왔다. 이러한 공적 공간에서의 경험은 이들의 몸에 말더듬증, 대인기피 등의 정동(affect)으로 새겨져 있었다.

세 여성 모두 공적 공간에서 경험하는 폭력을 피해 집에서 많은 시간을 보내 왔다. 나영의 경우, 중학교 졸업식에 불참하는 것을 시작으로 2년 징도 자기 방에서 주로 공상을 하면서 대부분의 시간을 보냈는데, 이런 생활은 가족과의 관계에서 상당한 마찰을 일으켰다. 그래서 이러한 가족들과 마주치는 것을 피하기 위해서 낮에 자거나 집에 아무도 없는 시간에 나가서 식사를 하곤 했다고 한다. 흔히 집이라는 공간은 개인들이 존재론적 안정감을 획득할 수 있는 핵심적인 공간으로 가정되지만, 실버스톤이 바우만을 비판하면 지적하듯, 가까운 관계가 곧 타자에 대한 존중과 신뢰를 보장하지는 않는다. 어떤 이들에게 집이라는 공간과 그 속에서 이루어지는 친밀한 관계는 자신의 타자성을 확인할 수 있는 또 다른 형태의 폭력적인 공간으로 작동한다. 나영과 은주도 그러한 경우였다.

사람들은 집에 있으면 편할 거라고 생각할지도 몰라요. 그런데 … 그게 … 그렇지가 않아요. 사람들이 제가 너무 저 편한 것만을 생각한다고 해요. 어느 날 엄마가… "너는 어떻게 너만 생각하냐"고 … 상처가 되죠. … 그런 말들을 들으면…. "내가 뭘 잘못했는데"라고 물었더니, "너는 부모 돈 갈아먹고 사는 기생충"이라고…

(나영)

학교에서 집단구타를 오랫동안 당했던 은주는, 집에서도 아주 어렸을 때부터 잦은 폭력에 시달려 왔다. 은주 아빠가 남기고 간 빚을 혼자 감당하는, 은주 엄마의 삶의 고단함은 주기적으로 은주에 대한 폭력적인 언행으로 분출되어 왔다. 연구를 진행할 당시에도, 은주는 엄마가 자신이 한 일에 대해 화를 낼까봐 전전긍긍 하곤 했다. 어느 날은 "어떡해요? 엄마가 또 시작했어요. 밥상 엎고 막 물건들 때려 부셔요…"와 같은 문자를 보내기도 했다.

세 여성의 삶은 소속할 공간이 없는, '가장자리에 서 있는 자'로서의 '이방인'(Casey, 2011)의 모습을 보여주고 있다. 이러한 이방인으로서의 경험은 '존재론적 불안전성'이라는 정동으로 이들의 몸에 각인되어 있었다. 기든스는 '존재론적 안전감'(ontological security)(Giddens, 1990)을 "세상에 존재하는 것(being in the world)"과 연관된 현상학적이고 심리학적인 상태로, "대부분의 인간이 가지고 있는 자기 정체성의 연속성과 자신을 둘러싸고 있는 사회적이고 물질적인 환경에 대한 신뢰"로 정의한다(Giddens, 1990: 92). 실버스톤은 이러한 존재론적 안전감이 단순히 심리적인 차원의 문제가 아니라 반복적인 일상의 경험들 속에서 형성되는 것임을 강조한다(Silverstone, 1994). 기든스와 실버스톤의 논의를 기반으로, 노블(Noble, 2005)은 호주 이민자들의 인종차별 경험에 대한 연구에서 '편안함'(comfort)라는 개념으로 존재론적 안전감을 개인적, 심리적, 혹은 정동적인 경험의 차원에서 벗어나, 사회적 관계에서의 이루어지는 권력 관계로서 다음과 같이 정의한다.

편안함은 우리가 살고 있는 공간과 우리가 수행하는 실천들과 관련해서 경험하는 '적합함'(fit)이다. … 이는 항상 세상에 대한 거부가 아니라 지향성을 가지고 있다. 적합함은 물체나 환경을 전용하거나 우리 자신을 그에 맞추는 것을 성공함으로써 존재한다. … 즉, 편안함은 우리가 감각적인 경험과 정동적인 반응을 사회적 공간과 관계에 다소 적합하게 접합시키고 있음을 경험하는 방식이다(Noble 2005, 114).

노블은 '적합함'이라는 감각이 다른 사회적 행위자(인간과 비인간 모두)들의 인정(recognition)을 기반으로 형성되는 것으로, 단지 인지(cognition)의 관계가 아니라, 실버스톤이 지적하듯 일상의 습관, 일과, 물건을 기반으로 형성되는 감각적인 경험임을 강조한다. 즉 "공적 공간에서 편안함을 느낄 수 있는 우리의 능력은 그곳에 적절하게 존재하고 있다고 인정받는 능력에 달려있다."는 것이다. 이런 의미에서, 노블은 인정을 "인간이 될 수 있는 역량"(capacity to be human)이라고 칭한다. 이런 점에서 '적합함'이라는 정동은 적절한 거리를 인식하고 구축하는 데 사용할 수 있는 유용한 지표이다.

2) 인정을 찾아서

희망센터 여성들은 세상에 자신을 맞춤으로써 이러한 안전감을 획득하려고 노력해오고 있었다. 그 가운데 가장 중요한 부분은 경제적으로 부모에게 의존하지 않는 사람이 되는 것이었다. 돈을 번다는 것은 곧 자신이 "유용함"을 증명하는 것으로 "적합한" 존재가 되는 주요한 방식이기도 하다.

나영은 19살에 서울 생활을 시작한 이후 5년 동안 저렴한 숙소들을 전전하며 다양한 임시직을 하면서 생활해왔다 — 간병인 회사에서 커피타기, 대안학교의 사무보조, 웨딩샵 보조, 텔레마케터, 반지공장 견습공, 초콜렛 박물관 안내원 등. 대부분의 직장에서 월요일부터 토요일까지 아침 9시부터 저녁 9시 혹은 10시까지 일하며 평균적으로 한 달에 30만 원 가량을 받았다. 그래서 나영은 자신의 삶을 "30만 원 짜리 인생"이라고 표현한다. 대부분의 직장에서 그녀는 임금에 비해 턱없이 높은 강도의 노동과 더불어 비인간적인 처우를 경험하며 결국 한 달을 다 채우지 못하고 '도망 나오는 것'을 반복해왔다. 23살 때는 뭔가 기술을 배워두는 것이 도움이 될 것 같아서, 정부가 보조해주는 귀금속 학원에서 3개월 교육을 받고, 공장 현장에 나가서 일한 적이 있는데, 이곳에서도 결국 "한 달 만에 도망 나왔다."

한 24일인가 25일 정도 일했는데 맨날맨날 야단맞는 게 일이었어요. 제는 너무 못한다. [⋯.] (자신이 끼고 있는 반지를 가리키며) 이런 반지를 하나 만들려면 시간이 되게 오래 걸려요. 근데 이거를 대량 생산을 해야 되잖아요. 그러니까 반지 만든 거 하나를, 잘 디자인 된 거를, 고무에 넣고, 고무를 쪄요. 이걸 반으로 자르면 이런 모양이 나와요. 그럼 원형 틀이 생길 거 아니에요. 그럼 거기다가 굳은 초에다가 금물을 붙는 거예요. 그럼 초가 굳으면 석고틀에다 넣고 ⋯그 다음날 되면 그걸 빼내가지고 반지를 만드는 거예요. 근데 손힘이 너무 약하니까. 휴 ⋯ 이걸 해도 ⋯ 제가 잘 집중을 못해요. 다른 사람은 잘하는데 그걸 아무리 해도 안 되는 거예요. 진짜 ⋯ 어휴 ⋯ 너무 지겨워가지고 ⋯ **(연구자: 몇 시까지 일했어요?)** 아침 9시부터 대중없어요. 그 사람들 되게 웃기는 게요. 내가 못하면 자기네들이 해야 하잖아요. 나는 처음인데 잘 모르잖아요. 근데 현장이 열악한 게 그런 것을 다 요구하니까 하라고. ⋯ 내일까지 뽑아야 하니까. [⋯] 어휴 하도 막 질려서, 욕먹고 그러니까⋯. (그 뒤로 일을) 쉬었어요.　　　**(나영)**

연구를 진행할 당시, 나영은 온라인 신문사에서 일을 시작했다. 그동안 그녀는 여러 개의 온라인 신문에 '시민 기자'로 기사를 올렸었는데 그 가운데 한 신문사를 무작정 찾아갔다고 한다.

제 글은 반갑지가 않대요. 너무 비문이 많아서. (웃음) 앞으로 무슨 일 할 거냐고 물어서 신문배달 할 거라니까 그거하면 얼마나 받냐고 … 30만원 받는다니까 그럼 그 돈 줄테니 여기와서 일하라고(웃음). 여기 사람들은 진보신문사여서 달라요. 페미니즘이라고 들어봤냐고. 그런 거 알아야 한다고.　　　　　　(나영)

나영은 이 일이 기자로 훈련받을 수 있는 좋은 기회라고 생각했다. 하지만, 일주일 후 다시 만났을 때, 나영은 신문사일에 대단히 실망하고 있었다. 그녀의 예상과 달리, 나영이 사무실에서 요구받는 일은 커피 심부름, 설거지, 냉장고 청소와 같은 사무실 잡일이었다.

글을 못 쓴다고 혼나는 것이 아니라 "할 줄 아는 게 아무것도 없다고 혼나요". 이게 좋은 기회라고 생각했는데 제가 없어지는 거 같아요. 그래서 여기서 계속 일해야 하는지 잘 모르겠어요. (연구자: 왜 자신이 없어지는 거 같아요?) (침묵)사람들은 누군가에게 "유용한" 사람이라는 느낌이 필요해요. 하지만 맨날 내가 못하는 것만 지적하니까 … 편집장이 자기는 멍청한 사람은 참을 수가 없다고.. 내가 여자여서 멍청하다고 생각하는 게 아니라고 말하지만, 내가 여자여서 그렇다는 말이잖아요? 그런 일들이 많아요. … 고졸을 위한 직장은 많은데 우리가 존중받을 수 있는 곳은 없는 것 같아요. … 실수를 할 때마다 편집장이 "난 학력은 안 봐서 너를 쓴 거야. 너의 열정을 보고 고용했지만 나는 자선사업가가 아니다"고 … 윗층 사무실에 이화여대 자원봉사자가 있어요. 그 언니가 휴가를 가서 편집장님이 그 사무실 연말 파티 준비하는 거를 가서 도우라고 했어요. 전화해서 파티를 알리는 거였는데, 전화를 하면 사람들이 다 "아 그때 봤던 이대 나온 학생"이냐고 묻더라고요. 100중에 70명은 그 언니를 이대 나온 사람으로 말하더라고요(긴 침묵). 사람들이 다른 사람들을 성격이 아니라 학력으로 구분한다는 것을 알았어요.   (나영)

은주의 직장 경험은 나영보다 더 열악했다. "용모 단정한" 외모를 가지고 있었던 나영에게 "고졸을 위한 직장은 많았"지만, 150센티미터가 채 안 되는 초등학생 같은 왜소한 외모에 약간의 말더듬증이 있는 은주에게 고졸을 위한 직장은 거의 없었다. 은주는 집단 구타를 피하기 위해서 고등학교 진학 당시 집에서 가장 멀리 떨어져 있는 여자상업고등학교에 진학했는데, 졸업 당시 학교장 추천으로 7~8명의 학생들이 휴대폰을 조립하는 하청공장에 보내졌다. 이 학생들 가운데 서너 명이 4일 만에 해고되었고, 은주도 그 중 한 명이었다. 당시 은주는 오전 8시에 출근해서 10시까지, 야간작업을 하면 밤 12시까지, 기계가 돌아가는 시간에 맞추어 4시간마다 십분 간의 휴식만을 갖으면서 일했지만 임금도 받지 못하고 "왜 잘리는 지도 모른 채 잘렸다."

일방적으로 해고를 당한 후, 은주는 이 충격으로 반년 정도 집에만 있다가, 인터넷 구직 사이트를 통해 월 90만원을 받는 "컴퓨터로 전단지 같은 거 만드는" 사무직 일을 구했지만, 그곳에서도 "문서작업을 잘 못해서" 4~5일 만에 임금을 전혀 받지 못한 채 해고됐다. 또 다시 반년 정도를 집에서 쉰 후, 용기를 내서 또 다른 하청 공장에서 일을 시작했지만 그 곳에서도 5일 만에 다시 해고되었다. 은주에 따르면, 조그만 하청 공장의 경우 일이 바쁠 때 사람을 구해서 일주일 정도 일을 시킨 다음에 임금을 주지 않고 해고하는 경우가 많다고 한다. 이 공장에서 은주는 일한 기간만큼의 급

료는 받았지만 이 경험은 은주에게 대단히 큰 상처로 남았다.

아침에 버스가 오거든요? 버스로 퇴근하고 버스로 데려다 주고 하거든요?
버스를 아침에 놓쳐 가지고, 아니 버스 타는 데 서 있는데 그냥 가버리는 거예
요, 출근시간에요. 그래서 택시를 탔는데 교통 카드가 에러가 나서 안 되는 거예
요. […] 20분정도 지각을 했죠, 지각을 해서 갔는데 늦게 왔다고 자르는 거야.
[…] 그래 가지고 그때 그럼 오늘까지만 일하겠다고 그러고 나서, 화장실에 가
서 엄청 울었어요. […] 그때부터 뭐 어디를 취업해서 나가려고 하니까 엄두가
안 나는 거야. 그때부터 한 11월 12월부터 (그 다음해) 10월 달까지 집에서 계
속 놀았어요.   (은주)

연구를 진행할 당시, 은주는 어린이집 보육 교사 자격증을 딸 수 있는
사설 학원에 다니고 있었다. 이수할 학점을 다 받은 후, 현장 실습을 해야
자격증을 딸 수 있는 상황이었다. 문제는 실습할 어린이집을 은주가 알아
서 찾아야 했는데, 몇 군데 어린이집에 이력서를 넣었지만 연락을 하나도
못 받고 있었던 상태였다. 그러던 중, 인천에 있는 어린이집에서 보조교사
자리를 구했다. 일을 시작한 지 2주 정도 됐을 때 은주와 개별인터뷰를 진
행했는데, 당시 은주는 아침 9시부터 7시정도까지 60만원을 받고, 아이들
13명을 돌보고 있었다.

(연구자: 주로 무슨 일을 해요?) 아침에 청소하고요. 아침에 애들 등교할 때
애들 옷 벗기고 애들 수업하고 놀아주고 … 지금 그게 정교사가 없어요. 지금 정
교사가 무단으로 나오지 않아서. 보조교사가 정교사 노릇도 다 하고 있어요.
(연구자: 정교사가 없는 보조교사예요?) 그래가지고 애들이랑 놀아주고, 어떻
게 할지 모르니까 마냥 놀아주다가 "마냥 놀아주지 말고 그림이라든가 그런 걸

해주라"고. … 원장선생님이 정교사처럼 하시고 나머지는 제가 할 때도 있고 저보고 무작정 애들 교육을 해주라는 거예요. 미리하기 전에 준비해오라고 하는 것도 아니고, 바로 당일에. 청소하는 것보다 애들 다루는 게 더 힘들어요. 거의 진짜 이번 주에 2~3일 내내 막 코피 쏟고. 하루는 집에까지 가기 힘들면 자기 (원장) 집에서 자고 가라고. 자기 집에서 먹고 자고 하라고. 그리고 자기 다음날 집에 없으니까, 선생님 혼자 애들 다 보라고 그러는 거예요.

결국 은주는 12월 한 달 일하고 그만두었다. 크리스마스와 연말에 쉬었다는 이유로 원장은 은주에게 임금 60만원을 모두 지불하지 않았다. 이후, 은주는 다시 집에서 대부분의 시간을 사극 드라마를 시청하고 컴퓨터 서핑하며 보내기 시작했다. 은주는 이 모든 것이 자신의 자신감 부족에서 기인한 것이라고 믿었다.

저는 남이 뭐라고 야단치잖아요? 그러면 저는 또 위축되어가지고, 더 못하고, 더 자신감이 없어지는 것 같아요. 그 느낌이 너무 싫잖아. 그게 내가 자신감이 없어서 그런 거예요. … 나는 대학가는 거 보다 돈을 벌고 싶어요. 다른 사람들처럼 살고 싶거든요. 친구들을 만날 때마다 친구들이 돈을 다 내요. 일하고 있으니까. … 그게 창피해요. 나도 게네들한테 밥 사주고 싶거든요.　　　　(은주)

세 번째 여성 혜림은 "고졸이 할 수 있는 일들 가운데 그나마 일하기도 쉽고 페이도 좋다"고 생각하는 텔레마케터 일을 구하고 있었다. 10년 이상을 거의 사람들과 얘기를 하지 않고 지내면서 간신히 고등학교를 마치고 나서는, 거의 1년 간 전혀 밖에 나가지 않고 집에서만 지내면서 혼자 수능 준비를 했다고 한다. 법대에 진학해서 "그나마 성차별이나 성희롱이 적은 직장"이라고 믿는 법률회사에 취직하는 것이 꿈이라고 한다. 혜림은 지난해 방송통신대에 입학한 적이 있다. 사람들과 직접 만나지 않아도 될 것 같아서 방송통신대를 선택했는데, 의무적으로 출석해야하는 몇 차례의 오프라인 강의에서 사람들 사이에 있는 것이 너무 힘들어 결국 포기했다고 한다. "제가 워낙 말이 별로 없으니까. … 그냥 가만히 있어도 저를 해할 것 같다는 생각이 들어요." 내가 혜림을 만났을 때, 그녀는 집 밖에서 나와서 무언가를 해보려고 노력 중이었지만 여전히 대인공포로 힘들어하고 있었다.

> 그때 (집에서만 지낼 때) 되게 힘들었어요. 그러니까 사람들을 보면 무서워하거든요? […] 밖에 나오기만 해도 머리가 어지럽고, 누가 날 보면.. 심하게 이야기하면, '욕 하는 거 아닌가?' 그런 게 신경 쓰이고 그래서 밖에 나오기만 하면 스트레스 받으니까, 계속. 집에 있는 게 제일 편했죠. 편하긴 한데, 그래도 지금은 많이 나아졌고, 계속 집에 있을 수는 없잖아요. 살아야 하니까.

그녀는 텔레마케터 면접에서 떨어지는 이유가 자신의 부적합한 외모와 자신감 없는 태도 때문이라고 인식하고 있었다. 다른 여성들과 함께 집단 인터뷰를 진행할 때도, 혜림은 사람들과 눈을 거의 맞추지 못했고, 굉장히 작은 목소리로 말해서, 굉장히 집중해서 듣지 않으면 목소리를 잘 들을 수가 없었다. 혜림은 나에게 자신 있게 말하는 법, 적절하게 옷 입는 법, 영어 등 그녀가 직업을 얻는 데 뿐만 아니라 일상생활을 살아가는 데 필수적이라고 생각하는 것들을 배우고 싶어 했다. 무엇보다도, 혜림은 사회에서 다른 사람들과 관계를 맺는 데 필요한 일종의 기준 체계를 배우기를 원했다.

혜림 저. 제가 … 님이 생각하시기에 다른 사람과 비교해서 이상해 보이나요?

연구자 글쎄요. … 조심스러워하는 것 같긴 해요.

혜림 조심스러워하는 거에 대해서 어떻게 생각하세요? 만약 사람들이 매우 조심스럽게 대한다면, 그 사람들을 어떻다고 생각하실 것 같아요?

연구자 아마도 나를 믿지 못한다고 생각할 수도 있을 거 같아요.

혜림 그게 님에게 어떤 해를 끼치나요?

연구자 아니요

혜림 (긴 침묵) 저는 다른 사람들을 나쁘다 착하다 판단할 수 없다고 생각해요. 그 뒤에 이야기를 모르면 … 모두 다 내가 모르는 이유를 가지고 있을 테니까.

연구자 네. 저도 그렇게 생각해요.

혜림 다른 사람들도 그렇게 생각할까요? 그러니까 … 나쁘고 좋다는 경계가 없다고 …

연구자 혜림 씨는 어떻게 생각해요?

혜림 저는 사회경험이 없어서 모르겠어요. 한 가지 더 물어보고 싶은 것이 있어요. 어떤 종류의 사람들을 좋아하고 싫어하세요? 그 기준이 뭐예요?

연구자 혜림 씨는 어때요?

혜림 저는 님의 의견을 듣고 싶어요. 사람들을 만날 때 어떤 사람들은 싫고 어떤 사람들은 좋다고 판단하는 기준이 뭔가요?

연구자 왜 그 기준이 알고 싶으세요?

혜림 다른 사람들을 이해하지 못해서요. … 인간 관계에 대해서 몰라서 …

연구자 기준을 알면 어떻게 도움이 될 것 같아요?

혜림 음 … 그 기준이 다른 사람들의 행동을 판단하는 기준이 될 수 있잖아요. 다른 사람들의 생각을 모르는 게 대인공포를 일으킨다고 들었어요. 그래서 다른 사람들의 기준을 더 알면, 관계를 더 잘 맺을 수 있을 것 같아서.

노블(2005)은 인정의 반대를 무관심이 아니라 "끊임없이 부적절한 존재임을 상기시키는 것"으로 정의한다. 세 명의 여성들은 일을 함으로써 사회적으로 적합한 존재임을 인정을 받으려는 노력하지만, 대부분 일터에서의 경험은 오히려 자신이 사회적으로 얼마나 부적합한 혹은 부적절한 존재인지를 확인하는 것이었다. 따라서 나영이 표현대로 "내가 없어지는" 과정으로 감지된다.

3) 미디어, 인정, 적절한 거리

타인과의 상호작용이 부족한 이들에게 미디어는 자신과 세상에 대한 인식을 구성하고, 세상과의 적절한 거리를 구축하는 과정에서 핵심적인 역할을 하고 있었다.

은주는 집에서 지내는 수많은 시간들을 텔레비전 드라마를 시청하는 것으로 채우고 있었다. 사극 드라마를 즐겨보는 아빠 옆에서 은주도 어렸을 때부터 사극 드라마를 많이 봤는데, 은주가 좋아하는 여배우들은 이러한 사극 드라마에서 여주인공 역할을 했던 배우들이다. 은주는 이 여배우 덕분에 힘든 시기를 버텨냈다고 한다.

> 중학교 때 엄청 아픈 적이 있었어요. 거의 3일 동안 정신을 잃고 누워만 있었는데, 그 배우가 나오는 드라마를 보기 위해서 제가 벌떡 일어난 거예요. 그 드라마 보고 나니까 몸이 나아지더라고요. 내가 좋아하는 누군가를 생각하는 것만으로도 행복해졌어요. 그래서 그 시기를 버틸 수 (있었어요).   (은주)

은주는 중3 때 자신이 좋아하는 여배우의 온라인 팬 카페에 참여하면서 인터넷을 사용하기 시작했다.

> (엄마가 운영하는) 부동산에 컴퓨터가 있었어요. 제 아버지가 중학교 때부터 집을 막 나갔다가 들어왔다가 하셨어요. 사업한다고 나갔다가 다시 오셨다가, 그때 어머니 말로는 중3 때 아버지가 나가니까 이혼하려고 하는데, 제가 너무 힘들어 하니까 포기하고 이혼 안하고 있었는데, 2~3년 뒤에 또 나가시는 거예요. 제가 중학교 3학년까지 말을 안 하고 살았어요. 제가 그때 다른 연예인을 좋아서라기보다는 소통하고 싶어서 활동을 했거든요? 답답하니까, 일단 모르는 사람들이니까 언제든지 말할 수 있잖아요 (연구자: 주변 사람들한테는 말을 못했어요?) 괴롭히고 때리고 그러니까 무서워서 얘기를 못했어요. 전화기에다가 막 욕을 남겨놓고 그랬거든요.
> (은주)

이처럼 은주의 삶에서 팬 활동은 대단히 큰 비중을 차지하고 있었다. 엄마가 출근하고 나면, 은주는 대부분의 시간을 혼자 집에서 드라마를 무료로 볼 수 있는 사이트들과 여배우들에 관한 최근 뉴스를 교환하는 사이트를 둘러보며 보내고 있었다. 은주의 개인 홈피 또한 이제까지 자신이 좋아했던 여배우들의 사진들과, 다른 팬클럽 친구들과 함께 방문했던 촬영현장, 팬 사인회 등에서 찍은 사진들로 채워져 있었다. 은주는 "남자 배우 말고 여자배우들만 좋아하는데", 이들은 보통 사극에서 "강하지만 마음이 따뜻해서 다른 사람들을 돌봐주는" 역할을 하는 여자 배우들로, 은주가 생각하기에 "엄청나게 내성적인" 자신과 달리, "성격 자체가 쿨하고, 남성적인" 사람들이다. 은주가 이러한 팬활동들을 통해 받는 보상은 여배우들이 적어주는 짧은 댓글이나 촬영현장에서 이들과 인사를 하는 정도였다.

한편 미디어 사용에 관한 나영의 진술은 자신의 존재를 '타자'로 규정하는 텔레비전 재현의 영향력과 더불어, 그녀의 디지털 미디어 사용이 이에 반하여 '윤리적 주체'로 자신을 구성할 수 있는 사회적 관계를 구축하는데 어떻게 맞물려 있는지 잘 보여준다. 나영은 첫 개별 인터뷰에서 자신을 "예전에 히키코모리였던 사람"으로 소개했다. 그녀가 '히키코모리'로서 자신을 인식하게 된 것은 한 텔레비전의 한 시사 프로그램을 보고나서다.

> 어느 날 엄마가 "봐봐~ 티비에 너랑 똑같은 애들 나온다"라고 소리쳤어요. […] 정말 보기 싫었어요. 완전히 내 이야기여서(긴 침묵).　　　　　(나영)

나영은 자신이 "히키코모리였다"는 사실을 대단히 수치스럽게 생각하고 있었다. 인터뷰 내내 '히키코모리'라는 단어를 말할 때마다 목소리를 죽여 주변 사람들이 들리지 않게 속삭이거나 얼버무리며 발음을 흐리곤 했다. 텔레비전에 기괴한 존재로 재현된 '히키코모리'의 모습에 자신을 투영하면서 나영은 또 다시 심한 우울감에 시달리게 되었고 다시 움츠려들게 되었다고 한다. 당시 나영은 우울함을 극복하기 위해서 인터넷으로 자신과 같이 "정신적인 문제"(나영의 표현)가 있는 사람들이 모이는 공간을 검색해서, 〈나를 찾아서〉(가명)라는 온라인 카페에 가입하며 적극적으로 온라인 커뮤니티 활동을 시작했다. 이 카페는 은둔형 외톨이(히키코모리)나 대인공포와 같이 심리적인 고통에 시달리고 사람들의 자조 모임이었다.

> (그 카페에서) 너무 즐겁게 활동을 했죠. 말할 친구가 하나도 없었으니까, 우울하거나 슬프거나 그러면 그 카페에 가서 막 글을 썼어요. 다다다다다다다다다. 그럼, 답글이 마~~악 올라와요. 힘든 시기에 있는 사람들에게 필요한 것은 해결책이 아니라 위로거든요.　　　　　(나영)

나영은 활발한 활동을 기반으로 그 카페 운영자로 활동하며, 다른 6명의 회원들과 자조모임을 조직해서 3개월 정도 오프라인 모임을 운영하기도 했다. 이러한 활동을 통해서 나영은 자신이 엄마가 말하는 것처럼 "기생충"이 아니라, "다른 사람에게 도움을 줄 수 있는 사람"임을 증명하고 싶었다고 한다.

　이처럼 나영과 은주의 삶에서 인터넷은 자신들이 '인정'을 받으며 속할 수 있는 공간을 구축하는 데 긴밀하게 얽혀 있었다. 하지만, 인터넷상의 연결이 곧 존중과 상호인정을 보장하지는 않았다. 나영과 은주 모두 온라인 상의 상호작용 속에 언제든 공격받거나 고립될 수 있는 위험이 잠재되어 있는 것으로 인지하고 있었다.

　　(인터넷상에서) 익명이라고 사람들은 다른 사람들을 쉽게 공격해요. 활발하게 활동했던 공간들에서도 저도 공격을 많이 받았어요. 정말 큰 상처가 되요. 왕따를 안당하려면 적절하게 행동하는 법을 익혀야 해요. (연구자: 어떻게 하는 게 적절한 거예요?) 언제 들어가고 빠질 지를 잘 조절해야 찍히지 않아요. 참여하는 정도를 잘 조절해야 해요. 그러면서 왕따 당하지 않는 기술들을 익혀야 해요.
　　　　　　　　　　　　　　　　　　　　　　　　　　　　　(나영)

　이처럼 사회적 관계망 속으로 들어가는 것은 소속감을 느낄 수 있는 공간을 만드는 것임과 동시에 또 다른 폭력이 발생할 수 있는 위험 또한 생기는 것이기도 했다. 이러한 문제는 온라인 모임이 오프라인 모임으로 발전할 경우 더욱 두드러졌다. 나영의 '예쁜 외모'는 그녀가 참여했던 남성들이 주도권을 행사하고 있었던 모임에 쉽게 합류하고 환영받을 수 있는 장점으로 작용했지만, 이 속에서 남성들과 적절한 거리를 만들어야했다. "오프라인 모임에서 남성들이 맨날 여자들한테 집적거려요. 저한테 그럴까봐 가까워지기가 무섭죠."

은주 또한 팬클럽의 활동이 온라인에서 이루어지는 상호작용을 넘어서 오프라인으로 확장될 때, 팬 활동 조직과 운영 또한 경제력에 따라 작동하는 위계질서 속에서 또 다시 소외를 경험하게 됐다.

처음에 좋아했던 배우는 유명한 배우였는데, 핵심 멤버들이 있어요. 행사를 하면 다른 팬들은 소외시키고 그분들하고만 얘기하는 거예요. 선물을 할 때도 고급 세트 있죠? 몇 십 만 원짜리, 그런 거 바치니까. (연말 시상식에서) 상타는 것 보고 얘기하려고 했는데, 세 시간인가? 세 시간 넘게 오들오들 떨면서 기다렸는데, 다른 팬들은 제치고 그 사람들이랑만 가서 이야기하는 거예요. 그래서 저랑 비롯해서 다른 팬들은 완전히 소외되고, 얼굴도 못보고. 소외되니까 엄청 상처 받았죠. 그리고 그때 눈 왔거든요? 팬카페에서 탈퇴하고 막.   (은주)

그 이후, 은주는 유명하지 않은 여배우들의 팬이 되어 그 여배우의 성장을 도와주는 역할을 하고자 했다. 은주는 몇 달에 걸쳐 3만원을 모아서 그 여배우 생일에 케익을 사서 보내기도 했다. 3만원이라는 금액이 은주에게는 정말 큰 액수였기에 이 케이크가 정말 그 여배우에게 배달되었는지 확인하기 위해서 연예인 소속 사무실과 매니저 번호까지 알아내서 몇 번이나 전화를 걸어 물어보았지만, 확인할 수 없었다고 한다.

혜림은 유치원 시절부터 고등학교까지 주변에 존재할 수 있는 잠재적인 폭력을 막기 위해 일종의 방어막을 만들며 마치 인큐베이터 속에 들어가 있는 삶의 형태를 만들어 왔는데, 인터넷은 자신의 안전한 인큐베이터 속에서 자신과 세상에 대한 인식을 구축하는데 중요한 공간이었다. 고등학교를 졸업하고 집에 은둔해 있으면서, 혜림은 인터넷을 검색하며 자신이 그동안 다른 사람들과 말을 안했던 것이 "선택적 함묵증"이라고 불리는 증상이라는 것을 알게 되었고, 이러한 증상이 "자신의 노력으로 치유가능하다"는 것을 알게 되었다고 한다. 그 후 '대인 공포/기피' 증세를 가지고 있는 사람들이 운영하는 온라인 커뮤니티를 찾아 참여했는데, 그곳에서 나영이 조직했던 오프라인 자조모임에도 함께 참여하기까지 했었다. 하지만 오프라인 모임에서 남성 참여자가 혜림을 성희롱하는 일이 발생하면서 모임을 그만두게 되었다.

휴대폰은 이들이 구축한 관계의 불안정성을 드러내는 물체로, 자신이 인식하고 있는 사회와 맺고 있는 이중적인 태도, 즉 열망과 두려움을 더욱 두드러지게 드러내는 매개체이다. 나영의 경우 휴대폰을 자신을 세상과 연결시켜주는 "가장 중요한 보물"로 인식하고 있었다. 앞에서 서술한 직장에서의 잦은 이동에 더해서, 나영은 거주하는 집 또한 끊임없이 이동 중이었다. 일례로, 지난 일 년 동안에 나영은 총 7번의 이사를 했고, 내가 그녀를 인터뷰 했던 3개월 동안에도 더 싼 공간을 찾아서 3차례 이사를 했다. '끊임없이 이동' 중인 나영의 삶 속에서 일터나 집은 언제 떠날지 모르는 임시적인 장소였고, 이 상황에서 나영의 휴대폰은 그녀가 소유하고 있는 유일한 미디어이자, 타인이 나영에게 연락할 수 있는 유일한 통로이기도 했다.

휴대폰은 제 인생에서 정말 큰 부분을 차지해요. 항상 가지고 다녀요. 어쩌다 떨어트리기라도 하면 고장 날까봐 얼마나 걱정이 되는지 몰라요. 정말 중요해요. 이걸로 인해서 모든 인간관계가 되잖아요. (나영)

나영에게 휴대폰은 자신이 가지고 있는 사회에 대한 열망과 두려움을 협상하는 장이었다.

> 제가 휴대폰 목록을 가족 것만 빼고, 한 열 개만 빼고 다 지워버린 적이 있었어요. (연구자: 왜 지웠어 그때는?) 나영: 그게 잘 모르겠는데요. … 사람이 그런 게 막 겹치며는… 다 잊고 싶잖아요. … 인간관계가.. 불안정할 때가 있잖아요. 사람이 성숙하지 못하면 인간관계도 막 단발성으로 끝나는데 … 단기적으로 … 그럴 때는 휴대폰도 불안정하니까, 휴대폰도 끊어버리는데 … 이제 내가 어디에 속해 있고 그런 것을 알아가면서 지금은 많이 삭제는 안했거든요? (연구자: 삭제할 때는 사람들하고 연락을 **끊**으려고?) 사람들 자체가 싫은 거죠. 특정인 때문에 화가 난 건데, 그걸로 인해서 … 다 그냥 … 그런 거죠. 음 … (웃음) 그래도 많이 기다려져요. 항상 뭔가 … (웃음) 항상 올 것 같고, 그래도 … 많이 기다려지죠. 이게 잘 활용을 하면 희망적인 건데. (나영)

나영이 통화목록과 문자들을 습관적으로 지우는 행위는 공적 공간에 대해 나영이 가지고 있는 복합적인 정동을 매개하고 있다. 이는 자신에게 해를 가할 수 있는 잠재성을 차단하려는 시도이자, 동시에 실패했다고 생각하는 관계를 지우고 다시 새로운 연결망 속에서 자신을 배치하는 행위로 자신이 원하는 사회적 관계를 구성하는 수행으로 미래를 꿈꾸는 것이기도 하다. 그래서 나영은 휴대폰을 자신을 세상과 연결시켜줄 수 있는 잠재성을 가지고 있는 '희망적인 것'으로 인식한다.

4. '적절한 거리' 만들기

현대 사회에서 저학력의 가난한 사람들은 미디어의 재현을 통해서 만나는 전형적인 '매개된 타자'이다(Bauman, 1993, 2005; Jones, 2011). 미디어는 이들의 삶의 고통을 구경거리나 동정의 대상으로 그리며 우리 사회의 타자로 구성한다(Boltanski, 2004). 사실 멀리 떨어져 있는 타자에 대한 재현과 비인간화 과정에 대한 지적은 오래된 문제이다. 실버스톤의 논의가 새로운 지점은 이러한 문제제기가 아니라 이에 대한 해법에 있다. 기존의 미디어 연구에서 타자에 대한 재현을 극복하는 방법으로 제시되어 온 것은 타자들이 자신들을 스스로 구성하고 재현할 수 있는 '권리'를 강조하는 것이었다. 실버스톤의 적절한 거리 개념은 '주체의 권리'에서 '타자에 대한 책임'으로 미디어 윤리의 패러다임을 전환함으로써, 타자의 문제를 그들의 문제가 아닌, 나의 문제이자 책임으로 끌어온다.

앞서 기술한 세 여성들의 삶에서 디지털 미디어 기술의 배치와 연관하여 생각해 볼 수 있는 '적절한 거리'에 대한 짧은 성찰로 글을 마무리하고자 한다. 먼저 전 지구적 자본주의의 확산을 통한 신자유주의적 사회변동 속에 이루어지는 대규모 기술의 도입과 관련하여 '적절한 거리'를 생각해 볼 수 있다. 웨이델Timothy Weidel은 전 지구적 자본주의가 구성되는 과정에서 확산된 제3세계 지역에서의 빈곤의 확산을 (특히 농업 지역과 관련하여) 다국적 국가의 대규모 기술 도입을 통한 생산 방식과 연결하여 설명한다(Weidel, 2015). 그에 따르면, 다국적 기업이 제3세계 농업지역에서 대규모 기술을 도입하여 구축한 대량 생산 체계는 해당 지역의 지역 경제와 공

동체를 붕괴시켰고 여기서 직업을 잃은 수많은 농민들이 도시의 빈곤 계
층으로 유입되었다. 이와 유사하게, 김철식(2009)은 한국 사회에서 IMF
금융위기 이후 맞물려 진행된 공장의 해외이전, 생산의 외주화, 노동의 유
연화가 대기업 중심의 연쇄적인 하청시스템을 형성하며 대규모 실업과 더
불어 광범위한 합법적/불합법적 간접고용 및 부당 해고가 심각하게 확산
되었음을 보여준다. 이처럼 신자유주의적 사회 변화는 대규모 기술 도입
을 통한 노동의 불안정화(임시직화 및 외주화)를 토대로 이루어져 왔다. 웨
이델이 제3세계 농업지역의 공동체를 유지할 수 있는 '중간' 규모의 기술
의 도입을 주장하듯, 이러한 대규모 기술의 노입에서의 '적절한 거리'를
구축하는 것에 대한 고민이 필요하다.

두 번째로, 한국 사회에서 저학력 빈곤 여성으로서 삶 속에서 이들의 인
간으로서의 존재의 가치를 훼손하고 부정하는 요소들에 대한 '적절한 거
리'의 구축에 대해서 생각해볼 수 있다. 이 요소들은 외모와 학력을 기준
으로 한 배제와 차별이라는 익숙한 폭력들과 더불어, 이들의 삶의 과정 곳
곳에서 (사적영역과 공적 영역을 아울러) 반복적으로 되풀이 되는 '돌봄의
부재'이다. 전 세계적으로 신자유주의적 사회정책은 이러한 돌봄의 부재를
시장을 통해 해결하는 방식을 제시해왔다(Newman and Tonkens, 2011;
Song, 2006, 2007; 장귀연, 2009, 2011). 유럽의 사회 복지 정책들은 "자신의
복지와 안녕을 스스로 책임지고, 더 나아가 직접적인 돌봄과 지지를 통해
가족을 책임지고, 자원봉사와 적극적인 참여를 통해서 지역 공동체 구성원
들의 복지와 안녕까지 책임지는 '능동적 시민'(active citizen)"(Barnes,
2011: 12)으로 사회정책의 수혜자들의 주체를 구성해왔고(Newman and
Tonkens, 2011), 이러한 경향성은 한국의 사회 정책에도 공통적으로 드러

난다(Song, 2006, 2007; 장귀연, 2009, 2011; 김수미, 2016). 반즈는 "자율적인 행위자" 개념이 단지 위에서 규정된 것만이 아니라, 복지 정책의 이용자들이 적극적으로 받아들이고 있음을 지적한다(Barnes, 2012). 그 이유는 이들이 "의존하는 사람"(dependents)으로 규정되는 것으로 인한 많은 부정적인 경험을 했기 때문에, 이에 반하여 스스로를 (도움이 필요하지 않은 것처럼 보이는) 다른 성인들과 동등한 가치를 가진 '자율적으로 선택하는 개인'으로 자신들의 정체성을 구성하고 주장하고자 한다(Barnes, 2012: 12)는 것이다. 이러한 동등한 사회성원으로 인정받고자 하는 취약한 사람들의 '희망'을 활용하여, 신자유주의적 사회정책은 돌봄이 필요한 사회적 약자들이 또 다른 약자를 돌보며 저임금 노동자로 착취당하는 구조를 구성하고 있다.

세 번째로 돌봄의 부재와 디지털 미디어 사용과의 관계 속에서 '적절한 거리'에 대해서 생각해 볼 수 있다. 세 여성들의 진술은 모두 동등한 사회성원으로서 '인정'을 요구하고 있다. 이들이 일상에서 경험하는 비참함은 경제적 어려움과 더불어 동등한 사회구성원으로 자신의 존재가 끊임없이 부정되는 것이다. 이는 우울, 불안, 대인기피/공포, 선택적 함묵증, 말더듬, 불편함 등의 정동으로 이들의 몸에 새겨져 있고, 이들의 취약성을 세상에 드러낸다. 이러한 취약성을 줄이고자 하는 시도 속에 이들은 반복되는 고립된 삶의 양식을 만들고 있다. 이러한 '의미 있는 관계'를 만들 수 있는 공적 영역에 접근하는 것이 막혀있는 (혹은 부재한) 상황에서 이들은 디지털 미디어를 활용하여 공적 영역에 접근하려고 시도하고 있다. 이러한 시도 속에서 이들은 현실에서의 사적/공적 돌봄의 부재를 메울 수 있는 상상적 관계를 구축하려고 시도한다. 즉, 일상에서 경험하는 사적/공적 돌봄의 부재 속에서 디지털 미디어는 이들에게 가족이자, 의사이자, 선생이자, 상담사이자, 친구로서 상상의 관계를 구축하며 삶 속에 없어서는 안 되는 존재로 자리잡고 있다. 하지만 이러한 상황은 궁극적으로 이 여성들의 사회적 존재로서의 잠재력을 심각하게 훼손시키고 있었다. 예컨대, 연결을 유지하기 위한 통신 비용들은 경제적으로 이들의 일상을 더욱 궁핍하게 만들고 있었고, 가족들과의 관계를 더욱 악화시키고 있었다. 또한, 인터넷을 통해서 이들에게 허용되는 '공짜' 상품 및 서비스들(심리 상담, 취업 상담 등)은 적합한 치료책이나 해결책을 제공하지 않은 채, '선택', '자조', '자존감' 등의 프레임을 통해 이들이 겪고 있는 상황을 자신들의 개인적인 문제이자 실패로 인식하게 하고 있었다. 따라서 이들의 삶에서 디지털 미디어와의 '적절한 거리'를 만들기 위한 필수적인 요소는 이들이 일상에서 "의미 있는 관계들"을 만들어 낼 수 있는 공적영역을 구축하는 것이다. 이는 곧 인간으로써 지위가 가치를 존중받을 수 있는 기회를 어떻게 분배할 것인가에 대한 고민이고, 이것이 실버스톤이 '적절한 거리' 개념을 통해 던지고자 하는 문제의식일 것이다.

이 글에서 재현된 여성들의 삶은 대단히 극단적인 사례로, 이 세 여성들의 진술이 저학력 빈곤층 여성들의 삶을 대변하는 것은 아니다. 하지만 이들이 보여주는 취약한 삶의 속성은, 정도의 차이는 있겠지만, 우리 대다수가 공유하고 있는 신자유주의적 삶의 조건을 드러내고 있다. 현재의 신자유주의적 문화에서 부과하는 일상의 구조는 각자의 사적인 공간에 개별적으로 고립된 삶이다. 이는 타인들과 공동체를 구성하며 소속감과 인정을 얻을 수 있는 기회의 상실을 의미한다. 이것이 "시공간을 초월하여 자율적으로 선택하며 움직이는" 디지털 미디어 이용자가 처해있는 물질적 삶의 조건으로, 우리는 점점 더 사적인 공간에 갇혀 살도록 강제된 채, 인터넷을 통해 부재한 공적 영역들에 도달하려고 시도한다. 이러한 특성들이 극단적으로 취약한 상태에 처해있는 세 여성들의 삶 속에 극단적인 형태로 드러나고 있다고 볼 수 있을 것이다. 또한 우리 모두는 인생이라는 긴 여정을 걸어가는 동안 언제든지 세 여성들이 진술하는 상황 속에 처할 수 있다. 따라서 이들의 삶에서 '적절한 거리'를 구축하려는 노력은 이들에 대한 동정이나 배려가 아니라, 우리 모두의 일상의 안녕을 증진시키기 위한 실천이다. 우리는 모두 다 취약한 존재이기 때문이다.

참고문헌

1) 단행본

김철식. 2009. 「노동의 불안정화를 양산하는 자본의 전략」. 『비정규직 없는 세상: 비정 규직 철폐운동의 전장』. 서울: 메이데이.

Barnes, Marian. 2012. *Care in Everyday Life: An Ethic of Care in Practice*. Great Britain: The Policy Press.

Bauman, Zygmunt. 1993. *Post—modern Ethics*. Oxford: Blackwell.

_____. 2005. *Work, Consumerism and the New Poor*. Open University Press.

Bull, Michael. 2000. *Sounding Out the City: Personal Stereos and the Management of Everyday life*. Oxford and New York: Berg.

_____. 2015. *Sound Moves: iPod Culture and Urban Experience*. London: Routledge.

Butler, Judith. 2004. *Precarious Life: The Powers of Mourning and Violence*. London: Verso.

_____. 2005. *Giving an Account of Oneself*. New York: Fordham University Press.

Couldry, Nick. 2010. *Why voice Matters: Culture and Politics after Neoliberalism*. Los Angeles: Sage.

_____. 2012. *Media, Society, World: Social Theory and Digital Media Practice*. Cambridge, England: Polity Press.

Gardner, Carol Brooks. 1995. *Passing By: Gender and Public Harassment*. Berkeley: University of California Press.

Giddens, Anthony. 1990. *The Consequences of Modernity*. Cambridge: Polity.

Hall, Stuart. 1997. *Representation: Cultural Representations and Signifying Practicies*. London: Open University.

Honnet, Axel. 1995. *The Struggle for Recognition*. Cambrideg: Polity.

_____. 2007. Disrespect. Cambridge: Polity.

Jones, Owen. 2011. *Chavs: The Demonization of the Working Class*. London: Verso.

Latour, Bruno. 2005. *Reassembling the Social*. Oxford and New York: Oxford

University Press.

MacIntyre, Alasdair. 1999. *Dependent Rational Animals: Why Human Beings Need the Virtues*. Chicago: Open Court.

Newman, Janet and Evelien Tonkens. 2011. *Participation, Responsibility and Choice: Summoning the active citizen in Wenstern European welfare states*. *Amsterdam*: University of Amsterdam Press.

Silverstone, Roger. 1994. *Television And Everyday Life*. London and New York: Routledge.

_____. 1999. *Why Study the Media?*. London: Sage.

_____. 2007. *Media and Morality: On the Rise of the Mediapolis*. Cambridge: Polity Press.

Silverstone, Roger, and Eric Hirsch 1992. *Consuming Technologies: Media and Information in Domestic Spaces*. London and New York: Routledge.

2) 번역서

콜드리, 닉. 2014. 『왜 목소리가 중요한가: 신자유주의 이후의 문화와 정치』. 이정엽 옮김. 서울: 글항아리.

Boltanski, Luc. 2004. *Distant Suffering: Morality, Media and Politcs*. translated by Graham Burhcell. Cambridge University Press.

Foucault, Michel. 1990. *The History of Sexuality 1: An Introduction*. translated by Robert Hurley New York: Random House.

Foucault, Michel. 2008. *The Birth of Biopolitics: Lectures at the College de France, 1978−79*. translated by Graham Burchell. New York: Palgrave MacMillan.

3) 논문

김수미. 2016. 「'자원봉사 시민(volunteer−citizen)' 되기: 신자유주의 생존윤리와 청년세대」. 《언론과 사회》, 24권 3호, 128~177쪽.

박원빈. 2008. 「에마뉴엘 레비나스의 타자윤리 — 마르틴 하이데거와 다르게 사유하기」. 《철학》, 제95집, 173~198쪽.

장귀연. 2009. 「노동시장 유연화와 노동복지」. 《복지동향》, 134호.

장귀연. 2011. 「비정규직과 신자유주의 노동정책, 노동운동의 전략」. 《마르크스주의 연구》, 8권 4호, 296~316쪽.

채석진. 2016. 「친밀한 민속지학의 윤리: 청년 세대 여성들의 취약한 삶, 노동, 디지털 미디어 사용 연구하기」.《언론과 사회》, 24권 3호, 47~88쪽.

Borden, Sandra L. 2015. "A Virtue Ethics Critique of Silverstone's Media Hospitality." *Journal of Media Ethics*, Vol. 30.

Casey, Edward S. 2011. "Strangers at the Edge of Hospitality." in Richard Kearney and Kascha Semonovitch (eds.). *The Phenomenologies of the Stranger: Between Hostility and Hospitality*. Fordham University.

Chae, Suk Jin. 2016. "Negotiating Precarious Lives: Young Women, Work, and ICTs in Neoliberal South Korea." Ph.D. thesis. University of Sussex (Unpublished).

Chouliaraki, Lilie. 2011. "'Improper distance': Towards a Critical Account of Solidarity as Irony." *International Journal of Cultural Studies*, Vol. 14, No. 4.

Couldry, Nick, and Andreas Hepp. 2013. "Conceptualizing Mediatization: Contexts, Traditions, Arguments." *Communication Theory*, Vol. 23.

Fraser, Nancy. 2000. "Rethinking Recognition." *New Left Review*, No. 3.

_____. 2005. "Reframing Global Justice." *New Left Review*, No. 36.

_____. 2007. "Transnationalizing the Public Sphere." *Theory Culture and Society*, Vol. 24, No. 4.

Gardner, Carol Brooks. 1989. "Analyzing Gender in Public Places: Rethinking Goffman's Vision of Everyday Life." *The American Sociologist*, Vol. 20, No. 1.

_____. 1994. "Out of Place: Gender, Public Places, and Situational Disadvatage." in Roger Friedland and Deirdre Boden (eds.). *NowHere: Space, Time, and Modernity*. Berkeley and Los Angeles: University of California Press.

Haraway, Donna. 1988. "Situated Knowledge: The Science Question in Feminism and the Privilege of Partial Perspective." *Feminist Studies*, Vol. 14, No. 3.

Honnet, Axel. 2004. "Organised self-realization: some paradoxes of individualization." *European Journal of Social Theory*, Vol. 7, No. 4.

Noble, Greg. 2005. "The Discomfort of Strangers: Racism, Incivility, and Ontological Security in a Relaxed and Comfortable Nation." *Journal of Intercultural Studies*, Vol. 26, No. 1.

Orgad, Shani. 2011. "Proper Distance from Ourselves: The Potential for Estrangement in the Mediapolis." *International Journal of Cultural Studies*, Vol. 14, No. 4.

Scorr, Martin. 2014. "The Mediation of Distant Suffering: An Empirical Contribution Beyond Television News Texts." *Media, Culture & Society*, Vol. 36, No. 1.

Silverstone, Roger. 2002. "Complicity and Collusion in the Mediation of Everyday Life." *New Literary History*, Vol. 33, No. 4.

_____. 2003. "Proper Distance: Towards an Ethics for Cyberspace. Gunnar Liestol." in Andrew Morrison and Terje Rasmussen (eds.). *Digital Media Revisited: Theoretical and Conceptual Innovations in Digital Domains.* Cambridge, MA: MIT Press.

_____. 2004. "Regulation, Media Literacy and Media Civics." *Media, Culture and Society*, Vol. 26, No. 3.

Silverstone, Roger, Eric Hirsch and David Morley. 1992. "Information and Communication Technologies and the Moral Economy of the Household." in Roger Silverstone and Eric Hirsch (eds.). *Consuming Technologies: Media and Information in Domestic Spaces.* London and New York: Routledge.

Song, Jesook. 2006. "Family Breakdown and Invisible Homeless Women: Neoliberal Governance during the Asian Debt Crisis in South Korea, 1997−2001." *Position*, Vol. 14.

Song, Jesook. 2007. "Venture Companies,' 'Flexible Labor,' and the 'New Intellectual': The Neoliberal Construction of Underemployed Youth in South Korea." *Journal of Youth Studies*, Vol. 10, No. 3.

Weidel, Timothy. 2015. "The 'Ugliness' of Economic Efficiency: Technology, Species−being, and Global Poverty." *Ethics & Golobal Politics*, Vol. 8, No. 1.

제 7 장

영화를 통해서 살펴본
탈북자들의 '인정투쟁'의 양상:
〈무산일기〉와 〈댄스타운〉을 중심으로

모춘흥(한양대 평화연구소), 김수철(한양대 평화연구소)

"인정 욕구는 자연적 욕구만큼이나 강렬하고 중요하기 때문에
타인에게서 인정받지 못하면 누구나 그만큼 괴로워한다."
(이정은, 2005: 31).

1. 들어가는 글

영화는 사회상을 반영한다. 감독은 '우리들의 이야기로 한 번쯤 귀 기울여 볼 필요가 있는 것'에 주목하여 영화를 만들며 관객은 그 영화를 통해 자신이 살고 있는 사회를 되돌아보게 된다. 때문에 수년 전부터 영화에서 탈북자가 자주 등장하고 있는 이유는 남한 사회에 정착한 이들의 수가 급격하게 늘어났기 때문이다.[1] 그러나 수적 증가라는 현상보다 더욱 중요한 것은 분단국가에서 탈북자라는 존재가 갖고 있는 의미와 그들의 고통스러운 현실이 중요한 사회 문화적 의미를 갖는다는 점에 있다. 탈북자는 남한 사회의 구조적인 모순을 드러내는 의미심장한 구성원이 되고 있으며, 이들을 다룬 영화는 관객들에게 현재 남한 사회의 모순을 직시할 수 있게 해주는 매개체로서 기능하고 있다.

그러나 탈북자를 소재로 한 영화가 점차 늘어나고 있음에도 개별적으로

---

1 2017년 12월(2017년에 입국한 1,127명을 포함하여) 현재 탈북자의 국내입국현황
  은 31,339명이다. 통일부 통계자료(검색일: 2018.3.28).

그들을 만나는 것은 쉽지 않다. 이는 국가보안법이 존재하는 남한 사회에서 탈북자 스스로 자신의 모습을 드러내기를 꺼려하거나 혹은 남한 사람들이 그들의 존재를 알기를 꺼려하기 때문일 것이다. 또한 남한 사회가 탈북자들에게 연대와 공존의 제스처를 보내고 있지만, 그들에 대한 우리의 관용은 남한 사회의 규칙, 규범, 문화, 정치 체계 등을 준수해야 한다는 점을 전제하고 있다. 보다 정확하게 말하자면, 남한 사회에서 탈북자들은 '타자성이 제거된 타자' 혹은 '타자성을 스스로 제거한 타자'로서의 삶을 살고 있는 것이다. 아울러 탈북자들의 남한 사회에서의 정착 과정을 다룬 수많은 연구들은 우리의 시선으로 그들의 부적응 원인을 분석하고 있다는 점에서 실제 남한 사회에서의 그들의 현실을 충분하게 반영하지 못하고 있다.[2]

한편, 1990년대 후반부터 탈북자들의 남한 사회로의 이주와 정착이 본격적으로 확대되면서 국가라는 영토적 공간에 대한 다양한 인식과 실천이 나타나고 있다(강주원, 2012; 김성경, 2012). 분단국가에서 탈북은 '국경 허물기' 혹은 '경계 넘기'의 현상으로 인식될 수 있다. 그러나 이와는 대조적으로 21세기를 전후하여 남한 사회에서는 '국경 만들기' 혹은 '경계 짓기' 현상들이 나타나고 있는데, 대한민국이라는 국민국가 내부에 탈북자에 대

---

2 상당수 탈북자들의 정착 과정을 다룬 기존 연구에서는 남한 사회에서 그들의 부적응 원인을 '탈북자들만의 문제로 치환하는 경향'이 많았다. 대표적으로 윤인진은 전체주의적이고 집단주의적인 사회에서 형성된 탈북자들의 인성구조와 특성이 그들이 남한 사회에 적응하는 과정에서 부정적인 영향을 미치고 있다는 분석을 내렸다(윤인진, 2001). 한편, 최근에는 탈북자들의 부적응의 원인을 그들만의 문제로 귀결 짓지 않고, 그 원인을 '남한 사회의 구조적인 측면'과 '남한 사람들이 탈북자를 바라보는 인식과 태도'에서 기인하고 있다고 주장하는 연구들이 다양한 영역에서 진행되고 있다(권수현, 2011; 이희영, 2010; 신미녀, 2009).

한 보이지 않는 국경이 형성되고 있는 것이 바로 그것이다. 결국, 탈북자들은 남한 사회에 정착한 이후 또 다른 '국경 허물기' 혹은 '경계 넘기'를 하고 있으며, 이러한 양상은 현재진행형으로 나타나고 있다. 이 글에서는 탈북자들의 남한 사회 내에서의 '국경 허물기' 혹은 '경계 넘기' 현상을 '인정투쟁'의 과정이라고 주장하려고 한다.

그렇다면 탈북자들의 남한 사회에서의 인정투쟁은 어떠한 양상으로 나타나고 있는가? 그들은 남한 사회의 일반화된 타자들과의 상호작용 속에서 어떻게 자신들의 정체성을 구현하고 있으며 그 조건은 무엇인가? 이 글은 희망을 찾아 남한 사회에 왔지만 자본주의적 위계질서에 속박되어 '소수자'로서의 삶을 살고 있는 탈북자들이 남한 사회에서 인정받기 위해 끊임없이 노력하는 모습, 보다 구체적으로 그들이 벌이는 인정투쟁의 다면성과 그 조건을 살펴보는 데 목적이 있다. 그리고 이를 토대로 탈북자에 대해 남한 사회가 얼마나 사회문화적으로 인정의 토대를 갖추고 있는가에 대한 질문을 던지고 있다. 다만, 대부분의 남한 사람들이 탈북자를 직접 접해본 경험이 거의 없는 상황에서 이들을 바라보는 대다수 남한 사람들의 인식과 태도가 미디어 담론으로 형성되고 있다는 점을 고려하여, 이 글에서는 2000년대 중반 이후 탈북자를 재현하고 있는 영화를 통해 이들의 남한 사회에서의 인정투쟁의 양상을 살펴보고자 한다.

이 글에서 영화를 통해 탈북자들의 남한 사회에서의 인정투쟁의 모습을 분석하는 데에는 다음의 이유가 있다. 첫째, 영화는 한 사회의 망각과 묵인에 의해 잘 드러나지 않는 소수자들에게 빛을 비춰 그들을 사회의 가시적인 표면에 드러내어 대중들의 인식을 바꾸고 새로운 담론을 형성시키는데 매우 효과적인 매체이다(오영숙, 2013: 189). 둘째, 탈북자 영화에는 '남한 사회를 바라보는 탈북자들의 시선'과 '탈북자를 바라보는 남한 사회의 시선'이라는 두 개의 서로 다른 시선이 존재한다. 무엇보다도 두 개의 서로 다른 시선을 동시에 본 관객들은 우리 주변에서 쉽게 보이지 않는 탈북자들의 남한 사회에서의 인정투쟁의 모습과 이들에 대해 남한 사회가 얼마나 인정의 토대를 갖추고 있는가를 성찰해 볼 수 있다.

결국, 남한 사회에서의 탈북자들의 삶을 사실적으로 재현하고 있는 영화를 분석하여 간접적으로나마 이들에 대한 남한 사회의 인정의 토대와 타자화 양상을 점검하는 것을 통해 현재 남한 사회가 탈북자를 포함한 소수자의 고통을 대하는 인정의 토대를 살펴보는 데 이 글의 학술적 의의가 있다.

2. 이론적 배경과 연구방법

1) 인정투쟁과 정체성의 재구성

대다수 사회과학적 연구에서는 다수자와 소수자간의 대립과 갈등의 원인을 주로 한정된 재화를 둘러싼 생존경쟁과 자기보존에서 찾고 있었다면 헤겔Georg Wilhelm Friedrich Hegel은 "인간들 사이에서 발생하는 투쟁을 자기보존을 위한 것이라고 해석하지 않고 인간의 도덕적 충동", 즉 "사회적 인정관계의 장애나 손상"에서 비롯되는 것으로 보았다(악셀 호네트, 2011: 33~34). 즉 인간 주체는 타인의 의해 인간 주체로 인정 혹은 인식되어야만 자기긍정의 정체성을 가질 수 있다고 본 것이다. 이러한 헤겔의 인간 간의 사회적 인정관계를 둘러싼 장애나 손상을 '인정투쟁'(struggle for recognition)으로 확장시켜 개념화한 호네트Axel Honneth는 사회적 관계에서 상호 간의 존재는 타인의 인정이 수반되어야만 한다고 언급하는 가운데, 인정투쟁은 소통의 상대방을 향한 것인 동시에 자기 자신의 존재를 가능하게 하는 것이라고 주장했다(악셀 호네트, 2011: 148~150).

여기서 왜 인간은 타자와의 관계를 인정으로 시작하는지에 대한 물음을 던질 수 있다. 호네트의 주저『인정투쟁』을 번역한 문성훈은 "'인정'은 인간이 자신에 대한 긍정적인 관계, 즉 긍정적인 자기의식을 가지게 하는 심리적인 조건"이라고 설명한다(악셀 호네트, 2011: 15). 문성훈은 인간은 궁극적으로 자신의 정체성을 의사소통적으로 인정받길 원하며, 그렇지 못할 경우에 도덕적 분노를 느끼게 된다고 설명한다. 이런 맥락에서 호네트와 문성훈은 모든 정치사회적 투쟁의 동기는 사회적 무시이며, 투쟁의 목표는 인정이라고 주장하는 것이다.

나아가 호네트는 타인의 인정에 의해 부여되는 사랑, 권리, 사회적 연대라는 세 가지 형태를 성공적인 삶의 조건으로 제시한다(악셀 호네트, 2011: 183~249; 문성훈 2014, 66~86). 먼저, 사랑이라는 형태의 인정은 개인이 "지속적인 정서적(affective) 유대의 확실성을 통해서 자기 자신과 긍정적인 관계를 발전시킬 수 있는 가능성"을 제공하는 것으로 이해된다(Juul, 2010: 258). 이는 자신감에 다름 아니며, 자신감은 개인이 가족과 같은 친밀한 공동체 내에 참여하여 행위하고 소통할 수 있게 해준다. 둘째, 권리 형태의 인정은 법적 권리에 대한 인정을 의미한다. 호네트에게 있어서 법적 권리 형태의 인정은 모든 이들에 대한 동등하고 보편적인 법적 대우를 구성하며 타자와의 동등한 관계 형성에 참여할 개인들의 기회 부여에 있어서 결정적인 요소가 된다. 마지막으로 사회적 연대 형태의 인정은 자존감(self-esteem)의 발전에 전제조건으로 이해된다. 법적 권리의 인정과는 달리 사회적 연대 형태의 인정은 타자를 그들의 시민으로서 받아들이는 법적 권리가 아니라 그들의 개성을 인정하는 것과 관련된다.

그러나 인정의 반대형태, 즉 무시형태가 존재할 수 있는데, 사회적 인정이 타인의 인정에 의해 부여되는 사랑, 권리, 연대성의 형태로 이루어지는 것과 마찬가지로 사회적 무시 또한 사랑, 권리, 연대성이라는 인정의 세 가지 형태에 따라 체계적으로 나타나게 된다(악셀 호네트, 2011: 205~263; 이종주, 2015: 298; Christopher F. Zurn, 2005: 93). 즉, 사랑의 무시형태는 육체적 폭력과 고문이며, 권리의 무시형태는 권리의 부정과 배제이며, 연대의 무시형태는 존엄성 부정과 모욕인 것이다. 그리고 이러한 세 가지 유형의 무시는 각각 신체적 불가침과 도덕적 자존감, 그리고 개인의 존엄성을 위협하게 된다. 요컨대, 타인과의 관계에서 사회적 배제와 무시는 행위주체가 상대의 인정 태세를 믿고 제시한 어떤 도덕적 기대가 허물어짐으로써 발생하게 되며, 바로 이것이 인간 주체가 인정투쟁을 벌이는 주된 동인으로 기능하게 된다.

그렇다면 왜 타인에 의한 무시의 경험이 인정투쟁을 결과해내는가? 이는 "굴욕 당함으로써 가질 수밖에 없는 정서적 흥분에서 벗어날 수 있는 길은, 각 개인이 다시금 적극적 행위의 가능성을 되찾는 것이기 때문"이며, 나아가 "인정 요구에 대한 무시의 경험에 동반하는 모든 부정적 감정 반응은, 그 자체 속에 이미 그 관련자들로 하여금 자신들에게 가해진 불의(unrest)를 인지적으로 드러냄으로써 정치적 저하의 동기를 갖게 하는 가능성"을 포함하게 된다(악셀 호네트, 2011: 262~263). 이런 맥락에서 인정투쟁은 훼손된 상호 인정관계의 회복을 목적으로 상정하며, 바로 이점이 호네트가 인정투쟁을 도덕적으로 정당성을 갖는 투쟁이라고 주장하는 핵심적인 이유인 것이다.

 그러나 모든 사회적 투쟁이 결국 (타인에 의한) 인정을 둘러싼 투쟁임에도 불구하고, 사회적 무시가 집단적 저항의 토대가 되기 위해서는 개인의 무시 경험들을 타인들도 공감할 수 있도록 만드는 기재가 요구된다(주정립, 2011: 516). 왜냐하면 사회적 수치나 무시당한 감정은 어디까지나 인정투쟁을 벌이는 한 개인의 주관적 혹은 심리적 동기에 지나지 않을 수 있기 때문이다. 따라서 인정투쟁이 실제로 일어날 수 있느냐의 문제는 투쟁의 당사자들이 처한 주·객관적인 정치적, 문화적 외부 조건에 달려있다(서도식, 2008: 198). 그런데 아이러니하게도 사회적 인정은 기존 사회 체제에 대한 자발적 복종을 유도하는 지배적 도구이자 기존 사회체제를 강화하기 위한 이데올로기적 도구로 활용되기도 한다(문성훈, 2005: 147~148). 그리고 이런 상황에서 인정 획득이란 투쟁을 통한 것이 아니라 역으로 기존 체제에 복종 혹은 적응함으로써 이루어지게 된다(문성훈, 2014: 95).

 이상의 내용에서 확인할 수 있듯이, 인정투쟁에 대한 논의는 개인의 사회문화적 정체성의 구성을 일반화된 타자와의 상호작용이라는 관점에서 고찰한다는 점에서 기존의 탈북자 연구의 한계로 지적되어온 획일적 보편주의를 넘어설 수 있는 단초를 제공한다. 즉, 남한 사회에서의 탈북자들의 적응 문제를 그들만의 행위로 한정 짓지 않고 그들이 관계를 맺는 남한 사회의 일반화된 타자와의 상호작용이라는 관점에서 이해하려는 것이다. 결국, 한 사회의 사회적 인정관계 혹은 인정질서 속에서 벌어지는 개인 혹은 집단의 인정투쟁이 이를 제약하는 그 사회의 정치적, 문화적 외부 조건과 어떻게 맞물려 있는지에 관심을 두는 인정투쟁은 현재 남한 사회가 탈북자를 대하는 인정의 토대를 점검하는 데 유용하다.

이 글은 남한 사회에 적응해가는 과정에서 탈북자들이 벌이는 인정투쟁의 다면성과 이를 제약하는 남한 사회의 정치적, 문화적 외부 조건에 주목한다. 그리고 이를 위한 실천적 분석으로서 남한 사회의 자본주의적 위계질서에 속박된 채 '소수자'로서의 삶을 살아가고 있는 탈북자들의 모습을 그려낸 두 편의 독립영화인 〈무산일기〉(박정범, 2011)와 〈댄스타운〉(전규환, 2011)을 선정했다.

2) 인정투쟁의 양상과 현대사회 인정관계 구조

위에서 서술했듯이 인정투쟁은 한 사회가 도덕적으로 진화하는 데 기여할 수 있는 사회변혁 운동으로서의 성격을 갖는다. 그렇다면 인정투쟁은 어떤 양상으로 전개되며, 사회구조는 한 개인 혹은 한 집단의 인정투쟁이 인정 획득으로 이어지는 데 어떤 영향을 주는가? 문성훈이 지적하고 있듯이, 인정투쟁의 양상과 사회적 인정관계의 구조를 포착해내기 위해서는 사랑, 권리, 사회적 연대라는 일반적인 유형이 아니라, 다양한 사회적 영역에서 일어나는 인간주체의 자기이해의 변화와 그로 인한 인정관계의 변화에 주목해야 한다(문성훈, 2014: 130~131). 왜냐하면 한 사회 내에서 인정투쟁은 하나의 단일한 차원으로 환원되지 않기 때문이다. 실제 인간 관계에서 존재하는 인정관계는 다양하며, 그러한 다양성에 따라 인정투쟁의 양상 역시 다양하게 나타난다. 이 점에서 한 사회 내에서 존재하는 인정투쟁의 양상을 보다 면밀하게 분석하기 위해서는 구체적인 현실, 즉 다양한 혹은 여러 층위의 인정관계 구조에서 인정투쟁의 모습이 각기 다른 양상으로 전개되고 있다는 점을 명기할 필요가 있다.

한편, 문성훈은 한 개인 혹은 한 집단의 인정투쟁에 영향을 주는 사회의 인정질서 혹은 인정관계의 구조는 지속적으로 변화되며, 그 속에서 인정투쟁을 통한 인정회복의 양상 역시 다양한 모습으로 전개된다고 설명한다. 그리고 그 연장선에서 친밀성의 영역, 정치적 의사결정의 영역, 경제적 생산 영역, 문화적 생활 영역, 세계질서 영역에서의 사회변동과 인정관계 구조변화를 분석하면서 한국사회와 더 나아가 세계적 차원에서의 구조변화를 분석한다(문성훈, 2014).[3] 다만 문성훈의 연구가 현대사회 변동에 따른 인정구조 변화를 일반적 수준에서 다루고 있다는 점에서 이론적으로 탈북자들의 남한 사회에서의 인정투쟁에 직접적 영향을 미치는 인정관계 구조 변화에 대한 분석을 하는 데 한계가 있다. 따라서 본 연구에서는 문성훈의 현대사회 변동과 인정관계 구조변화에 대한 이론적 분류체계 중 일부를 차용하여 수정해서 활용하고 있다.

위에서 서술한 문성훈의 이론적 분류체계에서 이 글은 남한 사회의 정치적 의사결정의 영역, 경제적 생산 영역의 구조변화, 문화적 생활 영역의 구조 속에서 탈북자들의 인정투쟁의 양상을 살펴보려고 한다. 이는 남한

---

3 문성훈(2014)은 현대 사회 변동에 따른 인정구조의 변화를 다음과 같이 바라보고 있다. 첫째, 친밀성 영역의 구조변화이다. 이는 가족관계 혹은 부부관계의 구조변화와 관련된다. 둘째, 정치적 의사결정 영역의 구조변화다. 이는 민주주의 절차적 조건과 실질적 조건 간의 관계를 다루고 있다. 셋째, 경제적 생산 영역의 구조변화이다. 여기에서는 자본주의 체제의 변화에 따른 인간관계의 변화가 관련된다. 넷째, 문화적 생활 영역의 구조변화이다. 여기에서는 타자의 등장에 따른 문화적 변동을 다룬다. 다섯째, 세계질서 영역의 구조변화이다. 여기에서는 세계화로 인해 나타나고 있는 탈국민국가적 현상을 다루고 있다.

사회에서 탈북자들의 인정투쟁이 이 세 층위에서 가장 빈번하게 나타나고 있으며, 나아가 이들의 인정투쟁이 인정 획득으로 이어지는데 이 세 층위가 가장 큰 영향을 미치기 때문이다.

그러나 상당히 흥미롭게도, 위에서 서술했듯이 사회적 인정관계는 한 개인의 인정투쟁을 억압 혹은 인정투쟁의 효과를 반감시키는 도구로써 기능하기도 한다. 때문에 탈북자들의 남한 사회에서의 정치적, 경제적, 문화적인 층위에서의 인정투쟁은 다양한 모습으로 나타나는 동시에 그 효과가 각기 차이가 있다는 점을 명기할 필요가 있다. 특히, 어떤 영역에서는 그들은 남한 사회의 내적통합을 강화하기 위한 이데올로기직 도구로써 활용되기도 한다. 결국, 이렇게 남한 사회에서 탈북자들의 인정투쟁의 다면성과 이를 제약하는 정치적, 문화적 외부 조건을 파악하고 그것이 사회문화적으로 어떠한 의미를 갖는지를 살펴보는 것은 분단과 통일에 대한 남한 사람들의 인식을 살펴볼 수 있는 동시에 통일 후 나타날 수 있는 문제를 미리 예견해볼 수 있는 작업인 것이다.

3) 연구대상 및 연구방법

위에서 서술한 이론적 논의에 기초해서 이 글에서는 2000년대 중반 이후 남한 독립영화 속에 재현되고 있는 탈북자들의 모습을 살펴보면서, 그들의 남한 사회에서의 인정투쟁의 다면성과 그들에 대한 남한 사회의 연대 의식과 타자화 양상을 구체화하고자 한다.

영화를 통한 접근 방식은 탈북자 연구에서 오랫동안 지적되어온 획일적 보편주의에서 벗어나, 탈북자들이 떠나온 북한과 현재 거주하는 남한 사회 어디에도 속하지 못한 채 '타자성이 제거된 타자' 혹은 '타자성을 스스로 제거한 타자'로서의 삶을 살고 있는 현실을 담아낼 수 있는 가능성을 제공한다. 물론, 탈북자를 다룬 모든 영화가 남한 사회에서 모든 탈북자들의 고통스러운 적응 과정을 다루고 있다고 볼 수는 없다. 특히, 대중 상업영화에서는 남한 사회에서 탈북자들의 고통스러운 현실과 분단의 아픔에 주목하기 보다는 그런 상황을 장르적 상황 속에 담아내 흥행을 추구하고 있다. 때문에 대중 상업영화에서 탈북자는 단지 소재적 차원에 그치기 때문에 분단의 엄정한 현실과 대결, 그 과정에서의 고통을 다루고 있지 않으며, 다루더라도 피상적인 차원에 그치고 만다(강성률, 2011: 10~17).[4]

반면에, 독립영화에서는 남한 사회에서 탈북자들의 인정투쟁의 모습을 너무도 노골적이고 사실적으로 그리고 있다. 또한 독립영화에서 재현되고 있는 남한 사람들의 탈북자에 대한 시선과 태도는 실제 영화를 보는 관객이 우리 주위에 존재하는 탈북자에 대한 인식을 모두 대변하고 있지는 않지만 많은 부분에서 유사하다. 바로 이 점이 탈북자를 다룬 독립영화를 통해서 남한 사회에서의 탈북자들의 인정투쟁의 양상을 살펴봐야 하는 이유가 된다. 이 글에서 분석하고 있는 독립영화인 〈무산일기〉와 〈댄스타운〉에서 재현되고 있는 탈북자들은 대한민국 국민으로서의 법적 지위를 부여받았지만, 철저하게 남한 사회의 자본주의적 위계질서에 속박된 채 '소수자'로서의 삶을 살아가고 있다. 구체적으로 이 글에서 분석하려는 영화

---

4 한편, 대중 상업에서 재현하고 있는 탈북자들의 모습이 남한 사람들의 인식과 매우 유사하다는 주장도 있다. 대표적으로 이하나 박사는 필자가 2016년 한 학술회의에서 발표한 논문(모춘흥·김수철, 2016)을 토론해 주는 과정에서 대중 상업영화의 궁극적인 목적이 흥행이라는 점을 고려할 때, 성공한 대중 상업영화에서 소재가 된 탈북자들의 모습이 일반 대중들의 인식과 매우 유사한 측면이 있다고 주장했다.

에는 자본주의 남한 사회 속에서 보다 나은 삶을 살기위해 노력하는 탈북자들의 인정투쟁의 다면성과 그럼에도 불구하고 이들을 결국 (대부분) 하층민으로 전락하게 만드는 남한 사회의 척박한 인정의 토대가 드러나 있다. 바로 이점이 희망을 품고 남한 사회에 들어왔지만 현실에서는 내부의 타자로서 무시와 배척당하게 되는 탈북자들의 현주소를 보여주는 것이라고 할 수 있다.[5]

이러한 점들을 고려하여, 다음 장에서는 자본주의 남한 사회의 냉혹한 현실 속에서 탈북자들이 벌이는 인정투쟁의 다면성과 그러한 인정투쟁을 제약하는 조건들을 이들을 제현한 두 편의 독립영화를 통해서 살펴보고 있다.

3. 영화에 나타난 탈북자들의 인정 투쟁의 양상

이 글에서 분석하고 있는 〈무산일기〉(박정범, 2011)와 〈댄스타운〉(전규환, 2011)은 모두 부산국제영화제를 비롯하여 해외영화제에 초청될 정도로 그 작품성을 인정받았지만 국내에서의 흥행에는 그리 성공하지 못한 독립영화들이다. 또한 한국 사회에서 소수자로서의 위치를 차지하고 있는 독립영화는 대부분의 독립영화가 그렇듯이 감독이 직접 제작비를 확보해야 하는 현실적인 어려움에 직면한다. 하지만 바로 이러한 점들이 독립영화가 투자자의 간섭에서 벗어나 상대적으로 자유롭게 영화를 만들 수 있

---

5 물론 이에 대한 반대 입장이 있을 수 있으며, 무엇보다도 이 견해에 많은 수의 탈북자들이 동의하지 않을 수 있다는 점을 결코 배제하지 않는다.

는 조건이 되며 또한 탈북자들과 같이 우리 사회 소수자를 바라보는 시선에 있어서 주류 상업영화와는 구분되는 지점을 형성하게 된다. 이 글에서 다루고 있는 두 편의 독립영화는 자본주의 남한 사회의 냉철함 속에서 탈북자들이 우리 사회의 소수자로서 겪게 되는 엄정한 현실과 고통을 보여주고 있으며 그 안에서 벌어지는 그들의 다면적인 인정투쟁의 모습이 나타나 있다.

사실 남한 사회의 미디어에 의한 탈북자들에 대한 재현은 대부분 탈북자들이 가지고 있는 독특한 지위로 인하여 늘 남북한 체제 경쟁에서의 남한의 승리를 상징하거나 반공이데올로기에 기반을 둔 상당히 정형화된 방식에서 크게 벗어나지 않는 것이었다. 그렇다 보니 남한 사회에서 탈북자들은 늘 미디어 스펙터클이 되기 십상이었다. 때로는 이러한 지나친 미디어의 주목, 혹은 스펙터클화는 많은 탈북자들에게는 바람직하지 않는 것이었다.

두 편의 독립영화는 기존의 남한 사회의 주류 미디어에 의한 이와 같은 재현 방식과는 대조적이다. 두 편의 영화가 공통적으로 탈북자들을 응시하는 시선은 탈북자들의 스펙터클화라기보다는 비교적 차분한 시선으로 탈북 이후 남한 사회에 적응하는 과정에서 부딪치는 일상생활에서의 모습을 담아내고 있다. 두 편의 영화가 공통적으로 한국 사회의 차갑고 어두운 심지어는 냉혹한 탈자본주의 도시 공간을 주요 미장센으로 삼고 있는 도시 영화 장르의 모습을 띠고 있는 것도 우연이 아닐 것이다.

1) 〈무산일기〉: 자본주의적 위계질서 속에서의 인정투쟁

영화 〈무산일기〉는 남한 사회에 정착한 탈북자들을 남한 사회의 최하위 계층과 별반 다를 바 없는 사람들로 묘사한다. 영화 〈무산일기〉의 주인공 승철은 대한민국 국민으로서의 법적 지위를 부여받았지만 그가 처한 현실은 매우 열악하다. 그가 할 수 있는 일은 위험한 차도에서 나이트클럽 전단지를 붙이는 일이며, 그가 머물고 있는 곳은 언제 재개발이 될지도 모르는 다 허물어져가는 철거촌 아파트이다. 이렇게 남한 사회의 주변부를 맴도는 탈북자 승철의 모습을 그려내면서 영화는 시작된다.

"행복해지려고 탈출했는데 행복해지지 않는 부조리함"(《중앙일보》, 2011.4.8)을 몸소 겪어야 했던 숱한 탈북자들의 모습을 보여주고 싶었다는 감독의 말이 반증하듯, 영화 〈무산일기〉는 자본주의적 위계질서 속에서 끊임없이 인정투쟁을 하고 있는 주인공 승철의 고달픈 일상을 전달하는데 많은 장면을 할애한다. 영화 〈무산일기〉의 주인공 승철의 고달픈 삶은 최악의 경제난에 허덕이는 빈민국가 북한 출신이라는 측면에서 비롯된 점도 있지만 그보다는 신자유주의적 사고가 만연해진 2000년대 이후 남한 사회의 냉혹한 현실에서 기인한다고 볼 수도 있다. 이런 맥락에서 영화 〈무산일기〉는 남한 사회의 자본주의적 위계질서에 속박된 채 '소수자'로서의 삶을 살고 있는 탈북자들의 현주소를 보여주는 것이라고 할 수 있다.

아울러 영화 〈무산일기〉의 주인공 승철의 고달픈 일상과 관련해서 주목할 부분은 〈무산일기〉라는 타이틀이 다양한 의미를 담고 있다는 점이다. 〈무산일기〉라는 타이틀은 다음의 세 가지 측면을 잘 보여주는데, 주인공 승철이 함경북도 무산茂山출신이라는 점, 그가 남한 사회에서 무산無産 계급으로 살아가고 있다는 점, 나아가 더 행복 삶을 살기 위한 희망을 품고 왔지만 곧 그 희망이 무산(霧散)되었다는 것이 바로 그것이다.

보다 흥미로운 사실은, 영화 〈무산일기〉에는 남한 사회에 성공적으로 정착하기 위해서 인정투쟁을 하고 있는 주인공 승철과 이를 제약하는 남한 사회의 사회문화적 조건들이 교차하고 있다는 점이다. 희망을 품고 남한 사회에 들어왔음에도 불구하고 탈북자 승철은 전단지를 붙이면서 생계를 유지하고 있다. 그는 탈북자라는 신분 때문에 번듯한 직장조차 구하지 못한다. 같은 교회에 다니는 숙영을 좋아하지만 근처에서 맴돌 뿐 쉽게 다가서지 못한다. 우연히 승철은 숙영이 아버지를 도와 운영하는 노래방에서 아르바이트생을 구한다는 광고를 보고 그곳에서 일을 시작하지만, 그녀는 그에게 교회에서 자신을 모른 척 해달라고 매몰차게 이야기한다. 그러던 중 숙영은 여성 도우미들과 함께 찬송가를 부르는 승철의 모습을 보고 그에게 더 이상 노래방에 나오지 말라며 그를 자른다. 승철은 다시 전단지를 붙이면서 생계를 유지하지만 제대로 된 돈도 받지 못한 채 잘리게 된다. 그러던 와중에 승철은 탈북자를 도와주는 박 형사에 의해 교회에 다시 나가게 되었으며, 교회에서 자신이 북한에서 왔고, 배가 너무 고파 친구와 옥수수를 놓고 다투는 과정에서 친구가 죽었다는 고백을 하게 된다. 승철의 이야기를 들은 숙영은 자신이 승철이 북한에서 온줄 몰랐다고 말하면서 다시 노래방에 나와 달라고 부탁을 하게 된다.

위에서 간략하게 서술한 〈무산일기〉에서 그려지는 주인공 승철은 남한 사회에서 어떻게든지 살아남으려고 노력을 하는 인물임에 틀림없다. 그러나 영화에서 보여지는 남한 사회는 입에 풀칠하기 위해서 입버릇처럼 "잘할 수 있습니다"를 외치는 승철에게 번듯한 직장에서 일할 기회조차 허락하지 않는다. 그리고 이러한 현실적 제약 속에서 승철은 남한 사회에 정착한 이후 끊임없이 보이지 않는 또 다른 '국경 허물기' 혹은 '경계 넘기'를 하고 있는 것이다. 결국, 영화 속 승철은 공간적으로 '국민 국가내부의 외지'에 위치하고 있으며, 그로 인해 '타자성이 제거된 타자'인 동시에 '타자성을 스스로 제거한 타자'로서의 삶을 살고 있다.

그러나 보다 자세하게 살펴보면, 〈무산일기〉에서 승철의 인정투쟁은 단일한 차원으로 설명되지 않는다. 왜 그러한가? 이는 승철의 인정투쟁에 영향을 주는 남한 사회의 인정관계 혹은 인정질서가 다양하기 때문이다. 위에서 서술했듯이, 한 개인 혹은 한 집단의 인정투생에 영향을 주는 사회의 인정질서 혹은 인정관계는 단일한 차원으로 존재하지 않고, 그것이 인정투쟁을 제약하는 정도 또한 각기 상이하다. 이에 영화 속 승철의 인정투쟁은 어떤 층위에서는 인정획득으로 이어지는데 반해, 다른 층위에서는 그렇지 못한다. 또한 상당히 흥미롭게도, 어떤 층위에서 전개되는 승철의 인정투쟁은 남한 사회의 지배질서를 강화하기 위한 도구로 이용되기도 하며, 이런 상황에서 승철 혹은 탈북자들의 인정획득은 투쟁이 아닌 복종 혹은 적응을 통해서 이루어지게 된다.

아래에서는 보다 구체적으로, 영화 〈무산일기〉의 주인공 승철의 인정투쟁이 앞서 언급한 정치적 영역, 경제적 생산 영역, 문화적 생활 영역에서 어떠한 양상으로 나타나고 있는지에 대해 살펴본다.

(1) 정치적 영역에서의 인정투쟁

영화 〈무산일기〉에는 남한 사회에 적응해가는 과정에서 주인공 승철이 새로운 체제를 이해하고 그에 맞추어 경제활동을 성공적으로 할 수 있도록 도움을 주는 국가의 모습과 이를 제약하는 무정하고 야만적인 국가의 모습이 혼재되어 있다.

영화 〈무산일기〉의 주인공 승철은 하나원을 퇴소한 이후에도 경찰의 지속적인 관리 감독을 받게 된다. 국가 공권력을 상징하는 경찰(박 형사)은 승철에게 직장을 소개시켜 주려고 노력하지만, 승철은 국가권력이 씌운 족쇄 때문에 번듯한 직장을 얻는 데 실패하고 일용직으로 근근이 살아가고 있다. 지금은 현 거주지를 기준으로 탈북자들의 주민등록번호 변경이 가능해졌지만, 예전에 이들에게 주어졌던 주민등록번호(뒷자리 번호가 남자는 125, 여자는 225로 시작) 때문에 그들 중 상당수는 정상적인 취업을 하는데 어려움을 겪었다. 위의 장면은 국가권력이 승철에게 대한민국 국민으로서의 법적 지위를 부여했지만, 여전히 그를 포용과 배제라는 경계 위에 위치시킨다는 점을 단적으로 보여준다.

이런 상황에서 탈북자들은 자신들의 신분을 쉽게 드러내지 않는다. 일례로 영화 속 승철은 자신이 좋아하는 숙영의 노래방에 취업을 한 후, "서울에 올라온 지 얼마 안 됐죠? 고향이 강원도죠? 강원도 어디에요?"라고 묻는 숙영의 질문에 자신의 신분을 탈북자라고 밝히지 않고 강원도 작은 곳이라고 대답한다. 이 장면을 통해 우리는 탈북자들의 권리를 제약하는 사회적 권리회복을 위한 인정투쟁이 탈북자라는 신분을 드러내지 않아야만 그 실효성을 발휘할 수 있다는 사실을 확인하게 된다. 결국, 관객은 이러한 장면을 통해 탈북자들을 '국민국가내부의 외지'에 위치시키고 이들이 남한 사회에서 '타자성을 스스로 제거한 타자'로서의 삶을 살 수밖에 없게 만드는 근본적인 행위자가 국가권력이라는 점을 확인하게 된다. 이런 상황에서 남한 사회에서 탈북자들은 자기 보존을 위해 자발적으로 타자성을 제거한 채 남한 사회의 일반화된 타자와 관계를 맺게 되는 것이다.

이상에서 살펴본 국가권력의 이중성에서 기인하는 탈북자에 대한 남한 사회의 사회적 배제와 무시는 이들이 자신의 정체성을 남한 사회에서 인정받기 위한 도덕적 투쟁을 촉발시키는 원인이 된다. 그러나 정치적인 영역에서 나타나는 탈북자들의 인정투쟁이 실제 인정회복으로 이어질 수 있을지의 여부는 매우 불확실하다. 또한 아이러니하게도 이들의 인정투쟁은 남한 사회의 지배질서를 강화하기 위한 도구로 이용되기도 한다.

〈무산일기〉에는 주인공 승철의 친구인 탈북자 경철이 대북 전단을 날리는 보수단체에 대한 뉴스가 나오는 것을 배경으로 포르노 잡지를 보는 장면과 탈북자들의 초기 정착을 책임지는 하나원에서 안보강의를 하는 장면이 나온다. 주인공 승철과 대비되는 경철은 남한 사회의 구조를 파악하고 그에 적합한 방식으로 적응하고 있다. 이러한 장면을 통해 우리는 북한이 대한민국이라는 국민국가 밖에 존재하는 것이 아니라 남한 사회 내부에 이미 존재하고 있다는 것을 알 수 있다. 이런 상황에서 탈북자들은 어떻게 인정투쟁을 하고 있는가? 〈무산일기〉에서 나타나는 탈북자 경철의 인정회복은 투쟁을 통해서 이루어지는 것이 아니라 역으로 복종 혹은 적응함으로써 이루어진다. 더욱이 이러한 경철의 모습은 승철의 미래가 된다. 승철 또한 남한 사회에 적응하기 위해서 친구 경철의 도움을 외면한 채 그의 돈을 자신이 갖고 그를 외면한다.

결론적으로 봤을 때, 남한 사회에서 승철의 인정투쟁을 통한 인정회복이 정치적인 영역에서는 이루어지기 힘들다는 사실을 알 수 있다. 국가권력은 승철에게 대한민국 국민으로서의 법적 지위를 부여했지만 그를 남한 사회의 주변부에 위치시켰다. 이런 상황에서 〈무산일기〉의 주인공 승철은 자기 보존을 위해 자발적으로 타자성을 제거한 채 인정투쟁에 나선 것이다.

(2) 경제적·문화적 영역에서의 인정투쟁

개인의 자기긍정의 정체성은 가장 일상적인 생활에서 간주되었던 관계 안에서 형성된 자기이해와 인정의 경험을 통해 만들어진다(이현재, 2010: 116). 영화 〈무산일기〉에서 재현된 승철과 남한 사회의 일반화된 타자와의 관계는 경제적 조건에 근거하여 설정되며, 그에 대한 남한 사회의 배제와 무시는 자본주의적 계급구조에서 기인한다.

위의 장면에서 볼 수 있듯이, 〈무산일기〉의 주인공 승철은 남한 사회에서 공간적으로 경제적으로 배제당한 채 어떻게든지 살아남으려고 노력을 하고 있다. 그러나 승철은 탈북자라는 이유로, 자본주의 논리에 익숙하지

않다는 이유로 지속적으로 무시를 받는다. 무엇보다도 주인공 승철에게 〈무산일기〉의 배경인 서울이라는 도시는 철저하게 경제적 구조와 계급적 특성으로 구분되어 있다. 이와 관련하여 오윤호는 영화 〈무산일기〉의 배경이 되는 서울이라는 "자본화된 도시는 공간적 분절을 통해 그 속에 존재하는 사람들을 계급적으로 위계화"시킨다고 주장한다(오윤호, 2013: 315). 이러한 자본주의적 위계질서 속에서 승철은 끊임없이 인정투쟁을 벌이고 있지만 번번히 실패하고 만다. 위의 세 번째 장면은 승철이 어렵게 구한 숙영의 노래방에서 잘린 이후 다시 전단지를 붙이는 일상으로 돌아갈 수밖에 없는 현실을 담아내고 있다. 무엇보다도 이 장면은 남한 사회의 일반화된 타자와의 관계에서 인정을 받고자 노력했지만, 결국은 실패하게 된 승철의 비참함을 화려한 네온사인을 등진 채 걸어 나오는 승철의 모습을 통해서 보여준다.

그러나 탈북자들의 남한 사회에서의 인정투쟁이 매번 실패하는 것만은 아니다. 영화 〈무산일기〉에서 돈도 없고 돈을 벌 능력도 거의 없었지만 승철이 지키고자 한 정직함은 처음에는 그를 남한 사회의 부적응자로 만드는 중요한 결격사유가 되었지만, 그것이 나중에 그에 대한 남한 사회의 인정질서를 변화시키는 주된 계기가 된다. 영화 속에서 승철은 박 형사에 의해 다시 교회에 나가서 그가 북한에서 왔고, 의도치 않게 친구를 죽였다는 고백을 하게 된다. 박 형사는 그런 말을 하면 어떻게 친구를 사귈 수 있느냐고 핀잔을 주었지만, 그의 솔직함은 자신을 오해한 숙영의 마음을 돌리게 되고 그는 다시 숙영의 노래방에 나갈 수 있게 된다. 여기서 승철과 순영의 관계회복은 어떤 의미를 갖고 있는가? 이는 한 사회의 일상화된 무시와 구조화된 차별로 인해 촉발되는 개인의 인정투쟁이 타인에 대한 보복이나 침해가 아니라 훼손된 상호 인정관계의 회복을 목적으로 한다는 점을 보여주는 것이다. 무엇보다도 승철은 자신이 탈북자라는 사실을 솔직하게 고백함으로써 순영과의 훼손된 인정관계를 회복할 수 있었다. 말하자면, 영화 〈무산일기〉의 주인공 승철은 타자성을 적극적으로 드러냄으로써 남한 사회의 일반화된 타자인 순영과의 상호인정 관계를 회복하는데 성공하게 된다.

한편, 영화 〈무산일기〉는 승철의 남한 사회에서의 인정투쟁이 정직함과 솔직함만으로 달성되지 않는다는 사실을 노골적으로 보여준다. 승철이 남한 사회에서 처한 조건을 고려할 때, 그의 인정 획득은 자본주의적 속성에 복종함으로써 이루어질 수밖에 없는 것이었다.

영화 〈무산일기〉에서 승철이 친구인 경철을 배신하면서 경철의 돈을 갖게 되었을 때 그는 가장 먼저 자신의 겉모습부터 바꾸기 시작한다. 자본주의 남한 사회에서 개인의 자기긍정의 정체성이 일반화된 타자와의 상호작용에서 형성된다는 점을 고려할 때, 승철에게 있어서도 자본주의적(위계) 질서는 뛰어넘을 수 없는 외부적 조건이었다. 이런 상황에서 승철은 투쟁이 아닌 자본주의 질서에 복종함으로써 남한 사회의 보이지 않는 '국경 허물기'에 성공하게 된다. 말하자면, 영화 〈무산일기〉의 주인공 승철의 남한 사회의 적극적인 편입은 스스로 타자성을 완벽하게 지우는 과정을 통해서 이루어지게 된 것이었다.

그렇다면 영화 〈무산일기〉에서 승철이 인정받고자 한 모습은 '북한 사람', '남한 사람', '탈북자' 이 세 부류 중 어디에 속하는가? 사실 영화 〈무산일기〉에서 주인공 승철이 인정받고자 한 모습은 위에서 언급한 세 부류 중에 어느 하나의 모습이 아닌 한 개인, 즉 인간주체로서 인정받고자 한 것이었다고 볼 수 있다. 물론, 영화 말미에 가서 승철은 자본주의 남한 사회에서의 생존법을 터득한 이후, 이 사회에 적극적으로 편입하기 위해 겉모습부터 바꾸게 된다. 이는 신자유주의 시대 남한 사회가 탈북자를 포함한 소수자에 대해 차가운 시선과 무시 혹은 배제를 행사할 수 있음을 시사한다. 결국 이런 상황에서, 남한 사회에서 탈북자들은 '타자성을 스스로 제거한 채' 인정투쟁에 나서게 된다는 점을 영화 〈무산일기〉는 간접적으로 보여준다.

이상에서 살펴본 바와 같이 영화 〈무산일기〉는 남한 사회에서 탈북자들의 인정투쟁이 다면적으로 이루어지고 있음을 보여준다. 그리고 이러한 양상은 이하에서 살펴볼 영화 〈댄스타운〉의 주인공 탈북 여성 리정림의 남한사회 적응을 위한 노력을 통해서도 확인할 수 있다.

2) 〈댄스타운〉: 사회적 연대를 위한 인정투쟁

영화 〈댄스타운〉은 탈북 여성 리정림의 남한 사회 정착 과정을 그리고 있다. 리정림은 북한에서 아이를 낳지 못한다는 이유로 이혼을 당한 후 무역상을 하는 남편을 만나 행복한 결혼생활을 영위한다. 남편이 가져다 주는 남한의 성인 비디오를 보기도 하고 남한의 화장품과 같은 물품들도 접하게 된다. 그러나 이러한 평온한 결혼생활은 남한 비디오와 물건들을 몰래 가져오는 남편의 행적이 이웃 주민의 고발로 드러나면서 파탄을 맞게 되고 리정림은 남편을 뒤로 하고 급하게 탈북을 감행하게 된다. 〈댄스타운〉은 탈북 여성으로서 리정림이 남한 사회로 넘어온 이후 정착하는 과정을 다양한 주변 인물들과의 관계를 통해서 차분하게 그려내고 있다. 남한 정착 과정 전반을 돌봐주는 여성 기관원, 거리에서의 경찰관과의 대면, 배드민턴 동호회 사람들과의 만남, 호감을 보이며 접근하는 경찰관, 세탁공장에서 일하는 동료들, 교회에서의 봉사활동으로 만나게 된 남성 장애인 등과의 교류과정에서 리정림은 믿고 의지할 수 있는 친구보다는 하루하루 힘겨운 남한 생활을 영위해간다. 이렇게 영화 〈댄스타운〉은 탈북여성 리정림의 남한 정착 과정과 남한 주민들과의 교류 과정을 도시 영화의 차가운 시선으로 그려낸다.

〈댄스타운〉은 기존의 탈북자 영화와는 달리 탈북자 주인공들을 영웅으로 묘사하지 않는다. 영화의 시작 부분에 등장하는 해외 주재 대사관의 벽을 아슬아슬하게 넘는 탈북자 영상 클립의 재활용은 이들을 스펙터클로 만들어버리는 남한 미디어의 탈북자를 다루는 방식을 요약적으로 보여준다. 하지만 그 이후에 영화 〈댄스타운〉은 탈북 자체가 더 이상 남한 사회에서 스펙터클이 아닌 상황, 오히려 남한 사회의 적응 과정에서 더 이상 주목받지 않기를 바라는 탈북여성 리정림을 조용하게 응시한다. 그리고 삭막한 대도시에서 탈북여성 리정림이 겪게 되는 인간관계에 주목한다. 탈북자가 단순히 연민의 대상이 아니라 경쟁과 부러움의 대상이 되곤 하는 팍팍한 한국 사회에서 리정림의 남한 사회 정착 과정을 차가운 시선으로 그려낸다.

주인공 리정림은 북한에서 남편과 살던 중 한국산 성인 비디오를 봤다는 이웃의 밀고로 찾아온 남한에서 북에 두고 온 남편을 생각하며 하루하루 힘겹게 적응해간다. 하지만 주위를 둘러봐도 친구를 찾기란 쉽지 않다. 남한 사회에서 리정림은 친절한 얼굴을 한 기관원인 김수진에게 CCTV로 일거수일투족을 감시받고 있으며, 우연히 알게 된 경찰은 혼자 사는 그녀에게 음흉한 의도로 접근하며 가끔씩 찾아 돌봐주고 있는 장애인 지인과의 관계도 순탄치 않다.

삶을 비관해 자살을 시도하는 장애인과 낙태를 시도하는 여학생 등 〈댄스타운〉을 둘러싼 우리 주변 사람들에 대한 이 영화의 시선은 매우 사실적이다. 느닷없이 나타나는 골목길에서의 정사(?), 자살하려는 장애인을 구해주려다 느끼는 묘한 감정의 순간 등 리정림에게 찾아오는 인간관계의 균열과 삶의 위기에 대한 이 영화의 묘사는 관객들을 결코 편안한 상태에 내버려 두지 않는다. 바라보는 것만으로도 그 고통이 느껴질 정도로 〈댄스타운〉의 주인공 리정림이 겪는 상처는 영화의 차갑고도 건조한 시선을 통해서 전달된다. 흔히 소수자를 그리는 영화나 드라마들에서 나타나는 온정적 시선은 찾아볼 수 없으며 따스한 행복의 순간도 찾아보기 힘들다. 오히려 우리 사회에서 소외된 이들, 그리고 대도시의 빌딩숲, 뒷골목의 모습에 대한 〈댄스타운〉의 차가운 시선은 탈자본주의 도시적 삶에 짙게 드리워진 무력감을 보여준다.

그러나 영화 〈댄스타운〉에서 그려지는 남한 사회의 현실적 제약 속에서 리정림은 끊임없는 인정투쟁을 하고 있다. 다만 영화 〈댄스타운〉에서 주인공 리정림의 인정투쟁은 〈무산일기〉에서 주인공 승철의 인정투쟁이 다양하게 전개된 것만큼은 아닐지라도 다면적으로 전개된다. 아래에서는 보다 구체적으로 영화 〈댄스타운〉의 주인공 리정림의 인정투쟁이 정치적 영역, 경제적 영역, 문화적 영역에서 어떠한 양상으로 나타나고 있는지에 대해 살펴본다.

(1) 정치적 영역에서의 인정투쟁

영화 〈댄스타운〉은 탈북자 리정림의 한국 생활 적응기이다. 영화는 리정림이 남한 사회에 적응하는 과정에서 맺게 되는 다양한 주변 인물들과의 관계들을 그려낸다. 어느 날 리정림은 길거리를 가던 중에 두 명의 경찰관에 의해 검문을 받게 된다. 리정림의 주민증을 검사하던 경찰관은 주민등록번호를 통해서 리정림이 탈북자임을 파악한다. 영화 〈댄스타운〉은 목숨을 걸고 국경을 넘어온 탈북자들에게 대한민국 국민으로서의 법적 지위를 상징하는 주민등록증이 주어지고 또한 남한 사회로의 정착과정에 필요한 정착금과 주택 등 금전적, 물질적 지원이 이루어지지만 그 국적을 대표하는 상징에 탈북자라는 꼬리표가 새겨져 있음을 지적한다. 앞서 살펴본 영화 〈무산일기〉와 마찬가지로, 〈댄스타운〉에서 그려지는 국가는 주인공 리정림에게 대한민국 국민으로서의 법적 지위를 부여했지만 여전히 그녀를 북한과 남한 어디에도 속하지 못하는 이방인으로서 내몰게 만드는 주된 행위자라고 할 수 있다.

위의 장면에서 확인할 수 있듯이, 영화 〈댄스타운〉의 주인공 리정림의 정착을 도와주는 기관원과 리정림이 맺는 인간관계들은 겉으로는 호의적이거나 최소한 비적대적인 것 같지만 내적으로는 편견, 속임수를 숨기고 있는 표리부동한 인간관계들이다. 리정림이 맺게 되는 영화 속의 이러한 인간관계 경험은 탈북자들에 대한 국가 권력의 이중적 성격을 간접적으로 확인할 수 있게 해준다. 국가권력의 탈북자에 대한 이러한 이중적 태도는 두 명의 경찰관의 대화 속에서 단적으로 확인된다. 즉, 영화 〈댄스타운〉 속 경찰관의 리정림에 대한 호의("이제부터 우리 동무로 지내요……", "여기서는 동무들끼리는 끝까지 가는 거예요")는 탈북자에 대한 또 다른 선입견("우리보다 낫다 …… 한참 빽이 쳐야 겨우 집 하나 살까 말까하는데 …… 쟤들은 내려오면 나라에서 집 줘 생활비 대줘")과 공존한다.

더욱이 영화 〈댄스타운〉에서 리정림의 정착과정을 도와주는 기관원은 리정림에게 아파트를 소개해주고 교회도 나갈 수 있도록 주선해주는 등 그녀의 남한 사회 정착 과정을 보살펴주는 사람이기도 하지만 이러한 보살핌은 어떤 면에서는 너무나 사무적이고 기계적인 직업상의 업무에 불과하지 않다. 삭막한 대도시의 삶을 관찰하는 이 영화에 비춰진 기관원의 모습은 리정림의 아파트 내부에 숨겨진 카메라를 통한 감시 보고 활동에 어떤 모순이나 갈등을 느끼기보다는 매일매일 반복되는 무력한 일상에 젖어 평범한 삶을 영위하는 캐릭터에 더 가깝다.

결론적으로 봤을 때, 영화 〈댄스타운〉은 앞서 살펴본 〈무산일기〉와는 달리 정치적인 영역에서 주인공 리정림의 다면적인 인정투쟁의 모습을 담고 있지는 않다. 그보다는 주인공 리정림은 영화 속에서 끊임없이 국가권력으로부터 감시당하고 관찰당하는 대상으로 재현될 뿐이다. 말하자면,

영화 〈댄스타운〉 주인공 리정림에게 있어서 국가는 남한 사회에서 그녀의 인정투쟁이 발현될 수 있는 모든 가능성을 사전에 차단하는 역할을 하고 있는 것이다.

(2) 경제적·문화적 영역에서의 인정투쟁

영화 〈댄스타운〉에서 남한 사회에 정착한 리정림은 세탁소에서의 단순 노동을 한다. 리정림의 직업은 다른 탈북 여성들처럼 단순 노무직에 불과하다. 국가로부터 제공되는 정착금과 아파트는 리정림을 하루하루의 생계를 걱정해야 하는 극단적 생존 경쟁에서 자존감을 지켜주는 물질적 토대이다. 교회에서의 봉사 활동, 체육관에서의 배드민턴 동호회 활동과 같은 주변 이웃들과의 공동체 활동이 가능한 것도 이러한 극단적 생존 경쟁에서 상대적으로 자유로운 물질적 지원과 토대 덕분이다.

그러나 대다수 탈북자들의 남한 사회에서의 삶이 그렇듯, 최소생계 유지가 겨우 가능한 그들의 팍팍한 (경제적) 생활수준은 결코 이들이 남한 사회의 일반화된 타자와의 관계와 소통을 통해서 얻어지는 긍정적 자기의식을 얻는 데에는 부족하다. 이런 상황에서 〈댄스타운〉의 주인공 리정림은 남한 사회에서 자기 보존을 위해 자발적 소통에 나서게 된다.

위의 장면에서 볼 수 있듯이, 〈댄스타운〉의 주인공 리정림은 자본주의

남한 사회에서 적응하기 위해 적극적으로 사회 활동에 참여하게 된다. 예를 들어, 영화 속 리정림은 교회에 나가고 장애인을 도와주는 일에 적극적으로 참여한다. 그러나 영화 〈댄스타운〉의 배경이 되는 서울이라는 도시는 그녀에게 그렇게 호락호락하지 않다. 남한 사회의 대다수 탈북자들과 마찬가지로 리정림에게 허락된 일은 단순노무직에 불과하다. 무엇보다도 영화 〈댄스타운〉의 영화적 시선은 빨랫감이 산더미처럼 쌓여있는 세탁공장에서 숨 돌릴 틈조차 없이 세탁물을 처리하면서 매일매일의 생계를 이어나가는 데 여념이 없는 도시 하층민의 삶을 가감 없이 드러낸다. 이는 간접적으로 리정림에 대한 남한 사회의 척박한 인정관계 혹은 인정질서를 보여주는 것이며, 나아가 이를 통해 리정림이 남한 사회의 하층민이자 소수자로서의 삶으로부터 벗어나기 힘들다는 점을 암시한다.

한 가지 주목할 점은, 〈무산일기〉의 주인공 승철과는 달리 〈댄스타운〉의 주인공 리정림은 탈북자라는 타자성을 감추지 않은 채 인정투쟁에 나선다는 점이다. 자신이 탈북자라는 점을 감추지 않은 채 남한 사회에 적응하고 있는 리정림의 모습은 〈무산일기〉의 주인공 승철의 인정투쟁이 다양한 양상으로 전개된 것과는 달리 매우 단순하게 나타난다. 그렇다면 영화 〈댄스타운〉의 주인공 리정림의 인정투쟁이 의미하는 바는 무엇인가? 답은 〈무산일기〉의 주인공 승철의 인정투쟁과 비교해 볼 때, 〈댄스타운〉의 주인공 리정림은 스스로 타자성을 제거하지 않은 채 남한 사회의 일반화된 타자와의 관계 형성에 성공했다는 점이다. 이런 맥락에서, 영화 〈댄스타운〉은 탈북자에 대한 남한 사회의 인정의 토대가 그들이 생각하는 것보다는 우호적일 수 있다는 점을 보여주고 있다.

그럼에도 영화 〈댄스타운〉이 탈북자를 포함한 남한 사회의 하층민과 소수자를 그려내는 데 있어 사용하는 건조하고 사실적인 시선은 타인에 대한 관심, 주변 이웃들에 대한 친밀감이나 호감 심지어는 적대감의 표시마저도 이 사회의 하층민들에게는 사치일지도 모른다는 생각을 주기에 충분하다. 이들의 주변 사람들에 대한 차갑고 무관심하며 무력한 시선과 태도들은 팍팍한 생존 경쟁 속에서 살아가는 이들이 자연스럽게 터득한 삭막한 삶의 태도이자 타자를 대하는 자세에 깊게 배어있다. 결국, 이렇게 남한 사회의 탈북자를 포함한 소수자에 대한 무관심이 만연한 상황에서, 영화 〈댄스타운〉에서는 남한 사회에서 탈북자들이 자신들의 '타자성을 감추지 않은 채' 인정투쟁에 나서야만 성공할 수 있다는 점을 보여주고 있다.

그렇다면 영화 〈댄스타운〉에서 리정림이 인정받고자 한 모습은 '북한 사람', '남한 사람', '탈북자' 이 세 부류 중 어디에 속하는가? 영화 〈무산일기〉의 주인공 승철이 위에서 언급한 세 부류 중에 어느 하나의 모습이 아닌 한 개인, 즉 인간주체로서 인정받고자 한 것처럼 리정림 역시 한 개인으로서 인정받고자 한 것이었다고 볼 수 있을 것이다. 더욱이 리정림은 〈무산일기〉의 주인공 승철과 비교할 때, 남한 사회에서 스스로 탈북자라는 타자성을 숨기지 않은 채 인정투쟁에 나섰다.

그럼에도 영화 〈댄스타운〉의 주인공 탈북 여성으로서 리정림의 생존 전략은 일상의 규칙에 어긋나거나 튀지 않게끔 일상생활에서 자신의 말과 행동을 최소화시키는(영화 전반에 걸쳐 리정림은 "일 없슴다"라는 대사를 반복한다) 잔뜩 움츠린 소통방식에 있다. 말하자면, 〈댄스타운〉의 주인공 리정림은 스스로 타자성을 감추지는 않을지라도, 자신의 소통방식(인정투쟁의 방식)이 남한 사회의 일반화된 타자에게 불편함을 줄지도 모른다는 우려와 걱정을 하고 있는 것이었다. 이러한 점은 영화 〈댄스타운〉 전반에서 읽혀진다.

4. 나오며

이 글은 남한 사회의 일상화된 무시와 구조화된 차별로 인해 촉발되는 탈북자들의 인정투쟁의 모습과 그러한 인정투쟁을 제약하는 남한 사회의 인정질서를 탈북자를 다룬 독립영화를 통해서 살펴보았다. 지금까지 살펴본 연구 내용에 근거해 볼 때, 남한 사회에서 탈북자들의 인정투쟁은 남한 사회의 일반화된 타자에 대한 보복이나 침해가 아닌 자신들의 훼손된 상호 인정 관계의 회복을 목표로 하고 있다는 점에서 도덕적으로 정당성을 갖는 투쟁이라고 볼 수 있다. 이런 맥락에서, 남한 사회의 구조적인 모순에 의해서 촉발되는 탈북자들의 인정투쟁은 분명히 남한 사회의 도덕적 진화를 추동하는 저항운동이라고 볼 수 있다. 나아가 이를 통해서 새롭게 확립되는 사회제도는 기존의 제도에 비해 도덕적으로 높은 수준임에 틀림없다. 때문에 남한 사회에서 탈북자들의 인정투쟁은 대한민국이라는 국민국가가 지향해야 할 미래상에 대한 저항운동이라는 점에서 그 의의를 찾을 수 있다.

위에서 살펴보았듯이, 남한 사회에서 탈북자들의 인정투쟁이 매우 다양하게 나타나고 있다는 점을 명기할 필요가 있다. 영화 〈무산일기〉와 〈댄스타운〉을 통해서 살펴볼 수 있듯이, 탈북자들의 남한 사회에서의 인정투쟁은 정치적, 경제적, 문화적 층위에서 각기 다른 모습으로 전개되고 있으며, 그 효과 또한 상이했다. 어떤 영역에서는 탈북자들의 인정투쟁이 인정획득으로 이어지는 반해, 또 다른 영역에서는 그들의 인정투쟁은 그 효과를 발휘하지 못했다.

이 글에서 분석한 두 영화에서는 남한 사회에서 탈북자들의 인정투쟁의 양상과 관련하여, 공통적으로 특정 영역에서 벌어지는 이들의 인정투쟁이 남한 사회의 지배질서를 강화하기 위한 도구로 이용되기도 하며, 이런 상황에서 탈북자들은 투쟁이 아닌 복종 혹은 적응을 통해서 남한 사회의 일반화된 타자로부터 인정을 받을 수 있게 됨을 보여준다. 동시에 두 영화는 탈북민들의 인정 투쟁의 상이한 양상을 드러내주고 있다. 〈댄스타운〉에서 탈북 여성 리정림이 자신의 타자성을 감추지 않은 채 남한 사회에서 벌이는 인정투쟁의 모습을 보여주고 있다면, 〈무산일기〉에서는 주인공 승철이 탈북자라는 타자성을 스스로 감춘 채 인정투쟁을 하고 있는 모습을 보여준다.

그렇다면 우리는 남한 사회의 왜곡된 인정질서에서 무시와 배제당하고 있는 탈북자들을 어떻게 받아들여야 하는가? 이 글에서 분석한 영화 〈무산일기〉와 〈댄스타운〉에서 주인공 승철과 리정림이 남한 사회에서 인정 받고자 한 모습은 '북한 사람', '남한 사람', '탈북자'로 호명되는 세 부류에 속하기 보다는 한 개인, 한 사회 내의 보편적인 인간주체로서의 모습이었다. 두 영화가 공통적으로 담아낸 교훈은 남한 사회의 규칙, 규범, 문화, 정치 체계 등을 준수하는 것을 조건으로 탈북자를 인정하는 것이 아니라 어떤 조건도 전제하지 않는 '절대적 환대'가 필요하다는 점이었다. 물론, 현재 남한 사회의 탈북자를 포함한 소수자 혹은 소수자의 고통을 대하는 방식에는 해답이 있을 수 없지만 분명한 것은 소수자를 이야기하면서 타자성을 차별의 기재로서 활용하는 것은 바람직하지 않다는 점이다.

논의를 마무리 하는 가운데, 이 글은 영화라는 허구적 매체를 통해서 탈북자들의 남한 사회에서의 인정투쟁의 모습을 분석했다는 점에서 연구결과가 많은 한계를 노정하고 있다는 점을 결코 부인하지 않는다. 특히, 이 글에서 분석하고 있는 영화 속의 인물들이 탈북자 전체를 대표하는 것으로 볼 수 없는 것도 분명한 사실이다. 그럼에도 간접적으로나마 남한 사회에서의 탈북자들의 인정투쟁의 모습과 이를 제약하는 남한 사회의 인정질서를 살펴보고, 그것이 사회문화적으로 어떤 의미를 갖는지에 대한 고민과 성찰을 할 수 있는 기회를 제공한다는 점에서 이 글은 분명히 의미 있는 시도라고 할 수 있다.

참고문헌

강성률. 2011. 「영화가 탈북자를 다루는 시선들」. 《현대영화연구》, 12호, 5~31쪽.

강주원. 2012. 「중·조 국경 도시 단동에 대한 민족지적 연구: 북한사람, 북한화교, 조선족, 한국사람 사이의 관계를 중심으로」. 서울대학교 대학원 박사학위논문.

권수현. 2010. 「북한이탈주민에 대한 남한국민의 태도」. 《한국정치연구》, 20권 2호, 129~153쪽.

김성경. 2012. 「경험되는 북·중 경계지역과 이동경로: 북한이탈주민의 경계 넘기와 초국적 민족 공간의 경계 확장」. 《공간과 사회》, 22권 2호, 114~158쪽.

문성훈. 2005. 「인정개념의 네 가지 갈등구조와 역동적 사회발전」. 《사회와 철학》, 10호, 145~168쪽.

문성훈. 2014. 『인정의 시대: 현대사회 변동과 5대 인정』. 서울: 사월의 책.

서도식. 2008. 「자기보존과 인정: 의사소통사회의 사회적 투쟁 모델에 대한 반성」. 《철학논총》, 51권 1호, 183~202쪽.

신미녀. 2009. 「남한주민과 북한이탈주민의 상호인식: 한국사회정착에서 제기되는 문제를 중심으로」. 《북한학연구》, 5권 2호, 119~143쪽.

악셀 호네트 저. 문성훈·이현재 역. 2011. 『인정투쟁: 사회적 갈등의 도덕적 형식론』. 서울: 사월의 책.

오영숙. 2013. 「관객으로서의 탈북자: 탈북의 자기표상과 영화 수용」. 《영화연구》, 55호, 291~330쪽.

오윤호. 2013. 「외국인 이주자의 문화 적응과 다문화 재현으로서의 영화: 〈처음 만나는 사람들〉, 〈반두비〉, 〈무산일기〉을 중심으로」. 《대중서사연구》, 19권 2호, 293~322쪽.

윤인진. 2001. 「탈북자는 2등 국민인가」. 《당대비평》, 통권 제16호, 222~235쪽.

이종주. 2015. 「악셀 호네트의 사랑의 인정이론의 현상학적 재구성」. 《철학논집》, 42권, 291~323쪽.

이정은. 2005. 『사람은 왜 인정받고 싶어하나』. 파주: 살림.

이현재. 2010. 「(여)성과 정치의 딜레마: 민주 정치 개념의 이론적 재구성」. 《한국여성철학》, 13권, 103~129쪽.

이희영. 2010. 「새로운 시민의 참여와 인정투쟁: 북한이탈주민의 정체성 구성에 대한 구술 사례연구」. 《한국사회학》, 44권 1호, 207~241쪽.

주정립. 2011. 「호네트의 인정투쟁모델의 비판적 고찰을 통한 저항 이론의 새로운 모색」.《민주주의와 인권》, 11권 2호, 511~533쪽.

Juul, S. 2010. "Solidarity and social cohesion in late modernity: A question of recognition, justice and judgement in situation." *European Journal of Social Theory*, Vol.13, No.2, pp.253~269.

Zum, Christopher F. 2005. "Recognition, redistribution, and democracy: dilemmas of Honneth's critical social theory." *European Journal of Philosophy*, Vol.13, No.1, pp.89~126.

기선민. 2011.4.8. "[영화 리뷰] '무산일기'".《중앙일보》.

통일부 통계자료(검색일: 2018.3.28).

〈무산일기〉(박정범, 2011).

〈댄스타운〉(전규환, 2011).

제3부

환대와 공생의 정책

제 8 장

환대 개념과 이민정책:

이론적 모색

이병하(서울시립대학교)

"We do not know what hospitality is. Not yet.
Not yet, but will we ever know?"
— *Jacques Derrida* —

1. 서론

국제 이주는 더 이상 사회과학의 주변부 이슈가 아니다. 최근 국제정치 질서를 흔든 일련의 사건들의 핵심에는 국제 이주의 문제가 있다. 시리아 난민 사태와 브렉시트로 인한 유럽연합 정치적 질서에 대한 근본적인 도전, 도널드 트럼프의 당선과 취임 한 달 내에 벌어진 이민 관련 행정명령으로 인한 논란 등은 포퓰리즘populism의 전 세계적 확산을 의미하며, '순수한 시민들 대 타락한 엘리트'라는 이분법적 구도의 근저에는 국제 이주 문제가 자리 잡고 있다(Gidron and Bonikowski, 2013).

또한 국내로 시선을 돌려보면, 우리에게 국제 이주, 난민, 다문화라는 말은 더 이상 낯선 용어가 아니다. 시리아 사태로부터 촉발된 유럽으로의 대규모 인구 이동, 이민자 혹은 난민이라는 배경을 가진 이들에 의한 일련의 테러와 범죄가 주요 뉴스를 장식하고 있다. 또한 정치철학적으로는 문화적으로 구별되는 그룹의 집단적 권리를 지칭하는 것에서부터 단순히 사회인구학적으로 다인종 상황을 지칭하는 데까지 다문화라는 용어는 어느 덧 우리의 일상생활에 스며들고 있다. 한국 내 외국인 인구가 1백만 명을 넘어선 지 오래고, 2016년 12월 말 기준으로 약 200만 명이 체류하고 있으며, 이는 한국 전체 인구의 약 4%를 차지한다는 통계도 더 이상 놀라운 일이 아니다(법무부, 2016). 숫자를 넘어서 대중매체에 통상적으로 재현되는 농촌의 결혼이주여성, 다문화 가정의 아이들, 3D 업종의 외국인 노동자, 좀 더 가까이 대학 내에 같이 생활하는 유학생들에 이르기까지 한국사회가 바야흐로 다인종, 다문화 사회로 진입하고 있음은 쉽게 인지할 수 있다.

1980년대 후반 이후 진행된 이주노동자의 유입과 재중동포의 국내 노동시장으로의 편입, 그 이후 2000년대 들어 급증한 결혼이민 등 다양한 이주패턴으로 인해 한국사회는 이 전에 겪어 보지 못한 다문화적 현실이라는 새로운 문제를 고민하게 되었다. 이는 더 이상 한국사회가 글로벌한 현상인 국제 이주의 압력으로부터 무관한 곳이 아님을 보여주는 것이며, 국제 이주가 동반하는 다문화적 현실에 효율적인 정책적 대응이 필요함을 말해준다.

국제 이주는 일반적으로 국민국가에 어떻게 국경을 통제, 관리해야 하는가에 대한 문제를 던져주기도 하고, 어떻게 이미 유입된 외국인, 이민자들을 주류 사회에 통합시켜야 하는지 고민하게 만든다. 더 나아가 한 사회의 멤버십과 경계에 대한 근본적인 물음을 던지기도 한다. 국제 이주로 인한 국민국가 외부로부터의 인구 유입은 기존 구성원에게 '어디까지가 우리인가' 하는 물음을, 또한 유입된 이민자들에게는 '우리는 그들에게도 우리인가' 하는 질문을 던진다. 국경통제와 관리에 실패하고, 외국인 및 이민자들에 대한 사회통합이 실패하면, 국제 이주의 압력으로 인해 탄력적이고 유동적일 수 있는 멤버십과 경계가 비탄력적으로 고착화되어 선주민과 이주민 간의 사회갈등을 촉발시킬 수 있다. 이 점에서 이민과 관련된 종합적인 정책적 대응인 이민정책에 대한 논의는 중요하다고 할 수 있으며, 보다 근본적으로 이민정책 전반에 관한 정치철학적 논의와 이론적 성찰 역시 중요하게 다루어져야 한다. 본고는 환대 개념이 개인의 권리와 국가의 권리가 충돌하는 이분법적 구도를 넘어 주인과 손님, 국가와 이민자의 위치를 고정시켜 보지 않고, 서로의 위치를 넘나들면서 각각의 정체성이 변화됨으로써 상생을 모색하는 가능성을 제시할 수 있다고 주장한다.

본고는 환대 개념을 통해 이민정책의 근간을 이론적으로 모색하는 작업을 진행하기에 앞서 이민정책을 둘러싼 대외적 환경과 이민의 사회경제적 영향을 먼저 살펴보고자 한다. 이를 통해 이민정책의 전반적 기조에 대한 사회적 합의가 필요한 시점이며 이민정책의 근간에 대해 정치철학적 논의를 해보는 것은 앞으로 중장기적으로 논의해야 할 이민정책의 방향성을 설정하는데 있어 의미 있는 작업임을 주장하고자 한다. 그리고 환대 개념을 통해 이민통제와 이민자 통합에 대한 정치철학적인 논의를 진행하고자 한다. 이민통제와 관련한 정치철학적 논의를 국경을 자유롭게 넘나들 수 있는 권리 대 국가의 자결권으로 요약하여 살펴보고, 조건적 환대와 무조건적 환대 개념을 통해 이 개념들이 이민자 통합 정책에 시사하는 바를 살펴보고자 한다. 결론에서는 이민정책에 내포된 국가기능과 도시적 맥락의 이민정책을 환대 개념과 연결지어 설명하는 향후 연구과제를 제시할 것이다.

2. 세계화와 이민의 사회경제적 영향

1) 이민정책에 있어 세계화의 영향

이민정책의 근본적인 기조를 논의하고, 이민정책의 정치철학적 성찰을 위해서는 이민정책을 둘러싼 대외적 환경을 거시적으로 고찰하고 이민의 사회경제적 영향을 분석하는 것이 필요하다. 우선 현재 주요 이민 수용국의 이민정책 환경을 관통하는 거시적인 흐름은 세계화라고 할 수 있다. 세계화는 국제 이주 현상을 다른 국제 현상과 결합시켜 국제 이주의 복합성을 증가시키고 있으며, 국민국가 외부로부터 이민정책을 제한하는 국제인권규범의 영향력을 확대하고 있다.

세계화는 상품과 자본의 교환에 따라 국가 간, 지역 간 상호의존성이 증가하는 것으로 정의할 수 있다. 그러나 세계화를 추동하는 요소 중 하나로 간과되고 있는 것이 국경을 넘나드는 인구의 이동이다. 국제이주기구 (IOM)는 자신의 출생지를 떠나 거주하고 있는 국제 이주민의 규모를 약 2억 1,400만 명으로 추산하고 있다(IOM, 2013). 이는 전 세계 인구의 약 3.1%에 불과하지만 국제이주가 영향을 미치는 지역이 북미, 유럽뿐만 아니라 아시아, 아프리카, 남미 등으로 확산되고 있다는 점에서 국제이주는 세계화의 중요한 요소로 이해되어야 한다.

세계화의 중요한 요소인 국경을 넘나드는 인구의 이동은 여타 다른 국제적인 현상과 결합되면서 국제 이주의 복합성을 증가시키고 있다. 예를 들어, 시리아 난민 사태는 난민 할당을 둘러싸고 유럽연합 회원국들 간의 갈등을 낳고 있으며, 난민의 급증으로 인해 보호가 필요한 난민과 경제적 이주민과의 경계가 모호해지면서 국가들이 난민에 대한 인도적인 보호로부터 후퇴하고 있다. 국제 이주와 테러리즘이 결합하는 현상이 증가하면서 이민정책이 안보화(securitization)하고 있다. 또한 세계화 현상의 가속화와 심화는 이민 송출국에 있어 배출 요인을 증가시켜 송금, 두뇌유출 등의 논쟁을 낳고 있다. 이민 수용국에 있어서도 이민자 흡입에 대한 압력이 증가하여 어떻게 하면 국가이익에 부합하는 이민자를 선별, 수용할 것이며, 이를 통해 이민자 유입으로 인한 국내의 사회경제적 비용을 최소화할 것인가를 고민하게 만든다.

세계화는 인구이동의 통로를 확대시키며 국제이주의 증가는 특히 이민 수용국에 경제적 변화를 동반한다. 국제이주의 경제학은 해외로부터 노동력이 유입되면 임금은 낮아지고 자본수익률은 높아진다고 예측한다. 저소득층은 소득에서 근로 소득의 비중이 높기 때문에 국제이주의 증가로 인해 저소득층은 피해를 보게 된다는 것이다(콜리어, 2014). 국제이주가 임금에 미치는 영향에 대한 경험적 연구들은 다양한 연구 결과를 제시하지만 일반적으로 "상당수의 원주민 노동자들은 이득을 얻지만 극빈층 원주민은 손해를 볼 가능성이 매우 높다"(콜리어, 2014: 153)는 주장이 많다. 이러한 경제적 효과는 이민정책을 둘러싼 정치적 역학 관계에도 영향을 미친다. 좌파 정치세력 중에서 이념적으로 국제이주를 옹호하는 세계시민주의 그룹과 전통적으로 노동조합을 기반으로 하는 그룹 사이에 균열이 발생할 수 있는 것이다. 국제이주의 경제적 효과는 정치적 이념을 공유하는 세력 내에서 이민자 수의 증가 및 이민자 권리의 증가 여부를 둘러싼 입장 차이를 만들어 이민정책 이면에 존재하는 정치적 관계를 복잡하게 만든다

(Tichenor, 2002).

세계화로 인한 압력은 이민자 유입에 대한 선별 기준에만 영향을 미치는 것이 아니고 근본적으로 대외적 영향에 대한 국가의 능력과 역할에 대한 질문을 낳는다. 세계화 논의 속에서 국가의 역할이 쇠퇴하느냐, 강화되느냐에 대한 논쟁과 함께 세계화가 낳은 문제들을 해결하기 위한 국제사회의 합의인 국제규범으로부터의 압력이 증가하여 국가의 정책적 선택을 제한하게 된다. 대표적인 것이 국제인권규범이 이민정책에 미치는 영향이다.

이민자의 권리를 보장하기 위한 국제인권규범은 국민국가의 이민정책 형성에 직접적으로 영향을 미치기도 하고, 혹은 국내 사회세력의 전용 과정을 통해 간접적으로 영향을 미친다고 글로벌리스트라 불리는 일군의 학자들은 주장한다(Soysal, 1994; Gurowitz, 1999; 이병하, 2014). 이러한 국제인권규범의 발달은 국내의 지속적인 민주화 흐름과 맞물려 이민정책에 담아야 할 국가기능 중에서 인권 기능의 확대를 가져오고, 국제인권규범의 이행 메커니즘과 민주적 제도 장치와의 결합을 통해 이민정책의 형성과정에 큰 영향력을 발휘하게 된다. 예를 들어 국제인권규범은 이민자의 증가로 인해 촉발된 반 이민의 여론에 대해 국가가 정책적 대응을 할 때 운신의 폭을 좁힐 수밖에 없으며, 이는 이민정책을 입안, 실행할 때 복잡다기한 현실에 직면할 수밖에 없다는 것을 의미한다.

2) 이민의 사회경제적 영향

이민자 유입은 이민 수용국에 있어 정치, 경제, 사회, 문화의 측면에 다양한 영향력을 가진다. 정치적 측면에 있어 국경통제, 이민자 선별기준, 난민 수용 등 국가능력에 대해 충격을 줄 수 있으며, 경제적인 측면에서는 이민자 유입을 통해 일국의 국가이익을 극대화시킬 수 있을 것인가, 국민들의 일자리와 분배구조에 어떤 영향을 미칠 것인가 하는 고민을 안겨줄 것이고, 사회적 측면에 있어 이질적인 문화와 정체성을 가진 이민자가 유입되면 국가정체성에 위기가 오지 않을까, 기존 국민들 간의 사회적 유대가 흔들리지 않을까, 더 나아가 이민자 사회통합이 실패하면 사회적 안보가 위협받지 않을까 하는 질문을 던지게 만든다.

국제이주에는 다양한 동기가 있지만 경제적인 동기는 이민을 선택하는 데 있어 중요한 역할을 한다. 이민의 동기뿐만 아니라 이민자 유입이 동반하는 경제적 영향은 이민 송출국과 수용국에 있어 모두 지대하다. 특히 이민자 유입으로 인한 수용국의 경제적 영향에 대응하는 효율적인 이민정책을 모색하기 위해서는 이민 수용국이 어떤 수요 때문에 이민자 유입이 발생하고, 그 수요를 어떻게 충족시킬 것이며, 이민자 유입 이후 수용국의 경제적 효율성을 어떻게 극대화하고, 분배구조에 미치는 부정적 영향을 최소화할 것인가를 정확히 파악하는 것이 중요하다. 우리나라에서 이민자 유입이 노동시장에 미치는 영향을 보더라도 일관된 연구결과를 보인다고 보기 어려우며, 고용허가제의 '국내 노동시장 보완성' 측면에 가려져 있던 부정적인 영향도 존재한다(이규용, 2014). 해외로부터의 노동력 공급 증가는 외국인 인력이 많이 취업하고 있는 분야의 일자리에서 이들과 경쟁하고 있는 내국인 노동자들의 일자리나 임금 등에 부정적인 영향을 미칠 수 있기 때문이다. 그러나 이민정책이 내포한 축적의 기능을 실현하기 위한 목표인 경제적 효율성의 극대화와 분배구조에 미치는 부정적 영향의 최소화라는 원칙에 입각하여 본다면, 이민자들의 체류유형, 숙련정도 등이 중요할 것이며 이는 중장기적으로 이민정책을 고려할 때 어떠한 선별기준을 택할 것인가가 근본적으로 검토되어야 함을 의미한다.

이민자 유입의 사회적 영향에 대한 분석과 대응은 보다 중장기적인 관점에서 논의되어야 한다. 이민현상의 심화가 동반하는 국가정체성의 재구성, 사회적 연대에 대한 우려 등 이민자 유입을 통한 사회적 영향은 사회문화적으로 이질적인 인구의 증가를 가져와 사회적 안보(societal security) 문제를 낳는다. 이러한 사회적 안보 문제는 세대를 걸쳐 진행되며 이민사회가 형성, 이민 2세대가 등장하면 사회석 갈등을 유발할 가능성이 있고, 이민자 사회통합 비용이 증가할 수 있다. 따라서 이민자 유입에 대한 정책적 대응은 중장기적인 관점을 가지고 초기부터 분명한 방향성을 정립하여 이루어져야 한다. 국민국가 형성이 이주와 함께 이루어져 오랜 기간 동안 국가정체성에 이민이 녹아들어 있는 전통적 이민국가와 달리, 우리나라는 단일민족의식이 강하고 다양한 문화가 서로 공존하는 경험이 별로 없기 때문에 이민자 유입으로 인한 사회적 영향이 강할 수 있다. 서구에 비해 우려할 정도는 아니지만, 이미 반(反)이민 담론이 형성되고 있으며, 특히 온라인상에서 이러한 담론은 점차 강화되고 있다. 또한 간헐적으로 발생하는 외국인 범죄와 이로 인한 안전에 대한 우려는 반(反)이민 담론과 맞물려 외국인 혐오증으로 발전할 수 있는 환경적 요인을 가중시키고 있다.

세계화라고 하는 거시적인 대외적 흐름과 그 속에서 가속화되고 있는 이민자의 유입, 그로 인한 사회경제적 영향에 대한 정책적 대응을 이민정책이라고 할 때, 현재의 이민정책은 지속가능할 것이며, 중장기적으로 어떠한 방향을 설정해야 하는가는 세부적인 이민정책의 내용, 거버넌스 체계 등을 논의하기에 앞서 검토되어야 한다. 이민정책의 중장기적 시각을 모색하는 시점에서 중요한 것은 이민에 대한 근본적인 합의이기 때문이다. 우리나라의 예를 보더라도, 이민정책은 후발이민국으로서 이민의 압력에 대해 제한적 이민정책을 기본으로 큰 방향에 대한 합의 없이 사안별, 이주민 집단별, 부처별 단기적 대응이 축적된 결과물이다. 위에서 살펴본 것처럼 이민자 유입의 사회경제적 영향이 지속되고 있으며, 이미 이민의 일반적 패턴이 상당 부분 진전되고 있기 때문에 더 늦기 전에 이민정책의 전반적인 기조에 대한 합의를 하고, 이를 기반으로 중장기적 정책목표를 설정하며, 이에 맞게 파편화된 법제와 정비를 조직해야 한다. 따라서 저출산, 고령화 사회로의 진입에 따른 인구 감소에 대비하여 이민 개방으로 나아갈 것인가, 아니면 인력수급, 국제결혼 위주의 제한적인 이민 수용을 유지할 것인가, 이민 문호를 개방한다면 어떤 기준으로 이민자를 선별하여 수용할 것인가, 이민자의 사회통합은 어떤 모델에 기반할 것인가, 현재의 선별, 동화, 온정주의를 넘어서는 모델은 무엇인가 등 이민정책의 방향성에 대한 근본적인 토론이 필요한 시점이다.

이 점에서 이민정책의 근간에 대해 정치철학적 논의를 해보는 것은 우리가 앞으로 중장기적으로 논의해야 할 이민정책의 방향성을 설정하는 데 있어 의미 있는 작업이 될 것이다. 특히 환대 개념은 주인과 손님이라는 은유를 통해 이민 수용국과 그 국가로 들어오는 이민자와의 관계를 성찰하는 중요한 이론적 도구가 될 수 있다(임봉대, 2012). 다음 장에서는 환대 개념과 여타 정치철학적 논의를 통해 이민정책에 있어 이민통제에 대한 규범적 논의를 살펴보고자 한다.

3. 이민통제와 환대 개념

이민정책은 크게 이민통제(immigration control)와 이민자 통합(immigrant integration)이라는 두 축으로 나누어진다. 이민정책을 이민과 관련된 정책이라고 할 때, 이민은 "인구학에서 출생, 사망과 더불어 인구규모의 변화에 영향을 미치는 인구이동(migration) 가운데, 국가의 경계를 넘는 인구이동 즉 국제 인구이동(international migration)을 의미하는 개념"이라고 할 수 있다(정기선 외, 2011). 따라서 이민에는 한 국민국가에서 나가는 이민인 이출(emigration)과 그 국민국가로 유입되는 이입(immigration)을 포괄한다. 그러므로 이민정책은 특정 국민국가가 자국민과 외국인의 이출과 이입을 관리하는 이민통제와 유입되는 이민자들을 주류 사회에 통합하기 위한 이민자 통합을 모두 포함한다고 할 수 있다.

그렇다면 이민은 통제되어야 하는가? 국가는 무엇에 근거하여 국경을 통제할 수 있는가? 국가가 국경을 통제할 때 국경을 자유롭게 넘나들 수 있는 개인의 권리와 충돌하지 않는가? 이처럼 이민통제에 대한 정치철학적 논의는 국가의 권리와 개인의 권리 사이의 대립을 축으로 진행되어 왔다. 앞서 살펴본 국제인권규범의 영향력을 보더라도 국민국가 외부에서 오는 국제인권규범은 이민통제에 대한 국가의 권리를 제한함으로써 보편적인 인간으로서 개인의 권리를 보호하려고 한다. 즉 국가의 권리와 개인의 권리는 근본적으로 서로 반대의 지점에 위치하고 있으며 서로 부정적인 관계를 맺고 있다. 따라서 경제적 이주자 및 난민이 증가하는 것에 맞서 이민통제를 주장하는 측은 국가의 권리를 내세우고 있으며, 이민 수용을 주장하는 측은 국경을 자유롭게 넘을 수 있는 개인의 권리를 주장하며 맞서고 있다. 이 둘 간의 간격은 쉽게 좁혀지지 않으며 계속 평행선을 달리고 있다. 그렇다면 이 둘 사이의 간격을 좁히고 권리 대 권리의 대립구도를 넘어설 방법은 없는가? 본고는 환대 개념이 이민 통제를 재개념화하고 이에 대한 정치철학적 성찰이 많은 유용성을 가진다고 주장한다.

이민, 국경을 어떻게 통제할 것인가 하는 기술적인 문제를 잠시 논외로 한다면, 많은 정치철학적 논의들은 이민 통제에 대한 근본적인 질문을 던진다. 특히 환대 개념은 그 개념이 갖는 공간적인 이미지로 인해 이민 통제에 대한 근본적인 성찰에 많은 도움을 준다.

환대란 간단히 말하면 주인이 손님을 환영하는 것이다. 환대라는 개념 속에는 반드시 주인과 손님, 주체와 타자라는 관계가 내포되어 있으며, 공간적인 측면에서 문, 문턱, 이들이 위치한 집이라는 이미지로 형상화된다. 손님이 문 밖에서 내 집에 들어오기를 청할 때, 우리는 어떻게 해야 하는가? 손님은 하나의 개인으로서 내 집에 들어올 권리가 있는가? 나는 주인으로서 내 가족을 보호하기 위해 어떤 손님인지 파악할 권리가 있는가? 손님은 초대받았는가 아니면 초대받지 않았는가? 내가 손님을 환대하는데 둘 사이에 차이가 있는가? 개인적인 수준의 환대를 국가 차원으로 확대한다면, 환대는 현재 우리가 놓인 난민, 이주민 문제 등에 있어 근본적인 성찰을 가능하게 하는 유용한 이론적 도구가 될 수 있다. 또한 환대 개념은 나와 타자, 주인과 손님 간의 경계를 허물어서 주인의 권리와 손님의 권리가 서로 충돌하는 상황에 대한 극복 가능성을 보여줄 수 있다.

손님이 문 밖에서 내 집에 들어오기를 원하고 있다. 많은 이주자, 난민들이 보다 나은 삶의 조건을 찾아서 타국의 문턱에 서있다. 국가는 이를 통제할 권리가 있는가? 이 질문에 대해 많은 이들은 주권이라는 이름으로 쉽게 답을 구할 수 있을지 모른다. 하지만 많은 정치이론가들은 우리들의 당연한 대답에 의문을 던진다. 특히 자유주의 이론가들과 코스모폴리탄 이론가들은 국가의 주권에 앞서 국경을 자유롭게 넘나들 개인의 권리가 더 중요하다고 본다. 코스모폴리탄 이론은 자유주의에 기초하고 있으며, 개인과 그들의 권리가 이들 이론의 핵심이라고 할 수 있다. 개인의 권리, 자유, 평등이 어떤 공동체 수준에서 실현될 수 있는가에 따라 코스모폴리탄 이론은 여타 자유주의 이론과 구분되지만, 코스모폴리탄 이론은 국민국가와 같은 공동체의 소속 여부와 관계없이, 개인은 글로벌 수준에서 권리의 평등을 누려야 한다고 주장한다(Roos and Laube, 2015). 요약하자면, 이민 통제에 대한 정치철학적 논의는 국가가 이민을 통제할 권리 대 국경을 넘나들 수 있는 개인의 권리로 정리할 수 있다(Wellman and Cole, 2011).

자유롭게 국경을 넘을 수 있는 권리는 여러 가능한 행선지를 자유롭게 선택할 수 있으며, 그 과정에서 어떤 장애물도 만나지 않을 개인의 권리를 말한다. 하지만 이러한 권리는 엄밀하게 말해 현대 사회에서 실제로 실현되기 어렵다. 많은 땅들이 이미 사유화되었고, 공적인 공간들은 국가에 의해 통제되기 때문이다(Bauböck, 2012). 심지어 자유롭게 국경을 넘나들 권리가 가장 높은 수준에서 실현된 유럽연합의 경우만 보더라도, 이러한 권리와 자유는 언제든지 유보될 수 있으며, 이주를 통제할 수 있는 권한이 다시 재가동될 수 있다. 그럼에도 불구하고, 자유롭게 국경을 넘을 수 있는 권리가 규범적 권리로 인정받는 이유는 이러한 권리가 다른 근본적인 가치를 실현하는 데 중요하기 때문이다. 폭력과 압제로부터 탈출하기 위해, 보다 나은 경제적 조건을 찾아서, 자신이 속해야 한다고 믿는 공동체의 구성원이 되기 위해, 가족을 구성하기 위해 등 기본적인 개인의 권리와 자유를 실현하기 위해 사람들은 이주를 선택한다. 따라서 자유주의적인 정부는 개인들이 다른 자유로운 선택을 하는 것을 보장하는 것과 마찬가지로, 자유롭게 국경을 넘을 수 있는 규제할 어떤 근거도 없다고 자유주의자들은 주장한다(Carens, 1992). 더 근본적으로 자유롭게 국경을 넘을 수 있는 권리가 중요한 이유는 "그것이 중요한 자유 그 자체"이기 때문이며, "모든 개인은 자신의 운명을 통제할 권리"를 가지기 때문이다(Roos and Laube, 2015: 345).

베이츠Charles Beitz, 포게Thomas Pogge 등 글로벌 정의(global justice)와 코스모폴리타니즘을 주장하는 학자들은 이민을 평등 원칙의 실현으로서 공평한 기회 문제로 접근한다. 국제 이주는 글로벌한 차원의 불평등에서 비롯되며, 이러한 불평등은 사람들이 처한 인위적인 사회적 위치와 조건 때문에 발생하기 때문에 글로벌 정의의 문제로 인식된다. 롤스John Rawls와 달리, 이들은 사람들 사이의 평등은 국민국가 차원에만 국한되지 않는다고 주장한다. 따라서 이민에 관한 자유주의적 입장은 개인의 자결권, 글로벌 정의 차원에서 논의되고, 자유롭게 국경을 넘을 수 있는 권리는 핵심적인 개인의 자유이자 글로벌 정의를 실현하기 위한 것으로 볼 수 있다(Roos and Laube, 2015).

이에 반해 일군의 정치이론가들은 국가가 자결권(self-determination)을 가지고 있음을 들어 이민 통제를 정당화한다. 정당성을 갖춘 국가는 스스로 정치적 결정을 할 수 있는 권한을 가지고 있으며, 이러한 자결권 내의 중요한 구성요소 중 하나는 누가 공동체의 구성원이 될 수 있는가하는 결사의 자유(freedom of association)이다. 이러한 자결권과 결사의 자유는 국가 구성원으로 하여금 외국인, 비 시민과 함께 하지 않을 권리를 보장한다는 것이다(Wellman and Cole, 2011). 웰먼Chrisotpher Heath Wellman은 스웨덴 정부가 노르웨이의 주행속도 제한이 취약하여 많은 교통사고가 발생한다는 이유를 들어 노르웨이의 주행속도 제한에 간섭할 수 없듯이, 이민 통제 역시 국민국가 주권의 고유 영역이며 이 점에서 이민 통제는 자결권과 불간섭의 원칙 하에서 보장되어야 한다고 주장한다(Wellman and Cole, 2011). 이를 어기고 스웨덴 정부가 노르웨이의 국내 문제에 간섭하는 것은 노르웨이 공동체 구성원을 존중하지 않는 것이며, 마찬가지로 이민 통제 역시 국민국가 구성원의 선택에 달려 있다고 주장한다.

또한 정치적 공동체로서 국가는 구성원들의 연대감 유지와 공정, 복지, 정의의 실현을 위해 공동체의 경계를 통제할 필요가 있다. 롤즈John Rawls가 오로지 출생에 의해서만 공동체의 구성원이 되고, 죽음에 의해서만 공동체를 떠난다고 했듯이, 이러한 주장은 국제 이주에 대해 닫힌 공동체를 상정한다. 이 점에서 시민권은 공동체 내부를 향해서는 포섭적이지만, 외부를 향해서는 닫힌 역설적인 개념이라고 할 수 있다. 따라서 국경은 정치적 질서를 유지하기 위한 선행조건이며, 공동체 구성원의 정치적 문화와 헌법적 원칙을 수호하기 위해서 이민을 통제되어야 한다고 볼 수 있다.

앞서 간략히 언급한 것처럼 이민자의 증가는 수용국 사회의 관점에서 보면 문화적 동질성과 정체성에 대한 위협 요인이 늘어나는 것으로 해석될 수 있다. 이렇게 선주민들은 이민을 자신들의 정체성에 대한 위협이 늘어나 사회적 안보가 위협받는 것으로 간주한다. 이처럼 이민 문제는 안보화 과정을 거쳐 새로운 안보 문제로 등장하게 되며 선주민들은 자신들의 정체성을 보존하기 위해서 극단적인 수단을 선택하기도 한다. 그 결과가 반이민 극우정당의 출현과 포퓰리즘의 확산이다. 이민을 통제해야 한다는 입장은 국가의 자결권, 공동체의 보호, 문화적 정체성의 보존을 위해 국경을 넘을 수 있는 개인의 권리는 제한되어야 한다고 주장한다.

문 밖에 서 있는 손님을 어떻게 할 것인가의 문제의 근간에는 보편적인 인권과 국가의 주권이라는 오래된 긴장 관계가 놓여있다. 정치학에 있어 위와 같은 고전적인 논쟁은 어느 한쪽을 극단적으로 선택하느냐에 따라 열린 국경 대 닫힌 국경이라는 구도로 전개되고 있다. 위에 서술한 대립적인 두 입장은 환대에 앞서 이민 통제의 정당성에 관한 근본적인 성찰을 가능하게 하는 장점이 있지만, 이민 통제를 둘러싼 대내외적 환경과 그 사회 경제적 영향을 고려함에 있어 지나치게 단선적이라는 비판이 있을 수 있다. 열린 국경을 주장하는 입장은 국경을 넘나들 수 있는 권리가 과도하게 실현될 경우, 그 권리는 물론 다른 자유주의적 가치가 실현되기 위한 자유주의적인 정체가 붕괴할 수 있다는 비판에 쉽게 답을 내놓지 못한다. 또한 닫힌 국경을 주장하는 입장은 세계화로 인해 상호의존성이 증대하고 있는 상황에서 손님이 찾아오는 원인이 과연 일 국가에만 국한된 것인가 하는 질문과 거기로부터 파생된 글로벌 정의와 국제사회 속에서 국가는 어떤 의무를 지녀야 하는가 하는 질문에 답을 내놓아야 한다. 따라서 문 앞에 서 있는 손님을 받아들일 것인가, 말 것인가 하는 질문은 손님은 어느 집이든 방문할 권리가 있다거나 내 집에 거주하는 가족을 보호하기 위해 손님을 거절할 수 있다는 간단한 선택의 문제가 아니다.

환대 개념은 이러한 단선적 논리와 권리 대 권리의 대립구도를 극복할 가능성을 제시한다. 앞서 논의한 환대의 공간적 이미지를 보면, 환대의 상황은 주인이 손님을 맞는, 즉 주인과 손님으로 나누어진 이분법적 상황으로 이해할 수 있다. 하지만 환대의 상황은 주인의 환대로 인해 손님이 문턱을 넘어 집 안으로 들어오는, 또한 환대를 통해 주인과 손님의 경계가 허물어지는 상황으로 해석될 수도 있다. 이는 이민통제를 둘러싼 정치철학적 논쟁이 '이것 아니면 저것(either/or),' '권리 대 권리'로 진행되는 것을 넘어 '이것과 저것 모두(both/and)'라는 구도로 발전할 수 있는 가능성을 제시한다. 이민통제에 대한 논쟁은 국가의 권리 대 개인의 권리 구도로 진행되어 왔다. 하지만 환대 상황의 재해석을 통해 문턱을 넘는 행위에 주목하면 국제 이주로 인해 국가와 개인 모두 변화할 수 있고, 국가의 권리와 개인의 권리 모두 재개념화를 통해 서로를 포용할 수 있는 가능성을 상상할 수 있게 된다. 국제 이주를 통해 새롭게 도착한 이들을 수용함으로써 국가는 공동체의 성격과 범위를 재설정할 수 있으며, 새롭게 도착한 이민자들 역시 이러한 공동체에 참여하고 공동체를 변화시킬 수 있는 적극적인 주체로 변화할 수 있는 것이다.

4. 이민자를 어떻게 받아들일 것인가?: 조건적 환대와 무조건적 환대

본 장에서는 환대 개념을 통해 이민정책의 두 번째 측면, 이민자 통합에 시사하는 바를 고찰하고자 한다. 환대는 호텔 산업을 지칭하는 실용적 개념에서부터 칸트Immanuel Kant, 데리다Jacques Derrida, 레비나스Emmanuel Levinas 등 주요 철학자들의 논의는 물론 나그네를 잘 대접하는 기독교적 전통까지 다양한 스펙트럼을 가지고 있다. 특히 구약성서 연구자들에 의하면 서구의 환대 개념은 18~19세기에 서구인들이 팔레스타인을 여행하면서 느낀 환대의 경험에 그 기원을 두고 있다(임봉대, 2012). 기독교적 전통에서 과부, 고아, 나그네로 상징되는 사회적으로 소외된 자들에 대한 관심은 환대로 표현되고 있으며, 특히 나그네들에게 적절한 물과 음식, 그늘이 제공되지 않는다면 생존이 어려운 팔레스타인의 자연적 조건이 환대와 같은 사회적 습속을 낳았을 것이다.

하나님의 현현(presence)으로서 나그네들이 인간을 방문하는 이야기는 다양한 형태로 전 세계에 광범위하게 전승되고 있지만, 나그네들을 환대하는 전승의 원형은 창세기 18장 1~8절에 잘 나타난다. 한창 더운 대낮, 낯선 세 나그네가 아브라함의 장막을 갑자기 방문한다. 아브라함은 그들이 누구인지 묻지도 않고 정중히 맞이하여 땅에 엎드려 절하면서 "물을 좀 가져 오라고 하셔서, 발을 씻으시고, 이 나무 아래에서 쉬시기 바랍니다."라고 말한다. 아브라함은 초대받지 않은 손님에 대해 그들이 위험한 자들인지, 아닌지 생각하지 않으며, 정중한 태도를 갖추고 있으며, 주인임에도 손님에게 자신을 '종'이라고 칭한다. 아브라함의 환대는 이들이 하나님의 현현임을 인지한 후 이루어진 것이 아니다. 오히려 환대 이후에 이들이 하나님의 현현임을 깨닫는다. 창세기에 나타난 아브라함의 환대는 종교적 전통 속에 위치한 무조건적 환대의 원형을 보여준다.

고대 종교의 전통에 원형을 둔 환대는 칸트에 이르러 권리의 개념으로 다시 등장한다. 칸트는 '영구평화론(perpetual peace)'에서 다음과 같이 주장한다.

앞 조항에서처럼 우리가 관심을 가지는 것은 박애(philanthropy)에 관한 것이 아니라 권리(right)에 관한 것이다. 이러한 맥락에서 환대(hospitality)는 이방인이 누군가의 영토에 도착했을 때, 적대적으로 대접받지 않을 권리를 의미한다. 추방으로 인해 이방인이 죽지 않는 한, 국가는 그를 돌려보낼 수 있다. 그러나 그가 평화적으로 행동하는 한, 그는 적대적으로 대접받아서는 안 된다. 이방인은 손님으로서의 권리를 주장할 수 없다. 왜냐하면 일정기간 동안 거주자일 권리를 주기 위해서는 특별한 우호적 동의가 필요하기 때문이다. 이방인은 단지 일시적인 체류의 권리를 주장할 수 있다. 왜냐하면 사람들은 지구 표면을 공동으로 소유할 권리로 인해 사회에 존재하기 때문이다. 지구는 구면(globe)이기 때문에 사람들은 무한대로 흩어져 살 수 없고, 따라서 서로의 존재를 관용해야만 한다. 어느 누구도 지구의 특정 부분에 대해 다른 사람보다 더 우선적인 권리를 가질 수 없다 (Kant, 1991: 105~106).

칸트는 환대가 박애가 아니라 권리의 문제임을 분명히 말하고 있다. 환대가 권리의 문제인 한 조건적일 수밖에 없다. 환대가 권리라면 주인과 손님, 시민과 이방인의 관계에서 각 주체는 어떤 범위 내에서 행동해야 하는지를 따질 수밖에 없다. 예를 들어 손님은 잠시 머무를 권리만을 가지는지, 아니면 영구적으로 체류할 수 있는지를 따져야 하고, 손님이 어떤 권리를 가지는가에 따라 주인은 자신의 권리를 침해받지 않기 위해 스스로의 영역을 설정할 수밖에 없다. 따라서 칸트가 주장한 권리로서의 환대는 조건적일 수밖에 없다.

물론 칸트는 사람들이 지구 표면을 공동으로 소유할 권리에서 보편적인 환대의 권리를 도출하고 있지만, 이방인이 적대적으로 대접받지 않을 권리로서의 환대는 이방인과 영속적으로 공존하는 것을 상정하고 있지는 않으며, 이방인이 억압받지 않고, 주인과의 적당한 거리를 유지하는 선에서 방문하고, 교역하는 것을 말한다. 더 근본적으로 권리로서의 환대는 언제까지나 손님을 받아들이는 주인에 의해서 결정되는 것으로, 앞서 아브라함의 환대와는 차이가 있다.

칸트의 조건적이고 제한적인 환대 개념은 앞서 서술한 이민 통제를 둘러싼 근본적인 긴장 관계를 내포하고 있다. 벤하비브Seyla Benhabib는 칸트의 환대 개념에 근대 국가의 근간을 이루는 두 가지 도덕적, 법적 원칙이 놓여 있으며, 이는 이민 문제에서도 발견된다고 주장한다(Benhabib, 2004). 하나는 국제제도와 인권 레짐에 의해 지탱되는 보편적인 개인의 인권이고, 다른 하나는 오직 시민만이 국가권력을 정당화하는 권리를 가지고 있다는 자치의 원칙이다. 이러한 두 원칙은 인권의 보편성과 정치적 권리의 특수성 간의 긴장 관계를 낳는다. 즉, 환대의 권리는 한 개인이 가지고 있는 보편적 권리와 그 권리는 특정한 공동체의 일원으로서만 향유할 수 있다는 공간 그 사이에 위치함으로써 이민 문제에 있어 논쟁을 촉발시키고 있다.

이 점에서 현대 사회 이민 수용국의 이민자 통합 정책은 조건적 환대에 기초하고 있다. 어떤 손님을 받을 것인가는 전적으로 주인의 결정에 달려 있다. 주인이 살고 있는 집의 상황에 따라 일시적으로 환대하기도 하고, 같이 살기 위해서는 주인의 문화, 정체성, 핵심 가치 등을 따를 것을 요구하기도 한다. 또한 손님의 정체성과 문화를 유지, 보존하는 것을 장려함으로써 다원성과 공존을 추구하는 주인의 정체성을 강화하기도 한다.

이민자 통합정책을 유형화하자면, 흔히 '구분배제모형(differentiated exclusionary model),' '동화모형(assmilationist model),' '다문화주의 모형 (multicultural model)'으로 나눌 수 있다. 구분배제모형은 외국인 노동자를 노동력 부족현상이 있는 특정 산업분야에 한해서만 수용하며, 이들에게 사회적, 정치적 권리를 주지 않는 것을 원칙으로 한다. 우리나라의 저숙련 외국 노동자 정책이 대표적이라고 할 수 있다. 동화모형은 이민자가 출신국의 문화적인 특성을 포기하고 주류 사회에 완전히 동화되는 것을 목적으로 한다. 프랑스의 이민자 통합정책이 대표적인 것으로 프랑스의 공화주의적 가치를 받아들인다면 인종, 종교 등에 상관없이 프랑스 시민이 될 수 있다는 개방적인 시민권 모델을 지향한다. 다문화주의 모형은 이민자에게 가장 관대한 모델로 이민자들이 출신국의 문화와 언어를 '집단적으로' 유지하는 것을 장려하여 다양한 이민자 그룹들 간의 공존을 꾀하는 것이다. 다문화주의 모형은 정책을 시행할 때 이민자를 한 개인으로 접근하지 않고 특정 그룹의 일원으로 간주한다. 캐나다의 다문화주의 정책이 대표적으로 다양한 이민자 그룹들의 문화는 모자이크의 조각들에 해당하고, 이러한 조각들이 모여 캐나다라는 국가 정체성을 만들어 나가는 것을 지향한다(설동훈·이병하, 2013).

최근 이민자 통합정책과 관련된 주요 흐름은 네덜란드로부터 시작된 '시민 통합(civic integration)' 모형으로의 전환이다. 네덜란드는 이민자 통합유형을 나누는 데 있어서 많이 쓰이고 있는 동화모델, 다문화주의모델, 차별배제모델 중 다문화주의모델로 분류되는 대표적인 국가 중의 하나였다. 하지만 연이은 '다문화주의의 실패' 선언 이후, 이민자 통합정책의 노선을 전환하는 데 있어서 가장 주목받는 나라가 바로 네덜란드이다. 사실 다문화주의의 실패선언 이전부터도 유럽의 이민자 통합정책은 이미 크리스찬 욥케Christian Joppke가 주장하듯 '시민 통합(civic integration)'으로 선회하고 있었다(Joppke, 2007). 시민 통합에 기반한 이민자 통합정책은 다문화주의 모델이 이민자들의 문화적 권리를 "집단"의 수준에 기초한 것에 반해 이민자가 수용국 사회에 적응할 책임을 "개인"에 지우고, 이민자 개개인이 수용국 사회의 언어, 역사, 제도에 대한 기본적인 지식을 습득하는 것이 사회통합에 필수적인 요소라고 보고 있다. 이에 따라 이민자가 수용국에 입국하기 전부터 수용국 언어에 대한 테스트가 이루어지는 경우도 있고, 입국 후에도 계속 일정 시간 언어교육, 사회교육, 직업교육을 이수해야 한다. 이수과정을 불이행할 경우, 벌금이 부과되거나 혹은 영주권을 거부당할 수도 있다. 이러한 교육과정을 통해 수용국의 노동시장에 통합되어야 함을 목적으로 하고 있다. 이러한 시민 통합 정책은 1990년대 후반 네덜란드에서 시작되어 그 이후 핀란드, 덴마크, 오스트리아, 독일, 프랑스 등 유럽의 각 지역으로 퍼져나갔다(Joppke, 2007). 시민 통합 정책의 새로운 점은 강제적 요소를 담고 있다는 점이며, 이민 정책의 양대 요소인 이민 통제와 이민자 통합 측면이 융합되어, 이민자 통합 정책이 이민 통제 요소를 겸하게 되는 것을 의미한다. 시민 통합 정책을 통해 이를 채택한 유럽의 국가들은 그간 수용국 사회의 복지비용, 이민자 통합 비용을 증가시켰던 저숙련 그리고 적응가능성이 낮은 가족이민자들을 통제할 수 있게 되었다(설동훈·이병하, 2013).

이민자 통합정책의 세 가지 이념형과 최근 시민통합 모델로의 변화는 어떤 이민자를 받아들일 것인가에 있어 조건적 환대가 강화되는 추세를 보여준다. 이런 맥락에서 조건적 환대가 아닌 무조건적이고 절대적인 환대 개념을 제안하는 데리다는 이민자 통합 문제에 있어 근본적인 질문을 던지고 있다.

데리다의 무조건적인 환대 개념을 이해하기 위해서는 몇 가지 구분 도식이 필요하다. 먼저 데리다는 환대의 윤리와 환대의 정치를 구분한다.

환대의 윤리는 새로 도착한 이들에게 이름도 물어 보지 않고, 보상도 요구하지 않으며, 아주 작은 조건의 충족도 요구하지 않은 채 집을 제공하는 것인 반면, 환대의 정치는 항상 조건적인 권리와 법을 말한다(Derrida, 2000: 77).

법과 정치에 의해 규정되는 권리와 의무로서의 환대는 "모든 상황에 적용할 수 있는 일반적인 조건을 제시함으로써, 환대가 함의하는 타자의 이질성을 최소화하고, 보편적인 범주 내에서 선택될 만한 자로 환대의 대상을 제한한다."는 의미에서 조건적이다(손영창, 2012: 103). 이러한 환대는 손님에게 "내 집처럼 편안히 쉬길. 그러나 기억할 것은 여기는 당신 집이 아니라 내 집이고, 당신은 내 자산을 존중해야 해"라고 말하는 것과 같다.

반면, 무조건적인 환대는 이와 같은 주인의 주권성을 포기하는 것이다. 데리다에 의하면, 무조건적인 환대는 내 집을 열어 손님에게 공간을 내어 주는 것으로, 법과 권리로서의 환대와의 단절을 통해 주인과 손님, 주체와 타자 사이의 경계를 허무는 것이다. 심지어 무조건적인 환대는 주인과 손님 간의 호혜적인 관계는 물론 손님이 적대적으로 변할 위험한 상황까지도 감수하는 것이다. 낯선 타자와의 조우, 심지어 위험한 타자와의 조우까지 감내함으로써 무조건적인 환대는 법과 정치를 넘어서는 윤리의 개념이 된다.

"무조건적인 환대는 타자, 새로운 이민자, 손님에게 그들을 규정하는 어떤 것도 묻지 않는 것을 의미한다. 그들이 당신의 주권성과 집을 강탈할지라도, 당신은 그것을 받아들여야만 한다. 이것을 받아들이는 것은 끔찍한 일이다. 그러나 그것이 무조건적 환대의 조건이다(당신의 공간, 집, 국가의 주권성을 포기하는 것). 참기 어려운 일이다. 그러나 순수한 환대가 있다고 한다면, 그것은 극단까지 밀어붙여져야 한다(Derrida, 1998: 71)."

데리다의 조건적 환대와 무조건적 환대 개념은 서로 충돌할 수밖에 없다. 무조건적 환대를 베푼다는 것은 주인의 주권성이 없어지는 것으로 결국 주인에게 집은 사라지고, 주인은 환대를 베풀 수 없게 된다. 이민 수용국이 무조건적 환대를 시행한다면, 그 국가는 결국 이민자들에게 서비스와 정책을 제공할 능력을 상실하는 것이다. 이 점에서 주인이 베풀 수 있는 환대, 국가가 베풀 수 있는 환대는 조건적이어야 한다. 이름도 모르고 무슨 짓을 할지 모르는 손님을 환대하는 윤리로서의 무조건적인 환대는 법과 정치에 의해 제한을 가하는 조건적인 환대 없이는 실현될 수 없다. 두 가지의 환대는 서로 떨어질 수 없이 연결되어 있지만, 서로에게로 환원될 수 없는 관계인 것이다. 따라서 데리다는 무조건적 환대는 불가능하다고 주장한다.

무조건적인 환대를 이해하는 또 하나의 구분 도식은 무조건적인 환대는 필요하지만, 불가능하다는 것이다. 손님의 신원을 확인하지도 않고, 그들에게 선뜻 자리를 내어주는 일은 고대 근동 지방에서 아브라함이나 할 수 있는 일이지 현대 사회에서는 가능한 일이 아니다. 환대는 조건적인 환대를 통해서만 실현되는 것일지도 모른다. 그렇다면 참기 어려운 일이지만 극단까지 밀어붙여봐야 하는 무조건적 환대가 불가능하다는 말은 무슨 의미를 지니는가?

필요하고 가능하면서도 불가능한 것이 비단 무조건적인 환대에만 해당되는 개념은 아니다. 예를 들어 민주주의는 다원화된 현대 사회에 필요하고, 민주정치의 제도화와 함께 많은 부분 그 이상이 실현되었다. 하지만 많은 이들이 현재 우리가 향유하고 있는 민주주의 제도가 이상으로서의 민주주의에 도달했는가라는 질문에 쉽게 대답하기는 어렵다. 이 점에서 민주주의는 도래할 민주주의(democracy to come)이다. 마찬가지로 무조건적인 환대도 도래할 환대라는 점에서 불가능한 것이지만, 우리는 그 환대가 실현될 수 있도록 끊임없이 노력해야 한다. 이 점에서 불가능한 무조건적인 환대는 무의미한 것이 아니다. 불가능성과 가능성 사이에서 "두 입장은 삼각형의 이데아와 현실의 삼각형처럼 서로를 반영하고 승인하면서, 둘 사이의 심연을 강조한다(김현경, 2015: 192)."

이 점에서 무조건적인 환대 개념은 이민자를 어떻게 받아들일 것인가 하는 질문에 대해 불가능한 무조건적인 환대를 지향하면서도 가능한 환대를 모색하여 그 둘 사이의 간격을 줄여나가야 한다는 대답을 제시한다. 현실에서 작동하고 있는 이민자 통합정책 역시 환대의 가능성을 위한 정치의 영역에서 조건적 환대에 내포하고 있는 보편적 인권과 국가의 주권 사이의 긴장 관계를 해결하고자 노력해야 하며, 그러나 무조건적 환대라는 불가능한 이상이라는 측면 또한 놓치지 않고 이를 달성하기 위해 부단히 고민해야 한다.

조건적인 환대에서 국가는 환대를 베풀 수 있는 자원과 힘을 가진 주인의 위치에, 이민자는 환대를 받는 손님의 위치에 놓여 있다. 조건적인 환대와 권리에 기반한 접근은 국가와 이민자의 위치가 고정되어 있다고 가정한다. 그러나 앞서 논의한 것처럼 환대가 제시하는 공간적 이미지는 주인과 손님의 위치는 고정되어 있지 않으며, 서로 변화할 수 있고 서로 넘나든다는 것이다. 주인과 손님은 서로의 공간적 위치를 넘나들면서 때론 국가는 이민자의 위치에 서보기도 하고, 이민자는 참여를 통해 국가의 위치에 서서 주인이 되어볼 수도 있다. 문턱을 경계로 서로 넘나드는 과정을 통해 주인과 손님이라는 고정된 위치는 해체되고 국제 이주는 새로운 경험을 부여함으로써 주인과 손님의 정체성을 변화시키고, 결국에는 서로 상생할 수 있는 가능성을 내포한다. 이것이 데리다의 무조건적인 환대 개념이 이민자 통합 정책에 줄 수 있는 가장 큰 조언일 것이다.

5. 결론

정치이론은 현실의 이민정책을 평가하는 데 있어 일종의 대안적 가능성을 상상하게 해준다. 대안적 가능성을 상상할 수 있을 때, 우리는 현실의 정책을 비판적으로 검토할 수 있다. 이 점에서 정치이론이 제공하는 상상력은 일종의 사고하지 않음에 대항하는 무기가 될 수 있다(Wellman and Cole, 2011: 9).

환대 개념이 우리에게 제공하는 행위자 간의 관계, 공간적 이미지는 국제 이주 문제에 있어 이민통제, 이민자 통합을 근본적으로 성찰하게 도와준다. 현재 우리는 이민정책에 있어 근본적인 성찰과 전반적 기조에 관한 논의가 필요한 시점이다.

이민정책에 있어서 미국, 캐나다, 호주와 같은 국가들은 전통적 이민국가라 불리고, 한국을 비롯하여 1980년대 이후 세계화로 인해 활발한 노동력 이동을 통해 외국인의 인구가 늘어난 국가들을 후발 이민국가으로 부른다. 한국은 후자의 전형적인 사례이다. 전통이민국이 오랜 시간 동안 이민통제와 이민자 통합정책을 만들어 왔다고 한다면, 한국과 같은 후발이민국들은 2~30년에 불과한 시간 안에 이민통제와 이민자통합을 모두 포괄하는 정책을 모두 수립해야 한다는 부담이 있다. 이민이 국민국가 형성에 중요한 역할을 한 전통적 이민국가에서 이민자란 대부분이 잠재적인 시민권자이며, 이민의 시작 단계부터 자연스럽게 사회통합의 대상이 된다. 그러나 후발 이민국가에서는 일시적 노동력 유입과 영구적 이주가 분리되기 때문에 더욱 복잡한 정책이 요구된다. 이 점에서 한국의 사례 역시 예외가 아니다.

환대 개념은 이민정책 연구에 있어 가능성으로서의 환대와 불가능성으로서의 환대 사이에 놓인 간격을 좁히라고 요구한다. 무조건적인 환대에 가깝게 다가가는 조건적 환대를 모색하기 위해서는 환대가 실현되는 정치적 공동체의 단위를 다르게 생각해보는 논의가 필요하다. 예를 들어 도시적 맥락의 이민정책을 통해 무조건적인 환대의 불가능성에 보다 가깝게 다가가는 이론적 모색을 할 수도 있을 것이다. 도시적 맥락의 이민정책은 '도시 시민권(urban citizenship)'을 추구하는 것이다. 도시와 시민권 간의 관계를 연결함으로써, 도시는 국가 수준의 이민정책과 차별화되고 보완적인 정책을 추진할 수 있다. 미국 사회에서 논란이 되고 있긴 하지만, 샌프란시스코를 위시로 많은 도시들이 소위 '피난처 도시'(sanctuary city)임을 자칭하고 있다. 피난처 도시들은 불법체류자, 비호신청자(asylum seekers)에게 보호를 제공하면서, 이들이 추방되는 것을 막기 위해 공공기관에 인도하는 것을 거부하고 있다. 뉴욕의 경우도 불법체류자들에게 독자적인 신분증을 발급해줌으로써 이들의 은행계좌 개설, 아파트 계약, 도서관 이용 등을 돕고 있다. 더 나아가 벤자민 바버^{Benjamin R. Barber}는 도시가 보증하고 발급하는 '도시 비자'를 제안한다. 도시 비자 제도를 통해 불법이민자 문제를 해결하고, 이들을 도시의 노동시장으로 끌어들이자는 것이다. 도시 비자는 도시 간 협력네트워크를 통해 이루어질 수 있으며, "회원 도시 전체 이민자들의 지역 거주권과 취업을 책임지는 국제도시 사무국에 의해 집행될 수 있다."고 주장한다(벤자민 바버, 2014: 475).

도시 비자 아이디어에서 보이듯, 도시적 맥락의 이민정책은 도시 간 네트워크 논의와 맞물려 발전될 수 있다. 도시 간 네트워크는 이미 기후변화 문제를 해결하는데 많은 성과를 낳고 있으며, 이러한 연구 성과물들이 제시하는 '초지역간'(translocal) 관계 개념은 도시적 맥락의 이민정책을 모색하는데 중요한 단초를 제공한다. 왜냐하면 국제 이주는 필히 송출지역과 수용지역 간의 복잡한 관계를 전제하고 있기 때문이다. '초지역간' 관계는 글로벌한 상호작용의 지역적 측면을 강조하는 것으로 초국가적 네트워크 속에서 지역 행위자, 지역 권위체들의 상호작용을 설명하는 것이다(Lee, 2015). 도시 간 연대를 통해 기후변화 거버넌스를 구축한 것처럼, 국제 이주를 관리하는 글로벌 거버넌스 체제가 저발전된 상황에서 도시 간 협력 네트워크를 통해 국제 이주로부터 파생되는 다양한 문제점들을 해결, 관리할 수 있다. 이를 통해 우리는 불가능한 무조건적인 환대에 다가가는 또 다른 가능성을 상상해볼 수 있다.

참고문헌

1) 단행본

김현경. 2015. 『사람, 장소, 환대』. 서울: 문학과 지성사.

법무부. 2016. 『2016년 12월호 출입국외국인정책 통계월보』. 과천: 법무부.

정기선 외. 2011. 『한국 이민정책의 이해』. 서울: 백산서당.

Derrida, Jacques. 2000. *Of Hospitality*. Stanford: Stanford University Press.

International Organization for Migration. 2013. *Migration and the United Nations Post−2015 Development Agenda*. Geneva: International Organization for Migration.

Kant, Immanuel. 1991. *Political Writings*. Cambridge: Cambridge University Press.

Lee, Taedong. 2015. *Global Cities and Climate Change: The Translocal Relations of Environmental Governance*. New York and London: Routledge.

Soysal, Yasemin Nuhoglu. 1994. *Limits of Citizenship: Migrants and Postnational Membership in Europe*. Chicago: The University of Chicago Press.

Tichenor, Daniel. 2002. *Dividing Lines: The Politics of Immigration Control in America*. Princeton: Princeton University Press.

Wellman, Christopher Heath, and Philip Cole. 2011. *Debating the Ethics of Immigration: Is There A Right to Exclude?*. Oxford: Oxford University Press.

2) 번역서

벤자민 바버. 2014. 『뜨는 도시, 지는 국가』. 조은경 · 최은정 옮김. 파주: 21세기북스.

콜리어, 폴. 2014. 『엑소더스: 전 지구적 상생을 위한 이주 경제학』. 김선영 옮김. 파주: 21세기북스.

3) 논문

설동훈 · 이병하. 2013. 「다문화주의에서 시민통합으로: 네덜란드의 이민자 통합정책」. 《한국정치외교사논총》, 제35집 1호.

손영창. 2012. 「데리다의 무조건적 환대와 타자성」. 《프랑스문화연구》, 제24집.

이규용. 2014. 「한국의 이민정책 쟁점과 과제」. 《월간 노동리뷰》, 2014년 11월호.

이병하. 2014. 「국제인권규범과 한국의 이주민 인권」. 《21세기 정치학회보》, 제24권 1호.

임봉대. 2012. 「구약성서에 나오는 환대(hospitality)에 관한 소고: 다문화 사회에서의 성경이해」. 《구약논단》, 제18권 3호.

Bauböck, Rainer. 2012. "Migration and Citizenship: Normative Debates." in Marc R. Rosenblum and Daniel J. Tichenor (eds.). *The Oxford Handbook of The Politics of International Migration*. Oxford: Oxford University Press.

Benhabib, Seyla. 2004. *The Rights of Others: Aliens, Residents, and Citizens*. New York: Cambridge University Press.

Boswell, Christina. 2007. "Theorizing Migration Policy: Is There a Third Way?" *International Migration Review*, Vol. 41, No. 1.

Gidron, Noam and Bart Bonikowski. 2013. "Varieties of Populism: Literature Review and Research Agenda." *Working Paper Series*, Vol. 13, No. 4.

Gurowitz, Amy. 1999. "Mobilizing International Norms: Domestic Actors, Immigrants, and the Japanese State." *World Politics*, Vol. 51, No. 3.

Joppke, Christian. 2007. "Beyond National Models: Civic Integration Policies for Immigrants in Western Europe." *West European Politics*, Vol. 30, No. 1.

Roos, Christof and Lena Laube. 2015. "Liberal Cosmopolitan Norms and the Border: Local Actors' Critique of the Governance of Global Process." *Ethnicities*, Vol. 15, No. 3.

제9장

'환대' 개념의
국제정치학에의 적용과 한계:
이방인에 대한 존재의 윤리와 정치적 전략

도종윤(제주평화연구원)

1. 들어가는 말

1) 문제 제기

국제정치학에서 타자他者의 문제는 종종 국가에 관한 문제로 환원되곤 한다. 말하자면 국제정치에서 다른 국가들과의 관계는 마치 사적관계에서 보이는 타자가 의인화되어 타국으로 재현된다. 그러나 이제 국가 뿐 아니라 인간 개념로서의 타자 — 이방인異邦人 — 는 국제정치학이 다뤄야 할 현실이 되어가고 있다. 예컨대 1994년 유엔개발계획(UN Developed Programme: UNDP)이 발표한 『인간안보개발보고서(Human Development Report 1994)』에서 등장한 '인간안보(human security)' 개념은 국가로서의 타자가 아닌 인간으로서의 타자에 대한 관심을 환기시키는 중요한 출발점이었다. 그동안 국제정치학이 주로 국가에 초점을 맞추어 안보를 연구하였다면, 이제는 '인간'을 국제정치의 안보 영역으로 포함하여야 함을 제시한 것이다. 이때 인간은 단지 한 영토 내의 국민만이 아닌 인류애적인 존엄성을 지닌 인간을 의미한다. 이것이 의미하는 것은 전통적인 국제정치학에서 다뤄지던 주권 국가에 관한 내용이 그 범위를 벗어나 국가의 역할이 과연 무엇으로 확대될 수 있는지, 그리고 무엇이 되어야 하는지 새로 성찰하도록 만드는 계기가 된 것이다. 이처럼 '인간안보' 개념의 등장은 국제정치학이 과거의 국가 수준의 관심을 넘어 인간 수준의 관심으로 범위를 분화시켜야 함을 말해준다.[1]

교통과 통신의 발달에 따라 이방인이 불러일으키는 사태는 경제적, 사회적, 문화적 영역 뿐 아니라 정치적 영역에서도 관심을 기울이도록 유도하고 있다. 이방인이 어느 한 사회 속에 유입되고, 정착하여 사회에 파고들 때, 그것은 여러 가지 질문을 던진다. 우리는 종종 그들이 사회의 결속을 해치고 경제적 부담을 증가시킬 뿐 아니라, 범죄 발생이 증가할 지도 모른다는 우려를 갖는다. 또한 그들은 기존의 사회 성원들에게 인종차별, 다문화주의(multiculturalism) 같은 새로운 논쟁과 개념의 생산을 요구하기도 한다.[2] 그러나 다른 한편으로는, 이방인이 수준 높은 기술과 지식을 전파해주었을 경우 이는 오히려 사회의 생산력을 높이고 인구 감소로 발생하는 자원부족을 대체해 주는 긍정적인 역할을 한다는 견해도 있다. 더 나아가 이 같은 긍정과 부정, 기능적 차원의 견해와는 달리 정치와 윤리의 당면 문제로서 검토해야 한다는 시각도 있다. 이른바 이방인을 난민(refugees)이나 실향민(displaced person)으로서의 대하는 접근이다.[3] 예컨대 유럽연

---

1 이와 관련해서는 전웅(2004); 박휘락(2010); 이혜정·박지범(2013) 참조.

2 2010년 이후 유럽에서 빈번하게 일어나고 있는 각종 테러리즘과 난민위기는 다문화주의의 정당성에 의문을 제기하기도 한다. 독일의 앙겔라 메르켈 총리는 2010년 '독일의 다문화 주의는 실패했다(Merkel says German multicultural society has failed)'고 언급하기도 했다. 이와 관련해서는 *BBC News*, October 17, 2016 참조.

3 1951년에 체결된 'UN난민협약'에서는 난민을, "인종, 종교, 국적, 특정사회집단의 구성원 신분 또는 정치적 의견을 이유로 박해를 받을 우려가 있다는 합리적인 근거가 있는 두려움으로 인해, 자신의 국적국 밖에 있는 자로서, 국적국의 보호를 받을

합 집행위원회의 장-클로드 융커 집행위원장은 원치 않는 이유로 고향을 떠난 비자발적인 이방인들은 인도주의적 차원에서 '연대감(solidarity)'을 가져야 하며, 이들에 대한 차별과 멸시는 민족주의(nationalism)의 폐해에 근거한 것이라고 반발한다.[4] 이처럼 이방인에 대한 국제사회의 논쟁은 분명히 배제와 포함, 멸시와 환대의 권력 작용이 개입된다. 그래서 타자/이방인에 대한 문제는 정치적인 접근이 필요하며 국제정치학에서 인간안보의 가치관이 깊이 개입된 부분이기도 하다.

이방인 문제는 우리 눈앞에서 벌어지는 문제다. 이제 국제정치는 더 이상 이방인 문제를 주어진 학문 영역 외의 것으로 다루어서는 안 되는 시점에 와 있는 것이다. 인간안보가 자신의 완성적 논리를 구축하고자 노력하는 한, 이방인은 국제정치학이 반드시 관심을 기울여야 할 문제이다. 그리고 난민은 이방인 중에서도 가장 주목받은 사건이다. 이들이 전쟁과 평화의 갈림길에서 계속 등장하는 한 국제정치는 실천적으로든 관념적으로든 관여가 필요하다. 따라서 이방인에 관한 문제는 인간안보를 축으로 하여 국제정치의 영역 안에 연결 고리를 묶는 작업이 필요하다. 국제 정치는 이질적인 것에 대한 두려움, 공포, 그리고 그것을 이겨내고 평화를 이루는 방법에 대한 연구를 본연의 목적으로 한다. 이방인은 정치 및 윤리의 문제이자 또한 이질적인 것에 대한 문제이기 때문에 국제 정치가 다루어야 할 고유의 문제인 것이다.

수 없거나, 또는 그러한 공포로 인하여 국적국의 보호를 받는 것을 원하지 아니하는 자"로 규정하고 있다.

4 이와 관련해서는 "The EU's most powerful official says 'borders are the worst invention ever'," *Business Insider*, August 22, 2016 참조.

2) 방법론 및 글의 전개 방식

그동안 이방인에 대한 개념은 주로 문학, 철학 분야에서 주로 다루어져
왔으며 국제정치학에서는 주변적, 부수적 개념으로 인식해온 측면이 있
다. 이는 국제정치학이 연구 분석의 단위를 국가에 중심을 두되 다국적기
업이나 국제기구를 주변적 변수로 포함하여 국가 간의 권력 관계를 설명
하려는 목적을 가지고 있었기 때문이다. 그러나 단위들의 분화가 가속화
되고 그들 간의 구분이 모호해지는 현실에서 이제 국가 중심의 국제정치
학은 성찰과 도전에 직면해 있다. 스트레인지Susan Strange가 지적했던 것처
럼, "국가의 영토적 경계가 더 이상 경제 및 사회에 대한 정치적 권한의 한
계나 정도와 부합되지 않으며"(Strange, 1996: ix) 또한 "지식 구조와 생산
구조에서 국가는 국경 안에서 그들의 상품 및 서비스 생산에 대해 그리고
지식 및 정보의 창조, 저장 및 커뮤니케이션에 대한 과거의 통제력을 상힐
한지 오래 된"(Strange, 1996: x) 지금의 현실에서 주권과 영토 중심의 국
제정치학은 변화의 요구에 대응해야 하는 것이다.[5] 그러나 상품과 서비스
의 이동에 중심을 둔 정치경제학자들의 생각은 여전히 한계를 가지고 있
다. 말하자면, 그들은 다만 이익에 따른 국가의 선택이 단지 제로섬 게임
이 아니라는 메카니즘을 보여주는 데 그쳤을 뿐 국가를 단위로 분석하는
국제정치의 전제를 버리지 않았기 때문이다(Keohane, 2005; Keohane and
Nye, 2001). 따라서 정책 결정자나 정치경제학자들의 관심은 경제와 사회
영역에서 벌어지는 제도, 기관 혹은 사건의 현장에 여전히 집중될 수밖에

---

5 물론 그녀도 '안보'는 국가의 역할이 가장 주도적이라는 데에 동의하고 있다. 그러
   나 이마저 타국들의 지원이 필요함을 강조하고 있다.

없으며 이는 국제정치의 맥락에서 제도의 문제로 수렴될 뿐이다. 하지만, 최근 들어 관심의 범위는 확실히 이러한 제도주의자들의 생각을 넘어서고 있다. 즉, 국가의 한 형태인 "민족 국가 간에 벌어지는 정치와 그들의 유형에 대한 연구에 그치는 것이 아니라, 국가 간 관계를 넘어 세계에서 벌어지는 정치와 정치 유형"에 대한 관심으로 활동의 폭이 더욱 넓어지고 있는 현실을 반영해야 한다는 생각이 많아지고 있는 것이다(베일리스·스미스·오언스, 2015: 14).

이런 배경에서 이 글은 사람의 존재, 그리고 그들의 관계라는 측면에서 이방인을 국제정치학의 한 항목으로 자리 매김하려는 노력에 대해서 다룬다. 그리고 이로서 국가로 전제했던 국제정치학의 논의의 폭을 넓히는 데 기여하고자 한다. 이런 태도는 지구화 또는 지구정치(globalization and global politics)에 집중하는 연구자들과 일정부분 문제의식을 공유한다. 하지만, 그들처럼 오로지 탈영토 혹은 사회적 공간의 재구성에 집중하는 것은 아니다. 이들은 대개 새로운 지배구조(governance)로서 권력의 배분에 관심을 기울일 뿐, 타자의 관계 그리고 그들 간의 작용에 해당하는 윤리적 문제와 그들에 대한 정치적 전략에 대해서는 거의 다루지 않는 경향이 있다.[6] 다만 몇몇 연구자들이 인도주의적 개입의 관점에서 윤리와 외교정책을 접목시킨 연구를 진행한 바 있지만(Smith and Light, 2001), 이는 국가 정책으로서의 접근이며 행위 주체의 관점은 여전히 국가에서 벗어나 있지 않다. 그렇다면 이방인 문제는 기존의 국제정치학과는 달리 어떤 질문이 가능할 것인가? 질문의 방향은 다음과 같이 수렴된다. 즉, 이익으로 정의

---

6 지구화 혹은 지구의 권력 정치의 측면에서 다른 연구들로는 Holton(2005); Held and McGrew(2007); Duffield(2014) 등 참조.

되는 국가 간의 권력관계에 초점을 맞추는 국제정치에서 개인 —타자 혹은 이방인— 은 어떻게 다룰 것인가? 이방인에 대한 윤리적 관점은 과연 타당하며, 국제정치학의 기본 전제와 양립할 수 있을 것인가? 이 글은 세 가지 조건을 토론함으로서 이러한 질문에 대한 대답에 조금이나마 다가설 수 있으리라고 본다.

첫째, 이방인은 인간을 가리킨다. 즉, 이방인은 인간을 넘어서 있지 않으며, 동·식물이나 자연 환경 혹은 인공지능과 같은 유사인종과도 다르다. 국제정치학이 국가 간 이익으로 정의되는 권력에 관해 다루는 학문이라면, 인간은 그러한 국제정치학의 구성 요소에서 매우 관심이 낮은 요인이었다. 물론 고전적 현실주의에서는 그 사상적 계보를 이익으로 정의되는 인간의 권력 작용에서 차용하고 있으며(Morgenthau and Thompson, 1985), 또한 인간의 인지 능력의 한계에 따른 오해 속에서 갈등의 원인을 다루기도 한다(Jervis, 1976). 따라서 이 글에서는 이방인에 대해 먼저 토론하고 그에 대한 관념의 변형들을 추적함으로서 왈츠Kenneth Waltz에 의해 만연된 물질주의를 재고할 것을 촉구한다. 그리고 국제정치학이 단지 국가 간의 정치에 머무르지 않는다는 점을 강조한다. 여기서는 동양의 경험적 사례로서 우리의 역사적 사건을 먼저 되짚어 보고, 이어서 서양의 관념들을 다룬다. 근대 이전 조선에서는 이방인에 대한 관념이 매우 약했다. 조선인들에게 이방인은 부정확한 존재, 혹은 분명치 않은 갈등의 요인으로 인식하는 경향이 있었다. 이는 국가 대 국가 즉, 타국他國과의 관계와는 다른 차원에서 병렬적으로 타자에 대한 관심이 있었던 것을 의미한다. 비록 모호하기는 했지만, 이방인(타자)에 대한 관심은 국제적 차원과는 다른 인상 속에 있었던 것이다.

둘째, 현실주의 정치학에서 등장하는 인간은 외교정책 결정자로서 혹은 국가의 구성 요인으로서 그들의 품질을 측정할 때에만 한정된다. 예컨대 국민의 질, 외교의 질, 정부의 질 등은 인적요소를 기반으로 국가의 성격을 규정한다. 때문에 국제 정치학에서 이방인은 정치, 경제, 사회적 제도는 물론이고 역사, 문화 등의 집단적 가치를 공유하는 국가의 구성요소가 아니라 위협 요인인 것이다. 이방인이라는 표현은 사람이라는 일상의 관념에 지식의 관념이 덧씌운 개념적 용어이다. 이때의 관념은 일정의 정체성을 담고 있다. 말하자면 민족, 국민, 시민, 계급 등은 권력 작용을 설명하기 위해 주체에 부여된 개념적 용어이다. 따라서 이 글에서는 이방인의 개념에 인간 존재에 붙여진 관념화의 여정을 몇몇 논의를 통해 살펴본다. 국제정치에서 이방인은 '국민' 개념과 대응된다. 즉 외부로부터 유입된 타자이다. 국제정치학으로 해석한 타자가 바로 이방인인 것이다. 한 가지 주목할 것은 이방인이 서양사에서는 매우 빈번하게 등장했다는 것이다. 그것은 부조리한 인간이었고 때로는 침략자이기도 했다. 우리는 그러한 덧씌워진 개념을 정체성, 혹은 이름 붙이기 등의 여러 형식으로 개념 전개를 해왔다. 마찬가지로 여기서는 몇 가지 저술 및 역사적 사실의 기록에 등장하는 외부 존재로서 현시된 이방인을 살펴봄으로써 인간 주체를 개념화한 타자 혹은 경계인으로서 이방인을 토론한다.

마지막으로, 인간의 어느 특정한 관념의 대상인 이방인을 정치 주체들이 어떻게 대하여야 하는지를 실천적 사항으로서 윤리를 다룬다. 철학 혹은 사회학에서 다루는 타자의 개념이 국제정치학에서 다룰 때는 이방인이 된다. 따라서 타자를 다룬 인문학의 연구 성과를 국제정치학에서 어떻게 받아들여 토착화 시킬 것인지가 관건이다. 이 글은 타자에 대한 환대의 윤리를 국제정치학에 적용하고자 한다. 고전적 의미에서 윤리는 공동체 유지를 위한 '당위'의 차원에서 논의되곤 하였다. 말하자면, 윤리는 어떤 목적을 달성하기 위한 수단을 선택하는 문제인 것이다. 따라서 윤리는 "주체적 단위로서 인생의 인격 내지 인격의 기본적 구성 요소로서의 행위에 관한 실천적 제 문제에 종사한 당위의 학"인 것이다(김태길, 1994: 22). 또한 오래전부터 인간과 윤리는 정치적인 맥락에서 긴밀한 관계를 맺어 왔다. 고대 그리스 전통에서 "정치학의 목적은 인간적인 좋음"을 찾는 데 있었다(아리스토텔레스, 2008: 15). 따라서 정치를 이익으로 표현되는 권력을 획득하기 위한 각축 과정으로 개념화하는 현대의 정치학 개념과는 달리, 공동체를 위한 최고선을 찾는 과정을 탐구하는 과정으로서의 정치학은 바로 인간과 윤리 개념의 복원을 통해 가능해지는 것이다. 이 글에서는 국가 간들 간의 정치가 아닌 언어와 지역을 넘나는 드는 세계라는 차원에서 국가를 초월하여 세계인의 정치라는 측면에서 윤리를 접목하고자 한다. 보다 좁혀 말하자면, 이러한 윤리의 다양한 개념 정의 중 '환대'에 집중하고자 한다. 말하자면, 인간, 이방인, 환대 개념은 우리가 현재 당면하고 있는 세계 정치의 현실적 측면임을 다시 한 번 강조하고자하는 것이다.

이러한 세 가지 논의는 결론 부분에 이르러 국제정치학과 어떤 만남이 가능한지 토론하게 된다. 앞서 언급한 인간안보 개념은 근대 계몽주의적 환대 개념이나, 절대적 윤리로서의 환대 개념과는 다른 맥락에서 실천전략이 되어야 한다. 국제정치학은 과거 식민지의 경험에 대해 반성적 성찰을 촉구한 탈식민지 이론가들의 선도적인 작업에서 실마리를 찾을 수 있을 것으로 본다. 정치학에서 환대 전략은 무조건적인 윤리나, 시대에 뒤떨어진 조건적 전제가 되어서는 안 된다. 국제정치학의 인간안보 개념의 존재적 지위와 윤리적 타당성을 높이는 것뿐 아니라, 실천적 가능성도 타진해야 한다. 지금은 이 같은 전략을 도출해 내는 노력이 필요한 순간이기 때문이다.

2. 국제정치적 삶 속에서 이방인의 문제

국제정치에서 타자는 대체로 '외국인(foreigner)'으로 표현된다. 이는 국제정치학이 국가를 분석의 단위로 전제하고 있기 때문이다. 그러나 여타학문에서 표현하고 있는 이방인은 타자를 개념화한 것으로 국제정치학에서는 여전히 낯선 표현이며, 항목화를 위해 개념화가 필요한 용어이다. 국제정치에서 등장하는 이방인은 대체로 정보가 부재한 타자로 등장한다. 그들의 정체는 명확하지 않으며 대체로 국가 권력의 외부에 있다. 낯선 타자로서 이 같은 등장은 문명 간의 갈등 혹은 이질적 문화를 향유하는 타인들에 대한 거리감으로 현시되곤 한다.

1) 타자

사전적^{辭典的} 의미로, 이방인은 '다른^{異} 나라^{邦}에서 온 사람^{人}'을 뜻한다.[7]

---

7 그러나 우리의 경우 이방인은 대개 문학 용어로 간주되어온 측면이 있다. 홍명희의 『임꺽정』, 김동리의 『사반의 십자가』, 최인호의 『돌의 초상』, 김원일의 『어둠의 축제』 등에서 이방인이라는 단어가 등장한다. 여기서 그 뜻은 이질감, 소속되지 않음, 번외(番外)의 자(者) 등을 함축한다. 무엇보다 '이방인'이 일반에게 널리 알려진 어휘가 된 것은 알베르 카뮈의 소설 L'étranger가 번역되면서부터이다. 번역자인 김

따라서 국가와 국가 간의 권력 관계를 연구하는 국제정치학에서 이방인은 학문 연구의 근거를 갖는다. 국가 간의 권력 관계가 반드시 정치적 맥락에만 한정되는 것이 아니라, 사회·문화·경제적 맥락에서 일어날 수도 있으며 이때 분석의 단위로서 인간은 권력 작용 주·객체로서 다뤄지기 때문이다. 다만, 서구의 강력한 영향을 받은 국제정치학에서는 '이방인'이 침략자의 의미로 다소 모호하게 그려지고 있을 뿐이다. 현대 현실주의 국제정치학에서 이방인은 한 국가의 정체성을 훼손하는 국가이익의 방해물로 묘사된다. 말하자면 "바람직하지 않은 타자와의 대비를 통해 자신이 가진 신념으로서의 정체성(creedal identity)을 구축"하는 데 이바지하는 것이다(Huntington, 1997: 30). 그렇다면 우리 역사 속 이방인은 어떤 모습으로 비춰지는가? 먼저, 조선의 역사에서 경험적 사례를 되돌아보는 것은 과거와 현재, 서양과 동양의 차이와 유사점을 살펴보기 위해서 유용한 작업이다.

… 옛날 당(唐)나라의 토번(吐蕃)과 회흘(回鶻)은 서로 다른 이방인(異邦人)이었지만 각자 떼를 지어 한때 군사를 합쳐 침구해 온 적이 있었다. 그러나 이들 왜노는 본래 같은 나라 사람인데다 관백이 군주가 되어 전쟁을 독려하고 있으므로 그에 비교할 것이 아니다. 분비변사가 이를 인용하여 비교하였으나 한갓 옛 사적만을 보았을 뿐 고금의 형세는 헤아리지 못한 것이니 어찌 잘못된 것이 아니겠는가 …[8]

화영 교수는 이를 이방인으로 표현하였다.
8 국사편찬위원회, 『조선왕조실록』(선조실록 31권, 선조 25년 10월 14일), 경자 4번째 기사. 1592년 명 만력(萬曆) 20년, "비변사와 왜적에게 뇌물을 주고 왕자를 구해오는 일을 논의하다."

이는 임진왜란 때 볼모로 잡혀간 조선의 왕자들을 구해오기 위하여 비변사가 왜적에게 뇌물을 주고 구해오는 일을 논했던 상황을 토론한 기사이다. 선조 임금은 토번(티벳)과 회흘(위구르)이 서로 타국인으로서 서로 다른 국가의 사람들이지만 조선을 침략한 왜노(일본)군은 같은 나라의 사람들로서 왜노의 분파인 대마도인을 "일본 본토인과의 구분하는 것은 무의미하다"고 지적한다.

> … 김상헌(金尙憲)의 정충대절(精忠大節)은 일월과 빛을 다투어도 될 것입니다. 이에 대해서는 천하가 알고 있으며 나라 사람이 우러르고 있는데, 장응일(張應一)은 그만 감히 기롱과 배척을 마구 가했습니다. 옛사람이 말하기를 '한유(韓愈)는 악어(鱷魚)의 횡포는 길들일 수 있었으나 황보박(皇甫鎛)·이봉길(李逢吉)의 참소와 비방은 그치게 하지 못했다.'고 했는데, 신 역시 '김상헌이 풍속이 다른 이방인(異邦人)은 복종시킬 수 있었으나 심대부(沈大孚)·장응일(張應一)에게는 물어뜯김을 면하지 못했다.'고 말할 수 있겠습니다. 세도가 이와 같으니 참으로 한심스럽습니다 …[9]

이 기사는 효종 1년 때의 일로 사직司直 조복양이 임금께 올린 상소의 일부이다. 그는 병자호란 후 청에 볼모로 잡혀 갔으나 의기를 잃지 않았던 김상헌이 심대부, 장응일 등에게 조소당하거나 배척당하는 현실을 바로잡아 줄 것을 요청하고 있다. 시대적 배경으로 보아 이때 이방인은 조선을 침략한 이국인 청나라 사람들을 뜻하고 있는 것으로 보이며, 그들과 조선

---

9 국사편찬위원회, 『조선왕조실록』(효종실록 4권, 효종 1년 7월 23일), 갑술 1번째 기사. 1650년 청 순치(順治) 7년, "사직 조복양의 대간·선비의 사기·관리임용·효행장려 내용의 상소"

이 "풍속이 다르다"는 점을 인정하고 있다.

> … 이방인의 투서(投書)는 비록 거래를 통하여 물건을 사고팔자는 말에 지나
> 지 않지만, 필시 우리나라 사람들 속에 내통한 자가 있음은 분명 도신(道臣)의
> 장계(狀啓)와 같을 것이다. 변경의 금령이 전부 없어진 것은 극히 놀라운 일이
> 다. 평소에 단속을 잘하지 못한 책임을 져야하는 도신과 북병사(北兵使)에게 모
> 두 월봉(越俸)의 법을 시행하고, 각별히 엄중하게 조사하여 치계(馳啓)하라는
> 뜻으로 묘당(廟堂)에서 말을 잘 만들어 공문을 보내 신칙하게 하라…10

이는 고종 1년 때의 기사로 외국인들이 통상을 청하는 것과 관련하여
이를 소홀히 다룬 도신(조선의 문환 종2품의 관직)과 북병사(함경도 병마절도
사)를 임금이 처벌할 것을 명한 내용이다. 여기서도 이방인은 곧 통상을
요구하는 외국인을 지칭하고 있으며 "변경의 금령을 해치고 내부의 백성
들과 내통하는" 좋지 않은 인식으로 비춰지고 있다.

> … 제주목사(濟州牧使) 이원진(李元鎭)이 치계(馳啓)하기를, "배 한 척이 고
> 을 남쪽에서 깨져 해안에 닿았기에 대정 현감(大靜縣監) 권극중(權克中)과 판
> 관(判官) 노정(盧錠)을 시켜 군사를 거느리고 가서 보게 하였더니, 어느 나라
> 사람인지 모르겠으나 배가 바다 가운데에서 뒤집혀 살아 남은 자는 38인이며
> 말이 통하지 않고 문자도 다릅니다. 배 안에는 약재(藥材)·녹비(鹿皮) 따위 물
> 건을 많이 실었는데 목향(木香) 94포(包), 용뇌(龍腦) 4항(缸), 녹비 2만 7천이
> 었습니다. 파란 눈에 코가 높고 노란 머리에 수염이 짧았는데, 혹 구레나룻은 깎

---

10 국사편찬위원회, 『조선왕조실록』(고종실록 1권, 고종 1년 3월 2일), 임인 5번째 기
   사. 1864년 청 동치(同治) 3년, "이국 사람이 통상을 청하는 것과 관련하여 도신과
   북병사를 처벌할 것을 명하다."

고 콧수염을 남긴 자도 있었습니다. 그 옷은 길어서 넓적다리까지 내려오고 옷자락이 넷으로 갈라졌으며 옷깃 옆과 소매 밑에 다 이어 묶는 끈이 있었으며 바지는 주름이 잡혀 치마 같았습니다. 왜어(倭語)를 아는 자를 시켜 묻기를 '너희는 서양의 크리스챤[吉利是段]인가?' 하니, 다들 '야야(耶耶)' 하였고, 우리나라를 가리켜 물으니 고려(高麗)라 하고, 본도(本島)를 가리켜 물으니 오질도(吾叱島)라 하고, 중원(中原)을 가리켜 물으니 혹 대명(大明)이라고도 하고 대방(大邦)이라고도 하였으며, 서북(西北)을 가리켜 물으니 달단(韃靼)이라 하고, 정동(正東)을 가리켜 물으니 일본(日本)이라고도 하고 낭가삭기(郎可朔其)라고도 하였는데, 이어서 가려는 곳을 물으니 낭가삭기라 하였습니다." 하였다. 이에 조정에서 서울로 올려보내라고 명하였다. 전에 온 남만인(南蠻人) 박연(朴燕)이라는 자가 보고 '과연 만인(蠻人)이다.' 하였으므로 드디어 금려(禁旅)에 편입하였는데, 대개 그 사람들은 화포(火砲)를 잘 다루기 때문이었다. 그들 중에는 코로 퉁소를 부는 자도 있었고 발을 흔들며 춤추는 자도 있었다 …[11]

이 기사는 네덜란드인 하멜의 등장에 관한 것이다. 조선의 관리들은 호기심과 관심으로 그들을 대하였다. 그들 역시 조선을 타자로 인식하고 있었고 그들에 대한 관리들의 정보 부재는 다시 유용성, 이질성 등으로 분산 혹은 변형되어 인식되었다.

가강(家康)이 일본의 관백이었을 때, 길리시단(吉利施端)이라고 하는 남만인(南蠻人)들이 일본에 와 살면서 단지 하느님에게 기도하는 것만 일삼고 인사(人事)는 폐하였으며, 사는 것을 싫어하고 죽는 것을 기뻐하며 혹세 무민하였는

---

11 국사편찬위원회, 『조선왕조실록』(효종실록 11권, 효종 4년 8월 6일), 무진 2번째 기사. 1653년 청순치(順治) 10년, "제주 목사 이원진이 난파당한 서양인에 대하여 치계하다."

데, 가강이 잡아다 남김없이 죽여버렸습니다. 이 때에 이르러 도원(島原) 지방
의 조그만 동네에 두서너 사람이 다시 그 술수를 전파하느라 마을을 출입하면서
촌사람들을 속이고 유혹하더니, 드디어 난을 일으켜 비후수(肥後守)를 죽였습
니다. 이에 강호(江戶)의 집정(執政) 등이 모두 죽었다고 합니다.[12]

이 기사는 동래부사 정양필이 올린 치계이다. 내용에 따르면, 서양인(이
방인)들이 일본에 도래하여 기독교를 전파한 사실은 물론, 그들의 일상이
어떠했으며, 일본이 어떻게 대응했는지에 대하여 서술하고 있다. 여기서
도 이방인에 대한 긍정적인 태도는 찾아보기 어렵다. 이는 기독교가 조선
에 특히 이질적인 것이었음을 보여준다. 물질적 차이뿐 아니라, 신념적·
세계관적 태도 역시 타자를 보다 이질화시키는 요인임을 잘 보여주는 대
목이다.

종합하여 말하자면, 조선에서 이방인은 특정의 외국인을 뜻한다기보다
는 범용의 외국인(타문화인)을 뜻하였다. 또한 부정적인 뉘앙스를 가지고
있음을 알 수 있다. 그러나 이러한 부정적인 인식은 일정부분 호기심과 판
단부정 두 가지가 동시적으로 결합된 것이었다. 말하자면 우리에게 이방
인은 토착인의 대응어로서 의미를 부여 받으며, 호기심과 경계가 동시에
느껴졌던 타인이었다. 그러나 그들에 대한 경계가 반드시 적대적인 것은
아니었는데, 이는 그들과 접촉할 기회가 적어 정보가 부재한 상황이었기
때문이다. 더구나 그들은 숫자가 매우 적었고, 그래서 피상적일 수밖에 없
었다. 이방인이 조선인들의 생활적, 문화적인 자율성을 크게 훼손할 정도

---

12 국사편찬위원회, 『조선왕조실록』(인조실록 36권, 인조 16년 3월 13일), 병자 1번
   째 기사. 1638년 명숭정(崇禎) 11년, "동래 부사 정양필이 일본에서 있었던 기독교
   인의 처치에 대하여 치계하다."

의 존재감은 크지 않았던 것이다.

2) 침략자, 소외된 자 혹은 저주의 부메랑

우리에게 이방인이 타국에서 온 사람, 정보가 부재한 사람이라는 뜻이 강했다면 서양 문화에서 그것은 보다 복잡하였다. 그들을 호기심의 대상으로 그리기보다는 보다 적극적인 의미를 부가하였다. 예컨대 프랑스어로 이방인을 뜻하는 étranger(ère)는 그보다 뜻이 넓다. 즉, '다른 나라의 사람'을 뜻하기도 하고, 이보다는 작은 범주의 사회를 의미하여 '한 가족 혹은 한 집단에 속하지 않는 사람'을 뜻하기도 한다(Hachette, 2001). 이는 타자를 의미하는 l'autre와도 혼용되거나 구분되는데, l'autre가 집단 내의 '다른 것'을 뜻한다면, étranger(ère)는 아직 집단으로 물리적 귀속도 인정되지 않은, '구분의 단계에도 미치지 않는 존재'를 의미한다.

첫째, 서양 문화에서 이방인은 타국에서 온 사람, 즉 외국인을 넘어 침략자의 의미를 담고 있었다. 기원전 8세기에 강력한 군사 국가를 이룩했던 앗시리아의 아슈르나시르팔 2세Assurnasirpal II는 이방인이 곧 침략자임을 드러내는 상징이었다. 남겨진 벽화나 그림으로 판단해 보면, 앗시리아인들은 전차, 기병대를 이용하여 이웃을 공격하는 침략자였다. 호위병을 거느린 왕의 권력은 대단히 강력했다. 왕은 자신의 말을 듣지 않는 자들을 가차 없이 처단했으며 주변을 공포에 떨게 했다. 정복지에서 자신에게 반기를 들지 못하도록 반란의 기미가 보이는 자들에게 혹독한 정치적 보복을 가했다. 산채로 가죽을 뜨거나, 창으로 꿰뚫거나, 태우거나, 수족을 자르거나, 눈알을 뽑는 고문을 했다. 이는 인류 최초로 남겨진 고문과 공감 협박이었다. 앗시리아인들의 침략 사례는, 이방인이란 곧 정복자임을 분명히 보여주는 것이었다(Law, 2009: 11~12).

둘째, 이방인은 소외된 자, 낯선 자의 의미를 담고 있다. 이는 타자의 개념과도 일정 부분 의미 공유가 가능하다. 알베르 카뮈Albert Camus의 소설 이방인은 그러한 개념에 가깝다.[13] 그에게 이방인은 "어머니의 죽음 앞에서도 전혀 눈물을 흘리지 않는 존재, 그래서 비난 받을 수도 있는 위험에 노출된 역설적인 존재"였던 것이다(Camus, 1988: vii).

> … 그 범행이 불러일으키는 전율감은, 나의 무감각함 앞에서 느끼는 선율감보다 차라리 덜할 정도라는 것을 자신은 서슴지 않고 말할 수 있다고 했다. 또 그의 말에 따르면, 정신적으로 어머니를 죽이는 사람은, 자기의 손으로 아버지를 죽이는 사람과 마찬가지로 인간 사회를 등지는 것이었다. 어쨌든 전자는 후자의 행위를 준비하는 것이며, 말하자면 그러한 행위를 예고하고 정당화한다는 것이었다. '여러분 나는 확신합니다.' 라고 그는 목소리를 높여서 덧붙였다. '피고석에 앉아 있는 이 사람은, 이 법정이 내일 판결을 내리게 될 살인죄에 대해서도 유죄라고 말할지언정, 여러분은 내 생각이 너무 과장되었다고 여기지 않을 것입니다. 그러므로 이 사람은 형벌을 받아야 마땅할 것입니다' …(Camus, 2014: 133).

검사와 배심원으로 상징되는 규율과 제도는 부조리한 것에 대해 한 치의 의심도 갖지 않는다. 그래서 기존의 사회는 이방인을 의식할 필요가 없다. 이방인은 그러한 완고한 의심에 의해 공격받는 존재에게 붙여진 이름

---

13 소설 『이방인』에서는 l'étranger(ère)라는 표현이 단 두 번 등장하는 데 두 번 모두 외국인이라는 의미로 쓰이지는 않았다.

일 뿐인 것이다.

"그때 밤의 저 끝에서 뱃고동 소리가 크게 울렸다. 그것은 이제 나에게 영원히 관계가 없게 된 한 세계로의 출발을 알리고 있었다. 참으로 오래간만에 처음으로 나는 엄마를 생각했다. 엄마가 왜 한 생애가 다 끝나갈 때 '약혼자'를 만들어 가졌는지, 왜 다시 시작해보는 놀음을 했는지 나는 이해할 수 있을 것 같았다. 거기, 뭇 생명들이 꺼져가는 그 양로원 근처 거기에서도, 저녁은 우수가 깃든 휴식시간 같았다. 그토록 죽음이 가까운 시간 엄마는 거기서 해방감을 느꼈고, 모든 것을 다시 살아볼 마음이 내켰을 것임에 틀림없다. 아무도, 아무도 엄마의 죽음을 슬퍼할 권리는 없는 것이다. 그리고 나도 또한 모든 것을 다시 살아볼 수 있을 것 같은 생각이 들었다. 마치 그 커다란 분노가 나의 고뇌를 씻어주고 희망을 가시게 해주었다는 듯, 신호들과 별들이 가득한 그 밤을 앞에 두고, 나는 처음으로 세계의 정다운 무관심에 마음을 열고 있었던 것이다. 세계가 그렇게도 나와 닮아서 마침내는 형제 같다는 것을 깨닫자, 나는 전에도 행복했고, 지금도 행복하다고 느꼈다. 모든 것이 완성되도록, 내가 덜 외롭게 느껴지도록, 나에게 남은 소원은 다만, 내가 사형 집행을 받는 날 많은 구경꾼들이 와서 증오의 함성으로 나를 맞아주었으면 하는 것뿐이었다"(Camus, 2014: 154~155).

주인공 뫼르소는 기존의 윤리와 무관한 존재, 혹은 부조리한 존재이다. 그는 자신의 윤리가 종교적 죄의 사함과도 거리를 두는 현상의 문제이며 감정과 반성, 사회적 규율과는 별개의 병렬적 관계임을 암시한다. 그것은 기존의 질서에 대한 반항과는 다른 것이며 그저 분노, 슬픔, 그리고 세계와의 무관심을 통한 자신과의 대화라는 의미를 가질 뿐이다. 말하자면, "카뮈는 부조의 세계를 살아가는 부조리의 인간은 이러한 부조리의 세계 속에서 반항, 희망의 포기, 정열이라는 부조리적 범주를 매개삼아 살아가는 존재로 규정"되어 있다(이서규, 2013: 139). 이는 사회에서 이해되는 것이 아니기 때문에, 사회에서 그는 그저 전적으로 타자이며, 이방인으로 불리어질 수밖에 없다.[14]

셋째, 이방인은 종종 저주의 부메랑으로 묘사되기도 한다. 저주에 의해 인위적 타자가 된 주인공이 저주를 받은 이방인으로 등장하는 것이다. 이방인은 내부에도 있으며, 시간 속에 숨어 있는 저주의 산물이었다. 소포클레스Sophocles의 '오이디푸스'에 등장하는 주인공 오이디푸스 왕은 자신의 아버지인 라이오스를 죽인 살해범이었다. 그는 타자가 아닌 이방인이었고 왕의 자리에 올랐으나 죄의 출치가 자신임을 깨닫고 다시 이방인의 길로 들어선다.[15]

> … 우리에게 역병을 가져다 준 것은 그자이니, 모두들 그자를 집 밖으로 내쫓도록 하시오. 나는 신과 피살자를 위해 그런 동맹자가 되려 하오. 그리고 그 알려지지 않은 살인자는 혼자서 범행을 했든 여러 사람과 작당했든 사악한 인간인 만큼 불행한 일생을 비참하게 살다 가라고 나는 저주하오! … 그토록 고귀하신 분인 그대들의 왕이 살해되었으니 말이오…(Sophocles, 2010: 180) … 아아, 모든 것이 이루어졌고, 모든 것이 사실이었구나! 오오, 햇빛이여, 내가 너를

---

14 이방인을 영어로 표현했을 경우에는 *Stranger*로 표현되는데, 이때 외국인(foreigner)의 의미는 급격히 감소된다. 말하자면 서양에서도 이방인은 어휘의 의미에서 차이를 보인다. 이처럼 이방인은 우리말의 경우에는 외국인으로, 영어의 경우에는 외국인이 아닌 낯선 사람으로, 프랑스어의 경우 이 두 가지를 모두 혼용하는 뜻으로 쓰였던 것으로 보인다.

15 엄밀히 말하자면, 오이디푸스는 라이오서 왕의 아들이었기에 외지인은 아니었다. 중요한 것은 그가 왕이 될 때 모든 거주민들뿐 아니라 오이디푸스 자신조차 그가 외지에서 온 것으로 간주하고 있었다는 점이다.

보는 것도 지금이 마지막이기를! 나야말로 태어나서는 안 될 사람에게서 태어나, 결혼해서는 안 될 사람과 결혼하여, 죽여서는 안 될 사람을 죽였구나! (Sophocles, 2010: 219)

테베의 왕이 되어서도 자신이 아버지를 죽인 살해자임을 몰랐던 그는 마침내 그것을 알게 된다. 그 계기는 창궐하는 역병을 이겨 내기 위해 내뱉은 저주의 다짐과 신탁 때문이었다. 비록 스핑크스를 없애고 권력을 차지하여 모든 주민들로부터 선망의 대상이 되었지만, 결국 오이디푸스 같은 영웅조차 운명에 의한 불운과 풍파에 휩쓸렸을 경우, 그곳에서 결코 빠져나올 수 없다는 것을 모두에게 알리게 되었다. 그가 철저히 이방인일 수밖에 없었던 것은 자신이 외지인으로서 아버지를 죽였다는 사실과, 그런 비밀스런 사실을 철저히 모르고 있었다는 중의적重義的 맥락에서이다. 낯설게 등장하는 이방인은 침략자일 수도, 소외된 자일수도, 그리고 저주의 부메랑일수도 있다. 이방인에 대한 동양과 서양이 피해갈 수 없는 공동의 관념은 그들이 낯설 뿐 아니라 반갑지 않은 존재였던 것이다. 그것이 동양에서는 정보가 부재한 호기심의 대상으로, 서양에서는 침략과 역설의 잠재적 위협으로 묘사되고 있었을 지라도 말이다.

3) 경계인으로서 이방인

이처럼 이방인이 타자, 혹은 반갑지 않은 외지인으로 받아들여지면서 이방인 그 스스로는 정체성의 혼동을 겪게 되기 마련이다. 이는 뫼르소처럼 소외된 인간의 전형으로 자신을 발견하기도 하고 사회가 그들을 그렇게 취급하기도 한다. 이는 이방인(타자)에 대한 시점의 전환이기도 하다.

곧 '타자로서의 이방인'이 아닌 '타자로서 나'에 대한 성찰인 것이다. 이들은 곧 경계인이며 정체성에 대한 혼란으로부터 사건이 발생하는 시점이며, 윤리적 접근의 단초가 되기도 한다.

> [이방인]은 제1의적으로는 사회집단의 구성원들이 공유하고 있는 그 집단의 고유한 '문화유형'을 공유하고 있지 않은 사람들을 가리킨다. 그러나 이방인이 사회적 탐구의 테마가 되는 것은 특히 그가 자신이 접근하는 집단에 영속적으로 수용되고자 하든가 아니면 적어도 용인되고자 하는 경우이다. 그 경우에 이방인은 해당 집단에 고유한 문화의 유형을 공유하고 있지 않음에도 불구하고 공유하고자 한다는 의미에서 그 집단의 내부에 있는 자도 외부에 있는 자도 아니며, 바로 그 경계에 있는 자로서 특징지어지게 된다 … (기다 겐(木全 元) 외, 2011: 288).

여기서 중심 개념은 이방인은 문화적 유형을 공유하고 있지 않다는 것이다. 이는 인종이나 종족과 같은 생물학적 원형성과는 별개의 문제이다. 차라리 이는 후천적 이질의 문제이며 정치적 거리감의 문제이다. 그것은 식민지 지배가 한창이던 19~20세기 초반까지 서구 문화에서 일반적인 경향이었으며, 단지 병렬적인 위치에서 권력을 두고 벌인 투쟁 관계의 문제가 아닌 역사화 문화의 차별임을 말해주었다. 식민지 시대의 차별화전략은 크게 다음과 같이 드러난 바 있다. 첫째, 타자화 전략으로 식민지배자들은 자신들의 권위와 통치를 정당화하기 위해 늘 '열등한' 이웃 ― 타자 ― 을 필요로 하였다. 따라서 동일자의 반대개념인 '타자(the Other)'는 자신들과 다른 속성을 지닌 부류, 계층 및 인종을 일컬었다. 소위 종種의 개념을 도입한 것이다. 따라서 이방인은 문화적으로 개화되지 못한 이종異種일 뿐이었다. "동양인 또는 아랍인은 우둔하고 활력과 자발성을 결여하며 정도에 지나친 아부를 하고, 음모를 꾸미며, 교활하고 동물학대를 일삼는다."는 식으로 묘사한 것은 바로 이 같은 맥락에서였다(Said, 1998: 73). 둘째는 재현(representation)의 이미지에 발견 혹은 신비감을 불러내는 것이다. 이는 이방인 혹은 타자에 대한 묘사가 드러나는 형식에서 두드러진다. 대상이나 사람 혹은 사건이나 현상 간에 의미가 생산되고 교환되는 과정 속에서 사물을 상징하거나 재현하는 데 특정의 언어, 기호, 이미지를 부여하는 것이다. 극동, 신대륙, 인디언 등과 같은 신개념어가 이러한 작업에 이용되었으며 문명화의 정당성을 부여받았다.

"…영국과 프랑스가 나눈 것은 토지나 이윤 또는 지배만이 아니었다. 내가 오리엔탈리즘이라고 이름 지은 일종의 지적 권력도 나누었다. 어떤 의미에서 오리엔탈리즘은 공유하는 정보의 도서관 또는 문서고였다. 그리고 그것은 합의에 의해 보관되는 곳이기도 했다. 이 문서관을 하나로 통합시킨 것은 하나의 관념군(a family of idea)이었고, 그것은 여러 가지 방법으로 유효성이 증명되는 하나의 가치체계였다. 이러한 관념군은 동양인의 행동을 설명하는 것이었고, 동양인에게 하나의 심리적 경향, 하나의 계보, 하나의 분위기를 공급했다. 특히 중요한 것은 이러한 관념군으로 인하여 유럽인은 동양인을 규칙적인 특징을 갖는 하나의 현상으로서 취급하고 간주하게 되었다는 것이다. 그러나 지속성을 갖는 관념군의 단위와 같이, 오리엔탈리즘의 여러 가지 관념은 소위 서양인, 유럽인, 서구인만이 아니라 동양이라고 불리는 사람들에게도 영향을 미쳤다. 요컨대 오리엔탈리즘을 이해하기 위해서는 그것을 단순히 실증적인 주의주장으로 보기보다도 사고에 대한 강제와 제한의 집합으로 보는 쪽이 좋다 …"(Said, 1998: 78).

사이드Edward Said의 관점에서 보자면, 카뮈의 『이방인』에 등장하는 주인공 뫼르소는 오리엔탈리즘에서 벗어나지 못하고 부조리한 사회에서 소외되거나 또는 스스로를 소외시킨 인간으로서의 이방인일 뿐이다.[16] 이는 카뮈의 의식구조에도 투영된다. 말하자면, "카뮈의 멘털리티는 결코 혁명과 아랍인에 대해서 동지가 되지 못한다."는 것이다(Said, 1998: 500). 뫼르소는 제국주의(식민주의)에는 순응하거나 혹은 그러한 시대적 지배 관념을 오히려 받아들이는 사람일 뿐이다. 그가 겪는 (혹은 그가 생산한) 부조리는 국제적 차원의 지배와 피지배의 관계가 아니라 어머니의 죽음, 그리고 강렬한 햇볕이 내리쬐는 알제리의 자연 환경 속에서 어느 순간 느닷없이 찾아온 사회 부적응이 돌출되며 불러일으켜진 것이다. 주인공을 범죄로 몰아간 아랍인 살해는 적어도 이 작품 속에서 식민주의에 대한 저항과는 아무런 연관이 없다. 여기서 이방인은 철저하게 삶 속에서 소외된 것일 뿐 외국인으로서의 이방인과는 연관성이 없는 것이다.

한편, 사이드가 제시한 오리엔탈리즘은 이방인을 동양에 투영한 시각이었다. 이는 조선이 이방인을 호기심과 낯선 것에 대한 접근으로 본 것과는 크게 대조된다. 서양에게 이방인은 '규칙성을 갖는 하나의 현상'이자, 그것의 속성은 이종異種적 성격을 지닌 저열한 것으로서 호기심을 자극할 뿐이었다. 오히려 이러한 접근에 반발하여 대안적 접근을 모색하는 것은 지배의 논리와 편견의 자극으로부터 냉정함을 찾기 위한 보다 높은 차원

16 여기서 오리엔탈리즘은 문명화의 기준에서 본 이질문화에 대한 평가를 상징하는 것이다. 카뮈의 『이방인』은 알제리를 배경으로 하고 있고 또한 아랍인들과의 갈등이 사건의 주요 전환점이 된다. 따라서 비록 알제리를 엄밀한 의미의 오리엔트라고 지정할 수는 없지만, 오리엔탈리즘이 은유하는 문명에 대한 차별의 현실적 실체라는 점에서는 의미부여가 가능하다.

의 윤리인 것이다.

> … 이데올로기적으로나 문화적으로 서로 폐쇄되고 타자를 멀리하는 동시에 억압하려고 하는 '분열된 경험'의 문화를 인접한 관계로 뒤바꾸려는 작업이야 말로 정녕 오리엔탈리즘이라는 근대 문화와 그 담론의 지배로부터 벗어나기 위해 필요한 과제일 것이다 … (강상중, 1999: 13).

사실 사이드에 의해 시도된 오리엔탈리즘은 담론과 제도의 작용 속에서 지배자와 피지배자 혹은 타자와 나 사이의 이데올로기적인 대립의 측면에서 파생된 부분이 많았다. 문화의 관점에서 보자면, 타자는 어떤 문화에 귀속되지 못한 영역의 내부로 차단당한 속성을 지니고 있다. 그러나 실상 타자는 귀속감과 공동체에 묶여 들어가지 못하고 문화의 내부와 외부 양쪽에서 모두 차별당하는 이중의 고통을 겪고 있다(강상중, 1999: 14). 이방인은 어느 영토의 영역을 넘어섰으나 그 안에서는 여전히 타자로 취급받고 있는 것이다. 앞서 설명했듯이 이방인은 타자보다는 훨씬 이질적이며 정치적으로도 저항감이 보다 큰 존재이다. 따라서 이방인 문제는 오로지 타자의 문제로 병치되는 것이 아니라, 혼종적·양가적 성격을 띠고 있음을 말하는 것이다.[17] 이방인은 이제 단지 타자로서, 외지인으로서, 영역 외에서 들어온 침범자가 아닌 경계인으로 판단되고 있다. 이는 이방인에 대한 정치적 전략이 시혜적 성격의 윤리적 차원을 넘어서기 위한 의미 있는 전제이기도 하다.

---

17 후술하게 될 호미 바바와 스피박의 논의는 이러한 시각을 확대하여 (탈)식민지 지배의 관점에서 보여주고 있다.

3. 이방인에 대한 환대의 문제

이방인은 타자로서, 침략자로서, 혹은 소외된 자 또는 저주의 부메랑으로 인식되었다. 그러나 이제 현실 속에서 그것은, 타자를 제국주의적 식민 지배의 국제정치에 투영한 이데올로기였음이 발견되고 있다. 이방인은 경계인으로 파악되면서 동시에 그들에게 접근하기 위한 토대를 구축할 필요가 있다. 사실 그리스도교 문화에서 보자면, 최초로 인간이 느낀 불안과 공포는 신이 아브라함에게 그의 아들 이삭을 번제(燔祭)로서 바칠 것을 요구한 것에서 찾는다(Søren Kierkergaard, 2011). 비록 신에 대한 믿음에 따른 것이라 하더라도 아비의 자식 살해는 부조리했기 때문에 공포와 전율의 전제가 된 것이다. 부조리라는 맥락에서 보자면 이방인은 그리스도교에서 말하는 공포와 전율의 근거가 같다. 다만, 후자가 믿음을 통해서 공포를 극복했다면 전자는 무엇으로 극복할 것인지는 여전히 분명치 않다. 도덕률로서 환대가 신에 대한 믿음처럼 그러한 부조리를 극복할 수 있는 단초가 될 수 있을까?

1) 정치적 도덕률로서의 환대

과거에, 인간 세계의 불안과 공포는 이방인의 도래에서 출발하였고 서양 문화에서 이를 감당할 수 있는 의지처는 신이었다.[18] 그러나 계몽주의

---

18 이와는 달리 동양문화에서 이방인은 때때로 미지의 영역에서 도래한 귀한 손님의 관점에서 파악하기도 하였다. 예컨대 『삼국유사』의 허황옥 설화는 이를 잘 보여준

시대 이후 인간의 이성이 발달하고 제도와 훈육 그리고 도덕률이 지배하면서, 이방인은 이제 언제까지나 적대시할 저주의 대상에서 벗어나야 했다. 인간이 가진 능력을 신뢰해야 했고, 그런 신뢰에 바탕을 둔 정치체제가 요구되었다. 국제 사회도 인간의 이성적 능력에 기반한 조약에 의해 구성될 수 있다고 믿었다. 따라서 야만과 규율이 안과 밖을 구분하는 것은 인간 신뢰의 불안전성을 의미하는 것이었다. 그래서 세계 시민법(the law of world citizenship)에 대한 낙관적 기대도 가능했다. 이는 이방인에 대한 환대(hospitality)라는 조건에 의해 가능한 것이었다.

··· 우호(환대)는 손님으로서의 권리를 의미하는 것으로 한 이방인이 낯선 땅에 도착했을 때 적으로 간주되지 않을 권리를 뜻한다. 추방으로 인해 그 외국인이 생명을 잃지 않는 한, 그 국가는 그를 자신들의 땅에 발붙이지 못하도록 할 수도 있다. 그러나 그가 평화적으로 처신하는 한, 그를 적대적으로 다루어서는 안 된다. 이방인이 영속적인 체류권을 요구할 권리는 없다(이방인에게 일정한 기간 동안 방문 거주자일 수 있는 권리를 주기 위해서는 특별한 우호적인 계약이 요청된다). 모든 사람이 누릴 수 있는 것은 일시적인 방문의 권리요, 교체의 권리이다. 사람들은 지구 위에서 영원토록 점점이 흩어져 살수 없는 까닭에 결국 서로의 존재를 인정해야 한다. 본래는 어떤 사람도 지구상의 특정 지역에 대해 남보다 더 우선적인 권리를 가지고 있지 않다. 바다나 사막과도 같이 구조할 수 없는 지역이 있음으로써 사람들이 사는 사회 공동체가 나누어져 있긴 하지만, 배나 낙타(사막의 배)를 이용하여 불모지를 통과함으로써 서로 왕래를 하게 되고 그리고 일반적으로 인류에게 공동으로 귀속되는 지구의 표면에 대한 공통의 권리를 행사함으로써 교제를 하게 된다. 해안 거주민이(예컨대 바르바레스

다. 그러나 수많은 외세의 침략을 견디고, 이성과 학문이 발달한 조선 후기에 이르러서 이방인은 호기심 혹은 경계의 대상으로 변모하였다.

크인들처럼) 근해에서 배를 약탈하거나 또는 난파된 선원을 노예로 삼는 잔학한 행위는 자연법에 위배되며, 그리고 불모지에 사는 유목민족이(예컨대 아라비아의 베드윈 종족처럼) 자신들에게 접근해 오는 사람들을 약탈하는 잔학한 행위 등도 자연법에 위배된다. 그러나 이러한 환대의 권리, 즉 이방인에게 허용되는 권한은 자연법에 의해서도 원주민과 교제를 시도할 수 있는 가능성의 조건에 국한될 뿐 그 이상을 넘어서지 못한다. 이런 우호의 방식에 의해, 멀리 떨어진 지구상의 각 지역이 서로 평화적 관계를 맺게 되고, 이런 평화로운 관계는 마침내 공법에 의해 확립된다. 이리하여 인구는 세계 시민적 체제에 점차 가까이 다가설 수 있게 된다. ···[19]

칸트는 침략으로 타자를 지배하는 것이 서구의 문명화된 국가가 당시 걷고 있는 길이라고 여겼다. 특히 무역과 개척이라는 이름으로 방문한 지역의 거주민들을 지배하고 정복하는 행위는 소위 문명화된 상업국가의 행태라고 보았으나, 오히려 폭력으로부터 얻은 것은 기대에 못 미친다고 비판하였다(Kant, 2008: 40~42). 그가 보기에 원래 인류가 발을 딛고 있는 땅 위의 세상은 정복으로 소유할 수 있는 것이 아니었다. 마찬가지로 국가란 누군가에게 사유될 수 없고, 상속, 교환 매매, 혹은 증여될 수 없는 것이었다. 국가는 물건으로 간주되지 않으며, 설령 합병에 의한 정복일지라도 본래적 의미의 계약에 위배되기 때문이다. 국왕조차도 국가의 소유자가 아니라, 국가가 통치자를 필요로 하여 통치하는 것에 불과한 것이다(Kant, 2008: 16). 다만 현실의 정치적 고려를 무시할 수는 없었다. 국가 영역에 대한 정치권력의 배타적인 지배권은 존중되어야 했다. 그래서 칸트에게 환대는 계약의 형태에 따른 실천적 규범이었다. 내적으로 국가는 계약에

---

19 Kant(2008: 39~40). 굵은 글씨는 역자 표시.

의해 성립되고, 국가의 운영은 법과 질서라는 제도의 테두리에서 영위된다. 외적으로 국제 사회는 국가와 국가가 계약에 의해 관계를 맺게 되며 이러한 계획에 따른 실천적 행위는 개인에게 귀속된다. 환대는 인류 구성원 누구에게나 해당하는 보편적 권리인 동시에, 칸트에게 그것이 별도로 표시되어야 하는 이유는 정치가 그것의 실현을 위해 봉사해야 하는 도덕률이었기 때문이었다(정호원, 2017: 24).

이방인은 국가 간 다른 관계를 맺으면서 등장하는 필연적 산물이다. 그러나 그것이 정복의 모습으로는 ― 군사적이든 경제적이든 ― 실패한다고 보았다. 따라서 이방인에 대한 환대는 한편으로는 경계해야 할 제약이었고, 다른 한편으로는 타자에게 방문할 수 있는 본원적 권리의 응답이었던 것이다. 그러나 이를 조율하는 것은 불완전하다고 보았다. 이방인은 늘 약탈자였지만, 손님의 권리는 여전히 알 수 없었기 때문이다. 그래서 칸트에게 환대는 법과 질서라는 제도를 유지하기 위한 피할 수 없는 최소한의 산물이어야 했으며, 평화를 실천하는 강제적이지 않은 윤리적 규범에 머물 수밖에 없었다. 그리고 그러한 윤리는 정치에 따라 규율되어야 했다.

2) 타자에 대한 윤리

타자는 이방인과는 다르다. 하지만 관계의 측면에서는 공통성을 갖는다. 따라서 타자에 대한 윤리는 이방인에 대한 윤리로 확대될 수 있다. 레비나스Emmanuel Levinas에게 이방인은 '타자(l'autre)'로 현전된다. 이방인이 낯선 존재, 외래의 존재라면 타자는 동일자와 대립관계에 있다. 타자와 동일자와의 대립 관계를 어떻게 해소할 것인가가 곧 레비나스가 당면한 과제였다. 말하자면, "레비나스가 보기에 서양 존재론은 타자를 통일자로 환원하는 전체성의 철학"이었으며, "타자의 환원 불능의 고유성을 무시하고 타자를 전체성 속에서 파악하는 데" 서양철학의 지배적인 사유체계가 있다는 것이다(서동욱, 2012: 193).

> ⋯ 세계 안의 사회성은 소통 또는 공동체이다. 사람들이 서로 다툰다는 것은 사람들 사이에 이러한 공통점이 없다는 것을 확인해 줄 뿐이다. 공통적인 어떤 것에 대한 참여, 하나의 이념, 하나의 관심, 하나의 작업, 하나의 식사, 그리고 '제삼자'에 대한 참여를 통해서 계약은 성립한다. ⋯ 세계 안에서 인간들이 맺는 모든 구체적인 관계들은 그것의 실재적 성격을 제삼항으로부터 얻는다. 그 관계들은 공동체이다. 이 관계들이 직접적으로 사람에서 사람으로 전해지기 시작할 때 우리는 어떤 이에 대해 그는 이런 성격을 가지고 있다, 저런 본성의 사람이다, 그는 하나의 '인간'이다, 그는 살과 피를 지닌 존재이다라고 말하는 경우, 이 말을 통해 우리가 암시하는 바는 일관된 어떤 것과의 관계이다 ⋯ (Levinas, 2012: 64~65).

동일성의 철학은 타자가 존재 안으로 들어오는 여지를 주지 않는다. 따라서 레비나스가 보기에 서양의 존재론은 동일성에 대한 천착이자 전체성의 산물인 것이다. 공동체는 정치, 경제, 사회의 형식 속에서 다자로 현시되지만, 이러한 다자多者는 일자一者화 된다.[20] 국가를 포함한 공동체 사람들

---

20 예컨대, 화이트헤드(A.N. Whitehead)의 『과정과 실재』, 바디우(Alain Badiou)의 『존재와 사건』에 등장하는 다자와 일자는 그와 같은 의미에서 파악된다. 전자가 유기체적 세계관에서, 다자가 일자와 되는 과정적 측면에 초점을 맞추었다면, 후자는 존재의 생성과 작용의 과정에 보다 집중되어 있다는 점에서 차별점을 찾을 수 있다.

이 자신의 삶을 구현하기 위해 만든 체계이고, 관계 맺음을 통해 타인들과 함께 추구하는 세계인 것은 분명하다. 그러나 타자는 항상 공동체를 위해 동일화가 되어왔다. 따라서 '나'로 수렴되지 않는 '타자'의 존재를 드러내는 것이 그의 가장 큰 관심이었다.

> … 타자는 단순하게 나와 다른 성질에 속하는 것이 아니다. 말하자면, 타자는 성질로서 이타성을 지니고 있다. … '우리'를 내세우는 집단성은 타자를 자기와 얼굴을 마주 대하고 있는 자가 아니라 자기 곁에 있는 자로 여긴다. … 우리는 동지들(camarades)의 집단성에다 그에 앞서는 자아와 너(moi-toi)의 집단성을 대립시키고자 한다. 자아와 너의 집단성은 제삼항 — 매개자, 진리, 교리, 노동, 직업, 관심, 습관, 식사 등 — 에 대한 참여가 아니다. 다시 말해 그것은 공동체가 아니다. 그것은 중개자고, 매개자도 없이 무섭도록 얼굴과 얼굴을 마주한 관계이다. … 타인은 자아, 나가 아닌 것이다. 자아, 나는 강하지만, 타인은 약하다. 타인은 가난한 자이며 '과부이고 고아'이다. 질서가 아주 잘 잡힌 자비를 발명한 것 보다 더 큰 위선은 없다. 아니면 타인은 이방인, 적, 권력자이다. 본질적인 것은 타인이 그의 이타성 자체 덕분에 위에 열거한 성질들을 가진다는 점이다. … (Levinas, 2012: 160).

동일자의 관점에서 이방인은 타자와 같은 선상에 있다. 그러나 레비나스는 이제 타자가 동일자와 상호주체성으로 결합되어야 함을 주장한다. 주체를 중심으로 동일자 안으로의 통합이나 합일은 그에게 있어 비판의 대상일 뿐이다(강영안, 2017: 116~118). 그가 주목하는 것은 타자와의 대면성이다. 말하자면, 타자가 우리에게 나타나는 방식은 얼굴인 것이다. 그리고 그러한 대면적 근접성은 열려 있음을 함축한다.

"… 얼굴을 통해서 존재는 더 이상 그것의 형식에 갇혀 있지 않고 우리 앞에 나타난다. 얼굴은 열려있고, 깊이를 얻으며 열려 있음을 통하여 개인적으로 자신을 보여준다. 얼굴은 존재가 그것의 동일성 속에서 나타내는 다른 어떤 것으로 환원할 수 없는 방식이다 …"(Levinas, 1976; 강영안, 1996: 136에서 재인용).

그러나 타자의 얼굴이 드러내는 무저항이 나의 연민을 불러일으키는 동정과는 다른 것이다. 그것이 만약 동정심이라면 타자는 나의 자비와 선의에 의지해야 하는 조건적 윤리에 불과할 뿐이다. 레비나스에게 타자의 얼굴은 동정을 유발하는 것이 아니라 나의 도덕적 책무에 따라 내가 스스로 정의로워야 한다는 것을 의미한다. 타자의 얼굴은 바로 직설법이 아닌 명령법인 것이며, 모든 범주를 넘어서 있다(강영안, 1996: 137). 이처럼 타자는 어느새 존재로서 환대를 부를 수 있는 근거를 제시하고 있는 것이다.

레비나스에게 타자에 대한 윤리는 철학적 반성의 기본 주제였다. 그것에 선행하는 것도, 그것에 우위를 점하는 것도 없기 때문이다. 그래서 그것은 존재론적인 물음이다. 타자를 통해 나는 세계를 공유한다는 것, 타자를 통해 세계가 누군가의 유일한 소유물이 아니라는 것이 그래서 명백해진다(Davis, 2014: 78). 이때 내가 가진 힘과 무력은 의문에 부쳐질 뿐이다. 타자로서 이방인에 대한 태도는 바로 이처럼 세계를 공유하는 존재, 나와 구분되는 존재를 받아들이는 것이다. 이로써 나의 타당성을 확보하게 되면 윤리적 바탕이 서게 된다.

3) 윤리를 넘어선 환대

레비나스에게 타자(이방인)는 윤리적 존재로써 인간이 구축되는 조건이었다. 타자는 그것 자체로 보존되어야 하고 그를 대면하는 나의 방식은 결국 환대와 배치되지 않는다. 분명 레비나스의 타자의 문제는 존재론에 앞선, 존재론 너머의 윤리이므로 칸트가 제시한 인식론적 윤리(환대)와는 차별성을 갖고는 있다. 그러나 그의 환대가 타자와 내가 세상을 공유한다는 전제에서 벗어나지 않는 한 칸트가 제시한 도덕적 준거와 차별을 갖기 어렵다. 공유해야 하는 그 무엇이 규범으로써 있기 때문이다. 이와 달리 데리다Jacques Derrida에게 있어 환대는 권리나 의무와 같은 무조건적인 규범 기준을 넘어서야 하는 '언어(이름)의 극복'이었다.

> "… 먼저 무조건적 환대와, 다른 한편 환대에 조건을 주는 권리들과 의무들에 대한 구별을 생각해 보자. 이 구별은 환대의 욕구를 마비시키거나 환대의 요청을 파괴하기는커녕 우리에게 칸트의 언어에서 매개적 도식이라고 부를 수 있을 것을 규정하게 명한다. 한편으로 환대의 무조건적인 법 또는 절대적 욕구와 다른 한편, 조건부적 권리·정치·윤리, 이 둘 사이에는 차이가, 근본적인 이질성이 있는 그러나 또한 서로 불가분적인 성질도 역시 있다. … 무조건적인 환대에 한정되고 제한 가능하고 한계를 획정할 수 있는, 한마디로 계산 가능한 권리가 발효되기 하려면 어떻게 해야 하는가? … 결국 무조건적인 것의 이름으로 환대의 조건 가운데 실제로 개입함으로써 그렇게 할 것인가? …"(Derrida, 2004: 149).

그에게 환대의 문제는 '주어진 것이 없다고 가정(concesso non dato)'해야 하는 문제이다. 또한 이 때문에 레비나스의 환대의 윤리가 칸트의 그것과 구분되어야 한다고 보았다. 말하자면 칸트의 환대가 전통 안에서 찾아볼 수 있는 '세계정치의 권리(droit cosmopolitique)'이자 영구 평화를 위한 환대의 조건이라면 이는 정치적, 법적 권리일 수밖에 없다. 그러나 데리다가 보기에 레비나스의 타자에 대한 태도는 존재론적 정초로서 즉, 이행과는 거리가 멀어 정치와 법을 이끌어 낼 수 없는 위치를 점하고 있다. 데리다 자신의 임무는 바로 이 같은 적극적인 윤리로서의 대면인 '환대'가 아니라 그저 '맞아들임(acccueil)'으로서의 대면, 주제로 환원될 수 없는 환대에 대해 말하는 것이다(Derrida, 2016: 41~92).

칸트의 환대가 타자와 공간직 공유를 전제하고 있고, 레비나스의 환대가 타자를 통한 자기 동일성을 성찰하는 존재론적인 입장에서 다루고 있다면, 이처럼 데리다의 환대는 즉, 아무것도 아닌 것의 환대를 가리킨다. 그것은 그저 맞아들일 뿐인 것이다. 그러나 이것은 절대적 환대와도 다른 개념이다. 만약 절대적 환대가 가능하다면 타자에 의한 침입, 폭력마저도 받아들이며 자신의 공간 지배력을 순순히 내주어야 하지만, 그것은 현실에서 불가능할 것이기 때문이다. 순수한 환대가 그런 것이라면 우리는 그것을 받아들일 수는 없을 것이다. 따라서 타자와의 관계, 이방인과의 관계를 환대라는 언어로 표현하자면, "어떤 사람이 인류 공동체 속에 있음을 인정하는 행위, 그가 사람으로서 사회 속에 현상하고 있음을 몸짓과 말로써 확인해 주는 행위"라고 이해하는 것이 보다 겸손한 해석이 될 것이다(김현경, 2016: 229). 그것이 구체화되고 사회 현실에서 목격되는 실천은 신원을 묻지 않는 환대, 보답을 바라지 않는 환대, 복수하지 않는 환대로써 나타난다.[21] 그것이 바로 '아무것도 없음' 환대이다. 다만, 우리는 그것

---

21 김현경(2016: 242). 김현경은 이를 '절대적 환대'라고 표현하고 있으나, 데리다

을 환대라고 표현하지 않고서는 이것을 이해할 수 없기에 이처럼 표현할
수밖에 없을 뿐이다.

4. 국제정치에서 환대의 문제와 정치적 전략

1) 정치적 의미에서 환대의 전제: 인간안보

실록이 보여준 조선의 역사에서 보았듯이, 혹은 서양 철학적 전개에서 보
았듯이 이방인은 드문 실제였고, 부재한 형식이었다. 그것은 어쩌다 마주치
는 윤리적 과제일 뿐이었다. 그러나 현대 사회에서 이방인은 매우 자주 부딪
히는 실제다. 그리고 그들은 주로 이주(migration) 행위를 통해 드러난다.
'UN 사무처 경제·사회국 인구조사과'에서 2015년에 발표한 자료에 따르
면, 전 세계를 기준으로 이주를 선택한 사람은 2000년에 1억 7천 3백만 명,
2010년에는 2억 2천 2백만 명으로, 2015년에는 2억 4천 4백만 명에 이를 정
도로 꾸준히 늘어나고 있다. 이주의 원인도 복합화되어 단지 '취업'이나 '난
민' 등 오직 한 가지 이유가 아닌 다양한 원인이 복합적으로 연계되어 있다.
예컨대 취업 동기와 난민의 지위가 동시에 요구되는 경우도 있다. 또한 이들
은 첫 이주 후에도 여러 가지 조건을 찾아 2차 이주, 3차 이주를 떠나기도 한
다. 이방인 중에서 사회적 차원에서 우리의 관심을 보다 더 많이 집중시키는
경우는 대체로 '난민' 혹은 '비호신청인(Asylum—Seekers)'으로 불리는 경

말하고자 하는 '맞아들임'은 바로 이 같은 실천이 모두 포함된 것으로 해석된다.
따라서 이것은 아무것도 없음, 정의되지 않는 태도로서의 환대인 것이다.

우다.[22] UN이 내놓은 '국제 이주민 보고서(International Migration Report 2015)'에 따르면 2015년을 기준으로 전 세계의 이주민 약 2억 4천 4백만 명 중에 약 7천 6백만 명이 타 지역에서 유럽으로 이주하였거나 유럽 내 이주자들이었다. 이어서 아시아(7천 5백만 명), 미국(5천 4백만 명), 아프리카(2천 1백만 명) 순이었다. 2014년을 기준으로 보았을 때 발생한 난민은 대략 1천 9백 5십 만 명 정도로 추정된다.[23] 주로 내전과 종족 분규가 이들이 고향을 떠나야 하는 이유였다. 난민은 대개 이주에 필요한 공식 문서가 없으며 허가되지 않은 통로를 통해 국경을 넘는다. 정식 입국 절차를 밟지 않았기 때문에 이들은 불법이주민에 해당되지만, 이들이 다른 불법이주민과 다른 점은 국적국의 박해를 피해 피난 행위를 했다는 점이다. 비공식적인 경로로 입국하기 때문에 이들은 인신매매, 인권유린, 학대, 착취 등의 대상이 될 수가 있다. 또한 비호신청이 받아들여지지 않았을 경우 밀입국자가 되어 추방되거나 인종적, 종교적 차별에 노출될 수도 있다.

이 같은 현실에서 인도주의적 실천을 위한 인간안보는 국제정치가 지금 마주한 과제이다. 적어도 개발·협력에 관한 국제사회의 관점에서 인간안보는 상당부분 진전되어 있다. UN이 2015년에 결의한 "우리 세계의 변환: 지속가능한 개발을 위한 2030아젠다"에서, 가난과 굶주림을 퇴치하고 인간의 존엄 평등, 위생적 환경을 통해 인간 존재의 잠재성을 발현할 기회를 주는 것을 인류의 당연한 책무로 받아들인 데서도 그 진전 단계를 알 수 있

---

22 비호신청인은 이주국에 법률적 보호를 요청하여 일정한 거주 자격을 부여 받기 위한 절차를 밟고 있는 사람들을 말한다.

23 난민이 머무르고 있는 곳을 국가별로 보면 터키(1백 6십만 명), 파키스탄(1백 5십만 명), 레바논(1백 2십만 명), 이란(1백만 명) 순이었다. 난민 발생 국가는 시리아(3백 9십만 명), 아프가니스탄(2백 6십만 명), 소말리아(1백 1십 만 명) 등의 순이다.

다(United Nations, 2015). 그러나 이 같은 실천의 시작은 여전히 타자에 대한 칸트적 환대이다. 인간 안보는 국제 규범이라는 계약의 형태에 따른 실천적 규범에 머무르고 있기 때문이다. 물론 그것이 인류 구성원 누구에게나 해당하는 보편적 권리인 동시이지만, 그것의 전단계로서 정치와 법률을 통해 별도로 표시되어야 하는 도덕률에 불과한 것이 사실이다. 단적으로 그것은 UN의 지속가능한 개발이 17개의 목표, 169개의 세부 계획, 15년의 이행 기간을 둔 목적 지향적 실천 행위라는 데서 잘 나타난다. 이제 환대는 정치적 도덕률의 단계를 넘어서서 레비나스와 데리다가 제시한 그 다음의 단계와 마주해야 한다. 그것은 또한 윤리적 범주나 절대적 범주와도 다른 정치적 전략이어야 한다.

2) 정치적 과제로서 환대 전략

정치의 영역에서는 수많은 이방인이 동일화의 문제에 놓여 있다. 그것은 이방인이 아닌 탈식민지의 잔재로 표현되기도 하며, 하위주체(subaltern)로 등장하기도 한다. 이방인처럼 문화적 영역의 소외 뿐 아니라, 계급적, 성별적, 연령적 차별에 의해 파생된 타자화를 극복하기 위한 담론이 동시에 진행되고 있다.

호미 바바Homi K. Bhabha가 지적하고 있듯이 지배자 역시 피지배자와 마찬가지로 정체성의 분열을 겪는다. 말하자면, 양가성(ambivalence)의 문제와 잡종성(hybridity)의 문제에 동시에 직면해 있는 것이다. 지배자는 피지배의 타자에 전적으로 의존할 수밖에 없는 구조적 속성을 가지고 있다.[24]

---

24 이런 면에서 보자면 호미 바바는 사이드의 '오리엔탈리즘'이 담론으로서 권력과 지

이는 식민지의 잔재를 넘어 현실에서도 위계적 구조에 따른 단위들의 능력이 현실을 반영하고 있는 한 그대로 적용된다. 또한 피지배자들의 흉내 내기(mimicry) 전략 또한 지배자를 더욱 양가적 태도로 빠져들게 하는 연결고리가 된다. 이방인들은 다문화주의라는 이데올로기에 동요하지만 그것의 진정성에는 항상 의심을 품게 마련이다.

하위 주체들의 목소리를 듣는 것도 정치적 전략으로 가치를 지닌다. 말하자면, 서발턴 — 지배계층의 헤게모니에 종속되거나 접근을 부인당한 노동자, 농민, 여성, 피식민지인 등 주변부적 부류 — 을 사회에 끌어들이려는 노력이 필요한 것이다. 이는 다자에 대한 정치적 전략에 의해 가능하다. 현대의 이방인은 과거와는 달리 그들을 알기 위한 정보의 습득 경로가 다양해졌다. 따라서 물리적 침략자로, 혹은 정보가 부재한 타문화인으로 몰아가기 보다는 소외된 타자로, 혹은 경계인으로 그들의 현실을 정확하게 이해할 필요가 더욱 커진 것이다. 스피박Gayatri Chakravorty Spivak은 전 지구적 차별과 억압의 구조하에 있는 하위주체의 목소리를 들려줘야 하는데, 이를 위해 이들에게 '말을 거는' 전략이 필요하다고 말한다. 그래서 서발턴을 주체로 복원하여 그들의 삶을 조명하는 작업이 정치적 실천으로 나타나야 하는 것이다(Spivak, 2013). 이는 하위 주체의 다른 형태인 소외된 자로서의 이방인에게도 그대로 적용된다. 하위주체들이 공통적으로 전제하는 것은 고정된 주체란 없다는 것이다.

식의 양가적 성격이 있음을 간과하고 있다고 지적한다. 말하자면, 식민지 담론의 경우 주체화 과정에서, "식민자와 피식민자 모두에게 환상과 방어의 상황이 연출된다"는 것이다. 즉, 욕망(그의 말에 따르면 페티시즘)은 인종, 피부색, 문화의 차이에 의해 그 기원에 대한 환상이 위협당한다고 말한다. 이는 양가성의 중요한 특징으로 지배의 논리가 가진 속성을 드러내는 부분이다(Bhabha, 2012: 168··178).

이들은 오로지 자본주의 생산양식 과정에서 그 안에 스며든 욕망의 기계로서 기능할 뿐이다. 오로지 욕망만이 공통의 분모이며 욕망과 욕망의 대상이 하나의 통일체인 이상 이방인에 대한 환대는 정치적으로 전략 돌파하여야 한다. 이주에 의해 파생되는 이방인은 바로 자본주의의 발전 경로에 따른, 이민 혹은 실향이다. 그들은 경쟁적 산업 구조와 이를 차지하기 위한 헤게모니적 다툼에서 희생된 경우가 많다. 따라서 환대는 윤리를 넘어서야 한다. 구조적 속성에 대한 성찰과 인도주의적인 도덕률이 동시에 담겨야 하며 결국에는 이것마저 극복해야 한다. 그리고 정치가 도덕의 차원으로, 존재의 차원으로 전적으로 환원되지 않는 한 환대는 정치적 전략으로 온당한 것이어야 하며, 그 자체로 정당성을 가져야 한다. 다만, 주의해야 할 것은 지식인이 정치적 영역에서 행위자 그 자체가 될 수도 있다는 점을 기억하는 것이다. 왜냐하면 "지식인은 타자를 자아의 그림자로 끈질기게 구성해 내는 사태와 공모할 수 있기" 때문이다(Spivak, 2005: 374).

이제 정치에서 남는 문제는 이방인이 경계인에서 환원되어 자기 주체성을 갖도록 환원시키는 것이다. 자기 주체성을 가진 이방인은 이제 이방인이 아니라 ―또한 타자도 아닌― 나와 같은 그들인 것이다. 그리고 우리의 다음 관심은 단지 환대 받을 대상으로서 타자가 아니라 그들의 참여 문제에 토론하는 것이다. 그것이 본질적 참여의 시작이며, 정치가 해야 할 몫은, 아직 잠재적이기는 하지만, 그때 맞닥뜨리게 될 저항의 문제를 어떻게 다룰 것인가를 고민하는 것이다.

5. 나가며

이방인은 국제정치에서 현전現前하는 문제다. 그리고 이들이 불러일으키는 사태는 환대의 문제를 토론케 한다. 다만 그것이 어떤 조건에서 토론되어야 할 것이며, 그것이 정치적 작용으로 어떤 의미를 담고 있는지는 우리가 찾아야 할 답이다. 이방인의 등장은 동서를 막론하고 타자가 가진 위협, 경계, 호기심 등 다양한 반응을 이끌어 냈으나, 그 기저에는 공포와 두려움이라는 부정적 태도가 깔려 있었다. 그럼에도 불구하고 이방인에 대한 태도는 근대적 이성을 가진 인간의 태도에서 크게 벗어나지 않았다. 다만, 칸트가 토론했던 환대는 영구 평화의 조건으로서 정치적·도덕적 차원에 머물러 있었다. 지금도 이러한 태도는 UN이 제안한 '인간안보'라고 불리는 실천 행위에도 그대로 드러난다. 그러나 타자에 대한 윤리는 그보다 더 근원적인 시원성을 갖고 있다. 레비나스가 지적했듯이 타자에 대한 윤리는 곧 자신의 정체성을 가늠하는, 곧 존재적 성찰의 쌍으로서 타자에 대한 대면과도 같은 것이다. 그것은 환대의 조건에서 벗어날 수 없다.

데리다는 이와는 달리 환대는 단지 언어의 문제(이름 붙이기)이며, 이를 넘어선 아무것도 없음의 조건을 토론한다. 그러나 그것이 복수하지 않고, 저항하지 않는 환대, 아무것도 없음의 환대로 현실에서 받아들여질지는 아직 알 수 없다. 오히려 호미 바바와 스피박이 지적한 것처럼 타자와 나의 관계에서 양가성과 혼종성이 있음을 사태의 전제로 받아들이고, 타자에게 어떻게 말을 걸 것인지 전략적 방법을 취하는 것이 겸손한 정치적 태도일 것이다. 국제정치가 단지 윤리적 존재론에 매몰되거나, 그것을 초월하는 것을 목표로 일방적 실천 행위를 취할 수는 없다. 사회가 타자에 대한 환대를 탈윤리적 차원에서 토론하고 있더라도, 정치적 영역에서는 그것을 현실전략으로 어떻게 조절하느냐가 전략적 목표가 되어야 하기 때문이다. 국가의 정치가 머무르는 곳을 간과할 수 없다. 그러나 국제정치학은 정치적 범주에서 그것을 이방인에 대한 전략으로 재점검하는 방향을 말할 수 있어야 한다. 여전히 칸트적 전제에서 벗어나지 못하고 있는 것은 그만큼 국제정치학이 스스로의 책임을 저버리고 있기 때문이다. 향후 우리의 관심은 환대의 문제를 넘어, 그들이 경계인이 아닌 주체성을 가지고 사회에 참여하는 문제를 토론하는 것이다. 그와 관련된 정치적 전략을 실천적으로 구축하는 작업이 우리의 다음 임무가 될 것이다.

참고문헌

1) 단행본

김동리. 1990. 『사반의 십자가』. 서울: 글방문고.

김원일. 2009. 『어둠의 축제』. 서울: 강.

김태길. 1994. 『윤리학』. 서울: 박영사.

김현경. 2016. 『사람, 장소, 환대』. 서울: 문학과 지성사.

최인호. 2002. 『돌의 초상』. 서울: 문학동네.

홍명희. 2008. 『임꺽정(1~10)』. 서울: 사계절.

Duffield, Mark. 2014. *Global Governance and the New Wars: The Merging of Development and Security (Critique. Influence. Change).* New York: Zedbook.

Hachette. 2001. *Dictionnaire Hachette Encyclopédique.* Paris: Hachette.

Held, David and Anthony McGrew. 2007. *Globalization/Anti-Globalization: Beyond the Great Divide.* Cambridge: Policy Press.

Holton, Robert. 2005. *Making Globalisation.* Basingstoke: Palgrave.

Jervis, Robert. 1976. *Perception and Misperception in International Politics.* Princeton: Princeton University Press.

Keohane, Robert O. 2005. *After Hegemony.* Princeton: Princeton Univ. Press.

Keohane, Robert O. and Joseph Nye. 2001. *Power and Interdependence.* New York: Addison Wesley Longman.

Law, Randall. 2009. *Terrorism: A history.* Cambridge: Polity.

Levinas, Emmanuel. 1976. *Difficile Liberté.* Paris: Albin Michel.

Morgenthau, Hans and Kenneth Thompson. 1985. *Politics Among Nations.* New York: Alfred A. Konpf.

Smith, Karen E. and Magot Light. 2001. *Ethics and Foreign Policy.* Cambridge: Cambridge University Press.

Strange, Susan. 1996. *The Retreat of the State-Diffusion of Power in the World Economy.* Cambridge: Cambridge University Press.

2) 번역서

강상중. 1999. 『오리엔탈리즘을 넘어서』. 이경덕 옮김. 서울: 이산.

레비나스, 엠마뉘엘. 1996. 『시간과 타자』. 강영안 옮김. 서울: 문예출판사.

_____. 2017. 『타인의 얼굴: 레비나스의 철학』. 강영안 옮김. 서울: 문학과 지성사.

_____. 2012. 『존재에서 존재자로』. 서동욱 옮김. 서울: 민음사.

아리스토텔레스. 2008. 『니코마커스 윤리학』. 이창우 · 김재홍 · 강상진 옮김. 서울: 이
    제이북스.

바디우, 알랭. 2013. 『존재와 사건』. 조형준 옮김. 서울: 새물결.

바바, 호미. 2012. 『문화의 위치』. 나병철 옮김. 서울: 소명출판.

베일리스, 스미스 외. 2015. 『세계정치론』. 하영선 옮김. 서울: 을유문화사.

까뮈, 알버트. 2014. 『이방인』. 김화영 옮김. 서울: 책세상.

데이비드, 콜린. 2014. 『처음 읽는 레비나스』. 주완식 옮김. 파주: 동녘.

데리다, 자크. 2004. 『환대에 대하여』. 남수인 옮김. 서울: 동문선.

_____. 2016. 『아듀 레비나스』. 문성원 옮김. 서울: 문학과 지성사.

칸트, 임마뉘엘. 2008. 『영구평화론』. 이한구 옮김. 파주: 서광사.

키에르케고르, 쇠렌. 2011. 『공포와 전율』. 임춘갑 옮김. 서울: 치우.

레비나스, 엠마뉘엘. 2012. 『존재에서 존재자로』. 서동욱 옮김. 서울: 민음사.

사이드, 에드워드. 1998. 『오리엔탈리즘』. 박홍규 옮김. 서울: 교보문고.

소포클래스. 2010. 『그리스 비극 걸작선』. 천병희 옮김. 파주: 도서출판 숲.

스피박, 가야트리 차크라보르티. 2013. 『서발턴은 말할 수 있는가?: 서발턴 개념의 역사
    에 관한 성찰들』. 태혜숙 외 옮김. 서울: 그린비.

스피박, 가야트리 차크라보르티. 2005. 『포스트식민이성 비판』. 태해숙 · 박미선 옮김.
    서울: 갈무리.

화이트헤드, 알프레드 노스. 2011. 『과정과 실재』. 오영환 옮김. 서울: 민음사.

기다 겐(木全 元), 노에 게이이치(野家啓一), 무라타 준이치(村田純一) 외. 2011. 『현상
    학 사전』. 이신철 옮김. 서울: 도서출판 b.

3) 논문

박휘락. 2010. 「천안함 사태이후의 인간안보의 논의 방향: 국가안보와의 조화를 중심으
    로」. 《평화학연구》, 제11권 3호.

이서규. 2013. 「카뮈의 부조리 철학에 대한 고찰」. 《철학논집》, 제35집.

이혜정·박지범. 2013. 「인간안보: 국제규범의 창안, 변형과 확산」.《국제지역연구》, 제22권 제1호.

전 웅. 2004. 「국가안보와 인간안보」.《국제정치논총》, 제44권 1호.

정호원. 2017. 「칸트에게 있어서의 도덕과 정치에 관한 연구」.《문화와 정치》, 제4권 1호.

Camus, Albert. 1988. "Avant—Propos." in Ray Davison (ed.). *L'Etranger*. London and New York: Routledge.

Huntington, Samuel P. 1997. "The Erosion of American National Interest." *Foreign Affairs*, Vol. 76, No. 5.

4) 비학술지(잡지 및 신문)에 실린 기고문, 논평, 칼럼

"Merkel Says German Multicultural Society Has Failed." *BBC News*, October 17, 2016.

Payne, Adam. 2016.8.22. "The EU's most powerful official says 'borders are the worst invention ever'." *Business Insider*.

5) 웹 자료

국사편찬위원회. "고종 1년 3월 2일."『조선왕조실록: 고종실록 1권』. http://sillok. history.go.kr/id/kza_10103002_005 (검색일: 2017.6.19).

_____. "선조 25년 10월 14일."『조선왕조실록: 선조실록 31권』. http://sillok. history.go.kr/id/kna_12510014_004 (검색일:2017.6.19).

_____. "인조 16년 3월 13일."『조선왕조실록: 인조실록 36권』. http://sillok. history.go.kr/id/kpa_11603013_001 (검색일:2017.6.19).

_____. "효종 1년 7월 23일."『조선왕조실록: 효종실록 4권』. http://sillok. history.go.kr/id/kqa_10107023_001 (검색일:2017.6.19).

_____. "효종 4년 8월 6일."『조선왕조실록: 효종실록 11권』. http://sillok. history.go.kr/id/kza_10103002_005 (검색일: 2017.6.19).

"European Commission — Speech, State of the Union 2015: Time for Honesty, Unity and Solidarity." http://europa.eu/rapid/press—release_SPEECH—15—5614_en.htm (검색일: 2016.12.1).

United Nations. 2015. "Resolution adopted by the General Assembly" https://sustainabledevelopment.un.org/post2015/transformingourworld (검색일: 2016.12.1).

United Nations. 2016. "International Migration Report 2015(ST/ESA/SER.A/384)." http://www.un.org/en/development/desa/population/migration/publications/migrationreport/docs/MigrationReport2015.pdf (검색일: 2016. 12.1).

제10장

공생과 타자:
초국가 이주 시대에 도시 공간 이론에 관한 재고찰

김수철(한양대 평화연구소)

1. 서론

도시 공간의 역사는 이방인, 즉 타자와의 마주침을 어떻게 다루고 조직화할 것인가의 문제를 둘러싸고 형성되어 왔다고 해도 과언이 아니다. 타자와 함께 살아가는 것의 이점뿐만 아니라 반대로 타자와 함께 나란히 공존, 대면하며 사는 것이 가져다주는 불안함과 불편함은 도시 거주민뿐만 아니라 수많은 도시 계획의 주요 관심 대상중의 하나였다. 이는 도시 공간과 도시 생활의 성격을 다루고자 하는 수많은 사회 이론가들, 예컨대 게오르그 짐멜Georg Simmel, 제인 제이콥스Jane Jacobs, 앙리 르페브르Henri Lefebvre 등에게도 친숙한 주제였다(Jacobs, 2010; Lefebvre, 1991; Simmel, 2005). 이들 사회이론가들에 의해서 20세기 초반 이후 산업화와 도시화와 함께 나타났던 다양한 사회 현상을 설명하고자 하는 과정은 근대 사회이론의 주요 범주들에 대한 핵심 주장들이 풍부하게 정초되는 과정에 다름 아니었다.

이 글은 도시 공간 이론에 대한 고찰로서, 특히 타자, 차이와의 대면을 통해 형성되는 타자와의 관계가 도시 공간 이론에서 개념화되고 이론화되는 방식에 대하여 주목하고자 한다. 이러한 도시공간에서의 타자성, 차이에 대한 이론적 고찰 작업은 한국을 포함하여 초국가 이주가 본격화되고 있으며 또한 그 어느 시기보다도 자신과는 다른 경험, 생활방식, 습관, 커뮤니케이션 방식 등을 지닌 존재들과의 일상적인 근거리 접촉과 활발한 상호작용이 발생하고 있는 이주 사회에서 타자의 존재를 대면하고 차이를 다루는 방식에 있어서 핵심적 문제들을 고찰할 수 있는 가치 있는 기회를 준다.

오늘날의 초국가 이주와 함께 등장하고 있는 새로운 공간들은 타자에 대한 통합과 배제라는 이분법적 시각으로는 충분히 설명될 수 없는 제3의 공간으로서 기존의 공간과는 다른 새로운 공간 조직 원리를 띠게 된다. 왜냐하면 초국가 이주 시대의 타자들은 잠시 머물렀다가 다시 자신의 공간으로 되돌아가는 이방인이 아니라 그 공간에서 정착하거나 상당기간 끊임없이 그 언저리를 떠도는 타인들이기 때문이다.

이러한 초국가 이주로 인해 생성되는 제3의 공간에서 작동하는 수많은 차이의 협상과정과 연관된 정치 과정들을 특징짓는 요소들 중에서 가장 중요한 것이 정체성과 물질적 부이다. 최병두(2009)가 지적하고 있듯이, 오늘날 초국가 이주의 시대에 도시 공간 형성과 그 안에서 타자, 차이와의 협상을 다루는 정치과정은 정체성과 물질적 부를 둘러싼 두 가지 종류의 정치에 의해서 특징지어진다. 여기서 정체성과 물질적 부를 둘러싼 두 가지의 정치는 인정의 정치 그리고 재분배의 정치이다. 오늘날의 초국가 이주 시대에 새롭게 등장하고 있는 공간들은 이 두 가지 정치가 복잡하게 작동하는 가운데 형성되고 있으며 따라서 이러한 정체성의 문제와 부의 재분배 문제를 통합적으로 고려할 수 있는 시각 또한 요구된다.

그러나 이러한 필요성에도 불구하고 인정의 정치와 재분배의 정치 사이에 존재하는 간극은 쉽게 극복되지 않고 있는 것이 오늘날의 현실이다. 오히려 오늘날 난민 위기나 국제 이주민에 대한 혐오, 이민 정책에서 나타나고 있듯이 인정의 정치와 재분배의 정치 사이에 존재하는 간극은 최악의 방식으로 봉합되고 있다. 이후에 자세히 살펴보고 있듯이 오늘날 초국적 자본의 추동력에 의해서 이루어진 국제적 이주 과정에서 차이와 다양성을 부정하는 자본과 권력의 작동 메커니즘에 존재하는 사회경제적 정의에 대한 질문들은 외국인, 국제 이주민들을 자신들의 공동체에 대한 위협, 혐오의 대상으로 소환함으로써 손쉽게 해소되거나 회피되고 있는 것이다. 정체성의 정치와 재분배의 정치의 이러한 불행한 결합은 지금까지 타자, 차이를 다루는 방식, 예를 들면 다문화주의 등의 한계를 넘어서는 새로운 방식의 논의의 필요성을 제기한다.

이러한 맥락에서 먼저 이 글은 폴 길로이Paul Gilroy에 의해서 본격적으로 소개되었던 '공생(conviviality)' 개념에 대하여 살펴보고자 한다. 도시 공간 이론에서의 타자성의 문제, 차이를 다루는 방식을 검토함에 있어서 길로이의 공생 개념은 오늘날 도시 공간에서의 문화적 충돌, 갈등이나 타자성의 문제를 다루는 데 있어서 다양한 이론적 전제들을 재검토할 수 있는 기회를 제공한다. 더 나아가 공생 개념은 오늘날 타자성의 문제가 다른 무엇보다도 인종주의, 민족적 동질성에 기인하는 공동체주의에 기반을 둔 규범, 편견, 고정적 범주화에 기인하는 경향을 극복할 수 있는 단초를 제공한다.

둘째, 이 글은 공생 개념의 정교화와 이 개념의 적용 확장 가능성에 대한 토론을 위하여 최근의 도시 공간 이론 중에서 안토니오 네그리Anotonio Negri와 마이클 하트Michael Hardt의 공통적인 것(the common)에 관한 논의, 그리고 리차드 세넷Richard Sennett의 도시공간('투과도시'), 협력(cooperation)에 대한 논의들을 살펴본다. 특히 이들 논의에서 나타나는 초국가 이주와 정착 과정에서의 공간의 생산과 유지에 관여되는 복잡한 공간화(spatialization) 과정에 대한 논의들을 검토한다. 즉, '공통적인 것의 저장고로서 메트로폴리스'(Negri and Hardt, 2014)와 '투과 도시(porous city)'(Sennett, 2015)에 대한 논의에서 나타나는 도시 공간에서의 타자와의 관계 설정, 타자와의 마주침의 조직화의 문제들에 대하여 살펴보고자 하는 것이다. 특히 이들 논의에서 타자와의 마주침, 관계설정 방식이 어떻게 이론화되고 있으며 이는 기존의 공동체의 윤리와 정치, 보다 구체적으로는 다문화주의, 징제성의 정치, 도시 부의 재분배, 차이의 공간에 대한 논의에 어떠한 의미와 문제를 제기하고 있는지에 대하여 비판적으로 검토하고자 한다.

마지막으로, 이 글은 한국적 맥락에서 공생 개념이 초국가 이주 시대에 타자의 문제를 다루는 데 있어서 기존의 논의에 주는 함의에 대하여 논의할 것이다.

2. 다문화주의의 위기: 내적 위기와 외적 위기

도시 공간 이론에서 초국가 이주에 의한 제3의 사회적 공간의 형성 원리, 장소성에 대한 논의를 검토하기 전에 먼저 최근 나타나고 있는 다문화주의의 위기에 대하여 먼저 살펴볼 필요가 있다. 초국가 이주의 시대에 기존의 타자의 존재, 차이를 다루는 데 있어서 지배적 패러다임이었던 다문화주의의 위기는 독일의 메르켈Angela Merkel 총리, 영국의 전 총리 캐머런David Cameron

등에 의해서 이루어진 다문화주의 정책의 실패 선언에 의해서 최근에 더욱 가시화되기도 했다. 하지만 최근에 불거지고 있는 다문화주의의 위기는 단지 정치인들의 정책으로서의 다문화주의에 대한 실패 선고를 넘어선다.

다시 말해서, 다문화주의의 위기는 세계화로 인한 사람과 사물의 이동성이 고도화됨에 따라서 이주민, 타자와의 관계 문제가 글로벌 금융 자본으로 대표되는 경제의 영역에서만이 아니라 글로벌 이주민의 증가와 혼합이 일상화되어 가면서 이제 일상적인 문화의 영역에까지 영향을 주고 있다. 다시 말해, 난민위기, 인종주의의 노골화, 트럼프Donald Trump 현상 그리고 브렉시트Brexit 등 최근 미국과 유럽사회의 분위기에서 나타나고 있듯이 그동안 국제 이주자로 상징화되어 왔던 타자, 차이에 대한 보편적 윤리이자 정책의 사회적 근간으로서 다문화주의의 위상이 흔들리고 있는 것이다. 따라서 국가 정책 및 사회 담론으로서 다문화주의의 전반적 쇠퇴와 타자성과 차이에 대한 철학적, 윤리적 대안으로서 다문화주의에 대한 회의의 증가는 더 이상 유예될 수 없는 토론 대상이 되어 버렸다.

이러한 토론의 한 예시로 다문화주의의 문제를 보편주의/특수주의의 틀에서 재고찰하고 있는 정미라(2008)의 논의를 들 수 있다. 그에 따르면, 다문화주의의 위기는 이미 그 논리적 한계로 인하여 어떤 면에서는 내재되어 있었던 것이다. 정미라는 다양한 문화의 고유성에 대한 공평한 인정에 토대를 둔 다문화주의는 오히려 여성 등을 포함한 한 사회의 소수자들에 대한 억압과 차별이 일상화된 사회를 '고유한 문화'라는 이름으로 정당화할 수 있는 위험을 담지하고 있다고 주장한다(정미라, 2008). 즉 보편성을 거부하는 문화 상대주의로 환원될 위험성에 대한 지적이다.

다문화주의는 일반적으로 알려져 있듯이 문화적 차이와 다양성에 대한 단순한 사실판단을 유보하면서 문화적 차이의 사회적 인정에 규범적 정당성을 부여해 왔다. 즉 문화는 나름의 고유한 가치를 지니고 있기에 하나의 가치론적 기준에 의해 문화를 재단하거나 평가하여 그 문화의 고유한 가치를 훼손하는 행위는 도덕적으로 부당한 것이라는 것이다. 따라서 다문화주의에는 차이에 대한 도덕적으로 정당한 대우, 정당성을 부여하는 가운데 어떤 보편적 규범을 받아들이기 보다는 차이를 절대시하는 시각이 내재해 있다는 평가가 가능하다. 그리고 이러한 특징은 실천적, 이론적으로 상대주의와 회의주의라는 문제점을 필연적으로 수반한다(정미라, 2008).[1]

이러한 다문화주의 내에 내재해 있는 상대주의와 회의주의의 약점을 파고 드는 경우를 우리는 현재 난민위기를 겪고 있는 유럽사회와 미국사회에서 그 위력을 떨치고 있는 극우담론에서 찾아볼 수 있다. 즉 차이에 대한 존중과 관용이라는 논리에 따라 타자의 문화를 보존할 가치가 있다고 인정하는 것처럼, 자신들의 문화도 타자의 문화에 의해 훼손되지 않고 보

---

1 다문화주의의 이러한 문화상대주의적 입장과 그로 인한 문제점에 대한 대응과 보완으로서 등장한 논의가 인정의 정치이다. 인정의 정치는 차이가 존중되는 공존의 지향은 필연적으로 어떠한 형태로든 최소한의 토대로서의 보편성을 전제하지 않으면 안 된다는 시각에 기반을 두고 있다. 차이와 동일성에 대한 규범적 요구는 서로 모순적인 것이 아니고 차별의 지양이라는 윤리적 규범에 상호 보완적으로 적용될 필요가 있다는 것이다. 다문화주의가 지니고 있는 상대주의적 관점을 극복하고자 했던 찰스 테일러(Taylor, 1992)에 따르면, 개인이나 집단의 정체성은 독자적으로 형성되는 것이 아니라 타인과의 상호주관적 관계, 즉 타인과의 상호인정을 전제로 한다. 이는 정체성에 대한 사회적 인정을 중요한 도덕적 요청으로 내세우면서 동시에 상호 인정을 모든 문화에 내재한 고유한 가치로 바라봄으로써 차이에 대한 인정에 있어서 최소한의 보편성의 요구를 다문화주의의 철학적 기반 속에 마련하고자 하는 시각이라고 할 수 있다(정미라, 2008: 66).

존할 가치가 있기 때문에, 이를 위협하는 타자는 추방해야 한다는 논리가 그것이다.

이러한 논리는 현재 미국 대선 후보 선거 운동 과정에서 촉발되어 나타나고 있듯이 주류사회의 백인 중산층, 서민층에서 광범위하게 공유되고 있는 이주민에 대한 반응을 통해서도 파악될 수 있다. 이들은 다원성, 다문화주의와 같은 이념이나 정책(affirmative action; 소수자 우대정책) 등을 국가(주로 민주당 정권)에 의해서 위로부터 부과, 강요되는 이념이나 정책으로 인식하고 이를 문화 상대주의의 입장에서 거부한다. 동시에, '애국주의', '미국적 가치' 등의 또 다른 입장이나 이념을 내세우면서 이 입장도 동등하게 보장해 줄 것을 요구하는 식이다.[2]

이러한 측면에서 다문화주의는 차이에 대한 정당성 인정을 강조하는 가운데 차이, 문화를 실체화하면서 인종차별적, 순혈주의적, 자민족중심주의적 위험에 노출된다는 지적이 가능하다. 다문화주의에 대한 이러한 평가는 다문화주의가 중심문화에 대한 저항으로써 소수자의 권리 옹호에 근거해 등장했다는 점에서 지나치게 보이지만 문제는 이러한 인종차별적 담

---

2 미국의 한 유명한 록가수이자 보수 우파 인사로 알려져 있는 테드 뉴전트(Ted Nugent)는 다음과 같이 주장한다. "미국에서 맹위를 떨치고 있는 좌익세력과 사회주의자 및 공산주의자의 주장에 따르면 다양성은 미국의 강력한 힘이다. … 이런 주장은 해로운 논리를 바탕으로 한다. … 필자는 그런 다양성을 주장하는 좌익세력을 지지할 뜻이 전혀 없다. 모든 사람에게 자기네 식의 다양성을 명령으로 강요하는 것을 필자는 결코 지지할 수 없다. … 필자는 미국의 기본적인 풍습과 전통 및 선의와 가치관을 존중하고 소중하게 생각하는 다양한 사람들을 존경한다. 다문화주의와 다양성을 이 나라의 법으로 강요하기 위해 협박을 일삼는 사람들을 존경하지 않는다. … 정치적 공정성(political correctness)을 요구하는 불량배들은 자기네 뇌사상태의 이데올로기를 미국에 강요한다, 그들은 편협하고 파괴적이다." (Nugent, 2012).

론이 현재 유럽과 미국 사회에서 극우담론을 통해서 광범위하게 퍼져있으며 다문화주의에는 이러한 분위기에 대한 별다른 대응 방법이 보이지 않는다는 점이다.

하지만 현재 유럽, 미국 사회의 국제적 이주민에 대한 배제, 적대의 문제와 같은 다문화주의의 위기적 상황은 단지 그 내적 논리의 문제, 즉 다문화주의에 내재한 문화 상대주의적 시각의 탓으로만 돌릴 수는 없는 측면이 존재한다는 분석도 제시되고 있다. 다시 말해서, 그동안 진행되어온 탈규제, 사유화(privatization), 긴축(austerity) 정책과 같이 신자유주의적 세계화의 결과로 실업 등 수많은 (백인!) 중산층의 경제적 지위의 하락이라는 재분배의 문제, 이에 따른 소외감 및 고통, 그리고 이러한 소외감과 고통에 정확하게 직접적으로 호소했던 극우파 정치인들의 담론 등이 다문화주의의 위기의 진짜 배경이라는 것이다(Klein, 2016).[3] 이는 어떤 면에서 보면 오늘날의 다문화주의의 위기 혹은 실패는 다문화주의의 내적 위기 때문이 아니라 이를 넘어서 외부적 요소, 즉 경제적 부의 재분배를 둘러싼 문제들이 그 진정한 원인이라는 주장이다.

오늘날 다문화주의의 위기, 실패의 진짜 원인을 외적 요소나 내적 요소 그 어디에서 찾건 오늘날 최소한 표면적 논리상 다문화주의에 대한 거부,

---

3 프랑스 사르코지(Nicolas Sarkozy) 대통령, 영국의 캐머런 총리, 독일의 메르켈 총리 등과 같은 정치인들에 의한 유럽에서의 다문화주의의 실패라는 선언은 다문화주의 개념의 오남용에 가까운 모순적인 측면이 있다는 주장도 있다(홍태영, 2008). 즉 다문화주의 실패 선언은 유럽에서의 다문화주의(정책)이 동화주의, 통합이 아닌 이주민, 타자의 존재에 대한 인정을 바탕으로 한 동등한 공존과 포용을 의미하는 것이라는 전제에서만 유효한데, 실질적으로 공화주의적 동화주의(프랑스), 다문화적 동화주의(영국), 그리고 이 둘의 혼합(미국)과 같은 이민 정책은 실제로는 타자에 대한 포용이 아니라 타자의 배제에 기반을 두고 있다는 것이다(홍태영, 2008).

외국인, 이주민에 대한 차별 및 분리, 더 나아가 추방의 요구의 근거에는 이러한 유사 문화 상대주의적 시각이 작동하고 있다는 사실은 부정하기 힘들다. 동시에 신자유주의적 세계화의 결과로 수많은 주류 사회의 중산층의 경제적 고통 및 소외감도 현재 다문화주의의 위기의 한 요소로서 작동하고 있는 것도 사실이다.

아마도 심화되고 있는 경제적 불평등과 소외 문제에 설득력 있게 다가간 극우파 정치 담론들이 과거 패권 대국으로서의 자국의 위치에 대한 향수어린 민족주의에 호소하면서 이민자, 여성 등 그 사회의 소수자들을 타겟으로 인종주의적 경향을 드러내고 있는 사실이야말로 다문화주의의 위기는 내적 위기와 외적 위기의 동시적 발현임을 잘 보여주고 있는 것이라 볼 수 있을 것이다. 그렇다면 이는 오늘날의 다문화주의의 위기, 실패에 대한 진단과 대안을 추구하는 데 있어서 내적 측면과 외적 측면 모두를 고려하는 접근법이 필요함을 의미한다. 즉 최병두(2009)가 지적하고 있듯이, 재분배의 정치와 인정의 정치를 상호 분리되거나 배타적인 것으로 보기보다는 상호 보완적인 것으로 이해하면서 이 둘 사이의 접합을 통해서 오늘날 제기되고 있는 다문화주의의 위기에 대처하는 접근법이 필요하다.

다문화주의는 기본적으로 주류집단들의 정체성을 우선하고 이해관계를 실현하기 위하여 인종적 및 문화적으로 차이가 있는 소수자들의 정체성을 억압하거나 무시하는 것에 대한 반대에서 출발했다. 이를 위해서 다문화주의는 인종적, 문화적인 다양성과 차이를 인정하는 바탕에서 사회문화적 정의(예를 들어, 관용)를 추구하며 이를 실현시키기 위해 인정의 정치를 실천하고자 했다고 평가할 수 있다(최병두, 2009: 17). 즉 정체성과 차이에 대한 인정의 요구가 핵심이라는 점에서 인정의 정치는 차이, 정체성의 정치로 여겨졌다.

하지만 이러한 인정의 정치는 무정형의 가치에만 머물지 않는다. 인정의 정치의 연장선에서는 개인적 차원에서의 차이나 정체성만이 아니라 사회적 차원에서 민주주의와 시민권 차원에서 참여 권리, 그리고 그 사회의 성원으로서 사회적 서비스에 접근할 성원권이라는 측면에서 필연적으로 재분배의 문제와 연관을 맺고 있다. 더욱이 오늘날 다문화주의만이 아니라 유럽 및 미국사회에서 핵심적인 사회문제 중의 하나로서 등장하고 있는 난민 문제, 국제 이주의 문제는 사회문화적 차이와 정체성에 대한 인정의 문제를 넘어서고 있다. 오히려 국제적 이주는 초국가 자본주의의 추동력에 의해서 선별적으로 촉진, 전유되어 온 측면이 있으며 또한 국제 이주민에 대한 거부, 차별 및 배제에 있어서 그 사회의 성원으로서 사회적 복지 서비스에 대한 접근권, 일자리, 경제적 지위하락과 같이 경제적 재분배의 문제와 밀접하게 연관되어 제기되고 있다.[4]

결국 오늘날 다문화주의의 문제는 단지 인정의 정의를 성취하는 문제일 뿐만 아니라 재분배의 문제와도 결코 분리되지 않는다는 것을 의미한다. 인정의 정치는 인종 문제, 문화적 차이의 승인에 대한 도덕적 요구에만 머물 것이 아니라 차이를 구조적으로 강제하는 자본의 작동에 대해서 반드시 문제를 제기해야 한다는 지적이 타당성을 얻게 된다.[5]

---

4 이러한 측면에서 지그문트 바우만(Zygmunt Bauman)은 오늘날 서구 유럽뿐만 아니라 많은 국가들에서 외국인에 대한 혐오를 부추기는 담론들은 늘 리스크로 가득 찬 불확실한 미래에 대한 대중들의 불안을 이용하여 현재의 정치, 경제적 문제들을 외국인, 이주민의 존재를 소환함으로써 손쉽게 해결하려는 경향이 있다고 타당하게 지적하고 있다(Bauman, 2016).
5 인정의 정치와 재분배의 정치의 환원불가능성을 강조한 낸시 프레이저(Fraser,

인정의 정치와 재분배의 정치를 접합할 필요성은 오늘날 외국인에 대한 혐오나 차별이 제기되는 방식에 대한 애쉬 아민Ash Amin의 논의를 보았을 때 더욱 그러하다. 아민은 오늘날 서구 사회에서 외국인 존재는 종종 그들의 일자리나 이들의 복지 서비스에 대한 접근권을 보여주는 숫자 통계, 즉 인구(population)로 환원하여 파악되거나 또는 비서구적 가치 — 예를 들면, 이슬람 문화 — 를 가지고 주류 서구의 전통과 유산을 오염시키는 위협으로 전치(displacement)되는 방식으로 이해되곤 한다. 즉 정치권력과 경제적 실천들 그리고 여기에서 나타나는 문제들을 외국인이라는 특정 신체와 이들의 삶 안에 기입하는 삶정치(biopolitics)적 특성을 보여주고 있는 것이다(Amin, 2013: 5). 이는 기존의 무형의 가치, 즉 인종적, 문화적 차이와 정체성에 대한 인정의 문제와 초국적 자본과 국가에 의한 유형의 가치, 즉 경제적 재분배 문제가 삶정치를 통해서 상호교차하고 있음을 의미한다.

오늘날 초국가적 이주와 정착의 과정에서 형성되는 제3의 공간, 도시 공동체도 마찬가지로 그 어느 시기보다도 기존의 인종적, 문화적 차이와 정체성에 대한 인정의 문제와 초국가적 자본과 국가에 의한 경제적 재분배 문제가 상호 교차하는 삶정치의 공간으로 규정지을 수 있다. 이는 결국 오늘날 다문화주의의 위기, 외국인, 이주민에 대한 혐오의 대중적 확산 현상에 대한 대안적 논의들이 인정의 정치와 재분배의 문제가 상호교차하는 방식, 그 조건들에 대한 분석에 있어서 기존의 다문화주의의 문제들과는 구분되는 논의방식의 필요성을 제기한다. 이러한 맥락에서 다음 절에서는 최근 다문화(주의)에 대한 연구, 특히 일상생활에서의 다문화 혹은 다양성

1995)에 따르면, 무형의 가치들만을 강조하는 인정의 정치만으로 사회적 정의는 실현될 수 없다.

에 대한 연구에서 새롭게 주목받아 온 공생에 대하여 살펴볼 것이다(Hall, 2012; Nowicka and Vertovec, 2014; Valluvan, 2016; Wise and Velayutham, 2014).

3. 공생: 도시 공간에서 타자의 문제에 대한 새로운 대안찾기

공생이라는 개념은 본래 함께 살기(con‒viviality)를 의미하는 것으로 이는 차이와 타자를 대면하는 일상생활 차원에서의 구체적인 실천행위와 연관된다(Illich, 1973). 문화연구와 다문화연구에서 사용되는 공생 개념에 중요한 아이디어를 제공한 이는 영국의 인종문제, 정체성의 문화정치에 대한 연구를 진행해 온 폴 길로이Paul Gilroy다(Gilroy, 2004). 길로이에 따르면 공생이란 "다문화(multiculture)가 사회 생활의 일상적 모습이 되어버린 영국의 도시와 다른 탈식민주의적 도시들에서의 공동거주(cohabitation)와 상호작용의 과정들"(Gilroy, 2004: xi)을 지칭하는 개념이다.

길로이 자신을 비롯하여 길로이의 공생 개념을 중심으로 다문화에 대한 연구를 진행하고 있는 일련의 연구자들에 따르면, 공생은 다인종, 다종족 사회가 거의 자명해진 사회나 도시, 특히 글로벌 메트로폴리탄 일상생활 속에서 끊임없이 발생하는 차이와 타자에 대한 대면과 상호작용 과정을 지칭하는 개념이라고 할 수 있다(Gilroy, 2004; Wise and Velayutham, 2014). 이러한 공생 개념을 통해서 설명될 수 있는 타자와의 대면과정의 특징은 대면과정 혹은 상호작용의 차이, 타자의 존재에 대한 공식적 인정 내지는 관용에 의해서 특징지어진다기보다는 오히려 그 대면과정이 매우 역동적이라는 점이다. 길로이^{Gilroy}에 따르면, 이러한 타자와의 역동적인 상호작용은 역설적으로 타자, 차이, 정체성을 정치적으로 중요한 것으로 여기는 시각이나 정치 전략, 혹은 이데올로기보다는 — 이는 종종 동화주의적 시각에서의 통합, 혹은 통합주의적 다문화주의로 귀결된다 — 타자의 "차이에 대한 무관심(indifference to difference)"(Amin, 2013: 3)의 에토스에 의해서 가능하다(Gilroy, 2004).

이러한 길로이의 논의는 소수자의 정체성에 대한 인정에 기반을 둔 정치 전략, 정책에 대한 해체적 접근으로 무엇보다도 초국가 이주가 일상화된 탈식민주의적 글로벌 도시 공간에서 벌어지고 있는 삶의 경험, 특히 일상(대중)문화의 영역과 깊은 연관을 맺고 있다. 여기에서 길로이는 공생이 지배하는 도시 공간에서의 타자와 마주침의 조직화의 원리와 그 조건에 대하여 논의하고 있다. 그것은 단순히 타자와의 '평화로운 공존(living sidy by side)'이나 규제된 접촉(regularized contact)이 아니라 '타자와의 적극적인 상호작용을 통한 삶(living a life with others)'을 적극적으로 추구한다. 이러한 공생의 도시 공간은 단지 문화적 차이가 사라진 공간을 의미하는 것이 아니라 문화적 차이가 더 이상 "지배적이지 않은(unruly)"(Gilroy, 2004: xiv), 즉 고정적으로 위계화된 인종적 위치로 손쉽게 환원되지 않는 공간이다(Valluvan, 2016: 4).

타자와의 공동거주와 일상적 대면이 불가피하다는 오늘날의 다문화, 다인종적 현실에 대한 인식은 난민문제, 노동이민, 저출산, 노령화 사회의 진행에 따른 국제결혼 이민 등의 사례에서 알 수 있듯이 개인, 시민사회 안에서 타자와의 공존과 조화를 둘러싼 정체성 및 문화 정치의 작동만이 아니라 국가(간) 수준에서의 다문화주의 및 이민 정책의 배경이 되고 있다. 그러나 오늘날의 다인종, 다문화 사회 현실에서 정체성과 문화의 혼종성(hybridization)에 대한 인식은 매우 복잡한 문화정치의 과정을 통해서 그리고 글로벌 환경 변화에 대한 전략적 대응과정에서 왜곡되는 경우가 적지 않다(Kim, 2010; Venn, 1999). 즉 평등한 파트너 사이의 공생과 조화라는 표면적 의미와는 어긋나게 다양한 형태의 차별, 인종주의, 위계적 편견, 지배, 심지어는 분리의 의미로 유통되는 것이 사실이다(Burgess, 2012).

따라서 길로이를 비롯한 공생 개념을 주창하는 여러 연구자들에게 있어서 공생 개념에서 도출할 수 있는 공통된 인식이 존재한다. 그것은 정체성과 문화의 혼종성이 일상화된 글로벌 현실에서의 타자와의 관계 설정, 그리고 마주침의 조직화 방식에 있어서 인정 투쟁, 인정의 정치, 그리고 고착화된 정체성 개념에 기반을 둔 정체성의 정치를 넘어서고자 한다는 점이다. 동시에 그것은 절대 다수에 의한 소수자, 약자에 대한 동정, 관용, 온정주의를 넘어선 적극적이고 근본적인 사회문화적 행위 실천에 바탕을 둔 대안적인 정치와 윤리에 대한 요구를 담고 있다.

결국 공생의 문화, 공생의 에토스[6]는 다문화와 다민족 사회, 국가에서 이질적이고 물리적으로 서로 다른 정체성을 가진 문화를 융합하거나, 개별적인 문화 정체성을 용인, 관용하여 공존하는 사회를 넘어서서 사회적 차이와 타자가 함께 살면서 역동적으로 상호작용하는 사회적 관계를 지향하는 사회에 더욱 가깝다. 이러한 사회에서의 차이는 정체되고 고정된 차이가 아니라 끊임없이 번성하고 창조를 유발하는 차이이다. 이러한 측면

---

6 여기서 에토스(ethos)란 '거처(sejour)'에 그 기원을 두고 있으며 '이런 거처에 상응하는 존재방식, 삶의 방식'이라는 의미를 가진다(Rancière, 2008: 172).

에서 길로이(Gilroy, 2006)는 다음과 같이 주장한다.

공생문화에서 인종적, 민족적(ethnic) 차이들은 눈에 띠지 않는다. 이러한 차이들은 레이몬드 윌리암즈(Raymond Williams)가 표현했던 단어의 뜻 그대로 '평범한(ordinary)' 것이 될 수 있다. 사람들은 인종을 정치적 존재론과 경제적 운명과 연관시키기보다 그들을 진짜로 나누는 것은 취향, 라이프스타일, 레저, 기호(preference)와 같은 훨씬 심오한 것들이라는 것을 발견했다. 공생적 상호작용은 인종적 차이를 평범하고 시시하며 심지어는 지루한 것으로 보이게 함으로써 이러한 인종적 차이가 리얼리티 텔레비전에서 광고될 때조차도 이러한 공생적 상호작용에 존재하는 일상생활에서의 [고유한] 미덕을 확산시킬 수 있었다. 이러한 미덕은 우리의 도시를 더욱 풍성하게 하고 문화산업을 이끄는 힘이며 민주주의를 강화시킨다. 민주주의가 분리적이고 피부색에 따라 코드화된 형태로 작동하도록 하는 압력에 저항할 수 있도록 하는 것이다(Gilroy, 2006: 40).

길로이에 의한 공생에 대한 개념화 과정에서 제시된 풍부한 일상적 대중문화에서 나타나는 공생문화의 예시들과 일상생활에서의 활발한 공생적 상호작용의 미덕에 대한 지적에도 불구하고 엄밀한 개념적 차별성이라는 측면에서 길로이의 개념화 방식은 여전히 느슨하며 때로는 불만족스럽게 보이기도 한다. 왜냐하면 길로이의 논의만을 통해서는 이 개념이 단순한 공존(co-existence)이나 조화(harmony) 개념과 어떻게 구분될 수 있는지를 알기란 쉽지 않기 때문이다.

또한 길로이의 공생 개념에 근거한 차이의 정치가 영국의 런던과 같은 메트로폴리스라는 공간적 맥락과 대중문화의 영역을 벗어나서 어떻게 기존의 문화 정치와 구분되는 것이며 더 나아가 이민 정책과 같은 공공 정책의 분야에서 어떻게 적용될 수 있는지의 문제에 대한 더 많은 토론을 요구하는 것도 사실이다.

이러한 맥락에서 최근 커먼스commons를 통한 도시 공간에 대한 논의들에 주목할 필요가 있다.[7] 오늘날 초국가 이주 시대에 형성되고 있는 도시 커먼스 문제에 대한 날카로운 문제제기들 중의 하나는 도시 사회학자인 사스키아 사센Saskia Sassen의 "누가 도시를 소유하는가?(Who owns the city?)"라는 질문이다.

사센의 문제제기는 제3의 공간, 즉 초국가 이주의 시대에 도시 공동체의 문제, 특히 "도시에의 권리(rights to the city)"의 문제를 정면으로 제기한다(Sassen, 2015). 그에 따르면, 초국가적 이주와 초국적 자본의 시대에 전세계 주요 글로벌 도시들은 최근 초국적 자본에 의해서 대규모로 체계적으로 이루어진 빌딩 및 토지 매입에 의해서 심각한 변화를 겪고 있다(Sassen, 2015).

또한 대규모의 초국적 자본에 의한 도시 공간에 대한 소유는 기존 도시 생활의 특징들인 도시 특유의 다양성과 밀집성을 제거하고 있다. 사센에게 있어서 이러한 도시 공간은 구조적으로 자본 축적을 위한 초국적 자본에 의해서 설사 문화공간으로 형성되었다고 할지라도, 그 속에는 어떤 공간적 규범과 윤리가 함의되어 있다. 그 공간적 규범과 윤리란 역사적으로

---

7 커먼스에 대한 논의는 매우 다양한 스펙트럼을 보이며 경제를 비롯하여 의료, 도시 인프라, 법, 도시운동, 도시개발정책, 문화예술 영역 등의 분야에 걸쳐서 다양하게 존재한다(Hess, 2008). 하지만 이 글에서 다루고자 하는 커먼스 논의는 무엇보다도 도시 커먼스(urban commons)에 대한 논의이다. 도시 커먼스는 공통적으로 도시 거주자들, 국가, 다른 공동의 자원들과 도시 커먼스와의 관계 문제, 즉 도시에서의 공동의 자원의 관리 및 통제의 문제를 다룬다(Foster and Iaione, 2016: 285).

도시는 언제나 불완전한 시스템으로 존재해 왔다는 것이다. 즉 도시는 어떠한 통제나 계획, 권력에 의해서도 완전히 지배될 수 없는 여지를 남긴다는 것이다(Sassen, 2015). 이러한 도시공간의 불완전성, 즉 자본과 권력의 지배로부터의 자율성은 수많은 도시 공간 이론과 역사에 대한 연구에서 주요 연구 주제였다(de Certeau, 1984; Lefebvre, 1990; Sennett, 2006). 그러나 이러한 도시공간의 불완전성, 자본과 권력의 지배로부터의 자율성이 보장되어 있는 것은 아니다.

오늘날 초국가적 이주 시대에 도시 커먼스의 문제는 바로 이러한 맥락에서 도시 공간에서의 권력, 자본에 의한 소유와 이에 대항하는 역사의 문제를 대상으로 한다. 이러한 맥락에서 이후의 논의에서는 초국가적 이주 시대에 도시 공간에서의 권력과 소유 문제, 그리고 이러한 권력의 지배로부터의 자율성의 문제, 즉 커먼스의 문제에 대한 최근의 논의를 살펴보기 위하여 네그리와 하트의 공통체론과 리차드 세넷의 '투과 도시'에 대하여 검토할 것이다.

위 두 이론을 검토하는 이유는 초국가 이주 시대에 도시 공동체, 도시 공간에서의 권력의 문제를 살펴보는 데 있어서 두 이론이 공통적인 것(the common)과 협력(cooperation)이라는 문제를 통해서 도시공간에서의 타자의 문제, 차이와의 대면의 조직화를 다양한 각도에서 조명하고 있기 때문이다. 또한 이 과정에서 정체성의 문제와 부의 재분배 문제, 인정의 정치와 재분배의 정치를 접합시키는 다양한 방식과 계기들을 제공하고 있기 때문이다.

이후에 보다 자세히 살펴보고 있듯이, 두 이론은 도시공동체에 대한 논의를 통해서 정치권력, 자본의 구조적 문제(거시적 측면)와 일상생활의 차원에서의 상호작용, 실천 행위의 문제(미시적 측면)을 동시에 고찰하고 있다. 이는 현재 다문화주의 위기의 내적 측면과 외적 측면을 통합적으로 고려할 수 있는 접근법의 단초를 제공하고 있다.

4. 네그리 & 하트의 공통적인 것의 저장고로서의 메트로폴리스

네그리와 하트의 공통체론은 도시에서의 권력, 자본에 의한 도시 공간의 소유 문제를 새로운 방식으로 바라볼 수 있는 이론적 틀을 제공하고 있다. 이들은 도시공간, 특히 메트로폴리스를 공통적인 것들이 저장되어 있는 저장고로 규정함으로써 자본에 의한 도시 공간에 대한 소유, 그리고 그 도시 공간 안에 존재하는 다양한 공간적 공유자원에 대한 부당한 분배 문제를 제기하고 있는 것이다. 뿐만 아니라 네그리와 하트의 공통체론은 이러한 도시 커먼스의 문제를 단지 경제적 자본의 분배 문제로서만 한정해서 바라보는 것이 아니라 이것이 초국가 이주 시대에 정체성의 문제와 어떠한 연관성을 맺게 되는지에 대하여 논의하고 있다. 이러한 측면에서 네그리와 하트의 공통체론은 길로이의 공생 개념에 근거한 새로운 차이의 문화정치가 어떻게 작동할 수 있는지, 즉 공생 문화정치의 물질적인 조건, 자본에 의한 소유 분배적 조건에 대한 논의를 제공하고 있다. 하지만 이러한 논의들은 단지 경제적 소유 관계에서 소위 상부구조, 문화, 정체성에 대한 논의와는 질적으로 구분된다. 네그리와 하트는 기존의 정체성의 정치, 젠더, 인종 문제를 도시 커먼스라는 시각에서 어떻게 바라볼 수 있는지에 대한 논의들을 풍부한 사례를 통해서 제공하고 있다. 길로이의 공생 개념이 대중문화의 측면에서 새로운 차이의 문화정치의 가능성을 제시하고 있다면 네그리와 하트의 공통체론은 정체성, 젠더, 인종을 바탕으로 한 문화정치 작동의 물질적 조건에 대한 논의들을 담고 있다.

보다 구체적으로, 네그리와 하트는 공통적인 것에 대한 논의를 통해서 도시 공간에서의 차이의 문제를 다루고 있다. 네그리와 하트에 따르면, 현대의 메트로폴리스는 다른 무엇보다도 "공통적인 것(the common)의 방대한 저장고"로서 규정된다(Negri and Hardt, 2014: 227). 이들에 따르면, 도시는 "건물, 도로, 지하철, 공원, 폐기물처리시설, 커뮤니케이션 케이블로 이루어진 물리적 환경"으로 구성된 것일 뿐만 아니라 "문화적 실천, 지적 회로, 정동적 네트워크, 사회적 제도들의 살아 있는 역동체(227)"이다.

현대 메트로폴리스 공간이 담고 있는 이 공통적인 것들은 "삶정치적 생산을 위한 필수조건일 뿐만 아니라 그 결과(227)"이기도 하다. 즉 도시는 공통적인 것의 원천이며 공통적인 것이 흘러들어가 모이는 저장소이다. 이러한 흔적들은 도시 도처에서 발견할 수 있다. 예를 들어, 가난한 예술가들의 도시 내 이주와 이를 뒤따르는 도시 재생 과정, 부동산 지대에 내재해 있는 외부성(externality) — 이는 위치(location)에 대한 강조에서 나타난다 — 에 대한 의존성, 그리고 마지막으로 공통적인 것에 대한 정교한 지표 체계로서 금융자본에 대한 논의들은 현대 메트로폴리스에서의 공통적인 것의 존재를 나타내는 증거들로서 충분하다(Negri and Hardt, 2014: 228~231). 왜냐하면 부동산 지대, 금융자본의 가치는 천연 자연 환경 뿐만 아니라 도시 인프라, 기술, 사회적 자본, 지식 등과 같은 정형, 무정형의 도시 공동 자원의 가치가 없이는 설명이 불가능하며 이러한 외부적 요인들과의 관계에서만 이해될 수 있기 때문이다(228).

또한 메트로폴리스는 이주민에 대한 자본의 모순적 입장이 잘 드러나는 공간이다. 자본주의적 통제 전략에서는 점증하는 노동력의 이주 및 혼합에 상응하여 때로는 인종주의, 인종분리라는 통제의 무기가 사용되기도 한다. 이러한 장벽 세우기는 한 도시, 국가 내 사회적 서비스로부터의 배제, 참여의 불가능으로 이어져 공간의 빈곤을 심화시킨다. 하지만 현대의 메트로폴리스에서의 삶과 정치는 "노동력의 움직임에 대한 자기통제력뿐 아니라 문화적 사회적으로 다르지만 동등한 상황에 있는 사람들의 항상적인 상호작용"을 또한 필요로 한다는 모순적 상황을 내포한다(Negri and Hardt, 2014: 220). 일례로, 네그리와 하트가 제시하고 있듯이, 디자인, 브랜드, 패션 등의 창조/문화산업에서 요구되는 문화의 부단한 흐름과 혼합을 가능케 하는 개방적이고 역동적인 평등주의적 도시 어메니티(amenities)가 자본주의적 통제 전략, 즉 공간의 폐쇄, 장벽세우기, 사회적 위계, 인종차별 등의 통제 방식으로 인해 손실되는 것이 그 대표적 예시이다(Negri and Hardt, 2014: 221).

따라서 이주민에 대한 자본주의적 통제 전략의 모순은 포용과 배제 사이의 모순으로 이는 통치의 위기와 분리불가능하게 연관된다. 영국, 프랑스의 동화주의적 전략(정책) 모델의 위기가 통치의 위기로 드러나는 이유도 여기에 있다. 왜냐하면 이 모델이 "공유하는 목표가 사회적 위계를 창출, 유지하며 사회적 공간을 폐쇄하는 것이며, 그것이 삶정치적 생산을 방해하기 때문이다(Negri and Hardt, 2014: 220)."

그렇다면 네그리와 하트의 메트로폴리스는 도시 공간, 메트로폴리스에서의 타자와의 대면의 조직화와 정체성의 정치를 어떻게 이론화하고 있는가? 위에서 살펴보았듯이 인정의 정치는 기존 정체성들의 표현과 그 진정성의 천명을 위해 노력하며, 궁극적으로는 모든 정체성 표현들에 대한 상호존중과 관용이라는 다문화적 틀의 구축을 목표로 하고 있다. 그러나 이러한 정체성에 대한 상호존중과 관용에 기반을 둔 다문화적 틀은 적지 않은 비판을 받아왔다. 즉 관용의 기원은 16세기와 17세기 유럽에서의 종교적 갈등을 해소하기 위한 원칙, 즉 서구 근대사회에서 핵심적인 "자유주의적 미덕(liberal virtue)"(Knowles, 2001: 100)이었다. 그리고 관용은 여전히 유럽중심주의, 자문화중심주의적 전제로부터 자유롭지 못하다(Brown, 2010: 홍태영, 2016: 12에서 재인용).

오늘날 유럽 사회에서 나타나고 있듯이 차이에 대한 불개입의 원칙을 의미하는 관용은 이주민과의 접촉과 마주침, 상호작용이 일상화되는 초국가 이주 시대에 오히려 역설적인 결과를 가져오는 경우가 흔하다. 즉 다원적 정체성, 다원적 소속감 등과 같은 타자, 차이의 정당한 현존에 대한 강조에도 불구하고 이러한 소수자의 차이, 타자의 정체성에 대한 인정을 강조하는 정치는 여전히 소수자 포섭의 논리를 언제나 근대적인 주류(백인)의 근대적 프로젝트 안에서 사고하게 만든다(Valluvan, 2016). 이러한 과정에서 차이의 정체성들은 "존재론적으로 진정한(authentic) 것"으로 여겨지게 되고 "문화적으로도 늘 분리"되어 사고되는 어떤 부적절한 인식론을 낳게 된다(Valluvan, 2016: 4). 발루반(Valluvan)에 따르면, 이러한 소수자에 대한 인정의 정치는 기껏해야 협소한 다문화주의 혹은 타자에 대한 동화와 통합에 기반을 둔 다문화주의로 귀결되거나 여전히 타자의 정체성을 이국적인 것(the exotic)으로 놔둔 채 얼버무려지는 인정의 정치를 낳게 된다(Valluvan, 2016: 4).

그렇지 않으면, 이러한 소수자의 정체성에 대한 인정의 정치는 오늘날 유럽사회와 미국의 트럼프 현상에 명시적으로 발견되듯이 오히려 역설적으로 관용의 수위가 점차로 낮아져 비관용, 혹은 노골적인 외국인 혐오와 추방의 조치들로 나타나기도 한다. 즉, 소수자의 정체성에 대한 인정에 기반을 둔 정치 기획들에서 연유된 타자와의 공존과 그 차이에 부당하게 개입하지 않으려는 자세와 노력, 그리고 이에 대한 정당한 인정의 정치학은 오히려 타자, 차이의 정체성에 대하여 더욱 민감하게 되는 결과를 가져오며 더 나아가 작은 차이를 오히려 더욱 확대, 과장시키거나 타자의 정체성을 문화적으로 고정된 관념으로 인식하게 함으로써 극우 민족주의자들의 선동에 의해서 협소하게 정의된 사회(민족, 공동체 등)에 주요한 사회적 균열이나 위협으로 전환되는 경향이 있다.

이러한 경향들은 많은 사람들의 도시 공간 삶의 경험에서 공적 공간이나 도심으로부터 사적인 공간, 즉 교외(suburb)로 탈출하여 차이와 타자를 회피하게 하는 경향을 강화시키게 된다. 이는 또한 차이와 타자의 현존이 뚜렷한 공적 공간에 대한 규제(최근 프랑스에서의 나타났듯이 해변에서의 부르키니에 대한 규제)의 목소리를 더욱 강화시키게 되며 이는 점차로 주류 사회의 가치와 문화의 중요성을 더욱 강조하는 동시에 소수의 행위에 대한 더욱 강력한 규제로 나아가게 하는 경향이 있다. 즉 관용, 혹은 타자의 정체성에 대한 인정이라는 자유주의적, 유럽중심주의적 개념의 정당한 실행 결과는 오히려 비관용 내지는 관용의 수위가 점차로 낮아지는 역설적인 결과를 가져오게 되는 것이다.

이러한 관용과 인정의 정치에 기반을 둔 다문화주의의 실패에 대한 진단은 네그리와 하트의 논의에서도 나타난다. 즉 공통적인 것의 방대한 저장고로서의 메트로폴리스를 바라보는 네그리와 하트가 보기에 인정 투쟁의 과정에서 정체성은 어떤 목표를 성취하기 위한 수단이 아니라 그 자체가 또 하나의 목적이 되어버리거나 본질적인 어떤 것으로 고착화되어 버리는 경향이 있다(Negri and Hardt, 2014: 452). 네그리와 하트에게 있어서 이러한 정체성의 고착화, 본질화 경향은 사실 사회적 폭력과 위계를 폭로하고자 하는 정체성의 기획을 수행하는 과정에서 불가피하게 발생한 것으로 파악된다. 그러나 네그리와 하트의 평가에서 이러한 정체성의 정치는 실패로 귀결되고 있다(Negri and Hardt, 2014).

정체성의 정치, 더 정확하게는 정체성을 오직 폭로나 그로 인한 상처에 집착하는 가운데 오로지 피해자로서만 고착화하고 종국적으로 정체성을 고정된 것으로 파악하는 이러한 시각과 정치 전략은 네그리와 하트가 보기에 그 내용이 아무리 반란적이라 할지라도 결국 소유물로서 전락하여 "소유 공화국의 지배구조 내"에 포섭될 수밖에 없다(452). 네그리와 하트가 찰스 테일러Charles Taylor, 악셀 호네트Axel Honneth와 같은 인정 투쟁의 주창자들이 제시했던 인정의 정치의 기획에 비판적인 이유도 여기에 있다. 즉 인정투쟁은 모든 정체성 표현들의 상호존중과 관용이라는 다문화적 틀의 구축을 목표로 하지만 동시에 이 과정에서 "정치를 도덕성으로 대체함으로써" 자유의 추구를 단순히 "표현과 관용의 기획으로 환원(452)"한다는 것이다.

정체성의 정치가 정체성을 고착화, 고정화하는 경향의 부작용은 민족정체성의 정치에서도 나타난다. 즉 반식민투쟁, 민족해방운동의 결과로 형성된 신생 독립국가에서 나타나듯이 민족정체성의 정치가 몇몇 상층부 엘리트 집단에 의한 지배구조의 공고화로 귀결되거나 폐쇄적이고 협소한 민족정체성을 기반으로 기존 체제로부터의 분리, 독립, 그리고 타자에 대한 반인륜적 폭력과 학살, 테러로 귀결되는 상황들이다. 따라서, 네그리와 하트에게 있어서 현대 사회에서 인종, 계급, 젠더와 연관되어 벌어지고 있는 각종 폭력과 차별 그리고 위계 구조의 형성에 대항하는 정체성의 정치의 방향은 역설적으로 정체성에서 벗어나기, 탈정체화(disidentifiction) 전략이다.

네그리와 하트의 탈정체화 전략은 비록 이들이 정체성의 정치의 부작용과 정체성을 고정된 것으로 바라보는 시각의 체제 내 포섭 가능성의 위험을 지적하고는 있지만 정체성을 통해서 이루어지고 있는 다양한 폭력과 차별에 눈감을 것을 주장하는 것은 아니다(실제로 이들은 이러한 폭로적, 비판적 작업의 유효함을 주장한다). 또한 탈정체화 전략은 정체성의 폐지 내지는 벗어나는 과정에 있어서 그 주체가 바로 그 정체성의 당사자들, 소수자들이어야 함을 확인하고 있다.[8] 즉 예를 들어, 인종의 폐지는 인종에 의해 차별받아 온 흑인 등 소수자들에 의해서, 여성성, 혹은 젠더의 폐지는 바

---

8 정체성의 정치에 대한 비판적 시각은 최근 데이비드 하비(David Harvey)의 저작 『자본의 17가지 모순: 이 시대 자본주의의 위기와 대안』에서도 나타난다. 하비의 시각은 포스트구조주의의 이름 아래 좌파 학계가 자본의 모순에 대한 분석과 계급 분석을 도외시하고 정체성의 정치(identity politics)에 지나치게 우호적이라는 것이다(Harvey, 2014: 23). 자본주의의 모순에 대한 하비의 논의는 네그리와 하트의 메트로폴리스에서의 공통적인 것에 대한 논의와 많은 부분 교차된다. 하비는 현대 도시에서의 커먼스(의료, 교육, 주택, 자연경관, 교통, 통신, 물, 기타 공공 하부구조 분야 등)에 대한 교환가치 중심의 상품화, 사유화, 화폐화, 자본화로 인한 일상적인 도시 삶의 피폐화를 지적하고 이에 대한 대안으로 도시의 공동의 부와 자원에 대한 민주적 배분 기구의 설립을 주장한다는 점에서 그러하다. 하지만 하비의 입장은 자본의 모순과 이로부터 기인하는 계급 문제에 대한 분석에 보다 천착하고 있다는 점에서 포스트 모더니티의 논의를 보다 적극적으로 수용하고 있는 네그리와 하트의 분석과는 그 결을 달리 하고 있다.

로 젠더에 의해서 차별받아 온 여성 소수자들에 의해서 이루어져야 하며 이는 소수자에 의한 새로운 주체성(subjectivity) 형성의 과정에 나타나야 하는 것이다. 다시 말해서, 정체성의 단순한 폐지가 아니라 "정체성의 자기 폐지"를 주장하는 것이다(459).

이러한 맥락에서 네그리와 하트는 탈거(emancipation)와 해방(liberation) 의 차이를 구분한다. 여기서 탈거란 "정체성의 자유, 즉 진정한 당신 자신(who you really are)일 수 있는 자유를 추구하는데 반해, 해방은 자기결정과 자기 변형의 자유, 당신이 앞으로 될 수 있는 바(what you can become)를 결정할 수 있는 자유를 목표로 한다"는 점에서 구분된다(453).[9] 따라서 네그리와 하트(Negri and Hardt, 2014: 453~454)는 다음과 같이 주장한다.

"정체성에 고정된 정치는 주체성의 생산을 중단시킨다. 이와 달리 해방은 주체성 생산에 관여하고 그것을 장악해서 그것이 계속해서 앞으로 나아가도록 해야 한다."

이 글의 시각에서 보았을 때, 네그리와 하트의 정체성의 자기 폐지 혹은

9 탈거와 해방의 구분과 상응하여 네그리와 하트는 정체성과 특이성(singularity)의 구분을 주장한다. 여기서 특이성이란 다원성과 연결된 개념으로 그 특징은 1) 언제나 자기 외부의 다양성을 가리키며 그것에 의해 또한 규정된다는 점, 2) 자신 내부의 다양성을 가리키며 그 특이성을 가로지르는 수많은 내부 분할들이 바로 그 특이성을 구성한다는 점, 3) 언제나 다르게 되기의 과정, 즉 시간적 다양성에 관여한다는 점이다 (Negri and Hardt, 2014: 462~463). 정체성의 관점에서는 정치의 과정은 자기 폐지라는 부정적이고 역설적인 관점에서 이해될 수밖에 없지만 특이성의 관점에서 정치의 과정은 새로운 무언가가 되기, 즉 변신의 계기로 나타난다. 특이성에 대한 보다 자세한 논의는 Negri and Hardt(2014: 462~464)를 참조.

새로운 주체성의 창조와 구성에 대한 논의는 수많은 사회운동론에서 폭압, 억압으로부터의 단순 해방이나 저항을 강조했던 것과는 달리 새로운 종류의 주체성의 구성을 위한 전망을 제시한다는 점에서 중요하다.

또한 이 과정에서 이 글에서 주목하고자 하는 타자와의 관계 설정 방식에 대한 그들의 시각이 드러나고 있다. 타자와의 마주침이라는 측면에서 보았을 때, 네그리와 하트의 메트로폴리스에서의 도시 정치는 기존의 동화주의적이고 통합주의적인 다문화주의에서 비롯된 관용, 그리고 인정에 기반을 둔 정체성의 정치의 한계로부터 벗어나고자 한다고 볼 수 있다. 즉 정체성에 대한 인정과 존중을 넘어선 또 다른 보다 역동적인 어떤 과정, 즉 새로운 주체성의 구성, 혹은 더 나아가 사회관계의 형성과정을 상정하고 있는 듯이 보인다. 그리고 이것이 이루어져야만 기존의 차별 구조, 지배 체제로부터의 진정한 해방(liberation)이 가능할 수 있다는 것이 네그리와 하트의 시각의 핵심이라고 볼 수 있다. 따라서 네그리와 하트의 이론에서 도시 공간, 즉 공통적인 것의 저장고로서 메트로폴리스는 정체성의 정치의 한계를 넘어서 새로운 주체성의 구성과 사회관계의 형성에 있어서 요구되는 하나의 구조적 조건을 요약적으로 제공하고 있다고 볼 수 있다.

5. 리차드 세넷의 '투과 도시(porous city)'

리차드 세넷은 도시 사회학자로서 자신만의 도시 이론을 발전시켜왔다. 비록 그가 도시 커먼스라는 개념에 직접적으로 연관시켜 그의 이론을 전개하지는 않았지만 도시 커먼스에서 제기되는 도시에서의 권력, 소유, 부의 재분배 문제, 그리고 더 나아가 인정의 정치, 정체성, 차이, 타자와의 대면이라는 문제는 세넷의 도시 이론에서 언제나 핵심적인 문제였다. 특히 도시 커먼스 문제, 그리고 도시 공간에서의 타자와의 관계 설정 방식에 대한 리차드 세넷의 논의는 그의 최근 저작『투게더Together』에서 면밀하게 제시된다(Sennett, 2013).『투게더』는 세넷의 최근 저작으로 사회이론에서의 오랜 주제 중의 하나인 협력(cooperation)의 가능성과 조건에 대한 이론적 작업이자 역사적인 사례에 대한 고찰 작업으로 도시 사회학에서 많은 주목을 받았다. 협력의 가능성과 조건에 대한 세넷의 실용주의적 접근은 그 논의의 구체성과 풍부한 사례들을 통해서 도시 거주민 간 이루어지는 일상생활에서의 협력의 노력이 어떻게 기존의 정체된 정체성(인종, 젠더, 민족)의 경계를 넘어서 가능할 수 있는지에 대한 설명이라고 할 수 있다. 이러한 점에서 세넷의 도시 공간 이론은 길로이의 공생 개념과 조우하고 있다. 보다 구체적으로 세넷의 협력의 가능성과 조건에 대한 논의, 그리고 투과도시라는 개념에 담겨져 있는 도시 공간에서의 에토스는 길로이의 공생 개념을 타자와의 일상적 상호작용이라는 맥락에서 구체화시키고 있다고 볼 수 있다.

세넷에게 있어서 협력은 역사적으로 보았을 때 사람들 간의 비공식적인 관계가 심화될 때 번성할 수 있다. 즉 사람들이 서로를 신뢰하고 협력에 요구되는 신념에 충실하게 되는 것은 비공식적인 관계를 통해 학습된 기대(당연시되는 습관이나 태도들)에 기반을 두고 있다. 세넷은 현대 사회에서 협력의 지속 가능성의 조건에 대한 논의를 이러한 비공식적인 관계를 유지하고 지속하는 데 있어서의 어려움과 그 관계의 취약성에 대한 강조를 통해서 전달하고 있다.

비공식적 관계를 유지하는 것의 어려움과 그 지속가능성의 취약성을 설명하는 데 있어서 세넷은 자본주의의 산업구조 변화, 예를 들어 1980년대 이후 실업, 파트타임의 증가로 인해 기존의 포드주의적 자본주의 체제에서 정규직 노동자들 사이에 존재했던 공유의 시간이 감소했던 것과 같은 구조적 요인들에 주목하지만 그렇다고 이러한 구조적 변화가 곧바로 비공식적인 관계를 약화시키는 것은 아니라고 본다. 오히려 자본주의의 구조적 변화로 인해 발생하는 지속적 관계(sustained relationship)가 거래의 에토스(ethos of transaction)에 의해서 대체될 때 비공식적 관계의 가치와 역할을 약화시키는 어떤 문화적 과정에 대해 지적한다.

이는 자본주의 재구조화에 따른 조직적 변화가 언제나 항상 곧바로 협력의 약화로 나타나는 것이 아니라는 것이다. 이보다는 비공식적 관계의 가치와 역할을 약화시키는 문화적 영향력으로 세넷은 거래적 에토스가 점차로 확대 강화될 때 나타나는 절차(procedure)나 프로세스를 강조하는 문화나 환경에 대하여 말한다. 거래적 에토스가 심화된 환경에서 사람들은 점차로 어떤 일을 진행하는 데 있어서 협력보다는 그저 주어진 절차, 프로세스에 따를 것이 요구되거나 기대된다고 말한다. 행위 규범에 있어서 이러한 절차, 프로세스의 확대는 미시적인 행위에 대한 관리로 이어질 뿐만 아니라 동시에 비공식적 네트워크를 백안시하거나 평가 절하하는 경향을 강화시킨다. 이러한 분위기에서 오늘날 거의 모든 인간관계에서 발견되는 거래적 에토스 혹은 인간관계의 공식화(formalization)는 비공식적 인간관계로부터 발생할 수 있는 어떤 불확실성을 배제하고자 하는 현대사회의 징후적 모습을 드러내 주는 것으로 파악된다.

따라서 세넷은 공식성은 권위를 선호하며 놀라움, 의외성을 방지하고

자 하는 반면에 비공식성은 유동적이며 예측하기 힘들다는 특성이 있다고 주장한다. 비공식적 인간관계는 주고 받음(give and take)의 요소들과 관련되기 때문에 비공식적 관계를 추구하는 과정은 종종 예측 불가능한 결과들을 낳는다. 세넷은 이러한 역동적인 상호작용을 통해 협력의 관계를 추구하는 과정에서 그 관계 형성에 관련된 행위자들이 자존감과 일정 정도의 행위자로서의 자신감을 획득하게 된다고 말한다.

세넷이 현대 사회에서의 협력의 지속가능성과 그 번성의 조건에 있어서 비공식적 인간관계, 즉 역동적인 상호작용과 이로 인해 등장하는 예측하지 못한 결과의 가능성을 강조하는 경향은 도시 공동체의 미시적이고 행위적 측면에 대한 그의 독특한 시각에도 나타난다.

세넷은 타자와의 마주침, 뒤섞임은 본래 도시 본연의 역할 속에 있음을 강조한다. 하지만 최근 유럽, 미국을 비롯한 세계의 수많은 글로벌 메트로폴리탄 도시들에서 나타나는 징후는 정반대의 모습을 보여준다고 지적한다. 이는 공적 공간뿐만 아니라 사적 공간에서도 공통적으로 발견되는데 그 핵심적 특징은 분리와 차단이다. 도심지와 교외지역에는 쇼핑이라는 단일 기능을 가진 쇼핑몰이 새롭게 세워지고 있고 병원, 학교, 새로운 오피스 빌딩은 마치 대학 캠퍼스처럼 외곽지역에 고립되어 자리 잡고 있으며 많은 경우 이러한 빌딩들은 대부분 지하층으로부터 비롯되어 주변 환경과 완전히 차단되어 운영된다. 사적 공간에서도 마찬가지다. 도심에 지어진 신규 아파트 건물에서부터 대도시 주변에 형성된 교외 주거지역에 이르기까지 이러한 사적 공간 건설의 궁극적 목표는 모두 빗장 동네(gated community)이다.

개방 도시(open city)나 투과 도시(porous city)에 반하는 이러한 빗장 도시, 폐쇄 도시, 분리 도시에서 나타나는 사회적 관계는 타자와의 마주침을 될 수 있는 한 억제하거나 외면하는 경향이 짙다. 이는 세넷에 따르면 사회, 공동체를 하나의 폐쇄된 체계로 바라보는 시각이다(Sennett, 2006). 세넷에 따르면, 이러한 시각에서는 균형(equilibrium)과 통합(integration)이 핵심이다. 균형에 의한 폐쇄 체계라는 사회적 시각은 케인즈주의 이전에 존재했던 시장 운영 원리로부터 나온다. 즉 수입과 지출이 균형을 이루는 어떤 상태를 가정하는 것이다. 도시 계획이나 국민 보건 분야와 같은 국가 관리 분야에 있어서도 정보 피드백 순환과 내부 시장은 모두 특정 프로그램이 과잉이 되지 않기 위해 존재하는 것으로 여겨진다. 이러한 폐쇄된 시스템, 사회에서의 어떤 프로그램이나 정책 실행 과정을 지배하는 것은 균형이 깨질 것에 대한 공포, 즉 한 가지 기능이나 계획을 수행하는 과정에서 다른 기능들이 붕괴되거나 간과될지도 모른다는 불안감이다(Sennett, 2006).

또한 사회를 하나의 폐쇄 시스템으로 보는 시각에서는 통합이 강조된다. 한 사회 시스템 내에 존재하는 다양한 지역, 부분에 대한 단일한 디자인을 지향한다. 이러한 이상과 관념은 뭔가 돌출적인 경험들을 거부하거나 제거하려는 경향이 짙다. 왜냐하면 이러한 경험들은 통합에 방해요소로 보이기 때문이다. 즉 그 장소에 잘 맞지 않는 것들은 무가치한 것으로 취급된다. 세넷에 의하면 근대 도시 계획들은 수많은 규제들을 통해서 이렇게 잘 맞지 않고 돌출되고 공격적이며 공손하지 못한 걸림돌과 무질서들을 제거하고자 해왔다.

세넷은 이러한 폐쇄 도시, 빗장 도시 그리고 균형과 통합을 절대시하는 사회적 관계 설정 방식에 반대되는 것으로서 투과도시(porous city)를 제안한다. 투과도시라는 개념은 미국의 도시 학자인 제인 제이콥스^{Jane Jacobs}의 개방 도시(open city)의 아이디어를 변형한 것이다. 제이콥스의 개방도시는 프랑스의 건축가 르 코르뷔지에^{Le Corbusier}의 아이디어에 흐르고 있는 분리주의적 경향(도로, 인도, 주거지 등의 분리)에 대한 안티테제로서 제시되었다. 제이콥스는 수많은 근대 도시 계획가들과는 달리 수많은 다양한 종류의 사람들과 공적, 사적 기능들이 밀도 있게 뒤섞여 있는 거리나 광장과 같은 장소들(1960년대 뉴욕 맨해튼의 동남부 지역, 나폴리, 카이로 등)이 주는 무질서의 미덕에 주목했다. 이러한 장소들에서는 예상치 못한 타자와의 마주침이 발생하고 또한 새로운 기회와 혁신이 발견된다는 것이다. 세넷에 따르면 제이콥스는 거대 자본, 개발자들은 동질성 그리고 뭔가 결정적이고 예측가능하며 균형 잡힌 디자인을 선호하는 경향이 있는 것으로 파악했다(Sennett, 2006).

그러나 세넷은 제이콥스의 개방도시에서 나타나는 고밀도와 다양성으로 특징지어지는 무질서의 미덕을 받아들이면서도 제이콥스에서 나타나는 과거 도시에 대한 맹목적 향수에 동의하지 않았다(Sennett, 2006). 오히려 세넷은 균형과 통합의 원리에 근거하여 동질화된 근대도시나 대자본에 의해 지배되고 있는 현 시기 글로벌 메트로폴리탄 도시를 비교대상으로 삼으면서 과거의 어떤 도시를 이상적으로 그려내려 하기 보다는 현대 도시 계획, 디자인에서 고려할 수 있는 아이디어와 동시에 더욱 중요하게는 바람직한 공동체, 사회적 관계 형성을 유도할 수 있는 장소-만들기(place-making)의 프로그램을 제시하고자 한다.[10]

---

10 메트로폴리탄 도시 공간으로서 런던 거리와 지역 동네에서의 비공식적 장소 만들기의 실천들에 대한 민속지학적 연구로는 Hall(2012)을 참조. 수잔 홀(Suzanne

세넷이 제시하고자 하는 바람직한 그리고 우리 시대에 긴급하게 필요하며 동시에 근대 도시 계획가들과 세계화 이후 글로벌 이주와 대자본에 의해서 형성된 메트로폴리탄 도시 형성에서 간과되어 왔던 사회적 관계의 형성을 위한 장소-만들기의 기획으로서 '투과 도시(porous city)'를 제시한다(Sennett, 2015). 투과 도시는 도시 디자인, 계획의 완전한 지배나 실현이라는 이상을 신뢰하지 않는다. 즉 도시는 늘 불완전하며 어떠한 단일한 이데올로기, 기획, 권력에 의해서 완전하게 지배될 수 없다. 더욱 중요하게 투과도시는 분계선(boundary)과 구획화(zoning)에 의한 분리와 배제라는 극단적 이분법이 아니라 상이한 정체성과 차이들이 접촉할 수 있는 경계(borders)에 의해서 특징지어진다. 도시 공간에 대한 구획화와 분리는 공간에 대한 결정주의적 사고에 따라 주어진 공간의 기능과 역할을 미리 상정하지만 도시는 역사적으로 언제나 불완전한 시스템으로써 존재해왔다(Sennett, 2015). 이러한 투과 도시에서 정체성, 차이의 존재는 일상생활에서의 일과 여과활동을 통해서 이루어지는 상호작용, 상호접촉을 통해서 규정받게 된다. 세넷(Sennett, 2015)은 다음과 같이 주장한다.

"정체성을 확인하는 것은 일(work)의 주요 관심사가 아니다. 어떤 것을 마

Hall)은 이 연구에서 세넷의 도시 공간 이론과 길로이의 공생 논의를 접합시키고 있다. 다시 말해서 홀의 연구는 도시 공간에서의 비공식적 관계 및 일상생활에서의 협력적 상호관계의 형성에 대한 세넷의 논의를 기반으로 하면서 동시에 길로이의 공생 개념에서 제시되었듯이 통합이나 관용과 같은 개념으로 특징지어지는 공식적 다문화주의 정책이나 이데올로기에서 충분하게 주목받지 못했던 상호협력적이고 비공식적인 일상생활에서의 상호작용과 관계들에 대한 흥미로운 민속지학적 연구들을 수행하고 있다. 홀의 연구는 길로이의 공생 개념과 세넷의 도시 공간 이론의 접합을 통한 풍부한 경험적 연구의 가능성을 보여준다.

치고 완성하는 것이 더 주요 관심사다. 도시 생활의 복잡성은 사실 다양한 정체성들을 가능케 한다. 시민들은 일하는 노동자로서, 스포츠 경기의 관람자로서 학교 교육 문제와 국가의료체제에 대한 예산 삭감을 걱정하는 학부모이기도 하다. 도시 정체성은 하루에도 상이한 장소들에서 우리가 알지 못하는 수많은 사람들과 함께 수많은 상이한 경험들을 가능케 해준다는 점에서 투과적(porous)이다. 많은 이들이 차이의 어려움에 대하여 말할 때 정체성을 하나의 단일한 이미지로 단일한 경험으로 축소시킨다. 경제는 동질적이고 폐쇄된 공동체가 안전하며(이는 사실이 아니다), 오로지 쇼핑이라는 기능 하나만을 위해서 쇼핑센터를 건립하고 도시로부터 그 안에 노동자들을 차단시키는 오피스 건물과 타워들을 건설할 때 이러한 단일화된 정체성을 사람들에게 판매할 수 있다."

여기에서 세넷은 이러한 투과도시의 형성에서 필요한 독특한 에토스를 제시하고 있다. 다시 말해서 이 에토스는 세넷이 주목했던 일상생활 차원에서의 타자와의 적극적인 상호작용과 활발한 협력의 조건으로 제시되었던 공간의 윤리와 정치에 있어서 핵심적이다. 즉 그 공간의 윤리와 정치는 어느 특정 세력이나 행위자도 주도권을 독점하지 않은 가운데 균형적 긴장 상태에서 공동의 사회 공간에서 공동거주의 운명을 인식하는 가운데 생성된다. 이러한 공간의 윤리와 정치는 랑시에르^{Jacque Rancière}가 에토스의 정의를 통해서 말하고 있듯이 특정 장소, 거처에 상응하는 존재방식이라고 볼 수 있다.[11]

---

11 랑시에르에게 있어서 정치는 권력의 행사가 아니라 고유한 주체로 인해 현실화되고 그 주체의 고유한 합리성에서 유래하는 하나의 특정한 행위양식으로 정의된다(Rancière, 2008: 235). 즉 정치는 특정한 관계 속에서 참여와 몫을 가지는 것이다. 여기서 장소 만들기의 실천은 정치의 중요한 작업이 된다. 랑시에르에게 있어서 고유한 공간을 만들고 정치 주체들의 세계 그리고 정치가 작동하는 세계를 보이

이러한 공간 윤리와 정치는 세넷이 타자의 존재 그리고 타자와의 마주침의 조직화 방식에 대하여 가지고 있었던 시각을 엿볼 수 있게 해준다. 세넷에 의하면 타자의 존재는 수많은 도시 개발 계획에서 나타나듯이 접촉을 회피하거나 혹은 이를 위협으로 틀지우면서 안전, 분리(segregation), 구획(zoning)에 근거하여 특정 장소의 기능과 용도를 미리 규정하는 방식에서는 언제나 축출, 배제해야 할 잉여적 주체로 등장하거나 아니면 우리와의 차이가 제거된 동일성의 집단들로 대체될 뿐이다. 하지만 투과도시에서 나타나는 공간의 윤리와 정치에서의 타자의 존재는 통합이나 합의를 통한 배제나 동일화의 대상이 아니라 활발하고 역동적인 비공식적 상호작용의 대상이다. 이러한 비공식적인 상호작용의 의례(ritual)와 예의(civility), 혹은 에토스를 바탕으로 한 다양한 장소 만들기의 실천들이야말로 공간 윤리와 정치에서 핵심적이다.

이러한 측면에서 보았을 때, 세넷의 투과도시에서의 타자와의 비공식적이고 역동적인 상호작용에 대한 강조는 길로이의 공생 문화에 대한 논의에서 강조되었던 타자, 차이와의 역동적이고 활발한 상호작용에 대한 강조와 일맥상통하는 지점이 존재한다. 왜냐하면, 세넷의 비공식적이고 활발한 상호작용은 도시 공간에서 타자와의 관계를 형성하는 데 있어서 기존의 정체성, 인종과 같은 고정된 범주에 의존하기보다는 일상생활에서의 비공식적인 상호작용에서 발생하는 에토스, 즉 거주 방식에서 발생하는 것으로 파악되고 있기 때문이다. 기존의 안전, 분리, 구획에 근거한 도시 공간의 조직화에 적극 반대하는 세넷의 투과도시는 초국가 이주 시대

게 만드는 것, 즉 "새로운 사물들과 주체들, 대상과 주체, 보이지 않았던 것을 보이도록 하는(이영주, 2013: 193)" 것이 정치의 중요한 작업이기 때문이다.

에 등장하고 있는 메트로폴리스에서의 제3의 공간의 조직화 원리와 이에 따른 도시 문화 정치와 도시 디자인을 사고함에 있어서 단순히 기존의 정체성의 정치나 도식적인 인종적 위계와 배치에 의존하지 않는 새로운 방식에 대하여 끊임없이 질문하게 만든다.

6. 결론에 대신하여: 한국 사회에 주는 함의

기존의 다문화주의의 위기에 따른 새로운 소수자 문화정치의 대안으로서 제시된 길로이의 공생 개념의 타당성에 제기되는 질문들은 크게 두 가지로 볼 수 있다. 첫째는 공생 개념이 일반적인 의미의 공존(coexistence)이나 다문화주의에서의 유사 개념들과 얼마나 개념적으로 구분되는 것인지, 즉 개념적 차별성의 문제이다. 다른 하나는 공생이 오늘날 초국가 이주 시대에 벌어지고 있는 다문화적 현실, 보다 구체적으로는 타자와의 상호작용이나 대면과정을 설명하는 데 있어서 적절한가의 문제이다. 즉 이 개념의 현실 설명력의 문제이다.

먼저 첫 번째 개념적 차별성의 문제라는 측면에서 보았을 때 공생은 여전히 개념적 긴장성을 내포하고 있다. 예를 들어, 다수 주류 문화에 대한 소수자의 적응(노력)을 전제하고 있는 통합주의적(integrationist) 패러다임에서 공존 개념이나 자민족 중심주의적인 관용 개념과의 차별성, 그리고 민족적 동질성(ethnic homogeneity)에 기반을 둔 협소한 공동체주의적(communitarian) 패러다임에서의 공존 개념이나 공식적 다문화주의(official multiculturalism)에서의 공존 개념들과의 비교에서 어떤 개념적 차별성을 가지고 있는지에 대한 질문들이 제기될 수 있다.

위에서 살펴보았듯이 네그리와 하트의 공통적인 것(the common)의 저장고로서의 메트로폴리스에 대한 논의와 세넷의 투과도시에 대한 논의들은 바로 이러한 공생 개념의 차별성을 보다 구체화하는 데 유용한 이론적 논의들을 제공하고 있다. 네그리와 하트의 정체성의 자기폐지, 공통적인 것에 기반을 둔 메트로폴리스에서의 정치 기획과 세넷의 투과도시에서의 공간적 윤리 및 정치에 대한 논의들은 기존의 민족, 젠더, 인종 등 고정된 정체성에 기반을 둔 분리 경향이나 구획의 원리를 넘어서는 타자와의 마주침을 상상한다. 네그리와 하트의 논의는 메트로폴리스라는 공간에 존재하는 물질적, 비물질적 공유 자산에 주목하면서 이에 대한 새로운 분배 과정에서 기존의 정체성의 정치를 넘어서는 새로운 주체화의 가능성을 제기할 때 이는 더욱 구체화된다. 또한 세넷이 도시 공간의 윤리, 에토스를 통해서 도시 일상생활에서 비공식적 관계를 통한 다양한 협력의 방식을 강조할 때 이는 구체화될 수 있다. 왜냐하면 길로이가 공생 개념을 중심으로 제기하는 문화정치의 핵심은 차이, 타자와의 마주침을 조정하는 데 있어서 기존의 고정된 정체성을 넘어서 새로운 방식으로 작동하는 차별과 배제의 메커니즘에 주목하고 있기 때문이다.

그럼에도 불구하고 공생 개념의 개념적 차별성의 문제는 이 개념을 본격적으로 도입했던 길로이의 설명 방식에 의해서 더욱 더 복잡한 문제가 되는 경향이 있다. 다시 말해서, 길로이는 공생 개념을 설명하는 데 있어서 엄밀한 개념적 명확성을 추구하기 보다는 메트로폴리탄 도시로서의 런던의 일상생활에서의 다양한 에피소드나 특정 역사적 국면(historical juncture) — 영국의 경우 19세기 제국주의 시대를 거쳐 20세기 중반 이후 탈식민주의 시대 — 에서 구체적인 일상생활의 경험에 녹아있는 "정서구조(structure of feeling)"에 대한 기술을 통해서 공생 개념을 구축하고 있다(Williams, 1977).

하지만 이러한 느슨하게 보이는 방식의 공생 개념에 대한 이론화는 간과할 수 없는 효과를 가지고 있다. 우리의 일상생활에서 나타나는 차이, 타자, 문화적 갈등과 충돌, 적대의 문제는 단순히 인종과 같이 고정된 범주로 설명될 수 없다. 실제로 인종적 긴장과 대립, 그리고 인종을 벗어난 차별과 대립을 판단하는 것은 구체적인 사회적 맥락을 통해서만 그 최종 판단이 가능하다. 하지만 현재와 같은 초국가 이주 시대에 문화적 갈등, 적대, 차이, 타자를 인식하는 우리의 담론들은 인종이나 민족과 같이 지나치게 고정된 범주에 의해서 구성되고 지배되는 경향이 짙다. 이러한 고정적 범주를 통한 차이, 타자의 개념화는 실제 생활세계에서 존재하고 있는 모든 차이, 차별, 타자의 모호함들을 기존의 편리하고 고정된 범주들로 분류해 버리는 범주화의 폭력과 차별을 수행해 왔다. 그리고 길로이가 보기에 이러한 범주화의 폭력과 차별이 인종주의 이데올로기가 지속되는 핵심적 이유이다(Gilroy, 2006). 길로이의 공생 개념에 대한 이론화에서 나타나는 느슨함은 일상생활의 차원에서 타자와의 대면과정, 상호작용 과정에서 나타나는 수많은 모호함, 역동성, 그리고 변화무쌍함에 대한 길로이의 깊은 인식에서 비롯되었다는 말이다.

공생 개념의 타당성과 관련된 두 번째 문제는 공생 개념의 현실 설명력의 문제이다. 현재 메트로폴리스에서의 타자와의 대면과정, 상호작용은 공생인가? 아니면 인종주의에 더 가까운 것인가? 공생 개념은 오늘날 초국가 이주 시대에 메트로폴리탄 도시에서의 타자와의 대면과정을 표현하기에 적합한 개념인가? 메트로폴리스에서의 타자와의 상호작용, 대면과 정은 모두 공생이라고 볼 수 있는가? 만약에 그러하다면 메트로폴리스의 어떠한 조건, 특성들이 타자와의 대면을 관용, 인정, 통합이 아닌 공생으로 볼 수 있게끔 하는가?

세계화로 인한 사람과 사물의 이동성의 고도화와 경계 넘기 현상은 단지 글로벌 기업이나 자본의 이동의 문제에만 머무르는 것이 아니라 언제나 광범위한 노동력으로서 이주민의 존재를 필요로 한다. 따라서 자본의 이동성, 경계 넘기는 한 지역 및 한 민족 국가 내에서 이러한 타자와의 관계 설정과 혼합이라는 문화 정치적 문제들을 낳게 된다. 이러한 글로벌 이동성의 증대로 인한 문화 정치적 문제는 이주민, 외국인, 난민과의 대면이 불가피하게 됨에 따라 과잉 정치화되어 자국민/외국인, 주류사회/소수사회의 경계 짓기의 문제로 전환된다. 여기서 이주민, 외국인, 난민들은 주류 사회에 대한 위협이자 잠재적 테러리스트 혹은 일자리 경쟁자로 재현된다.

이 글에서 주목하고 있는 공생 개념은 바로 타자와 차이에 대한 대응이 오늘날과 같이 배제와 포섭이라는 이분법적 해결방식으로 귀결되고 있는 상황에서 타자와의 관계 설정 및 방식이 기존의 다문화주의, 인종주의, 정체성의 정치를 넘어서 새롭게 상상될 필요성에 주목하고 있음을 보여주고자 했다. 그리고 초국가 이주 시대에 새롭게 생성되고 있는 제3의 공간, 메트로폴리스에서의 새로운 문화정치 및 공간의 윤리와 정치에 대한 네그리와 하트, 세넷의 논의를 검토함으로써 공생 개념에서 제기되었던 타자와 차이를 다루는 방식에 있어서의 문제의식이 확장되고 심화될 수 있음을 보여주고자 했다.

이러한 측면에서 지금까지 살펴본 세 가지 도시 공간 이론들이 주목하고 새롭게 형성되고 있는 제3의 메트로폴리스 도시 공간에서의 타자성의 문제에 논의들은 다음과 같은 함의를 갖는다. 먼저, 도시공간 연구에 주는 함의이다. 오늘날 도시공간에 대한 신자유주의적 지배가 어느 시기보다도 강화된 시기에 도시 공간에서의 부동산 가격은 네그리와 하트가 지적한 '공통적인 것'에 대한 자본주의적 착취가 발생하는 지점이라 할 수 있다. 공통적인 것, 즉 주변의 자연 환경만이 아니라 특정 지역의 상권, 역세권처럼 그 도시 구성원들 간의 다양한 사회적 상호작용 및 도시 지자체에 의한 인프라 건설의 결과 등으로 형성된 무정형의 자원 및 자산들의 가치는 모두 부동산 가격, 지대에 반영되어 자본주의적 사회관계 안에서 실현되고 있는 것이다.

이러한 맥락에서 최근 르페브르에 의해 제기되었던 '도시에의 권리(rights to the city)' 개념에 기반을 둔 다양한 도시 권리 운동은 주목할 만하다. 하지만 동시에 이러한 운동들이 일정한 성과를 거둔 가운데 이러한 도시 권리 운동에 대한 의문도 존재한다. 즉 도시에의 권리에서 "권리"가 의미하는 바가 정확하게 무엇인지 불분명하다는 것이다(Foster and Laione, 2016: 283).

이러한 상황에서 도시에의 권리가 가지고 있는 불분명성은 불가피하게 도시 권리, 법, 그리고 윤리의 문제를 제기한다. 이는 도시 거주자들의 도시의 공통적인 자원에 대한 접근에 있어서 소유권의 문제뿐만 아니라 도시 공유지 등에 대한 점유 및 사용방식의 문제를 제기한다. 이러한 소유권과 점유권 사이의 갈등이나 충돌을 해소하는 데 광범위하게 받아들여지는 방법이 존재한다. 바로 법에 의존하는 방식이다.

하지만 이는 네그리와 하트의 관점에서 보았을 때, 다시 소유권의 정치에 의존하는 방식으로 귀결될 위험이 있다(Negri and Hardt, 2014). 네그리와 하트가 강조하고 있듯이 이러한 법체계, 권리의 정치는 재산을 사적으로 소유하고 있는 사적 개인 간의 계약에 바탕하고 있는 법체계이다. 여기서 도시 거주민이 도시공간에서의 공통적인 자원과 맺게 되는 관계는 소유관계로 환원되며 또한 이방인과 같은 도시 거주민들이 맺게 되는 도시 공통 자원과의 관계는 한 사회의 정당한 구성원으로서의 권리인 성원권으로 사고된다. 이 과정에서 도시 공동 자원과 도시 거주민들 사이에 존재할 수 있는 다양한 관계의 가능성들은 그 사회의 정당한 구성원이 한 개인으로서 갖게 되는 권리, 즉 재산권의 관계로 축소, 환원될 위험이 있다.

이러한 위험을 고려하는 가운데 도시에의 권리 운동은 도시 공동 자원과 도시 거주인들 간의 관계에 대하여 재산권과 사용권의 대립이라는 틀을 넘어서는 보다 창의적 실험과 사고들을 더욱 활성화하는 방향으로 전개될 필요가 있다. 이러한 측면에서 세넷의 투과도시에서의 공간 윤리와 정치에 대한 논의들의 유용성을 찾을 수 있다. 다시 말해서, 공통적인 것의 저장고로서 메트로폴리스에서의 도시 운동은 일상생활의 차원에서 나타나는 협력의 조건, 즉 도시 공간에서 어느 특정 행위자나 세력도 주도권을 독점하지 않은 균형적 긴장 상태에서의 공동의 사회 공간에서 공동주거의 운명을 인식하는 가운데 생성되는 공간의 윤리와 정치, 다시 말해서 활발하고 역동적인 비공식적 상호작용의 의례(ritual)와 예의(civility)에 주목할 필요성이 제기되는 것이다.

최근 도시재생 및 젠트리피케이션에 대한 사례 연구들에서 찾아볼 수 있듯이 공동거주의 경험과 일상적인 상호작용의 결과로 생성되는 새로운 장소 만들기(place-making)의 실천에 대한 다양한 사례연구는 새로운 도시 공생 문화와 문화 정치의 모습을 좀 더 구체적으로 가늠해 볼 수 있는 계기를 제공하고 있다.[12]

둘째, 정체성의 정치의 문제이다. 위에서 살펴본 네그리와 하트, 그리고 세넷의 도시 공동체에 대한 논의들은 공통적으로 인정의 정치, 정체성의 정치의 실패, 한계를 인식하고 새로운 형태의 차이의 정치로 나아갈 필요성을 제기하고 있다. 그러나 이러한 정체성의 정치에 대한 회의, 그리고 탈정체성 전략이 과연 한국 사회에 적합한가라는 문제제기가 가능하다.

다문화의 역사가 상대적으로 짧고 이주민의 문제가 서구 사회만큼이나 일상화되어 있다고 아직 보기 힘든 한국사회에서 정체성의 정치를 넘어선 새로운 공생의 추구가 적절할 수 있냐는 것이다. 더욱이 한국사회의 일상생활에서 다문화주의는 아직 외국인, 타자의 존재를 인정하지 않거나 혹은 인정하더라도 온정주의적 감정에 바탕을 둔 경우가 훨씬 많다.

또한 정책적으로도 타자의 존재에 대한 공식적 인정을 통해서 외국인, 이주민의 권리(사회복지 서비스에의 접근권)를 일정하게 보장하는 식의 다문화주의 정책이 그 정책 홍보나 표면적인 정책 논리와는 달리 실제에선 실현된 적이 없으며 여전히 인종주의적 차별이 여전히 노골적으로 존재하

---

12 수잔 홀의 연구는 이러한 측면에서 주목할 만하다. 홀(Hall, 2012)은 건축가로서의 경력을 바탕으로 백인 이외의 거주인구 비율이 상대적으로 높은 런던의 한 지역의 거리를 중심으로 도시 일상생활에서 실제로 다문화주의가 어떻게 작동하고 있는지에 대한 민속지학적 연구를 수행하고 있다. 다시 말해서, 이 연구는 다문화주의에 대한 연구에서 민족에 초점을 맞추기 보다는 도시의 일상생활에서 나타나는 일상적인 것(the ordinary)에 집중함으로써 다양성, 차이의 문제가 어떻게 다뤄지고 있는지에 집중하고 있다. 국내 연구로는 최근 서울 지역에서의 젠트리피케이션에 대한 연구로 신현준 외(2016)를 들 수 있다.

는 상황에서 정체성의 정치, 타자에 대한 인정에 바탕을 둔 정치담론과 정책의 필요성은 여전히 유효하지 않느냐는 것이다.

즉 이러한 문제제기는 정체성의 정치와 인정의 정치를 넘어선 새로운 정치가 제기되는 서구 사회의 사회경제 시스템과 사회민주적 국가 복지 체제에 의존하지 않고 있는 한국 사회의 사회경제 시스템 사이에 존재하는 차이에 주목한 지적이다. 외국인, 이주민에 대한 혐오가 협소하게 정의된 공동체의 통합에 위협으로 인식되는 정도와 방식에의 차이로 인하여 한국사회는 타자의 정체성과 차이에 대한 무관심의 에토스를 주장하는 공생의 전략보다는 여전히 정체성에 대한 문화상대주의적 입장에서의 인정이라도 필요하다는 문제제기이다.

사실 정치사회적 담론과 정책으로서 다문화주의가 본격적으로 도입되고 주목받기 시작한지 상대적으로 짧은 역사를 가지고 있는 한국 사회에서 최근 서구 유럽 국가들에서의 다문화주의 실패 더 나아가 폐기 선언은 당혹스럽게 다가올 수 있다. 그러나 공생 패러다임으로의 전환에 대한 문제제기는 공생 개념 및 이것이 제기되는 맥락에 대한 정확한 이해를 통해서 해소될 수 있다.

공생 개념과 함께 정체성의 정치의 한계, 혹은 정체성의 자기폐지와 같은 주장들은 타자와의 대면과정, 문화적 갈등과 충돌을 다루는 데 있어서 지금까지의 통합주의적 정책과 이념들은 반복적으로 지속되는 인종주의적 타자의 배제라는 결과를 가져오는 한계를 노정해 왔으며 따라서 새로운 종류의 대안이 요구된다는 점에서 제기된 개념들이자 이론들이다.

공생문화에 대한 인식이 곧바로 인종주의의 부재를 의미하는 것은 아니지만 공생에 대한 인식은 인종주의를 극복하는 수단들도 인종주의의 제도적이고 상호개인적 맥락에 따라서 변화했음을 인식할 필요가 있다. 여기서 공생은 공통의 도시 공간에 거주하고 있는 다양한 집단들이 제기하는 차이의 문제들의 복잡성을 인식하고자 한다. 여기에는 인종적, 언어적, 종교적 특수성들이 미처 제기하지 않는 차이의 문제들, 즉 "제도적, 인구적, 세대적, 교육적, 법적, 정치적 공통성(commonalities)의 문제들"(Gilroy, 2006: 40)이 존재한다. 이러한 문제들은 자기 정체성을 위주로 타자의 문화적 습관들을 소유하거나 관리하고자 하는 욕망을 더욱 복잡하게 만든다. 비록 공생은 이러한 차이로 인한 갈등과 충돌을 사라지게 할 수는 없을지라도 차이의 문제의 복잡성을 인식하게 해주며 또한 사람들로 하여금 자신의 이해관계 뿐만 아니라 마찬가지로 작동하는 타자의 이해관계 안에서 이러한 차이를 관리할 수 있는 수단들을 제공해 줄 수 있다(Gilroy, 2006: 40).

향후 본격적인 이민사회로의 진입을 앞두고 있는 한국사회에서 그동안 진행되어온 다문화주의 정책 및 이념은 자민족중심주의, 순혈주의, 이민자에 대한 도구주의적 시각 등 그동안 적지 않은 문제들을 낳았다. 이러한 문제들을 극복해 나가는 데 있어서 공생은 동화주의적 패러다임의 한계를 넘어서 고정된 정체성의 범주에 의존하기보다는 이주민들과의 일상적인 대면과정에서 생성되고 있는 역동적 상호관계에 주목하고 있으며 이 점에서 한국사회가 타자, 차이의 문제를 보다 성숙하게 다루는 데 유용한 통찰을 제공할 수 있다.[13]

---

13 예를 들어, 한류 산업의 확산과 발전을 위한 다양한 프로그램 개발 과정에서 공생문화 혹은 공생이라는 문제의식의 적극적인 도입이 갖는 의의는 작지 않다. 해외문화교류를 한국문화에 대한 외국인 체험 프로그램과 동일시하거나 다문화 프로그램을 한국문화 홍보, 체험 프로그램으로 대체해 버리는 자문화 중심주의적 경향을 극

마지막으로, 초국가 시대에 도시 공간 형성 과정에 대한 세 가지 이론적 논의들이 주는 함의는 그동안 별개의 것으로 다뤄져 왔던 두 개의 연구 분야 혹은 주제에 대한 통합적 접근의 유용성을 제기한다는 점이다. 여기에는 젠트리피케이션과 같은 도시 공간 및 특정 장소에서의 장소 만들기의 실천, 도시재생정책, 자본에 의한 공간지배와 같은 정치 문화 현상을 다루는 문화지리학적, 정치지리학적 관심을 중심으로 한 연구와 한편으로는 다문화주의, 인종주의, 국제 이주에 대한 연구가 있다. 신자유주의에 의한 공간의 지배가 심화되고 우리의 일상생활 속에서 깊숙이 자리 잡고 있는 신자유주의의 문화정치적 영향에 대한 관심 증대에 따라서 다양한 형태의 도시 재개발이나 도시 문화 성지학적 연구들이 그동안 진행되어 왔다 (Harvey, 2014; 최병두, 2009).

또한 다문화주의나 국제 이주에 대한 연구들에서도 신자유주의적 세계화의 영향으로 외국인 혐오, 인종주의, 난민 문제 등이 주요 이슈가 되고 있다(김현미 외, 2010). 그럼에도 불구하고 다문화주의, 이민, 이주(migration) 문제는 그동안 도시 공간 연구에서 문화지리학, 정치지리학적 연구와는 무관한 것처럼 여겨지는 경향이 많았다. 위에서 살펴본 공통체론과 협력, 투과도시, 공생에 대한 논의들은 이 두 가지 연구 영역에서의 다양한 이슈들이 신자유주의적 도시화와 세계화 과정의 진행 결과라는 측면에서 연구 대상, 분석지점, 이론 그리고 정책적 고려에 있어서 상당부분 상호교차의 영역이 존재함을 보여준다. 따라서 두 연구 영역에서의 그동안의 연구 성

복해 가는 데 있어서 기존의 고정된 정체성과 문화에 관습적으로 의존하기보다는 일상(대중문화)의 영역에서 생성되는 타자와의 활발한 상호작용에 천착하는 공생문화는 한류산업 발전 방안 마련에 중요한 통찰을 제공할 수 있다.

과와 이론들의 생산적인 상호교류를 통해서 얻어낼 수 있는 교훈들과 새로운 아젠다들이 적지 않을 것이다.

참고문헌

1) 단행본

김현미 · 강미연 · 권수현 · 김고연주 · 박성일 · 정승화. 2010.『친밀한 적』. 서울: 이후.

de Certeau, M. 1984. *The Practice of Everyday Life*. translated by S. F. Rendall. Berkeley, CA: University of California Press.

Gilroy, P. 2004. *After Empire: Melancholia or Convivial Culture?*. Abingdon: Routledge.

Hall, S. 2012. *City, Street and Citizen: The Measure of the Ordinary*. London: Routledge.

Illich, I. 1973. *Tools for Conviviality*. New York: Harper & Row.

Knowles, Dudley. 2001. *Political Philosophy*. London: Routledge.

Lefebvre, H. 1991. *The Production of Space*. UK: Blackwell Publishers.

Taylor, C. 1992. *Multiculturalism and The Politics of Recognition*. Princeton, NJ: Princeton University Press.

Willams, R. 1977. *Marxism and Literature*. UK: Oxford University Press.

2) 번역서

하비, 데이비드. 2014.『자본의 17가지 모순』. 황성원 옮김. 서울: 동녘.

브라운, 웬디. 2010.『관용』. 이승철 옮김. 서울: 갈무리.

제이콥스, 제인. 2010.『미국 대도시의 죽음과 삶』. 유강은 옮김. 서울: 그린비.

네그리, 안토니오 외. 2014.『공통체』. 정남영 · 윤영광 옮김. 서울: 사월의 책.

랑시에르, 자크. 2008.『미학 안의 불편함』. 주형일 옮김. 서울: 인간사랑.

세넷, 리차드. 2013.『투게더』. 김병화 옮김. 서울: 현암사.

짐멜, 게오르그. 2005.『짐멜의 모더니티 읽기』. 김덕영 옮김. 서울: 새물결.

3) 논문

신현준. 2016.「서촌, 도심에 남은 오래된 동네의 고민」. 신현준 · 이기웅 편.『서울, 젠트리피케이션을 말하다』. 서울: 푸른숲.

윤인진. 2008.「한국적 다문화주의의 전개와 특성: 국가와 시민사회의 관계를 중심으로」.《한국사회학》, 제42권 제2호, 72~103쪽

이영주. 2013. 「마르쿠제와 랑시에르의 정치미학에 관한 이론적 탐색」.《커뮤니케이션 이론》, 제9권 제4호, 176~206쪽.

정미라. 2008. 「여성주의와 다문화주의」.《철학연구》, 제107집, 51~68쪽.

최병두. 2009. 「다문화공간과 지구 — 지방적 윤리: 초국적 자본주의의 문화공간에서 인정투쟁의 공간으로」.《한국지역지리학회지》, 제15권 제5호, 635~654쪽.

홍태영. 2008. 「유럽의 시민권, 정체성 그리고 문화적 인종주의: 국민국가의 전환과 극 우민족주의」.《한국정치연구》, 제20권 제2호, 235~260쪽.

Amin, A. 2013. "Land of Strangers." *Identities*, Vol. 20, No. 1, pp. 1~8.

Foster, R. S. and Laione, C. 2016. "The City as a Commons." *Yale Law & Policy Review*, Vol. 34, No. 2, pp. 281~349.

Fraser, N. 2005. "Reframing Justice in a Globalizing World." *New Left Review*, Vol. 36, pp. 1~9.

Gilory, P. 2006. "Multiculture in Times of War: An Inaugural Lecture Given at the London School of Economics." *Critical Quarterly*, Vol. 48, No. 4, pp. 27~45.

Kim, Andrew Eungi. 2010. "Increasing ethnic diversity in South Korea: An introductory essay." *Korea Observer*, Vol. 41, No. 4.

Nowicka, Magdalena and Steven Vertovec. 2014. "Introduction. Comparing convivialities: Dreams and realities of living−with−difference." *European Journal of Cultural Studies*, Vol. 17, No. 4.

Valluvan, S. 2016. "Conviviality and Multiculture: A Post−Integration Sociology of Multi−Ethnic Interaction." *Young*, Vol. 24, No. 3.

Venn, C. 1999. "On the Cunning of Imperialist Reason: A Questioning Note or Preamble for a Debate." *Theory, Culture & Society*, Vol. 16, No. 1.

Wise, A. and Velayutham, S. 2014. "Conviviality in Everyday Multiculturalism." *European Journal of Cultural Studies*, Vol. 17, No. 4.

4) 비학술지(잡지 및 신문)에 실린 기고문, 논평, 칼럼

뉴턴트, 테드. 2012.2.28. "[해외논단]: 좌파의 다양성 논리는 위선."《세계일보》.

Klein, N. 2016.11.11. "It was the Democrats' Embrace of Neoliberalism that Won It for Trump." *The Guardian*.

Sassen, S. 2015.9.24. "Who Owns Our Cities−And Why This Urban Takeover

Should Concern Us All." *The Guardian*.

Sennet, Richard. 2015.11.27. "The World Wants More Porous Cities—So Why Don't We Build Them?" *The Guardian*.

5) 웹자료

Bauman, Zygmunt. 2016. "Trump: A Quick Fix for Existential Anxiety." https://www.socialeurope.eu/2016/11/46978/# (검색일: 2016.11.15).

Burgess, C. 2012. "Maintaining Identities: Discourses of Homogeneity in a Rapidly Globalizing Japan." http://www.japanesestudies.org.uk/articles/ Burgess.html(검색일: 2016.6.8).

Hess, C. 2008. "Mapping the New Commons." http://dx.doi.org/10.2139/ssrn. 1356835(검색일: 2016.10.30.).

Sennett, R. 2006. "The Open City." https://lsecities.net/media/objects/articles/ the—open—city/en—gb/ (검색일: 2016.10.25).

집필진 약력

최 진 우

한양대학교 정치외교학과 교수, 한양대학교 평화연구소 소장

미국 워싱턴 대학교(University of Washington) 정치학 박사

전공 분야: 국제정치, 유럽정치, 비교정치, 국제개발협력

대표 논저: 「이주민 환대 지수(Hospitality Index) 지표체계 개발 연구」(2018, 공저), 「환대의 윤리와 평화」(2017), 「가치의 구현과 이익의 실현: '규범적 유럽'과 북핵 문제」(2016, 공저), 『민족주의와 문화정치』(2015, 책임편저), 「유럽연합과 동북아: 관계의 다면성과 한국의 전략」 1-21(2015), 「유럽과 아프리카의 화해의 부재: 힘과 이익, 규범과 제도, 관념과 정체성」(2013)

홍 태 영

국방대학교 안보정책학과 교수

프랑스 파리사회과학고등연구원(EHESS) 정치학 박사

전공 분야: 정치사상, 비교정치, 공화주의, 유럽정치

대표 논저: 「타자의 윤리와 환대 그리고 권리의 정치」(2018), 「사회적인 것의 부침(浮沈)과 민주주의의 동요(動搖)」(2017), 「민족적 민주주의의 위기 그리고 새로운 공동체의 계기들」(2017), 「새로운 전쟁과 국민국가의 위기」(2016), 「과잉된 민족과 찾을 수 없는 개인: 일민주의와 한국민족주의의 특수성」(2015)

이 상 원

한양대학교 평화연구소 연구교수

미국 클레어몬트 칼리지스(Claremont Colleges) 정치학 박사

전공 분야: 정치철학, 정치사상, 고대서양정치사상, 현대철학

대표 논저: 「이기성의 끝 그리고 환대: 레비나스의 타자개념과 경제적 존재성 이해」(2018), 「포섭될 수 없는 타자: 레비나스의 욕망개념과 플라토니즘」(2018), "The Platonic Doctrine of Untruth: Heidegger's Thoughts on Plato's Theaetetus and the Natural Possiblity of Opinion"(2017), 「데리다의 환대 개념의 정치적 긴장성: 고대정치철학적 해석과 사유를 중심으로」(2017)

김 현 경

독립연구자

프랑스 파리사회과학고등연구원(EHESS) 박사

전공 분야: 문화인류학

대표 논저: 『사람, 장소, 환대』(2015), 『언어와 상징권력』(2014, 역서), 『공간주권으로의
　　　　　초대』(2013, 공저), 『역사를 어떻게 쓰는가』(2004, 공역), 「민중에 대한 빚 :
　　　　　브나로드 운동의 재조명」(2008), 「한국의 지적 장은 식민화되었는가?」(2006)

김 성 경

북한대학원대학교 조교수

영국 에섹스 대학교(University of Essex) 사회학 박사

전공 분야: 사회이론, 문화이론, 이주사회학, 북한 사회문화

대표 논저: 「북한 출신자와 '사회 만들기': 호혜성과 환대의 가능성」(2018), 「이동하는
　　　　　북한 여성의 원거리 모성 : 친밀성의 재구성과 수치심의 가능성」(2017), 「북
　　　　　한 주민의 일상과 방법으로서의 마음 : 생활총화와 검열의 상황에서의 공모
　　　　　하는 마음」(2016), 『탈북의 경험과 영화표상』(2013, 공저)

채 석 진

서울과학기술대학교 IT정책전문대학원 디지털문화정책학과 책임연구원

영국 서섹스 대학교(University of Sussex) 미디어 문화연구 박사

전공 분야: 미디어 문화연구, 커뮤니케이션, 젠더

대표 논저: 「미디어, 일상, 환대: 매개된 타자와 적절한 거리 만들기」(2017), 「테크놀로지,
　　　　　노동, 그리고 삶의 취약성」(2016), 「친밀한 민속지학의 윤리: 청년세대 여성
　　　　　들의 취약한 삶, 노동, 디지털 미디어 사용 연구하기」(2016), 『한국 사회 미디
　　　　　어와 소수자 문화 정치』(2011, 공저), 제국의 감각: '에로 그로 넌센스'」(2005)

모 춘 흥

한양대학교 평화연구소 연구교수

한양대학교 정치학 박사

전공 분야: 북한정치, 남북관계, 북한사회문화, 통일인문학

대표 논저: 「규범세력(normative power)로서의 유럽연합(EU)의 對 북한 인권정책」
　　　　　(2018, 공저), 「통일 이후 '과도기 이중체제'에 대한 소고(小考): 법적 문제와

제도적 운영방안을 중심으로」(2018), 「영화 〈그물〉을 통해서 본 '분단체제
론'에 대한 비판적 고찰」(2017), 『통일 이후 북한지역 사회보장제도: 과도기
이중체제』(2016, 공저)

이 병 하

서울시립대학교 국제관계학과 교수
미국 럿거스 대학교(Rutgers University) 정치학 박사
전공 분야: 국제관계, 비교정치, 이민정치, 민족주의
대표 논저:「난민 위기의 원인과 해결책 그리고 환대의 윤리」(2017), 「환대 개념과 이민
　　　　정책: 이론적 모색」(2017), "In/Security Discourse of the U.S. Rebalance to
　　　　Asia, and Rising China: An Investigation from Mainstream and Critical IR
　　　　Theories"(2016, 공저), "Korean Chinese Migrant Workers and the Politics
　　　　of Korean Nationalism"(2014, 공저)

도 종 윤

제주평화연구원 연구위원
벨기에 브뤼셀 자유대학교(Free University of Brussels) 정치·사회과학 박사
전공 분야: 국제정치, 외교정책, 유럽정치, 국제정치이론
대표 논저:「공공외교로서 프랑스의 문화외교: 한불 관계를 중심으로」(2018), 「환대 개념
　　　　의 국제정치학에의 적용과 한계」(2017), 「신체없는 종의 등장과 국제정치학:
　　　　존재의 현시와 항목화」(2017), 「국제정치학에서 현상학적 글쓰기」(2017),
　　　　『네트워크로 보는 세계 속의 북한』(2015, 공저).

김 수 철

한양대학교 평화연구소 연구교수
미국 일리노이 대학교(University of Illinois at Urbana-Champaign) 박사
전공 분야: 미디어 문화연구, 영상커뮤니케이션, 문화정책
대표 논저:「음식문화연구 서설: 음식과 미디어의 만남」(2018, 공저), 「공생과 타자: 초국
　　　　가 이주 시대에 도시 공간 이론에 관한 재고찰」(2017), "Rethinking transmedia
　　　　storytelling in participatory digital media: What makes PSY's "Gangnam
　　　　Style" so successful?"(2016), 『마르크스, TV를 켜다: 마르크스주의 미디어 연
　　　　구의 토대와 전망』(2013, 공역)